台湾史小事典

第三版

監修・呉密察
編著・遠流台湾館
日本語版編訳・横澤泰夫

中国書店

監修者の言葉

「台湾史年表」と「台湾史辞典」結合の試み

近年、社会政治状況の変化につれて、台湾史は多くの人々が是非とも理解したいと思う知的分野となっている。基礎教育の中でも台湾史は学習すべきものの一つとなっており、台湾史は社会的にも、教育面でも基本的な「市民権」を獲得するようになった。だが、仔細に観察してみると、社会的に台湾史の知識に対する欲求が旺盛であるのに比較して、知識を供給する面は相対的に立ち遅れの状態にある。町に出回っている台湾史に関する出版物は少なくないが、その出来映えはまちまちで、古いものの焼きなおしだったり、新しい装いをこらしてはいるものの中身は旧態依然というものすらある。これらの出版物の「土台」は相当にお粗末で、例えば簡明で要を得た記述を持ち、かつ体系の整然とした通史はほとんど目にすることができない。項目数が適正で、しかも年月の正確な「台湾歴史年表」を目にすることもなかなか難しい。最新の研究成果を吸収でき、しかもたやすく引くことのできる手頃な「台湾歴史辞典」などに到っては問題外である。

『台湾史小事典』は社会の、とりわけ教育現場の求めに応えるために計画し作られた「台湾史」の一つの「土台」である。『台湾史小事典』は台湾史の学習に必要な「台湾史年表」と「台湾史辞典」からなっている。その中、「台湾史年表」はあわせて863の項目から成り、「台湾史辞典」には610の事項を挙げてある。これらの年表と事項は、すべて台湾の歴史を全面的に考慮した後選んだもので、千百年来の台湾史の重要な内容を含んでいる。事項の内容はできる限り先入観を排除し、近年の研究成果を充分に吸収した。であるから、『台湾史小事典』は部分的に見れば、実質的には「台湾史年表」と「台湾史辞典」が結合したものと言え、総体として見れば簡潔でバランスがとれ、しかも最新の研究成果を反映した「台湾通史」と言える。

『台湾史小事典』の執筆者は台湾大学歴史研究所を卒業した黄智偉と林欣宜である。彼らは台湾史研究の期待の新人で、台湾史の研究には彼らの努力により新たな発見が少なからずもたらされている。我々は、数年後には更に多くの新人が執筆陣に加わり、このたびの出版を基礎にしてその不足を補い、『台湾史小事典』が不断に更新され、一層豊富な内容を持つものになることを願っている。

呉密察（台湾大学歴史学部教授）

目　次

凡　例

1.　本書の本文は大きく分けて「年表」と「事項の説明」の二部分から成り、年代順に配列し、特にゴシックで事項の項目を示した。どのページも上半部には年表を、下半部には　事項の説明を配列し、対照、参照の便を図ってある。

2.　事項は、主として国民中学の教科書『認識台湾 - 歴史編』と教師用ハンドブックから選び、更に必要性を勘案して取捨した。内容はバランスと適正さを保つことに極力心がけたほか、多方面にわたって近年の研究成果を取り入れた。

3.　蔴、蕃などのように使用頻度の極めて少ない文字に関しては、本書では「麻」、「番」など現在通用している文字に改めた。固有名詞も混用によって理解を妨げることがないように例外なく現在通用している文字を用いた。

4.　原住民は過去「番」と呼ばれていた。本書は歴史的用語を尊重し、また語句の意味が完全に伝わるように「番社」、「番界」、「番地」などの語彙をやむを得ず使用した。これは決して蔑視の意味を示すものではない。この他、混同を避けるため、固有名詞以外では「番」の字に引用符をつけなかった。混乱を生じさせないためである。

5.　日付の表示方法については、アラビア数字で太陽暦（西暦）の日付を示し、漢字で陰陽暦（清末まで中国で使われていた暦）の日付を示した。例えば《光緒二十七年七月一日》は陰陽暦であり、《明治27年8月1日》は太陽暦（西暦）である。原則として西暦1894年8月1日（日清戦争の宣戦布告の日）以前は陰陽暦を用い、以後は太陽暦（西暦）を用いた。ただしそれ以前でも、ローバー号事件、アヘン戦争、清仏戦争、牡丹社事件などの清末の重要な対外関係に関連する日付については（　）内に西暦の日付を併記した。例えば五月十二日（6月19日）とあれば、五月十二日は陰陽暦の日付であり、6月19日は太陽暦の日付であることを示している。

6.　各項目の中、初出の年号にのみ西暦の年数を標記した。

7.　歴史の時代区分については、本書は「オランダ時代」、「鄭氏時代」、「清代」、「日本時代」、「戦後」「民主化の時代」などの呼び方を統一して採用した。

8.　旧地名については（　）内に現在の県市、郷鎮の名前を示した。旧地名が現在の郷鎮の地方政府の所在地である場合は直接当該の郷鎮名を記した。例えば、《店仔口（現・台南県白河鎮）》のように。郷鎮の地方政府の所在地でない場合は、その所在する郷鎮名をあげ、《現在の……にある》と記した。例えば、《竹頭崎（現在の嘉義県中埔郷にある）》というように。

※「中華民国」、「民国」などの記述は原則として原著の記述に従い、そのまま使用した。原著の「中共」については「中国」、「中華人民共和国」などと改めた。

※1995年以降の記述は原著にはなく、訳者が加筆し、補充したものである。加筆、補充部分の解説においては、年号に民国を用いず西暦の年号のみを記した。

台湾史小事典

第三版

西暦	年号	記事
230	三国呉黄龍二年	呉王孫権が**衛温**、**諸葛直**の両将軍を万余の兵士とともに夷洲に派遣。
264	永安七年	呉の人・沈瑩が**『臨海水土志』**を著し、**夷洲**の地理及び住民の生産、生活の情況を記載。

衛温　三国時代、呉の将軍。黄龍二年（230）春、命を受けて将軍・諸葛直とともに夷洲（台湾と思われる）へ行く。（**諸葛直**の項参照）

諸葛直　三国時代、呉の将軍。黄龍二年（230）春、命を受けて将軍・衛温とともに万余の兵を率いて航海に出、夷洲（台湾と思われる）と亶洲へ向かうも、夷洲にのみ達する。翌年、詔に背き功が無かったとして殺された。

臨海水土志　地方志。おそらくは台湾の風土、民情を記述した最初の著作である。作者の沈瑩は三国時代呉の人で、丹陽の太守を務めた。『臨海水土志』は臨海郡の地方誌で、臨海郡の範囲は、北は浙江の寧海、天台から南は福建の羅源、連江に至る地域である。この書の中では当時の「夷洲」の地理、位置、気候及び島に住む「山夷」の生活及び風俗習慣などの情況を描写している。この書の記載によれば、「夷洲」の位置は臨海郡東南方2千里の海上にあり、台湾の地理的位置とおおむね符合する。それ故、この書の記載する「夷洲」は現在の台湾のはずだと考える人もいる。『臨海水土志』は今に伝えられておらず、宋代の『太平御覧』の中の「四夷部」の中に、部分的な段簡残編を見ることができるだけである。『太平御覧』ができたのは宋の太宗太平興国八年（983）で、百科全書式の「類書」である。五代以前の多くの文献、古典は今に伝わっていないが、『太平御覧』の中から段簡残編を探し出すことができる。

夷洲　『臨海水土志』に記載されている島で、これを現在の台湾だと考える人もいる。記載されている所によれば、夷洲は当時臨海郡の東南2千里の海上にあった。島の天候は温暖で、一年中木や草が生い茂り、周囲はみな山である。島の集落は互いに統括したり隷属したりせず、各自がその土地、人民、風俗、習慣を持っている。集落には酋長がおり、それぞれ王と称している。彼らは磨製石器を使用することを知っている。銅や鉄もあるが、鋳造の方法に長じていないので、依然として石刀や石斧を用いている。この他、鹿の角と石鏃を武器として用いている。彼らはすでに五穀を栽培することを知っており、トウモロコシで酒を醸す。また織布に長け、布には美しい図案、色彩が施されている。彼らは漁も行い、しかも魚肉を塩漬けにしている。夷洲人の家の作り方は、多くは床板を高く上げ高床式にしている。父母の死後、犬を殺して祭祀を行い、死体は四角の容器に入れて山の岩の間に吊しておき、土中に埋めることはしない。夷洲の方位、気候及び住民の物産、習俗には、台湾のそれに近いものが非常に多くある。それ故、『臨海水土志』に記された夷洲は現在の台湾のはずだと見る人がいる。だがこのような見方に反対の人もいる。

607	隋大業三年	隋の煬帝、**朱寛**らを流求に派遣。
610	大業六年	隋の将軍**陳稜**ら万余を率いて流求に至り、数千の男女を連れ帰る。
656	唐顕慶元年	**『隋書』**の稿成る。その「東夷列伝」中に**「流求国」**に関する記載がある。

朱寛　隋の大業年間の将校。本籍及び生涯ははっきりしない。大業三年(607)命を受け、異国の風俗を求めて航海に出、流求国に達する。言葉が通じず、土人1名を捕虜にして帰る。翌年、再び命を受けて航海に出るも、流求は従わず、土地の物産を取って帰り復命する。

陳稜　隋末の将軍。字は長威、襄安（現在の安徽省巣県）の出身。大業六年(610)、朝請大夫・張鎮周とともに数万人を率い、義安（現在の広東省潮州）から船出して流求に達し、島の集落を攻め、集落の王・渇剌兜を斬った。功により右御衛将軍に昇官。大業十二年、(長) 江淮（河）一帯の民衆の反乱を鎮圧に向かったが、反乱軍に敗れる。煬帝が殺された後、宇文化及は彼を江都太守に任命。唐の武徳五年(619)、唐軍の追撃を受け、民衆の反乱軍に身を寄せたが、のちに殺された。

隋書　隋朝の歴史を記載した紀伝体の史書。全85巻。内訳は帝紀5巻、列伝50巻、志30巻。『隋書』は朝廷の歴史編纂所が編纂した史書で、このため紀、伝、志はそれぞれ異なる作者が前後して書いている。唐の太宗貞観三年(629)、魏徴、顔師古らが命を受けて紀伝を編纂、貞観十年に完成した。志の編纂はこれより遅く、高宗顕慶元年(656) に完成した。その中、李淳風が天文、律暦、五行など三志を書き、顔師古が地理志を書いた。その他の各志の作者は不詳である。『隋書』の最も早い刊行は北宋の天聖二年（1024）であるが、その版本は伝わっていない。現在一般に用いられているのは清代乾隆年間の武英殿刊本である。

流求国　『隋書』に記載された海外の国家。流求国が現在のどの場所にあるのかは、これまで定説がない。台湾であるとする人もおれば、琉球諸島だとする人もいる。その後の多くの書物における流求に関する記載は、大部分は『隋書』による。『隋書』の第81巻「東夷列伝」に「流求国伝」という文章がある。その内容は、おそらくは琉球、台湾、澎湖から戻って来た人たちの伝聞によるもので、雑多な寄せ集めである。流求国伝の本文は大変長文で、記載されている内容は『臨海水土志』に描写されているものより非常に豊富である。その中には台湾の様子に類似している部分も少なくないが、琉球に似ている部分が無いわけではない。それ故、この百年来各国学者の間の論争が続いているが、今に至るも依然として一致した見方がない。実際、『隋書』の中国周辺地域に対する記載を見れば、流求国伝は当時の中国東南海方面の知識の総括と言える。だから、文中に記載してある内容は、必ずしも台湾一島に限られたものではない。

朝貢船貿易　中国の伝統的な対外貿易の一形態。明朝政府の規定では次のようになっている。「外国の使者が中国に来る時には、貢ぎ物を持って来るほか、それに加えて商品を持って来て貿易を行うことができる。彼らの朝貢

1171	南宋乾道七年	四月、泉州知府・汪大猷は兵を派して澎湖に駐屯させるも、暫時の措置に過ぎず、まもなく島を離れる。
1225	宝慶元年	福建路市舶提挙·趙汝适が『諸番誌』を著す。書中に「流球」編、「毗舎耶」編などがある。
1291	元至元二十八年	九月､元の世祖は楊祥を流求に派遣するも至らずに帰る。

の貢ぎ物に対して明朝政府は相当の代価を以てお返しをする」。朝貢船以外、非朝貢国の船舶は中国に来て貿易を行なうことは許されなかった。たとえ朝貢国であっても、明政府は彼らが朝貢に来る時期、航路、船舶数、朝貢に来る人数などについて、具体的に規定していた。朝貢に来る時期は2年おき、3年おき、10年おきなど幾つかに分かれており、最もよく見られるのは3年に1度の貢期である。朝貢船の真偽を見分けるため、洪武十六年（1383）勘合制度を制定した。朝貢船は港に到達した後、市舶司によって証明書に誤りがないか調べられた後、初めて首都（北京）に赴くことができる。朝貢船が携えて来た商品は、首都あるいは市舶司のある港でのみ交易をすることができた。しかも商品の数量は船の隻数によって制限を受けた。これは、中国内外の商人にとっては非常に不便だった。明初の朝貢船貿易は本来すべて無税だったが、弘治、正徳年間になって税金を取るようになった。このような種々の不利な条件の下で、合法的朝貢船貿易の利潤はますます少なくなり、非合法の密貿易が次第に盛んになった。このような朝貢体制下の制限付きの貿易は隆慶年間以後次第に衰えた。

船引　明代の合法的貿易船が所持していた証明書。明朝の隆慶年間には制限付きで鎖国令（海禁）を解除した。政府は一連の海外貿易を統制する規定を制定し、これによって海外での貿易を望む者は、海防長官（同知）の許可を受け、当局が審査した認可証を受領しなければならなかった。このような認可証を「引票」と言う。引票には貿易地を指定するほか、船舶は一定の期限内に帰港しなければならないと規定していた。貿易が許可された地区は東、西洋一帯に限られており、日本は通商を許可する範囲には入っていなかった。この他、交易する商品に対しても詳細な規定があり、あらゆる物品を売買できるというわけではなかった。解禁の初期、当局はあわせて50枚の船引を発行し、万暦年間には80枚に増えた。しかし、政府が統制する合法貿易から外れた密貿易に対しては、相変わらず徹底的に禁止するすべがなかった。

1297	大徳元年	福建省平章政事・高興は省都鎮撫・張浩、福建新軍萬戸・張進に兵を率いて流求に到らしめ、彼らは土民130名余を連れ帰還する。
1349	至正九年	汪大淵『島夷誌略』を著し、台湾、澎湖の地理、風物、民情を記載する。
1360	至正二十年	澎湖巡検司を設置し、福建省晋江県に隷属させる。

東西洋　元代以来、中国が大陸の領域外の海洋に対して用いた総称。東、西洋の範囲の区分については、時代により、記載してある書物により異なる。東、西洋の名称が最も早く出て来るのは元朝大徳八年（1304）の『南海志』という書物の中である。明末清初になって、張燮は『東西洋考』という書物の中でブルネイを境とし、カリマンタン島（ボルネオ島）北部からフィリピン諸島を東洋と呼び、台湾、琉球一帯は小東洋と呼ぶべきだと主張した。カリマンタン島以西マラッカ海峡に至る部分は、明初に鄭和が西洋（インド洋およびその沿岸地域）に航海した年代には小西洋に区分され、明末に至って東洋の一部とされた。マラッカ海峡以西、今のインド洋に相当する一帯は、明末には小西洋と呼ばれた。さらに西方の欧米一帯は大西洋と呼ばれた。東、西洋のほか、明末には「南洋」という言葉も現れた。この言葉は、中国の真南の外側の地域及び海域を指すのに用いられた。東、西洋という名称は清末に至って次第に廃れて用いられなくなり、南洋という言葉だけが今も踏襲されている。

ポルトガル　国名。面積は約8万9千km²。首都はリスボン。イベリア半島の西側に位置し、ヨーロッパ大陸の最西端の国である。西は大西洋に面し、東はスペインに接する。航海及び貿易の地理的条件に恵まれている。15世紀から16世紀には、スペインと競い合って海外を探検し領土を広げ、広大な植民地を擁した。近年来、アンゴラ（1968）、モザンビーク（1974）、ギニア（1974）、カボベルデ諸島（1975）、サントメ－プリンシペ（1975）、ティモール（1976）などの植民地を次々に失った。広大な植民地を失った後、植民地からの税収で財政の赤字を補填することができなくなった。最近ではブラジル、フランス、ドイツ及びラテンアメリカに移住する人が少なくない。マカオも1999年末に中国へ返還した。

マカオ（澳門）　またの名は濠江、海鏡、鏡湖、香山澳など。もとは広東省香山県の管轄下にあったが、1535年（明嘉靖十四年）にポルトガル人がマカオの埠頭に船舶を停泊させ貿易を行う特権を獲得した。1557年にポルトガル人が上陸して居住するようになった。アヘン戦争以後、ポルトガルは積極的にマカオにおける領土を拡張し、1887年（清光緒十三年）清朝と「中ポ会議仮条約」と「北京条約」を結んだ。条約ではマカオはポルトガルが「永久的に駐留管理する」となっているが、その後双方がマカオの境界線について交渉することはなかった。1928年（中華民国17年）、国民政府とポルトガル政府は、中ポ条約はすでに期限が切れ失効した、改めて交渉を行い、マカオ問題を解決することを希望すると言明した。しかし、その後も具体的結果は得られず、ポルトガルはそれまで通り引き続きマカオを管理し続けた。1974

1387	明洪武二十年	明政府は澎湖巡検司を撤去し、島の住民を福建の漳州、泉州に移住させる。
1535	嘉靖十四年	**ポルトガル**人が**マカオ**における貿易の特権を取得。
1544	嘉靖二十三年	ポルトガルの商船が台湾付近に至り、台湾島を**フォルモサ**（Formosa）と呼び、これがフォルモサの由来となる。

年、ポルトガルで革命が勃発し、2年後に憲法改正が行なわれた。その中で、マカオがポルトガル統治下の中国領であることを認めるとともにマカオ政庁に行政、経済、財政それに立法などの自治権を与えた。1979年、中華人民共和国とポルトガルは国交を結び、その後マカオ問題についての協議を開始した。1987年、両国は「中ポ共同声明」にサインし、ポルトガルはマカオでの統治を終えることに同意した。1999年12月20日、マカオはついに中国に返還された。

フォルモサ（Formosa）　近代ヨーロッパ人の台湾島に対する呼称。中古の時代以前には、ヨーロッパ人の航海活動はわずかに地中海一帯に限られていたが、地理大発見の時代になって、次第に地中海から大西洋へと拡大し、ついでインド洋、太平洋へと伸びていった。この中で最も活躍した航海者は主としてポルトガル人とスペイン人だった。ポルトガル人はマラッカ海峡を占領した後、極東地域の貿易に積極的に取り組み始め、1542年に日本に到達、1557年にはマカオに定住し、町を作った。一方、スペインはアメリカ新大陸に広大な植民地を獲得した上、さらに極東地域にも勢力を広げ、1565年、フィリピン諸島の経営に乗り出した。1571年にはマニラを占領し、その後はマニラを中心に中継貿易に従事した。ポルトガル人とスペイン人が東方に足を伸ばしてからは、極東海上の船舶輸送が次第に盛んになり、その中の多くの航路は台湾付近を通過した。1544年、ポルトガルの航海者が台湾付近の海上を通った際、海上から台湾を遠望し、山岳が連綿と連なり森林が良く繁茂しているのを見て、「Ilha Formosa」（麗しい島）と褒めそやした。それ以後、フォルモサは西洋人の台湾島に対する呼称となった。

1554	嘉靖三十三年	**ロポ・オーメン**（Lopo Homem）の描いた世界地図の中に、フォルモサ島が初めて描かれる。
1563	嘉靖四十二年	**林道乾**が兪大猷の追撃にあい、台湾に敗走。
1574	万暦二年	**林鳳**が澎湖より船艦を率いスペイン占領下のルソン（フィリピン）を攻撃。

ロポ・オーメン（Lopo Homem）　16世紀のポルトガルの製図家で、台湾島を最も早く世界地図上に描いた人物である。彼は1554年に描いた世界地図に「I. Fremosa」という島嶼を表示した。これが西洋で台湾島を描き入れ、名称を標記した最初の地図で、現在はフローレンス考古博物館に所蔵されている。原図の大きさは149cm×230cmで、8枚の羊皮紙をつなげてある。この地図は極東では中国大陸を描いているほか、広東市、漳州などの地名も書かれている。この地図では日本はアジア大陸から南に伸びた半島のように描かれており、まるで現在の朝鮮半島のようである。日本の南端から一つの弧状の列島が描かれており、その中の一つの島の名が「I. Fremosa」となっている。FermosaあるいはFormosaがなまったのだろう。ヨーロッパ人が描いた地図の中では、目下のところ、これが最も早く台湾島の名が現れたものとして知らている。

林道乾　明朝嘉靖中葉以後、中国の南方の海域では倭寇と海賊が横行していたが、万暦の初年になって明朝の将軍兪大猷、戚継光らの掃討作戦によって次第に治まった。当時の海賊の中では林道乾が最も早く台湾と関係を持った。彼は潮州恵来の人で、若い頃は県の役場で役人をしていた。彼は機転がきき、知略が人並みはずれてすぐれていた。後に海上の活動に力を注ぎ、倭寇を率いて福建、広東の沿海地方で略奪を行なった。嘉靖四十二年（1563）、都督の兪大猷に追撃され、澎湖を経て台湾に逃れた。伝えられるところでは、彼は鹿耳門外で番人を殺し、その血と油を船体に塗って、南洋に逃げたという。別の説では、嘉靖四十五年、林道乾は詔安、山南、廊下などの村を攻撃したが兪大猷の追撃を受け台湾の北港に逃げた。兪大猷は軍を率いて澎湖まで追いかけたが、遠く来過ぎたので敢えて進まず、兵力の一部を澎湖にとどめたというのである。林道乾は台湾にしばらく止まったのち、政府軍の追撃を恐れ、とうとう大鯤身、小鯤身の間を通って南洋諸島に逃亡し、行方知れずになった。

林鳳　林道乾の後の台湾海峡における海賊集団の首領。林鳳は万暦元年（1573）の頃から次第に実力をつけ、後には林道乾を倒してその一味と船を吸収し、最も実力のある海賊集団となった。林鳳の船はひっきりなしに福建と広東の海上を騒がせ、政府側の注目を引くようになり、両広と福建の官軍が協力してこれを掃滅した。万暦二年、林鳳は明朝の総兵官・胡守仁に追撃され、澎湖に逃げ込み、さらに台湾の魍港（現在の嘉義県八掌口好美里一帯）に逃れた。官軍の厳しい追撃のもと、林鳳はフィリピンに向かいマニラを攻めたが失敗し、再び魍港に逃げ込んだ。林鳳はまたもや福建、広東の沿海を騒がせたが、胡守仁によって淡水の海上で撃滅され、その後行方不明になった。

1592	万暦二十年	**倭寇**が台湾の鶏籠、淡水を侵犯。
1593	万暦二十一年	豊臣秀吉が家臣を**高砂国**に派遣し、貢ぎ物の献上を促すも成らず。
1597	万暦二十五年	明政府、澎湖の游兵（流動的に作戦に従事する小規模の軍隊）を増設。1総部4哨所、船艦2艘、兵800、春秋の間駐屯、守備に当る。

倭寇　13世紀から16世紀の間、朝鮮半島及び中国沿海を略奪して回った海賊。倭寇に関する最も早い記述は1223年に見られ、倭寇は朝鮮の金州に侵入して攪乱したとある。14世紀（およそ元末明初の頃）以後には、倭寇の害はますますひどくなった。1401年、日本の将軍足利義満は倭寇が日明間の貿易を阻害しているとして取り締まりを始め、倭寇の活動はしばし止んだ。しかし、1477年、日本の室町幕府が衰えると、倭寇は再び息を吹き返した。この当時の倭寇はすでに日本人のみに止まらず、中国沿海地方の海賊が大部分を占め、本来の日本の海賊は少なくなっていた。明の世宗嘉靖の前期には密輸を厳禁し、海上貿易の断絶を命じたため、密貿易者が倭寇と合流し沿海の各地を犯した。その後、明政府は海禁政策を緩和し、それに加えて名将戚継光らの兵力による掃討もあって、倭寇の害は次第に治まった。豊臣秀吉が日本を統一してからは、中下級武士による海賊行為の取り締まりを強化するとともに武士らを征韓に赴かせた。1598年、征韓の失敗後、倭寇の活動は跡を絶った。

高砂国　またの名を「高山国」と言い、16世紀当時の日本人の台湾に対する呼称。16世紀中葉、倭寇は台湾西南海岸の白砂青松の景色が、日本の播州地方・高砂海岸の景色に極めて似ているところから、台湾を「高砂」、台湾の住民を「高砂族」、台湾島を「高砂国」と呼び、一個の独立王国と見なした。別の説によれば、16世紀に台湾に往来した日本人は、主に南部の打狗（現在の高雄）付近に来ていたが、「打狗」の読みが「高砂」の日本語の発音に近かったところから、この名になったという。1593年、豊臣秀吉は家臣の原田孫二郎に航行の途次「高砂族」の国王に入貢を促す書を届けさせたが、成果を得られなかった。

1602	万暦三十年	陳第が福建都司・**沈有容**に従い澎湖に至り倭寇を掃滅。
1602	万暦三十年	**オランダ東インド会社**設立。
1603	万暦三十一年	陳第『東番記』を著す。

オランダ東インド会社（Vereenigde Oost-Indische Compagnie、略称V.O.C.） 1597年にオランダ船隊がインドネシアから香料を持ち帰り、大いに利益を上げてから後、オランダ商人は続々と船隊を組んでインドネシアに向かい、香料貿易に従事した。紛争を避けるため、各貿易会社は1602年に合併してオランダ東インド会社を作り、香料貿易の独占を図った。会社の取締役会はオランダの6地区の商会の代表で組織され、日常の事務は17人からなる理事会が責任を負った。本部はアムステルダムに置かれた。同年、オランダ議会は決議を採択し、東インド会社に特許状を授け、喜望峰からマゼラン海峡に至る広大な地域の貿易独占権を与えた。東インド会社は商業上の特権を持つほか、自ら戦争を行い、武装し、城塞を建設し、貨幣を発行し、官吏を任命し、条約を結び、法官を設置することができ、あたかも一つの独立国のようだった。18世紀末、会社所属のインドネシアの植民地ではしきりに暴動が起こり、商品の供給は急速に減少した。それに加えて、軍事支出が増大し、会社の負債の増加を招いた。この頃、イギリスがオランダに代わり次第に制海権を握るようになった。1795年、オランダで革命が起こり、新政府が発足した。1800年1月1日、東インド会社は正式に解散させられ、その領地と財産はオランダ政府の所有に帰した。

沈有容　明の将軍。字は士孔。騎射の術を善くし、兵法に精通していた。万暦七年（1579）郷試の武挙に合格した。千総（下級武官）の時、塞外で数次にわたって戦功をあげた。万暦二十九年、都司の事務官となり、福建の浯嶼、銅山一帯の防衛の責務を負い、しばしば倭寇を破った。その功により参将の位に昇った。当時オランダ人は東アジア貿易を発展させるため、一度は澎湖を占領したが、沈有容によって退去させられた。万暦四十四年、彼はまたも水軍を率いて東沙で倭寇を撃退した。天啓元年（1621）、総兵官に昇任、登莱守備の責を負った。翌年、廣寧が失陥したため、兵船数十艘を派遣して遼の人民数万人の避難を救援した。

紅毛　もともとオランダ人を指して紅毛と言った。彼らは紅毛碧眼の白色人種の中で最も早く東方に到達し、漢民族と接触したからである。それで、「紅毛」は当時の漢民族のオランダ人に対する呼称となった。実際はオランダ人だけが紅毛というわけではなく、漢民族とその他の白色人種との接触が次第に増えるにつれ、「紅毛」という言葉はオランダ人に対する専用の呼称ではなく、広く西洋人を指す言葉となった。

オランダ　国名。ヨーロッパの西部にあり、西、北両面は北海に臨み、東はドイツ、西はベルギーと境を接している。面積40,884 km^2。首都はアムステルダム。住民の多くはカトリックあるいはプロテスタントで、公用語はオランダ語である。国全体が低地で、国土の3分の1が海抜1m以下、4分の1は海面以下である。海沿いに1,800km余りの堤防があり、海水の進入を防

1604	万暦三十二年	**沈有容**が**紅毛**（オランダ人）の番（異民族）に退去を指示し、オランダ艦隊の司令官ウェヴランは兵を引き連れて澎湖を離れる。（→**「沈有容が紅毛番ウェヴランらを諭告し退去させる」の碑**）

いでいる。1436年、正式に国になり、16世紀初にはスペインに統治された。1566年、反スペイン革命が勃発し、1581年、北部7省が独立を宣言して共和国となった。17世紀にはスペインの後を継いで世界最大の植民国家になり、東アジアに広大な植民地を擁した。台湾はまさにこの時期にオランダ（オランダ東インド会社）の統治を受けたのである。18世紀以後、オランダは新興の帝国の排斥を受け、植民体系は次第に瓦解した。21世紀の今日、オランダはとうの昔に世界の覇者ではない。今日、オランダの経済では海運業と漁業が最も重要な地位を占めており、ロッテルダムとアムステルダムがその最大の港である。

「沈有容が紅毛番ウェヴランらを諭告し退去させる」の碑　大正8年（1919）馬公天后宮を改修した際、廟の祭壇の下の土中から石碑が見つかった。それには「沈有容諭退紅毛番韋麻郎等」（沈有容が紅毛番蛮ウェヴランらを諭告し退去させる）という12文字が刻んであった。1602年（明萬暦三十年）、オランダは東インド会社を作った後、1604年、艦隊を東方に派遣し東南アジアの市場を開拓した。当時のオランダ艦隊の司令官ウェヴラン（Wijbrand van Waerwijk）は澎湖に来て中国と貿易関係を結ぼうと企図した。しかし、当時の都司・沈有容はウェヴランに、「澎湖は中国の領土であり、外国人がこの地で貿易を営むのを許すわけにはいかない。もしオランダ人が中国領海外の適当な島嶼に港を作るのであれば、あるいは中国と貿易を行う望みがあるかも知れない」と告げた。ウェヴランは沈有容の提言に従い、澎湖の東方に貿易の拠点を探し求めることにした。これが「沈有容が紅毛番ウェヴランらを諭告し退去させる」の故事である。

1609	万暦三十七年	**徳川家康**が**有馬晴信**に命じて台湾を視察させる。
1616	万暦四十四年	長崎代官・**村山等安**は幕府の命を受け、3千～4千名の兵を13艘の船に乗せて台湾遠征に向かわせるも、中途で台風に遇い遭難。

徳川家康　江戸幕府初代将軍。三河の国岡崎城主の長男で、少年時代人質の生活を送り、辛酸をなめ尽くした。岡崎に戻り独立した後、織田信長と同盟を結び、三河を中心に勢力を拡大した。元亀元年(1570)、浅井、朝倉軍を近江で破る。2年後に起こった本能寺の変で信長は非業の死を遂げた。家康は急遽兵を引き上げ、機に乗じて甲斐、信濃の大半を収め、豊臣秀吉に対抗する勢力を築いた。天正18年(1590)、江戸に入り、そこを居城に定めた。豊臣秀吉は2度にわたって朝鮮に進攻したが、家康は出兵を拒み、実力の保持に努めた。秀吉の死後、彼は五大老の筆頭になった。慶長5年(1600)、関ヶ原の合戦で石田三成を破り、敵対勢力を一掃した。慶長8年、征夷大将軍に任ぜられ、正式に江戸幕府を開いた。のち、2度の大阪の役で豊臣氏を滅ぼし、天下を完全に掌握した。元和2年(1616)、没。

有馬晴信　日本の東アジア貿易は豊臣秀吉の奨励によって、日ごとに盛んになった。豊臣秀吉の死後、徳川家康が大権を握るや日本の商船は台湾、ルソン、マカオ、チャンパ、交趾、シャム、パタヤ付近、モルッカなどとの間をますます盛んに往来した。肥前国有馬の領主でキリシタン大名の有馬晴信は朱印船貿易に参加し、1609年、徳川家康の命を受け、高砂国(台湾)に兵を派遣し、台湾の港湾事情や物産を視察させ、原住民との通商を求めたが、功なく帰った。貿易面ではスペイン、ポルトガルなどと海上の利益を競った。1610年、マカオでポルトガル人に家臣を殺された報復として、有馬晴信は長崎に入港したポルトガル船マードレ・デ・デゥス号を攻撃し沈没させた。有馬晴信は後に家康の側近本田正純の家臣・岡本大八の奸策にあい、切腹させられた。

村山等安　1616年、将軍・徳川家康は長崎代官・村山等安に台湾攻略を命じた。村山等安はそこで、次子の村山秋安に船13艘と兵3千～4千人を与え、台湾に向かわせた。彼らは琉球付近を航海中台風に遇い、艦隊は散り散りになり、一艘が台湾に到達しただけだった。この船で台湾に達した兵も原住民に皆殺しにされた。今回の征台は大規模なものだったが、失敗に終わった。

ジャワ (Pulau Java)　インドネシアの主要な島。スマトラ島とバリ島の間に位置し、北はジャワ海、南はインド洋に臨んでいる。東西は約900km、南北の幅は95kmから160km、面積は約12万6千km²である。山脈が連なり、火山が多い。スメル火山は島の最高峰で、海抜3,676mである。山間には多くの広くゆったりした盆地がある。ジャワ島は農産物、林産物が豊富で、食糧作物のほか、ゴム、蔗糖、コーヒー、椰子、ココア、キニーネなどの特産物がある。主要な都市としては、インドネシアの首都ジャカルタがある。

バタビア (Batavia)　インドネシアの首都ジャカルタの古称。早くも14世紀にはアジアの有名な胡椒の輸出港で、Sunda Kelapaと呼ばれたが、1527年、Djajakartaと改称された。1618年、オ

1619	万暦四十七年	オランダ人が**ジャワ**の**バタビア**に**総督府**を設立。
1621	天啓元年	海賊・**顔思齊**が一味を率いて台湾に定住。

ランダが占領し、地名をバタビアと改めた。インドネシアが独立するに及んで、Djajakartaに戻し、さらに簡略化してJakarta、つまり現在の通称の「ジャカルタ」にした。ジャカルタは東南アジア最大の都市で、ジャワ島西部の北岸にあってジャカルタ湾に面し、面積は577 km^{2}である。ジャカルタはインドネシア国内の陸、海、空の交通の要衝であるばかりでなく、東南アジアとオーストラリアの間の海上運輸の中心でもある。主要な輸出品としては、バナナ、コーヒー、茶があり、工業では造船、自動車組み立て、機械などが主な産業である。

バタビア総督　オランダ東インド会社がインドネシアのジャカルタに駐在させた長官で、ジャワ植民地を統括し、東インド地区のあらゆる貿易関係の業務を管轄した。1602年、オランダで設立されたオランダ東インド会社は、巨大な資本と数々の特権を持った上、海上貿易を独占し、国家の名目で軍隊を抱え、対外的に宣戦と講和を宣言し、官吏を任命してその植民地を統治した。会社を設立した後は、中国、日本との貿易の根拠地を求めて東アジアで積極的に活動した。東アジア地域での貿易を拡大するため、オランダ東インド会社は1610年、インドネシアに総督を置き、1619年、バタビアに総督府を設けた。会社の主要な利潤の源は香料の貿易で、香料はすべてインドネシアを経由して売られた。そこでバタビア総督はジャワで植民統治を確立する一方、さらに香料の産地のモルッカ諸島を直接支配下に置いた。香料のほか、会社は中国、日本との貿易を拡大するため、台湾の大員に拠点を築いた。さらに、東アジアの貿易を独占するため、バタビア総督は軍を派遣してスペインと戦端を開き、スペイン人が台湾北部に設けた拠点を破壊した。1800年、オランダ東インド会社が解散した後、総督もそれに合わせて廃止された。

顔思齊　福建省漳州海澄の出身。字は振泉。体格はたくましく、武芸に精通していた。罪を犯して、日本の平戸に逃れ、日明間の海上貿易に携わった。明朝の天啓元年（1621）、顔思齊は福建省晋江の人、楊天生と平戸で武装蜂起を企て、李徳、洪陞、陳衷紀、鄭芝龍らに働きかけ義兄弟の契りを結んだと言われるが、徳川幕府の知るところとなった。顔思齊は船で日本を脱出して台湾の笨港にたどり着き、諸羅山一帯（現在の嘉義県付近）を開拓した。これは、漢人の台湾移住の先駆けの一つである。まもなく、彼は流浪の民を配下に納め、勢力は大いに振るい、再び中国東南海の大商業盗賊団の首領となった。天啓五年、顔思齊は病没し、三界埔山（現在の嘉義県水上郷尖山の頂）に葬られた。墓碑は今も残っているが、今ではその真偽のほどは明らかではない。

1622	天啓二年	7月11日、オランダ艦隊司令官ライエルセン（Cornelis Reijersz）が艦隊を率いて澎湖を占領、明に通商を要求。
1624	天啓四年	2月20日、総兵・兪咨皋兵を出して澎湖のオランダ人を攻撃。

大員　大員は台湾南部の内海の砂州で、清代には「大鯤身」と呼ばれた。おおむね現在の台南市安平地区に相当する。オランダの台湾統治時代、この島は東南から西北に斜めに伸びた長い砂州で全長はおよそ13.9km、幅は1.4kmあった。北端は台湾本島から4.2km離れ、南端はほとんど台湾本島に接しており、潮の低い時には歩いて渡れた。大員と台湾本島の間には大きな港湾が形作られており、「台江」と呼ばれた。台江の外海は一連なりの砂州で、台湾海峡から台江の内海に入るには砂州と砂州の間を通過しなければならず、船が港に入る際の水路となっていた。このうち北線尾砂州と大鯤身砂州の間の水路は最も水深があり、台江に入る主要な水路だった。このため、オランダ人は大員の砂州の上にゼーランディア城を築いて統治と行政の中心とし、台江を有効に守ることのできる重要地点を確保することができた。大員と台湾本島の間の内海は、清代の道光年代に次第に土砂が沖積して浅くなり、最後には完全に陸地となり消失した。大鯤身も台南市とつながり一体となった。

台江　17世紀中期、台南海岸付近の潟湖の名前。当時の海岸線は現在とは大きく異なっており、台南の外海には南北に連なった砂州があった。これらの砂州と台湾本島の間に囲まれて潟湖あるいは海域ができ上がっており、これを「台江」と呼んだ。台江の東岸は、おおむね現在の台南市西門路一帯にあった。台南市北区の「開基天后宮」、西区の「普濟殿」、中区の「赤崁樓」、「大天后宮」及び「開基武廟」など古い建築物を一線に並べると、当時の水陸の境界となる。当時、台江東岸に臨む地域は、プロビンシア城と漢人が蝟集する商業街だった。台江の西岸は延々と続く砂州で、その最大のものは大鯤身島と呼ばれ、有名な大員の町はこの島にあった。この一連の砂州は合わせて11あり、北の「海翁線」から順次南に「加荖灣」、「隙仔」、「北線尾」と続き、それから「大鯤身」、「二鯤身」を経て、延々と「七鯤身」に至る。七鯤身のしっぽはほとんど本島に接しそうになっている。これらの砂州と台湾島の間にある潟湖水域が、つまり「台江」の内海である。

ゼーランディア城（Zeelandia）　台南市安平区国勝路82号に位置する。オランダ時代はゼーランディア城と呼ばれ、鄭氏時代は王城と呼ばれ、清代以後は紅毛城と呼ばれた。日本時代には安平城と改称し、戦後は安平古堡となったが、内政部は古蹟に指定した際、「台湾城」とした。1622年、オランダ艦隊司令官ライエルセン（Cornelis Reijersz）は初めここに城塞を築いたが、未完に終わった。1624年、オランダは明によって澎湖から追い出された後、大員島に移り、再度この地に城塞を造営し、最初はオランへ（Orange）城と称した。1627年、ゼーランディア城と改称し、1634年中には、内、外城とも次々に完成し、オランダの台湾統治の中心となった。内城の北門の門額には「T' CASTEEL ZEELANDIA GEBOUWED

1624　天啓四年　　8月30日、オランダ人が**大員**に上陸し、オランへ城（後に**ゼーランディア城**と改称）の造営を開始。また**北線尾**に商館を建築する。

ANNO 1634」という文字が刻まれている。「ゼーランディア城は1634年に建てられた」という意味である。内城の四角い稜堡は砲台となり、それぞれ5門の砲をそなえ、城塞の主たる防衛施設だった。城壁は砂糖水、餅米の汁で蛎殻を粉末にしたものと粒子の細かな泥とを混ぜ合わせ、煉瓦を積み重ねるようにして作られている。各階には通風口があり、昇降機と螺旋状のはしごがあり、その技術は非常に優れている。オランダ時代、内城の地下室は倉庫で、食糧、弾薬やこまごまとした物を貯蔵していた。1階は礼拝堂、役人の宿舎、兵士の兵舎があり、2階は長官の事務所と見張り台、ぎざぎざのある矢除けの城壁があった。1662年、オランダ人がゼーランディア城から退いた後、延平王・鄭成功がこの地に居住したので俗称を王城と言った。清初には城内に台湾海軍の副将の役所があったが、言い伝えでは、幽霊が出るというので、役所はやむを得ず他へ移され、無人になった。乾隆十三年（1748）、海軍は再び兵を派遣して守備につかせ、廃墟の状態に終止符が打たれた。道光二十年（1840）、アヘン戦争が勃発し、この城は軍装局となった。同治七年（1868）、樟脳の取引をめぐる紛糾からイギリス軍が城塞を占領し、軍の火薬庫を爆破した。城塞はこの時の災禍で烏有に帰し、残った煉瓦や石は億載金城を建設する材料に使われた。日本時代、税関の役人の宿舎を作るために、壊れた内城の残存物をならして、周囲を赤い煉瓦で囲い、長方形の階段状の台地を作り、その上に家屋を建てた。こうして、内城部分のオランダ式の建築物の残骸はすべて破壊されて無くなった。昭和5年（1930）、台湾総督府は「台湾文化三百年記念慶祝大会」を挙行するために、台地の上の家を洋式の建物に改築し、展覧と遊覧客を招待する場所にした。これが現存する姿で、通称「安平古堡」と言う。現在は国家の一級古蹟の一つに指定され、「台湾城残蹟」と改称された。

北線尾　大員北方の砂州で、またの名を「北汕尾」と言う。1624年9月、オランダ人は大員を占拠した後、北線尾に商館を建築した。やがて、彼らはここがよく海水につかり、淡水を得るのが非常に難しく、理想的な場所ではないことに気づいた。1625年1月、オランダ人は台江の対岸の本島に新しい都市を作ることにした。これがプロビンシア市である。もともとオランダ人と一緒に北線尾砂州に住んでいた漢人も強制的にプロビンシア市に移住させられた。清の道光三年（1823）、大暴風雨の後、曾文渓が河道を変えて台江に流れ込み、台江の内海に急速に土砂が堆積した。この結果、北線尾の「四草湖」が鹿耳門に代わって最も重要な港への出入り口となった。日本が台湾を統治して以後、四草湖は土砂の堆積のため次第にすたれ、新しくできた砂州が開発されて養魚地、塩田となった。このあたりは海岸の湿地帯であるため、豊かな自然生態に恵まれており、近年はマングローブが群生し渡り鳥の保護区になっている。

1625	天啓五年	7月、**大員長官**ソンクが日本船の生糸を没収し、関税にあてる。
1625	天啓五年	**李旦**死去。その勢力は**鄭芝龍**によって引き継がれる。

大員長官　オランダ人の台湾占領期に、オランダ東インド会社が委任した台湾駐在の行政長官で、全島の行政事務を総攬した。1624年から1662年まで前後12代続いた。長官のほかに最高の政策決定機関として「評議会」が置かれていた。評議会は評議長1名、評議員若干名からなっていた。評議長は行政面では長官の助手の立場にあり、長官が他出している時や、空席になった場合には、一般的には評議長が行政事務を代行した。長官は評議会の中で重要な地位を占めていたが、あらゆる政策決定は評議会の決議を経なければならず、決議後に長官によって執行された。長官の下には政務員、税務官、会計長、検察官、法務院長、孤児管理所所長、医院院長、工場監督などの職があり、会社の各行政事務に責任を負い、長官が全責任を総攬した。

李旦　泉州の出身。Captain Chinaの名で中国付近の海上に聞こえた。中国東南沿海の有名な商人にして海賊。その貿易網はフィリピン、日本、台湾などの各地に及び、オランダ人、イギリス人とも商取引の関係があった。当時最も実力を持った貿易業者だった。彼は若い頃マニラで商売をしていたが、後にスペイン人と不和になり、日本に移ってその地の華人の頭目になったと言われる。彼の武装船団は中国、日本から東南アジアの広大な海域を航行し、貿易と略奪を行なった。鄭芝龍は当時勢力のあった李旦に従い、彼の信任を得て養子になったと言われる。李旦が1625年に死亡すると、大部分の資財と部下は鄭芝龍の所有に帰し、鄭芝龍の海上貿易集団を構成する重要な一環となった。この他、李旦と顔思齊の活動の仕方、場所それに死亡時間などが非常に似通い接近していたので、学界では一時期李旦と顔思齊を同一人物と見誤ったこともあった。

鄭芝龍（？～1661）　字は飛黄、幼名は一官。福建南安の出身。17世紀直前に生まれ、若い時マカオに行ってポルトガル人の通訳となり、またオランダ人との商取引もあった。彼はマカオでカトリックの洗礼を受け、洗礼名をニコラスと言った。このため西洋の文献の中では鄭芝龍を「Nicholas Iquan」（ニコラス・一官）と呼んでいる。鄭芝龍は後に日本に移り、平戸、長崎を拠点として勢力を発展させた。彼は若い頃李旦に従い、李旦の死後は、彼の東南アジア海域の膨大な華人勢力を引き継いだと言われる。崇禎元年（1628）、明朝に帰順し、その官位は都督同知、総兵官にまで昇った。鄭芝龍は官位を得た後、一方では明朝の大官の身分で福建一帯の海賊を一掃した。また一方では合法的な身分によって、中国内陸から商品を調達し、自分の船隊を使って輸出した。このような有利な情勢の中で、鄭芝龍はやがて中国東南海上を制覇した。満族の清が関内に入った後、彼は南明政権の重要な支えとなり、福王は彼を南安伯に封じた。南京城が落とされ、福王が殺された後、彼はまた唐王・朱聿鍵を擁立して福州に即位させた。鄭芝龍は平国公に封じられ、朝政を操った。隆武二年（即ち順治三年、1646）、清軍は福建を攻め落とし、彼は戦わずして投降した。後に北京に移

1625	天啓五年	顔思齊死去。
1625	天啓五年	オランダ人が新港社**赤崁**にプロビンシア市街を建設。

送され、順治十八年（1661）、清朝によって殺された。鄭氏の勢力はその子の鄭成功に引き継がれた。

赤崁　台江東岸地区の通称で、おおよそ現在の台南市一帯に相当する。オランダ人は布15匹で新港社の原住民から赤崁地区の土地所有権を買い取り、プロビンシア城塞と市街を建設したという。さらに、赤崁の広大な平原はオランダ人の農業拓殖の格好の地となった。オランダ人の開墾事業の進展は早く、1644年には赤崁地区にすでに25km^{2}の耕地があり、1657年には68km^{2}にまで増えた。平原では、甘蔗、稲などの経済価値の高い作物を栽培したほか、多数の野鹿を捕獲し、鹿の皮と鹿の乾し肉を作った。清朝が台湾を統治するようになると、赤崁地区は台湾府あるいは台湾県の管轄区域となり、「赤崁」とは呼ばれなくなった。

スペイン　国名。ヨーロッパ西南部イベリア半島にあり、大西洋と地中海に面し、フランス、ポルトガルと国境を接する。南端はジブラルタル海峡を隔てアフリカを望む。面積は約50万4,700km^{2}で首都はマドリード。カトリックを国教とする。国土は山地と高原が多く、平均の海抜は660mで、ヨーロッパの中では最も地勢の高い国である。北部は温帯広葉樹林帯に属し、南部は地中海型気候である。スペイン地方の歴史は悠久で、早くも上古の時代にフェニキア人とカルタゴ人がこの地に絢爛たる文明を開いていた。中古以後、スペインはローマ人、ゴート人、回教徒のムーア人からそれぞれ統治を受けた。15世紀に至り民族王国を形成して後、現在のスペインの原形がほぼでき上がった。16世紀には、スペインは世界屈指の植民帝国となったが、17世紀以後は次第に衰えた。スペインは最盛期に台湾北部を占領した時期もあったが、後にオランダに駆逐された。20世紀初頭、スペイン王朝は覆され、1936年にはフランコが内戦を起こした。1939年、フランコは政権を奪い、1947年にはスペインは王国であると宣言した。今日のスペインはレモン、コルク、柑橘類など世界の農産品の主な供給国となっている。毎年の数多い祝日、祝賀の催しにあわせて、多くの観光客がスペインを訪れる。

1626	天啓六年	5月11日、**スペイン**人が台湾最東端に至り、Santiago（**三貂角**）と命名
1626	天啓六年	5月12日、スペイン人、**鶏籠**に至る。
1626	天啓六年	5月16日、スペイン人が現在の基隆和平島で占領の儀式を執り行い、**サン・サルバドル城**の建設を開始。

三貂角　1626年5月、スペインの将校が軍艦2隻と12艘の船を率いて台湾島東北部の突端の海岸に到着した。上陸後その土地をSantiago、中国語音に訳して「三朝」あるいは「三貂」などと呼んだ。この場所は台湾本島の最東点で、岩礁が東北に向けて突きだし、小さな半島になっている。岬の突端からおよそ300mほどの所に三貂村という小さな村落があった。三貂角は台湾の最東方の岬で、交通、通信、軍事の各方面で重要な価値を有している。今は岬の西方の山の上に灯台とレーダー・ステーションがある。三貂角灯台は財政省の税関の所有で、現在は一般の見学のために開放されており、灯台の上から太平洋を俯瞰することができる。

鶏籠　1626年、スペインは遠征軍をルソン島から出発させ、台湾北部の戦略的基地を攻略しようとした。まもなく、スペイン人は現在の和平島に上陸し、島の西南端に「サン・サルバドル城」を築いた。またその付近の耕地に堡塁を築き、ここを拠点にして鶏籠港を守った。1642年、オランダ人がサン・サルバドル城を攻略し、スペイン人を追い払った。1662年、大員のオランダ人は鄭成功によって追い払われたが、オランダ人は、鄭経の軍隊に追われた1668年まで北部の拠点に居つづけた。一方で漢民族も鶏籠一帯で開墾を始めた。清の雍正元年（1723）には、すでに漳州人が牛稠港、虎仔山一帯に移り住み、鶏籠港の南岸に「崁仔頂」街を開いた。これが漢民族による鶏籠市街地建設の起源である。乾隆年間になると、市街地はますます繁栄し、移民も次第に増えた。嘉慶年間には、宜蘭平原が次第に開墾されたため、台北盆地から鶏籠の南方を経由し、三貂嶺を越えて宜蘭に至る道路が開通した。鶏籠の交通面での重要性はこれによって日増しに高まった。道光以後、鶏籠は港湾としての条件が優れていたため、次第に台湾の重要な港となり、光緒元年（1875）には「基隆」と名を改めた。

サン・サルバドル城（San Salvador）　1626年5月、スペイン艦隊はフィリピンを出発し、鶏籠（現在の基隆）を攻略し、これをサンティシマ・トリニダド（Santisima Trinidad）「聖なる三位一体」と命名し、現在の和平島の上に「サン・サルバドル城」（またの名を救世主城）を建てた。この城は鶏籠港湾の出入り口にあり、船の出入りを掌握することができる非常に重要な場所にあった。日本の植民地時代に、ある学者が和平島を視察したことがあったが、その当時はまだ残存する城の遺跡を見ることができた。だが、現在は島の景観は大いに変わり、スペインの城の遺跡はもう識別することができない。しかも、現在では一般に「サンティシマ・

1627	天啓七年	1626年、日本の**朱印船**の船長・浜田弥兵衛が船隊を率いて台湾に至りオランダ人と紛糾を生じ、台湾に留まる。その年、新港社番の16名と中国語の通訳2名の「台湾代表」を伴って日本に帰る。
1627	天啓七年	オランダの宣教師・カンジウスが台湾に至り、新港社で宣教。
1627	天啓七年	オランダが**ノイツ**を第3代大員長官に任命。
1627	天啓七年	オランダ人と明朝が協力して鄭芝龍を攻撃、銅山（現・福建東山）で交戦するも、大敗して帰る。

トリニダド（聖三位一体）」と「サン・サルバドル」の二つの土地を混同している。学者の見方によると、おそらく次のように言えるだろう。スペイン人は基隆の水域に進入した後、和平島が船舶の停泊に供することが可能な港であると認めた。それ故、その港を「聖三位一体港」と命名し、ついでに和平島を併せて「聖三位一体」と呼んだ。「サン・サルバドル」は島の上の城塞の名前で、ついでにそばの市街も「サン・サルバドル」街と呼んだのである。

朱印船　日本の江戸時代初期、幕府から海外貿易に従事する特権を得た船を朱印船と称した。これは、彼らが貿易に従事する許可書―「朱印状」を持っていたからである。朱印状には航行の目的地及び幕府が許可した年月日が詳細に書かれることになっており、その右上の隅には将軍の朱色の官印が押されていた。それで「朱印状」と呼ばれる。朱印船は豊臣秀吉の時代にすでにあったが、制度として確立されたのは徳川家康の時代になってからである。徳川家康が最初の朱印状を発行したのは1604年で、1635年に廃止された。鎖国政策がとられる以前は、あわせて360枚が発行された。朱印状を持つ者は大名、商人、外国人など百人以上にのぼった。貿易の対象地域としては台湾、マカオ、東インド諸島、マラヤなどを主としていた。これらの貿易船は、最大のもので700トン、普通は300～400トンだった。すべて木造船である。

ノイツ（Pieter Nuyts）　第3代の大員長官。在任期間は1627年～1629年。彼の前任の長官デ・ウィット（De With）は浜田弥兵衛と貿易上の問題をめぐって衝突を起こした。ノイツは1627年に就任後まもなく、浜田弥兵衛との悶着を解決すべく日本に赴いたが、徳川幕府は浜田の訴えを認め、ノイツとの接見を拒否した。ノイツは12月、憤然として台湾に戻った。1628年、浜田は再度台湾に来てノイツを襲撃し、強制して協約を結んだ後、彼を釈放した。1629年、ノイツは軍艦を派遣して淡水港を攻撃し、スペイン人を追い払おうとしたが、オランダ海軍は敗退した。オランダと日本の紛糾が遅々として解決しないため、東インド会社はついに1629年、ノイツを免職し、しかも1632年、彼を人質として日本側に引き渡した。彼が救出されたのは1636年のことだった。

1628	崇禎元年	7月3日、浜田弥兵衛とノイツが平和協定を結び、双方が人質を交換する。7日、浜田は台湾を離れ日本に帰る。日本が**平戸**のオランダ商館を閉鎖。
1628	崇禎元年	7月、スペイン人が**サン・ドミンゴ城**を淡水に建てる。
1628	崇禎元年	八月、鄭芝龍が明朝に投降。
1632	崇禎五年	スペイン人、淡水河沿いに台北平原に入る。
1632	崇禎五年	スペイン人、蛤仔鶏（現在の宜蘭）沿岸に進攻し占拠。
1632	崇禎五年	ノイツが**濱田弥兵衛事件**の謝罪のため日本に引き渡される。

平戸　長崎の北部に位置し、松浦半島西部の平戸島と渡島よりなる都市。集落の大部分は農山漁村で、自給自足の農業地帯である。現在では、漁業は小規模経営で不振である。中心の旧平戸町は700年続いた松浦氏の城下町である。平戸海峡に面する良港は古くから中国、朝鮮などを往来する交通の要路だった。中世には一時海賊の根拠地になったことがある。1550年にポルトガル船が入港して以来1641年にオランダ商館が長崎の出島に移るまでの間、平戸は日本と外国の貿易の玄関口だった。今も市内にはオランダ商館、イギリス商館、オランダ塀、オランダ井戸、鄭成功の誕生地などの旧跡が見られる。

サン・ドミンゴ城（San Domingo）　1628年、スペイン人が淡水河口に築いた城。1642年、大員のオランダ人は軍を派遣してスペイン人を駆逐し、この城はオランダ人の手中に落ちた。オランダ人は南洋から大量の石灰を運び込み、地盤を深く掘り下げ新たに城を築いた。今に見られる淡水紅毛城はこの時オランダ人が築いたもので、スペイン人の手になるサン・ドミンゴ城ではない。1662年、鄭成功の武将がこの城に入り守備したが、城はすでに荒廃しつつあった。清初においてもこの城は依然として放置されたままで、わずかに安平の海軍部隊が毎年兵を派遣して巡視したが、軍を常駐させることはなかった。咸豊十一年（1861）、イギリス人は天津条約に基づき、淡水に領事館の設置を計画し、紅毛城の跡がまだ残っていたので、それを基礎として領事館を建てた。同治六年（1867）、イギリスは清政府に無理強いし、毎年白銀10両で領事館を貸し付けた。民国61年（1972）3月、イギリス人は領事館を引き払い、オーストラリア大使館に管理を委託した。同年12月、中華民国とオーストラリアが断交したため、イギリスは今度はアメリカ大使館に管理を委託した。中華民国とアメリカの断交後、中華民国は民国69年6月30日にこれを回収し、国家の一級古蹟とした。

濱田弥兵衛事件　1626～1636年にわたるオランダと日本のあいだの貿易紛争。日本の朱印船は1626年台湾に到達し、中国商人から大量の商品を買い付けた。しかし、台湾海峡には海賊が横行していたため、自力で中国に行き商品を受け取らなければならなかった。日本の朱印船の船長の濱田弥兵衛は大員の長官デ・ウィット（De With）に船の借用を申し入れたが、ウィットはこれを拒否したばかりか、日本人が船で中国に行くのを禁止した。日本人は商品を受け取るすべもなく、大員で

1633　崇禎六年　　鄭芝龍、料羅湾においてオランダ艦隊を大いに破る。
1634　崇禎七年　　ゼーランディア城が落成。
1634　崇禎七年　　オランダが小琉球を征服。
1635　崇禎八年　　オランダ人が**ユトレヒト要塞**に着工。

冬を過ごすしかなかった。翌年、濱田は新港社の原住民16人と漢人の通訳2人を引き連れて密かに日本に帰った。濱田は彼らを台湾代表と称し、彼らにオランダ人が弾圧を加えているので、台湾を保護して欲しいと日本政府に訴えさせた。当時の新任の長官のノイツはこれまた一団を率いて日本に渡り解決の道を探ったが、日本政府に接見を拒絶された。ノイツはこのため憤然として大員に戻った。1628年4月、濱田は2艘の船を率いて再度台湾に渡ったが、オランダ人に船内の武器弾薬を見つけられ、同行した新港社の原住民と通訳もオランダ人に逮捕され牢に入れられた。6月29日、濱田は部下を率いてゼーランディア城に行き、ノイツを拉致し、協約を締結し人質を交換するように迫った。濱田は、台湾から人質を連れ日本に戻ったが、日本に帰国した後は前約に反してオランダ人人質を牢に入れ、平戸にあるオランダ商館を閉鎖した。オランダはノイツを解任し、使節を日本に行かせて調停を試みたが、成果を得られなかった。1632年、オランダ人はノイツを人質にして、再度使節を日本に派遣して交易の再開を要求、ようやく日本の同意を得た。1636年、オランダはブロンズの灯籠を贈って日本に謝罪し、ノイツを救出することができた。こうして11年間にわたった貿易紛争は結末をむかえた。

ユトレヒト要塞（Redout Utrecht）　1635年に着工、1640年に落成。大員西南方の小丘上にあり、ゼーランディア城を守る重要な要塞である。ユトレヒト要塞は四角錐の屋根を持つ方形の要塞で、その形態構造はプロビンシア城の稜堡と類似しているが、面積は小さい。この要塞は鄭成功がゼーランディア城を包囲攻撃した際、非常に大きな戦略的機能を発揮した。要塞は鄭軍が鯤身から攻め込む道筋にあり、戦いを膠着状態にさせたのである。1662年1月、鄭軍は投降したオランダ人の手引きのもとにこの要塞を攻め落とした。この結果、ゼーランディア城への障壁は失われ、城は鄭軍の砲火にさらされ、大員長官はついに城を捨てて投降した。この堡塁の基礎部分は今なお台南の安平共同墓地の丘の頂の隅にあり、民国72年（1983）、ゼーランディア城の遺跡とともに古蹟に指定された。しかし、いまだに整理が行なわれず、現在は墓と蔓草の中に埋もれたままである。

1636	崇禎九年	オランダが蕭壠社を征服し、大員付近の28の**番社**がオランダ東インド会社に忠誠を誓う。
1636	崇禎九年	オランダが初めての「**地方集会**」を開催。
1636	崇禎九年	オランダ人が**魍港**に建設していた堡塁が落成。

番社　原住民の集落生活の組織で、一般に住んでいる土地、種族の別によって、おのずと村落を形成する。大きな社は千人あるいは数百人から成り、小さな社はわずかに数十人から成っていると見られる。各種族の番社の政治、社会組織それに経済生活はそれぞれ大いに異なり、一概に論じることはできない。原住民の村落は大部分は独立しているが、一部の地方では数個の社を含んだ連盟が存在し、1人の大頭目が指導している。オランダ時代、西部平原にはQuata Ongと呼ばれる大頭目がおり、18の村落を支配していた。この他、瑯嶠社の大頭目の勢力範囲は、広く付近の17の村落に及んでいた。清朝が台湾を統治するようになってからは、徴税や労役の徴発などの行政管理の都合上、いくつかの小さな社を一つの大きな社に組み込んで支配した。厳密に言えば「番社」は極めて一般的な呼称であって、一個の完全に独立した生活ブロックを指すものとは必ずしも言えず、大きな社の下に分社が存在することもあり得たし、その分社が独自の社名を持っていることもありえた。人が××社と名指しする時は、一個の単独の社を指している場合もあり、またはその他の相互に関係する支社や小社を指している場合もあり得る。もし多くの小さな社の帰属を考えるならば、それは時代の変遷とともに変化し、一層複雑になる。それ故、文献の中で指摘している「××社」という言葉に対しては、年代を考慮しなければならないばかりか、その社の本体を指しているのか、あるいは付属の社も含むものかを知らなければならない。そうすれば混同を避けることができるだろう。

地方集会（Landtadag）　オランダ人の台湾統治時期には、駐屯軍と行政要員は大員に集中し、しかも人力にも限りがあった。そこで、彼らが征服した広大な原住民地区を管理するため、半自治の地方制度を実施した。1636年、牧師のユニウス（Robertus Junius）は大員以北の28集落の頭目をオランダ長官の前に招集して集会を開き、地方集会のひな形を創設した。1641年には南北14社の代表が赤崁で集会を開き、長官に各地の状況を報告した。これ以後、この種の集会は「台湾地方集会」と呼ばれるようになった。また全島を北部地方集会区、淡水地方集会区、南部地方集会区、東部地方集会区など四つの地方集会区に区分した。集会の際には出席した各番社の代表はオランダ東インド会社に服従と忠誠を誓い、会社側は各代表に権力を象徴する旗印や会社の紋章を刻んだ銀の冠、藤の杖などの物品を授けた。

魍港　17世紀、台湾の重要な港の一つ。オランダ人が台湾を占領する以前に、この地は漢人、原住民、それに日本人が集まって交易を行う重要な港だった。オランダ人が大員地区を占領して以後、多くの商人は制限や搾取を受けるのを嫌い、続々と魍港に移った。漢人と原住民の貿易を断ち切るため、オランダ人は魍港の水路の入り口に堡塁を築き、1636年に落成させた。魍港

1636　崇禎九年　スペイン人が淡水から退去。
1637　崇禎十年　2月3日、オランダ人が卑南で**金鉱**を探査。
1638　崇禎十一年　オランダ人、華武壠社に進攻。

はいったいどこにあったのか、学術界ではかなり盛んな論争があった。魍港は現在の嘉義県八掌渓口の好美里にあったという者もいるし、嘉義県の朴子渓口の東石にあったという者もいる。あるいは今の曾分渓口付近だったという者もいる。オランダ人が測図した地図の中では、魍港はすべて「麻豆渓」と呼ばれた川の海への出口に書き込まれている。商人は魍港に入った後、麻豆渓を遡上し、麻豆社の原住民と交易を行なうことができた。この麻豆渓は清代の文献の中で「倒風港」とされている所のはずである。倒風港は内陸に向かって入り込んでおり、その行き着くところは「水堀頭港」である。その終点の水堀頭は正に麻豆社の入口である。このように見ると、魍港の正確な位置は、現在の八掌渓が海に出るあたりの好美里であると言えるだろう。

金(鉱)　台湾の重要な鉱産物の一つ。金鉱の結晶は立方体あるいは八面体形を成し、一般には顆粒状、塊状あるいは樹の枝状で産出する。埋蔵の状態の相違によって「粒状金」、「砂金」の2種類に分けることができる。粒状金は岩石の中に埋蔵されており、よく溶岩の鉱脈の中で発見される。通常は石英と硫化物を伴っている。金鉱を多く含む岩石が雨によって浸食され流された後、金と小石のかけらが混ざり合って河床に堆積したものは「砂金」と言われる。人類は金の比重が極めて重いので、水桶を使って砂金鉱を洗い流し、金に比べ比重が遙かに小さい土砂と小石を分離させれば砂金を得ることができるということを非常に早くから知っていた。台湾で金を産するという噂が17世紀に盛んに流れており、早くも1637年にオランダ人は探検隊を派遣し、大員から台湾島の南部を回り卑南へと向かって金を探したが重大な発見はなかった。この後も金鉱があるという噂が時々流れたが、金鉱のありかは原住民の居住区域内にあり、その上に交通の便が悪かったため、採掘されないままになっていた。清末になって鉄道を敷設する際、道路工事の労働者が基隆河の鉄橋の下で砂金を発見し、ゴールドラッシュが起こった。これは基隆河の上流の山中には金鉱が豊富で、その屑が川水によって押し流され、中・下流の河床に堆積し砂金となったのである。日本時代になって、金は台湾の最も重要な鉱産物の一つになった。

1640	崇禎十三年	オランダ人が**贌社**制度の実施を開始。
1640	崇禎十三年	鄭芝龍とオランダ人が貿易協定を締結。
1642	崇禎十五年	8月19日、オランダ人の船艦が鶏籠へ向かい、スペイン人を攻める。スペイン人は26日、鶏籠を退去。スペインは、それまで北部台湾を占拠すること17年に及んだ。
1642	崇禎十五年	11月20日、オランダ軍が大波羅社と大武郡社を攻撃。
1644	崇禎十七年	呉三桂が清兵を関内に引き入れる。李自成、帝を称す。北京は陥落し、崇禎は自殺。明滅ぶ。

贌社　原住民に対して実施された一種の管理方法。1640年からオランダ人が実行し始めた。贌社の制度では一社を単位とし、漢人に委任して各種の生産物及び日用品の交易、徴税を請け負わせた。毎年5月2日、オランダ東インド会社の主計官が役所で集会を開き、これには贌の請け負いを希望する漢人も出席した。東インド会社の職員が社ごとの担当者に与える給費額を大声で叫び、それに応えて希望者が声を上げて返事をした。落札した漢人の商社は町に出している店の保証書を提出し、それで請負を引き受けることができた。その後は、その商社は請け負った番社の一切の税を代納しなければならず、それと引き替えに番社との交易の権利を独占することができた。その後、鄭氏王朝を経て清の初めまで一貫してこの制度は踏襲された。多くの商社は番社の贌社の業務を引き受けた後は、自ら番社に行くことをせず、別に通事（通訳）の頭に委託して番社に通わせ、通事の頭は商社に代わって徴税の手配をし、貿易の事務に従事した。贌社の制度には、政府の役人が請負の募集をする際商社に手数料を要求したり、商社や通事の頭が勝手に番人を酷使し、さらには彼らの財産を奪うことまでし、弊害が多かった。

福王朱由崧（？～1645）　南明の皇帝。1644～1645の間在位し、年号は弘光と言った。彼は明の神宗の孫、福王朱常洵の子である。崇禎十四年（1641）、李自成が洛陽を落とし、朱常洵を殺すと、朱由崧は逃れて長江、淮河方面をさすらった。崇禎十六年、福王の跡を継いだ。明の滅亡後、淮安に逃れ、鳳陽総督・馬士英らの支持を受けて南京で帝と称した。在位中、努めて流浪者を掃討し、清兵との和議を試みた。当時、朝政は馬士英、阮大鋮らに握られ、朱由崧は酒食に溺れ、政治の腐敗を招いた。順治二年（1645）、清の豫親王多鐸が兵を率いて南下し、南京を攻略すると、朱由崧は蕪湖に逃れたが捕えられた。後に北京に護送され、処刑された。

唐王朱聿鍵（1602～1646）　南明の皇帝。1645～1646の間在位し、年号は隆武と言った。明の太祖の23子・唐王桱の後裔で、崇禎五年（1632）、唐王の爵位を継いだ。九年、王への忠誠を呼びかけて罪を得、鳳陽に拘禁されたが、福王が帝位に就くに及んで釈放された。順治二年（1645）、朱聿鍵は鄭鴻逵、鄭芝龍、黄道周らの支持の下に福州で帝位に就いた。隆武の朝政は鄭芝龍の手に握られ、清への抵抗を名目に高額の租税を徴収した。朱聿鍵は北伐を主張したが、鄭芝龍は兵を擁したまま動かず、軍の出動と出費を拒み、事はついに成らなかった。順治三年、清の軍隊は仙霞嶺を越えて長駆福建に入

1644	崇禎十七年	**福王朱由崧**、南京で帝を称す。
1645	隆武元年	福王が殺され、**唐王朱聿鍵**が福州で帝位に就く。
1645	隆武元年	八月、唐王が**鄭成功**に朱姓を賜る。人呼んで「**国姓爺**」と称す。
1645	隆武元年	オランダ人が漢人頭人（僑長 Cabesa）制を定める。
1646	隆武二年	三月、唐王が鄭成功を「忠孝伯」に封じ、「招討大元帥」の印綬を帯びさせる。
1646	隆武二年	鄭芝龍、清朝に投降。

った。朱聿鍵は汀州で捉えられ、その後まもなく福州で死んだ。

鄭成功（1624～1662）　明の天啓四年（1624）日本の平戸の千里浜で生まれた。幼時は母親の田川氏に育てられ、名は福松と言った。彼の父親の鄭芝龍は中国東南海で最大の勢力を持ち覇を称えていた。鄭成功は7歳の時（1631）、父親によって中国に連れ戻され、「森」と改名した。清の軍隊が関内に入り、明朝がまさに滅亡しようとしていたその時以後、鄭芝龍らは唐王を擁立して福州に政権を樹立した。唐王は鄭成功を高く評価し、彼に「朱」姓を賜り、「成功」と名を改めさせた。このため人々は彼を「国姓爺」と呼ぶようになった。鄭芝龍は清朝の脅迫によって清に投降したが、鄭成功は引き続き清への抵抗を堅持し、桂王永暦帝の年号を遙かに押し頂いていた。鄭軍と清軍の間で長期にわたって対抗の状態が続く中、台湾のオランダ語通訳・何斌が厦門に来て、鄭成功に台湾を攻撃するよう盛んに促した。これを受けて、鄭成功は永暦十五年（1661）、台湾討伐の兵を挙げ、数十年にわたり台湾の経営に当たってきたオランダ人を撃退した。鄭成功がオランダ人を追い払った後、台湾に初めて中国型の政権が誕生した。しかし、鄭家では内憂外患が絶えず、つづけざまに打撃を受け、鄭成功は台湾に移ってから1年もたたないうちに、39歳の若さでこの世を去った。

国姓爺　鄭成功に対する一般的な呼称。唐王が鄭成功に明朝の皇帝の姓（国姓）の「朱」を賜ったことから、人々は彼を「国姓爺」と尊称している。**鄭成功**の項を参照のこと。

1647	永暦元年	五月、鄭成功、**鼓浪嶼**を拠点にして清に抗戦。
1648	永暦二年	オランダ人が**麻豆社**、赤崁に学校を開設。
1651	永暦五年	施琅、鄭成功の怒りを買い、清朝に投降。同安副将の職を授けられる。

鼓浪嶼　永暦元年（1647）五月、鄭成功は鼓浪嶼を拠点にして清に抗戦した。鼓浪嶼は古くは圓沙洲、圓洲仔と言った。厦門島の西南に位置し、大陸に最も近い所はわずかに500mしか離れていない。現在は厦門市鼓浪嶼区に属している。島の西南に海蝕によってできた洞穴があり、終日波の衝撃を受けて鼓のような轟きをあげている。このため鼓浪嶼と名付けられた。島は東西約1.75km、南北の幅は約1.6km、面積は1.77平方km、海岸線の全長は7kmである。全島は花崗岩よりなる丘陵で、長期間の風化と海の浸食作用によって、珍しい地形を形作っている。最高地点の日光岩は海抜92.6mで、鄭成功はこの岩の頂きに立って兵の点呼をとったと伝えられており、またの名は「点将台」と呼ばれている。島には元代には人が住みつき、清の光緒二十八年（1902）に租界となった。民国34年（1945）に中国はこの島の主権を取り戻した。

麻豆社　現在の台南県麻豆鎮にある。17世紀の初めには、麻豆は台南地区の原住民の重要な居住地だった。オランダ人が大員に来たばかりのころは麻豆社との関係は非常に緊張していた。1629年、大員の長官は62名のオランダ兵を麻豆社に派遣して海賊を捜査、逮捕しようとしたが、何も得るところがなかった。帰途、麻豆社の原住民はオランダ兵を背負って河を渡ろうとした際、突然将兵を水の中に落として溺死させた。この事件から6年たってオランダ人は報復を始めた。1635年11月23日、オランダの長官は475名の兵士と新港社の原住民を率いて麻豆社を討伐した。戦争は1日で終わり、オランダ人は26人の原住民を殺害し、3千棟近い家を焼き払った。12月19日、麻豆社は正式にオランダに投降し、それ以後オランダ人の統治を受け入れた。鄭氏の時代と清代の初期になっても、麻豆社は依然台南付近の四大番社の一つだった。

沈光文（1612～1688）　字は文開、新庵と号した。浙江鄞県（現在の浙江寧波）の出身で、明朝の遺臣。朱由崧が自立して福王となった時、彼は史可法とともに清と戦い、のち魯王に従って浙江に後退して守った。魯王の兵が敗れた後、彼は普陀山に隠居して僧となった。鄭成功が厦門、金門を占拠して守備に当たっていた頃、彼は金門から船に乗り泉州に行こうとしたが、船は大風に遭い台湾へ漂着した。沈氏が台湾に着いた時期については1649年、1651年及び1662など諸説がある。確かな年代がどうであれ、彼は中国から台湾に来て、長期にわたって身を寄せた最初の文人である。沈光文は台湾に着いてからは台南に身を寄せた。1662年、鄭成功は台湾に拠を移した際多くの明の遺臣を引き連れて来たが、沈光文に対しては賓客の礼を以て遇した。鄭経が位を継ぐと、彼は賦を作って鄭経を風刺したため、追われて台南を離れ、目加溜湾、大崗山、羅漢門などの地を転々として移り住んだ。清朝が台湾を統治するようになってからは、沈光文は高齢で、また前朝の遺臣として

1651　永暦五年　　**沈光文**、大風に遭い台湾に漂着。
1652　永暦六年　　八月六日、**郭懐一事件**が起こる。

はわずかに残った貴重な存在だったので、当時の諸羅県知事・季麒光は彼を非常に手厚くもてなし、彼の日常生活の面倒を見た。沈光文は自ら提唱して「東吟詩社」を作ったが、これは台湾で最初の詩社である。彼の詩文の中には故郷を思う愁いと運命に対する感懐がにじみ出ている。死後は善化里東堡（現在の善化駅付近）に葬られた。著作には『台湾輿図考』、『草木雑記』、『流寓考』、『台湾賦』、『文開詩文集』などがある。

紅毛港　紅毛港は2ヵ所ある。1ヵ所は高雄にある漁村で、高雄港湾の外側の砂州にある。村の家は砂丘の内側に散らばり、住民は漁業を生業としている。湾を隔てた対岸は高雄市の小さな港で、従来から渡船があって高雄市と連絡していた。また、自動車道路によって高雄湾の東南端を回って行くこともできる。もう1ヵ所は新竹県新豊郷の海辺にある。その南には鳳鼻山脈があり、北には小さな砂丘があって障壁となっている。東には新庄子渓と茄苳渓が海に注ぎ込んでいる。17世紀には台湾西北海岸の有名な港だった。オランダ人が台湾を統治していた当時、紅毛船が港外で座礁し、紅毛人が上陸して住むようになったので、「紅毛港」と呼ばれるようになったと言い伝えられている。

郭懐一事件　オランダは台湾占拠の中期以後、台湾産業の開発に積極的に取り組み、多数の漢人を招き寄せた。これらの漢人はオランダ東インド会社の奴隷労働者にも相当し、気ままに原住民と交易ができないばかりか、自分が開墾した土地も永久に保有することができず、オランダ当局の指図に従わなければならなかった。このため、台湾の漢人はオランダ当局に対して一様に不満を抱いていた。郭懐一はそこで永暦六年（1652）、密かに図って決起した。彼はもともと中秋節の当日に反乱を起こす計画だったが、郭懐一の弟がオランダ人に密告したため、やむなく八月六日に予定を早めて蜂起し、一挙にプロビンシアを攻め落とした。大員の長官はゼーランディア城の精鋭部隊に台江を渡って攻め込むように命令し、また新港、麻豆、目加溜湾、蕭壠など4社の原住民を動員して来援させた。郭懐一は戦死し、部下は退却して、最後は漚汪（現在の高雄県岡山鎮後紅里一帯）で打ち破られた。この反逆事件は半月に及び、漢人の殺された者は五千人あまりにのぼった。この事件はオランダ統治上の重大な弱点をさらけ出したばかりか、それ以後一定期間、漢人の移民が大幅に減少するという事態を招いた。鄭成功が台湾に来てから後、再び閩南から漢人の大規模な移民が来るようになった。

1653	永暦七年	**プロビンシア城**が完工。
1653	永暦七年	七月、桂王（永明王）が鄭成功を「延平王」に封じる。
1656	永暦十年	六月、清朝が**海禁政策**を公布、すべての港湾で船舶の出入りを禁止。
1657	永暦十一年	7月、オランダ人が**何斌**を派遣し鄭成功と交渉させる。
1658	永暦十二年	五月、鄭成功が北伐を開始。

プロビンシア城（Provintia）　オランダ人は台湾占領後、最初に北線尾島に商館を建てたが、その土地は海辺にあったため淡水に乏しかった。そこでオランダ人は新港社から赤崁一帯の土地を買って市街を建設し、プロビンシアと命名した。郭懐一の反逆事件の後、プロビンシアに居住する漢人を効果的に管理するため、オランダ人は1653年、赤崁に城塞を築きプロビンシア城と名付けた。主要な構造は赤煉瓦を積み重ね、煉瓦の間の接着剤は砂糖水と餅米の汁に貝殻の粉末を加えてつき砕いたもので、盤石のように堅固だった。城塞は台江の分流した王宮水道に臨み、大潮の時には水が城塞の前まで押し寄せた。これがつまり漢人が後に言うところの「赤崁城」、「赤崁楼」、「紅毛楼」あるいは「番仔楼」である。1661年、鄭成功は台湾に来て後、これを承天府と改めた。清朝が台湾を統治するようになってから赤崁楼一帯は一時荒廃した。日本の台湾統治以後は臨時の陸軍野戦病院及び師範学校の宿舎にあてられた。戦後、木造の楼閣は修復され、一級古蹟に指定された。**赤崁楼**の項参照。

赤崁楼　台南市中区民族路212号にある。もとの名はプロビンシア城。1653年に作られた。オランダ当局が郭懐一事件の後、漢人の反抗を防ぐために建てた城塞である。オランダ時代、城内には百余人の兵が駐留していたが、鄭成功が攻め寄せて来た時には、わずか4日で陥落した。鄭氏王朝は承天府をここに設けた。康熙二十二年（1683）、鄭氏の滅亡後は火薬庫にされ、政府の軍隊が監視していた。一般大衆は城に楼閣があり、また赤崁社にあるので、俗に赤崁楼と言う。朱一貴事件（1721）後、火薬庫は移され、次第に廃墟と化した。同治元年（1862）の大地震で城の建物はすべて倒壊し、わずかに土台を残すのみになった。光緒九年（1875）、残っていた城壁の一部を取り除き、文昌閣を建てた。光緒十一年、海神廟、五子祠、大士殿、蓬壺書院を再建し、十四年にすべて完成した。これ以後、オランダ様式のプロビンシア城は消えてなくなり、中国式の城楼がそれに取って代わった。土台のみがわずかにオランダ時代の構造の名残を留めている。明治28年（1895）、日本軍が台南に進駐し、城のあった土地を軍の病院に変えた。大正7年（1918）、師範学校の宿舎になった時には五子祠は全部取り壊され、文昌閣と海神廟は改修された。大正11年、師範学校が引っ越した後には史跡として観光の名所になった。太平洋戦争の時期及び民国55年（1966）の2回にわたる大補修を経て、今の姿になった。現在は国家の一級古蹟に指定されている。

海禁政策　一般人が外国に出て海外貿易に従事することを禁止した明朝の政策。「洋禁」とも言う。明代初めに始まり、時によって強弱の程度に差があったが、明末に至るまで撤廃されなか

1659	永暦十三年	4月21日、オランダ人、何斌の通事及び徴税の職務を解く。何斌はこの後、鄭成功に身を投じ、鄭成功に台湾の奪取を働きかけた。
1659	永暦十三年	七月、鄭成功は南京の攻略に失敗、十月、金門、厦門に退く。

った。海禁政策は明の太祖朱元璋に始まった。彼は一部の国家あるいは部族が朝貢の形式で明に来て貿易をすることは許可したが、これを除けばその他の民間人の海外貿易を一律に禁止した。明の成祖永楽以後は、朝廷は再三にわたって禁令を宣布したが、太祖の時のような厳しさには遠く及ばず、禁令の範囲も次第に縮小され、それ以後海禁に対しても比較的寛容な態度をとるようになった。嘉靖元年（1522）、朝廷は朝貢船による貿易は倭寇を助長するとして、合法的な朝貢船貿易も併せて徹底的に禁止した。このような厳しい海禁政策によっても、民間人の海外貿易を抑えることができなかったばかりか、かえって商人と地方の役人が結託して違法な貿易を続けるという結果を招いた。隆慶以後、倭寇の災禍がおおかた終息したのを受け、明朝は禁令の一部を廃止した。天啓五年（1625）、オランダ人は台湾を基地として中国との貿易を行なった。やがて鄭芝龍らの海賊の勢力が猛威をふるったため、政府は海禁を再度実施した。崇禎十年（1637）、海賊が一掃された後、大陸と台湾の間の貿易は再び回復し盛況を見るようになった。明の滅亡後、清朝は鄭成功との戦争のため、引き続き海禁を実施した。

何斌　オランダの文献ではPincqua（ピンクワ）となっている。福建泉州南安の出身。彼の父親は1640年代の後半期には赤崁の漢人の指導者の1人だった。彼はオランダ東インド会社の通訳を務めるかたわら、東インド会社から貿易の許可をもらい、台湾島内及び東南アジア、中国、日本との間の貿易に従事した。何斌は父親の仕事を受けつぎ、台湾を根拠地として日本と東南アジアとの貿易に鋭意取り組み、郭懐一の反乱の失敗後は通事の要職に就いた。彼はまた、オランダ東インド会社の下での重要な税務官でもあり、稲作税や貨物税などの重要な租税の徴収の責任を負っていた。1658～1659年に大勢の漢人が中国から台湾に逃げて来た。彼らは鄭成功がまもなく台湾を攻めるという風説を盛んに流し、オランダ側の重視するところとなった。1659年、オランダ人は何斌が大員で鄭成功の徴税に協力していることに気づき、彼を免職にするとともに彼の一切の特権を剥奪し、罰金を科した。何斌は厦門に逃れるや、鄭成功にオランダ人と台湾に関する情報を提供し、鄭成功の台湾攻略に多大な貢献をした。

1661	永暦十五年	三月、鄭成功は自ら軍を率いて澎湖に至り、さらに台湾を攻め、三十日、**鹿耳門**に上陸。
1661	永暦十五年	四月四日、プロビンシア城守備の将軍が投降。
1661	永暦十五年	五月二日、鄭成功は台湾を東都、赤崁を承天府とし、天興、萬年の2県を置き、大員を安平鎮と改める。（**鄭氏の地方制度**の項を参照のこと）

鹿耳門　北線尾砂州と隙仔砂州の間にある水路の名。17世紀前期、鹿耳門港の水路は非常に浅く、台江に出入りする船のほとんどは大員港を利用していた。鹿耳門には全く重要性がなかったため、オランダ軍はこれを軍事防御の重点地区に入れていなかった。永暦十五年（1661）、鄭成功は軍を率いて台湾に進攻したが、艦隊がまさに台江に入ろうとした時、鄭成功はオランダの強力な軍隊が守備している大員を避け、水深の浅い鹿耳門から港に入った。伝えられるところによると、鄭成功が香を焚き祈願をすると、海水がにわかにみなぎり、船はスムーズに鹿耳門を通過したという。鄭氏の時代から清代までの間、大員港は次第に土砂が堆積し、一方鹿耳門は深く広くなり、鹿耳門が次第に大員港に取って代わるようになった。清代の鹿耳門は台湾府の玄関口であり、海軍の兵が守備する地理的に重要な場所であった。水路の両側には旗が立て並べられ、船の進入路を示す目印になっていた。道光三年（1823）以後、鹿耳門は土砂に埋まり、次第に港としての価値を失っていった。

鄭氏の地方制度　鄭成功は永暦十五年（1661）軍を率いて大陸から台湾に退き、反清復明の根拠地とした。長期にわたって台湾を経営するため、台湾を東都と定め（鄭経の時再び「東寧」と改称）、ゼーランディア城を安平鎮に、プロビンシア城を承天府と改称した。台湾南北のすでに開発の進んでいる地域を2県に区分し、そのうち承天府以北を天興県とし、地方官庁を佳里興（現在の台南県佳里鎮にある）に置いた。承天府以南は萬年県とし、地方官庁は興隆里（現在の高雄市左営）に置いた。この他、澎湖に安撫司を置き、周全斌に南北2路の軍務を監督させた。鄭氏の台湾における統治の最も重要な意義の一つは、漢人社会を確立させたことである。オランダ時代、あるいはそれよりも早く、閩南の沿海地方などから漢人が台湾に入って来ていたが、その多くは一時的な季節的な往来だった。鄭成功の台湾統治以後は、行政計画を実施し、軍隊の屯田開墾が始まった。自由意志で開墾に従事する農民と漢人の独自の社会組織はこの時期から強固になり始めたと言えよう。

コイエット（Fredric Coijet, 1620～？）オランダの最後の大員長官。1620年、スウェーデンのストックホルムに生まれる。1647～1648年、1652～1653年の2度、日本駐在の商館長を務めた。1656～1662年の間、大員長官を務めた。1662年、鄭成功と条約に調印し、台湾を去りバタビヤに戻った。1665年、オランダ東インド会社は台湾を失ったのは彼の責任と判定、これにより無期懲役の判決を受け、マレーシアの小島に島流しにされた。1674年、妻と友人の救助活動によって釈放され、オランダに帰った。著書に『忘れられた台湾』がある。この著作の中で、コイエ

1661	永暦十五年	十二月十三日、**コイエット**がゼーランディア城を明け渡して投降、オランダの38年間の台湾占拠に終止符。
1661	永暦十五年	鄭氏、軍に**屯田**を命令。
1662	永暦十六年	五月八日、鄭成功逝く。享年39歳。

ットはオランダ東インド会社の台湾経営の失敗を暴露し、自己の政治面の業績について弁護している。

屯田　農業生産組織の一つの形態で、その主たる目的は軍糧と軍費の供給の問題を解決するところにある。中国では漢の武帝以来、歴代、歴朝みな屯田によって軍糧をまかなって来た。明代になって、屯田は全面的に制度化され、各軍隊は一定の割合の兵士を割いて農業生産の責任を負わせ、自給自足の目標を果たせるようになった。一般的に言って、大規模な屯田の組織は多くは戦中あるいは戦後に設けられた。それによって一時的な軍糧の不足の問題を解決することができ、食糧供給の安定を保証するからである。この他、武装した軍隊が開墾耕作を管理することによって、田畑の生産の中断を防ぐことができ、戦後の農業の回復に役立った。平和な時代の到来につれて、屯田は振るわなくなった。鄭氏の軍隊は明代の軍事制度を踏襲して、台湾に入って以後、ごく自然に各地で屯田を行なった。それに加えて、当時、鄭氏は清朝と敵対状態にあったので、大規模な軍隊を維持しなければならず、屯田は軍糧の供給を保証する最良の方法だった。

1662	永暦十六年	六月、**鄭経**、厦門で喪を発して位を継ぎ、周全斌を五軍都督とし、**陳永華**を諮議参軍に、**馮錫範**を侍従武官とする。
1662	永暦十六年	十一月、鄭経、台湾に至る。

鄭経（1643～1681）　福建安南の出身。鄭成功の子である。またの名を錦。永暦十五年（1661）、鄭成功が軍を率いて台湾に攻め込んだ時、彼は命を奉じて厦門に残り守備の任に当たった。永暦十六年、鄭成功の死後、台湾の部将は成功の弟の鄭世襲を擁立したが、鄭経も同時に厦門で王位の継承を宣言した。十月、鄭経は台湾に渡り、鄭世襲を滅ぼして台湾の統治者となり、その後厦門に戻った。財政の大権を掌握していた鄭泰は以前鄭世襲と通じていたため、鄭経によって死に追いやられた。永暦十七年六月、鄭泰の弟鄭鳴駿は部下を率いて清朝に投降し、鄭氏の兵力は大いに減じた。十月、清軍はオランダ人と連合して金門、厦門を包囲攻撃し、鄭経は金門、厦門を放棄して、銅山に退いた。翌年三月、鄭経は沿海諸島をすべて放棄し、すべての兵力を台湾、澎湖の防衛にあてた。八月、鄭経は東都を改め東寧とし、陳永華に政治を、劉国軒に軍を総覧させた。永暦二十八年、三藩の乱に乗じて福建、広東を攻め、一度は福建の沿海地方の多くをを占領した。永暦三十四年、鄭経は敗れて台湾に退き、翌年正月病死した。

陳永華（？～1680）　字は复甫、福建同安の出身。永暦初年、鄭成功に投降した。才知と能力に優れていたため重用され、鄭成功によって「臥龍」（諸葛亮）に例えられ、参軍の職を授けられた。永暦十二年（1658）、鄭成功の長江への北伐を支持した。永暦十六年、諮議参軍職に昇進し、鄭成功が台湾を攻略するのを助けた。鄭成功の死後、前後して鄭経、鄭克壓を補佐した。永暦二十八年、鄭経は三藩の乱に乗じて福建に出兵したが、陳永華は台湾に留めて政治を主管させた。永暦三十四年、鄭経が台湾に敗退した後、鄭経に従って西征した馮錫範、劉国軒らが勢いを得、陳永華は彼らに排斥されて辞職を迫られ、同年七月病没した。臨終の前、鄭経は陳永華に「資政大夫正治上卿」の肩書きを授けた。死後、諡は「文正」と号し、妻とともに天興州赤山保大潭後（現在の台南県六甲郷）に合葬された。

馮錫範　鄭克塽の岳父。福建泉州の出身。永暦二十八～三十四年（1674～1680）の間、劉国軒とともに鄭経に従って福建に出征した際、侍従武官を主管し、次第に鄭経の信任を得た。西征に失敗し台湾に戻った後、陳永華を排斥した。永暦三十五年、鄭経が急病で死亡した。彼はただちに董太妃の名を騙って監国・鄭克壓を謀殺し、わずか12歳の娘婿・鄭克塽を王とした。その後すぐに「忠誠伯」に封じられ、引き続き侍従武官を主管し、軍事と内政の大権を思いのままに操った。永暦三十七年、清朝は台湾を攻撃した。彼はルソン島への逃亡を主張したが、劉国軒に説得され、不本意ながら満清に帰順した。清に降った後、正白旗漢軍伯の肩書きを授けられた。

1663	永暦十七年	一月、鄭経は桂王が雲南で害されたことを知るも、なお「永暦」の年号を奉じ、厦門に帰る。
1663	永暦十七年	**寧靖王朱術桂**台湾に至り、邸宅を赤崁に置く。現在の台南**大天后宮**がこれにあたる。
1663	永暦十七年	五月二十六日、鄭経、金門で清、オランダの連合軍に大敗。

寧靖王朱術桂　号は一元子。明の太祖9代目の孫、荊州に封じられた。明末、流賊が荊州を攻め落とした後、金門に亡命した。永暦二年（1648）、永暦帝の命を奉じ、鄭成功の監軍を務めた。永暦十七年、家族を連れて台湾に入り、東寧府署の南方に住んだ。現在の台南大天后宮の中にある。当時の萬年州長治里（現在の高雄県路竹郷）で開墾に従事した。鄭成功の死後、鄭経の彼に対する態度が冷淡だったので、ほとんど長治里に住み、農漁業で生計を維持した。彼の妻の羅氏は早逝し、妾の袁氏、王氏及び女中の秀姑、梅姐、荷姐ら5人が身辺にかしずくだけだった。永暦三十七年、清将・施琅が台湾を攻め、鄭克塽は降伏を願い出た。朱術桂は国に殉じることを決心し、妾の袁氏らに自活の道を求めるように命じた。袁氏ら5人は、彼女らだけが生き残ることはできないと殉死することを決意し、寝室で縊死した。朱術桂は彼女らの入棺を手伝った後、鄭克塽に別れを告げ、彼女らに続いて自殺した。死後は長治里に葬られた。大衆は寧靖王一門の忠義の心に感じ、袁氏ら5人を桂子山に合葬し、五妃と称した。通称では五妃娘と言う。**五妃廟**の項を参照のこと。

大天后宮　台南市永福路2段227巷18号にある。もとは監軍・寧靖王朱術桂の邸宅で、明代の諸皇帝の位牌を祭る場所でもあった。康熙二十二年（1683）施琅が台湾に入って後、一度はその私宅とされたが、翌年、皇帝に台湾攻略戦を上奏した際、媽祖に霊験を顕して助勢するよう願い、廟を作ることを建議、私宅を媽祖廟に改めた。後に媽祖は天后に封じられたので、廟はただちに天后宮と名を改められた。嘉慶二十三年（1818）の大火により、廟はほとんど跡形もなくなった。火災の後、三郊が再建の責を負い、道光十年（1830）に完成した。これが現在の大天后宮である。現在でも廟の中には咸豊帝の「徳侔厚載」、光緒帝の「與天同功」の二つの扁額が保存されており、康熙以後の扁額や碑も数多く残っている。台湾でここほど多く典籍を蔵しているところはめったにない。現在では国家の一級古蹟に指定されている。

1663	永暦十七年	六月、**鄭泰**、鄭経に拘留され自殺。鄭経の**五商十行**に対する支配大いに弱まる。
1664	永暦十八年	三月、鄭経は金門、厦門を放棄し、台湾に退く。東都を東寧と改め、天興、萬年の２県を州に改める。清朝が**遷界**令を厳格に施行。
1665	永暦十九年	四月、施琅が初めて台湾に進攻するも、途中大風に遭い引き返す。
1666	永暦二十年	一月、承天府の**孔子廟**落成。

鄭泰　鄭成功の部下の財政大臣。「五商十行」などの商業組織を掌握していたが、後に鄭経に疑いを持たれ、自殺に追い込まれた。**五商十行**の項を参照のこと。

五商十行　鄭氏の商業貿易組織。五商十行とは山五商、海五商の十の商店を指す。彼らの間には上下関係はなかったようで、すべて戸官（財政大臣）の監督の下にあった。山五商は杭州に置かれた金、木、水、火、土の五つの商業組織で、海五商は厦門に置かれた仁、義、礼、智、信の五つの商業組織である。山五商は輸出のための商品を買い付けるのが主たる業務で、輸入した物資を販売することはまれだった。このため船隊は商品を売って海上に出た後は、ただ銀を持ち帰るだけで、他の商品に買い換えることはほとんどなかった。銀は日本の長崎の唐通事処に預けておいた。鄭泰は長期間戸官の職を担当していたので、山五商、海五商の商人の多くは直接彼の命令に従っていた。永暦十七年（1663）六月、鄭経は鄭泰を謀殺し、その後その一家をすべて斬殺した。この後、鄭氏の五商十行に対する支配力は大いに衰え、鄭軍のその後の兵站補給に重大な影響を及ぼした。

遷界　清朝が鄭氏に対抗するために採った焦土政策で、黄梧の提案による。黄梧はもともと鄭成功配下の武官だったが、後に清朝に投降し「平海五策」を献策した。この策は清朝に中国東南海の住民をすべて内地に移し、彼らが海に出るのを禁止し、これによって鄭成功への物資、食糧の提供を絶とうというものである。これがいわゆる「遷界」である。実際にどのような手法を採ったかと言えば、海岸から30里以内の田園、家屋はことごとく焼き捨て、住民には内陸への移住を強制し、境界には塀を建て、境界を示す石の目印を置き、兵を派遣して守らせた。その目的は「板きれ1枚も海に出ることを許さず、一切の商品を境界から出さない」状況にすることにあった。とりわけ、永暦十八年（1664）、鄭経が金門、厦門の前線の陣地を捨て台湾に退いてからは、清朝はさらに厳格に遷界令を執行し、鄭経を台湾一島に押し込めようと図った。遷界の結果、鄭氏王朝が大変な脅威を受けたばかりでなく、沿海の住民も外海と隔絶され、彼らの郷里と漁労による生計はみな失われた。このため多くの人々が追いつめられて境界を越え、海外の鄭氏のもとに走った。この政策は間接的に漢人の台湾への移住を促進し、彼らは台湾開発の新たな労働力となった。

孔子廟　孔子のための祭りを営む廟宇。孔子廟は普通の廟宇とは異なり、民間の信仰によって創建されたものではなく、為政者が建造を決めた。孔子廟の

1666	永暦二十年	鄭氏が**永暦銭**を鋳造。
1667	永暦二十一年	一月、清朝は使者を台湾に派遣し鄭経に帰順を働きかけるも成らず。
1668	永暦二十二年	一月、清朝が福建水師提督を廃し、沿海の艦船をことごとく焼き、海上に野心の無いことを示す。
1668	永暦二十二年	九月、オランダ人が鶏籠から退去。
1668	永暦二十二年	**林圮**、水沙連原住民に殺害される。

建築には特定の構造があり、萬仞宮牆、照壁、泮池、櫺星門、礼門義路、大成門、大成殿、東西両廡それに崇聖祠などの建造物が含まれる。このうち最も主要な建築物は大成殿である。大成殿は壮大かつ盛観で、独立した高い土台の上にあり、前方には四角い露台がある。この露台は孔子を祀る際、八佾舞を踊る場所である。殿内には主として孔子の位牌を祀り、傍らには「四配」と「十二哲」を祀る。四配とは顔子、曾子、子思それに孟子を指す。十二哲は南宋の朱熹以外はみな孔子の弟子である。孔子、四配、十二哲はみな儒家思想を築き上げた重要人物である。清代の孔子廟の中には各級政府の儒学（官立学校）が付設されていた。例えば台湾府儒学は台南孔子廟に、彰化県儒学校は彰化孔子廟に付設されていた。台南孔子廟は鄭氏時代に建てられたもので、台湾で最初の孔子廟である。そこは、清代の官立の最高学府・台湾府儒学の所在地で、「全台首学」と称された。

永暦銭　桂王朱由榔が鋳造した硬貨で、彼の時代の年号が永暦だったので、永暦通宝と命名された。その俗称が永暦銭である。永暦銭の種類は非常に多く、大小軽重も一様でない。一般的には、その直径は2.5cm、重さは3.95gである。裏には星形の文様があり、また戸、工、御、勅、督、部、道、府、留、粤、輔、明、定、国などの字も書いてあった。この他、當二銭、當五銭、當十銭などの額面の銅銭もあった。鄭成功は永暦銭を遵奉し、鄭氏政権は永暦銭を法定の貨幣とした。當二銭の中には、表に「永暦通寶」の文字が行書あるいは篆書で書かれているものがあるが、これは鄭氏が人を日本の長崎にやって鋳造させたものである。

林圮（？～1668）　福建同安の出身。若くして鄭成功の指揮下に従軍し、しばしば戦功を建て、参軍に昇進。永暦十五年（1661）、鄭成功に従って台湾に至り、オランダ人を駆逐した。鄭成功は台湾を平定した後、「事あれば兵となり、事なければ農となる」という政策を実行し、各部隊に荒れ地を開墾するように命じた。林圮は命を奉じて兵を連れて斗六門（現在の斗六）一帯に行き開墾に従事した。当時の斗六門は水沙連山区への入り口に当たり、山地には多くの番社があった。林圮の開墾に当たった地区は斗六門からさらに山地へ向かい現在の竹山一帯にまで及び、現住民としばしば衝突を引き起こした。林圮は後に番人の襲撃に遭って殺された。この林圮が先頭に立って開墾した地方は、後に「林圮埔」と呼ばれるようになった。現在の南投県竹山鎮がそれに当たる。

1670	永暦二十四年	五月七日、イギリス人と鄭経が通商。イギリス船、東寧に至る。
1670	永暦二十四年	七月二十七日、鄭氏王朝とイギリスが非公式の通商条項37条で合意。
1670	永暦二十四年	劉国軒が尾龍岸番、沙轆社を弾圧、大肚番が水沙連に逃げ込む。
1672	永暦二十六年	六月二十一日、**イギリス東インド会社**の商船が**安平**に到達。八月二十三日、通商条項13条に正式に調印。
1673	永暦二十七年	五月、「**三藩の乱**」が勃発。鄭経が厦門を攻略。耿精忠が抗清に呼応。六月、鄭経は泉州に入り、十月、漳州を占領。
1675	永暦二十九年	コイエットが『忘れられた台湾』を書く。
1677	永暦三十一年	二月、清軍が泉州を落とし、漳州に入る。鄭経、厦門に退き防衛に当たる。

イギリス東インド会社（British East India Company）　17世紀から19世紀中期にかけて、イギリスのインドと中国に対する商業独占と植民地拡張を実行した会社。この会社は1600年に創立され、本部はロンドンに置かれた。イギリス女王が与えた特許状により、この会社は喜望峰以東の各国に対する貿易独占権を持っていた。17世紀初め以後、この会社はマレー群島一帯で貿易活動を行い、またインドに拠点を作って次第に勢力を発展させた。1689年、理事会はインドで税収を増やし、貿易を拡大し、武力を保持し、国家を打ち立てることを決定した。これより後、東インド会社はただの貿易会社ではなく、武装力を持った政権と化した。18世紀中期になると、この会社はインドにすでに150の商業ステーションと15カ所の大代理ステーションを作っていた。イギリスとフランスの間の「七年戦争」（1756～1763）の際に、東インド会社もインドで戦端を開きフランスの南インドにおける軍隊を打ち破った。19世紀になると東インド会社はすでに全インドを掌握できるまでになっていた。東インド会社の勢力の拡張につれて、イギリス政府も介入を始めた。1813年、議会は会社のインドに対する貿易独占権を取り消すことを決定し、1833年にはまた中国に対する独占権も取り消した。1858年、東インド会社は正式に解散させられ、株式を除く全財産は国家の所有となった。

安平　オランダ時代の「大員」で、永暦十六年（1662）以後「安平」と改称された。1624年、オランダ人は澎湖から台湾に入り、台湾をその国際貿易の中継点と見なし、大鯤身砂州に政治、商業の中心を作るプランを建てた。このプランの中にはゼーランディア城を建設し、行政の中心とすることも含まれていた。同時に、大員市鎮を作り、台湾最初の商業街（今の延平街）とした。これにより、当時の安平は全台湾屈指の貿易港だったと言うことができるだろう。永暦十六年、鄭成功がオランダ人を追い払った後、ゼーランディア城を「安平鎮」と改称し、これが安平の地名の由来となった。鄭氏時代から清朝中葉まで、安平は海軍の集合地となり、軍事的に非常に重要

1678	永暦三十二年	三月十六日、清朝は遷界令を重ねて発し、北は福州から南は詔安に至るまで住民を移住させる。鄭氏王朝の商業は大打撃を受ける。
1679	永暦三十三年	鄭経は鄭克壍を立て、「監国」とする。
1680	永暦三十四年	三月、鄭経は内陸及び金門、厦門を放棄し、台湾（東寧）に退く。十万の大軍、清に降る。
1680	永暦三十四年	陳永華、病没。
1680	永暦三十四年	鄭氏、鶏籠城を壊す。
1680	永暦三十四年	鄭経、西征に失敗し、台湾に退く。
1681	永暦三十五年	一月二十八日、鄭経死す。三十日、馮錫範が鄭克壍を殺し、**鄭克塽**〔→次頁〕が位を継ぐ。

なステイタスを持っていた。オランダ時代に作られた大員市鎮は安平街と改称された後も、依然として大陸と台湾の貿易の重要な商港だった。同治四年(1865)、安平は正式に開港し、一時期、税関や外国人の商社などが次々に設立され、隆盛を極めた。しかし、安平の港湾としての条件は打狗に劣り、近代の貨物船の停泊には向かず、多くの商船は打狗に停泊地を変えるようになった。日本が台湾を統治するようになってからは、安平の地位は急激に低下し、もはや南部の重要な港とは言えなくなった。

三藩の乱　三藩とは清朝雲南の平西王・呉三桂、広東の平南王・尚可喜及び福建の靖南王・耿精忠を指す。呉三桂、尚可喜、耿精忠の祖父の耿仲明はもとは皆明朝の将校で、後に清朝に投降した人たちである。清兵が関内に入った後、清朝は彼らを利用して明朝の残存勢力を鎮圧する先鋒とし、前後して彼らを藩王に封じた。この後、彼らは大軍を擁し、それぞれ地方に割拠して自分の管轄区域内で統治権を行使し、あたかも独立した小王国のようだった。清初の政権はまだ十分に固まっておらず、彼らを利用して抗清勢力に打撃を与える必要がまだあったので、清朝は彼ら藩王が地方に割拠する事実をしぶしぶ認めるほかなかった。康熙十二年（1673)、呉三桂が先ず蜂起し、尚、耿がこれに呼応した。一時期、呉三桂の勢力は中国の大半を席巻し、台湾の鄭経までもが兵を出して福建を攻略した。清朝は討伐と慰撫を併用する策略を採り、全力を挙げて呉三桂を攻撃する一方、尚、耿の2人に対しては分裂工作を行なった。反乱を起こした3人の藩王と鄭経はそれぞれ自分自身の利益についての打算があり、協同一致して清兵に当たることができなかったばかりか、互いに反目して闘争することすらあり、最終的に滅亡の運命をたどることは免れ難かった。康熙二十年、三藩の乱はすべて平定された。

1681	永暦三十五年	七月二十八日、清朝、**施琅**を福建水師提督に任命。
1681	永暦三十五年	王世傑が竹塹（現在の新竹）に開墾に入る。
1682	永暦三十六年	八月、鶏龍山の原住民が反乱し、鄭氏は通事に命じて帰順させる。
1683	永暦三十七年	六月十六日、施琅が艦船を率いて澎湖に到達。
1683	永暦三十七年	六月、寧靖王とその5名の妾が自殺して国に殉じる。（→**五妃廟**）

鄭克塽（1670～？）　福建南安の出身、鄭成功の孫。永暦三十五年（1681）、父の鄭経が死亡し、彼は馮錫範らに擁護され、わずか12歳で延平王の位を継いだ。永暦三十七年、清兵が大挙して台湾に進攻し、澎湖を占領した。その後、鄭克塽は使者を送り清に投降を申し入れた。清兵は無抵抗の状態で10月3日、鹿耳門に上陸し、鄭克塽の投降状を受け取った。鄭克塽は投降後、縛めを解かれて北京に送られた。康熙帝は鄭克塽を厚遇し公爵の称号を授けた。

施琅　字は琢公。福建晋江の出身。南明唐王が福建で即位した時、彼は左先鋒に封じられ、鄭芝龍の部将となった。鄭芝龍が清に降った後、施琅とその弟の施顕は鄭成功を頼った。施琅は用兵に優れ、大いに戦功を挙げ、鄭成功の下で大将となった。後に部下の処罰をめぐって鄭成功と衝突し、成功はその父と弟を殺した。施琅は報復を誓い、今度は清軍に投降した。施琅は康熙二十二年（永暦三十七年、1683年）、大軍を率いて台湾に入った。八月、鄭氏の部将の劉国軒の要請を受けて東寧に入り、鄭克塽の投降を受け入れた。厦門に帰った後、新たに征服した台湾をいかに処置するかという問題をめぐり清朝と意見が異なったため、施琅は『台湾棄留疏』を提出し、台湾を清朝の版図に回収すべきであるという意見を固持した。この上奏文の中で施琅は、台湾は地理的位置が優れ、物産が豊かであると説明している。上奏文はさらに、住民を移住させ境界を作る遷界は実際には困難であり、もし台湾を放棄するなら、必ずや再度不法の徒や外国人の根拠地になってしまい、中国東南への脅威となるであろうと指摘している。清朝は最後には彼の建議を受け入れ、康熙二十三年、台湾に1府（台湾府）、3県（諸羅県、台湾県、鳳山県）を置いて福建省の支配下に入れ、正式に版図に組み入れた。施琅は征台の功により「靖海侯」に封じられた。康熙三十五年、76歳で死去。施氏の家族はこれ以後大いに名声があがり、清代初期の閩南地方の有力な一族となった。施家は台湾に膨大な産業を抱え、また澎湖と台湾南部の多くの土地とそれがもたらす地租が施家の所有に帰した。この地租を「施侯租」と言った。

五妃廟　台南市中区五妃街201号にある。五妃墓とも呼ばれ、明の寧靖王・朱術桂に従って殉死した妾の袁氏、王氏と女中の秀姑、梅姐、荷姐の5人を合葬した墓である。寧靖王は明朝の皇室の遺族だったので、清朝の台湾統治の初期には、五妃の墓には墓碑が建てられておらず、わずかにその土地の民衆が守り伝えるのみだった。乾隆十一年（1746）、巡台御史の六十七と范咸が五妃の忠烈をしのび、墓前に廟を建

1683	永暦三十七年	八月十八日、鄭克塽が清に降る。
1683	永暦三十七年	九月十日、清朝が施琅を「靖海侯」に封じる。
1683	康熙二十二年	十二月二十二日、施琅が『台湾棄留疏』を奉り、清朝の台湾放棄を諫める。
1683	康熙二十二年	「**編査流寓六部処分則令**」を施行。
1684	康熙二十三年	清朝は**渡台禁令**を公布するも、閩（福建）、粤（広東）の民衆が**黒水溝**〔→次頁〕越えの危険を冒して台湾に移住するのを阻めず。

て、五妃を祀った。これが五妃廟創建の由来である。現在の規模になったのはおおむね日本時代に大改修を行なった結果である。五妃廟建築の最大の特色は、それが「墓廟合一」の陰廟となっていることである。この廟の特徴は墓と廟宇がすぐ間近につながっていることで、墓碑は前方の廟の壁面に直接はめ込まれている。それには「寧靖王従死五妃墓」という文字が刻まれている。五妃廟の建築は小さく精巧で造型は簡潔、色彩は端正重厚であると言える。現在は国家の一級古蹟となっている。

編査流寓六部処分則令　康熙二十二年（1683）に台湾を清朝の版図に組み込んだ時、島にはすでに多くの漢人が住んでいた。これらの漢人は役所からは「流寓（仮住まい）の民」と見なされ、厳しく管理しなければ台湾が再び反清勢力の本拠地となる恐れが極めて大きかった。そこで清朝は「台湾編査流寓六部処分則令」を公布した。この規定によれば、台湾の「流寓の民」で、妻や資産のない者は大陸の原籍地に送り返し、台湾に引き続き残ることはできなかった。妻や資産のある者は、台湾に残りたければ役所に登録しなければならなかった。犯罪者であれば、妻があろうと無かろうと、みな原籍に押送し刑に処した。

渡台禁令　台湾が清朝の版図に組み込まれた後、以前から台湾に住んでいる漢人を全面的に調査するとともに、大陸に住む者の台湾入りを制限する弁法を定めた。康熙二十三年（1684）、施琅は清朝に三つの禁令を発するように建議した。その第1条は、台湾に行きたい者は、先ず原籍の役所に申請し、地方官はこれを分巡台厦兵備道と台湾海防同知に転送し、許可を得た後台湾に来ることができる。第2条、家族を連れて来ることは許さず、台湾に来てからも家族を引き取って同居することを許さない。第3条、粤の地は従来海賊の巣窟であるから、粤の者が台湾に来るのを許さない。この中、第3条の禁令は施琅の死後解除された。前の2条の執行は時に厳しく、時に緩められたが、最後まで取り消されることはなかった。光緒元年（1875）になり、沈葆楨の建議によって廃棄された。清朝は禁令を犯して台湾に密航する者の処罰については非常に厳しく規定し、役人は失職させ、密航の組織者、密航者に至るまで処罰したが、密航者は万策を講じて台湾に向かった。

1684　康熙二十三年　　台湾府天妃廟を建て、**媽祖**を祀る。

黒水溝　清朝は鄭氏王朝を平定して後、施琅の力説によって台湾を版図に入れ、郡、県を置いたものの、積極的な経営を行なわなかった。清朝は台湾の治安を確保するため、大陸の沿海住民の台湾渡航を制限する政策をとり、多くの渡台禁令を公布した。しかし、土地が狭く人口稠密な生活条件に苦しむ東南沿海の住民からすれば、物産に富む台湾は希望を満たす新天地だった。このため、非常に多くの漢人が禁令を無視して密航を企てた。当時の移民が大陸から台湾に渡航するには、当局の禁令を突破する以外に、「黒水溝」を超える危険にも立ち向かわなければならなかった。台湾海峡の黒水溝は二つある。一つは澎湖の西方にあり、幅80里余り、澎湖と厦門水道の分かれ目にあり、水は墨のように黒く、「大洋」と呼ばれる。もう一つは澎湖の東面にあり、幅はやはり80里余り、台湾、澎湖水道の分かれ目にあり、「小洋」と呼ばれる。「小洋」は「大洋」よりも水の色がさらに黒く、底なしの深さである。「大洋」は風波の穏やかな時には錨を下ろすこともできるが、「小洋」は錨を下ろすことはできず、今でも台湾語の中に「落際」という言葉が残っている。その故実の出所は、黒水溝は大変危険で、いったん水に落ちれば戻ることができないという意味で、ここから「落ちぶれる」、「絶体絶命の窮地に陥る」などの意味にもなっている。

媽祖　俗に「媽祖婆」とも言い、台湾の民間であまねく信仰されている女神である。媽祖は、姓は林、名は黙と言い、福建省興化府莆田県湄洲嶼の人である。宋の太祖建隆元年（960）の生まれ。林黙は幼い時から聡明で、常人とは異なっていた。28歳の時、正座したまま死に、羽が生えて天に昇り仙人になった。彼女は仙人になった後、常に赤い衣を着て海と島々に遊び、霊験を顕して遭難した船を幾度も救ったと伝えられる。湄州の村人はそれで廟を建てて彼女を祀り、林黙は航海の安全を加護する女神となった。初め、林黙は村人に「通賢霊女」という尊称で呼ばれていたが、その後歴代にわたって位が上がり、明代には「天妃」となり、清朝康熙年間には「天后」にまで位が上がった。このため、台湾人はよく媽祖を「天上聖母」と言ってあがめている。台湾では媽祖信仰が極めて盛んで、各地の規模の大きな廟宇の半数以上は媽祖廟である。その中、年代が最も遡るのは澎湖県馬公市の天后宮である。その他、台南県鹿耳門、安平、台南市、嘉義県新港、雲林県北港、彰化県鹿港、彰化市、台中県大甲、台中市南屯、苗栗県後龍、台北市関渡などの媽祖廟は規模が広大で、線香の煙が絶えない。

台湾府　台湾は康熙二十三年（1684）に清帝国の版図に入ってからは、ただ一つの府のみを設置し、「台湾府」と称した。台湾府の政府所在地は台湾府城、即ち現在の台南市である。台湾府は全台湾のあらゆる県、庁を管轄し、その中には台湾県、諸羅県、鳳山県、彰化県、淡水庁、噶瑪蘭庁などが含まれる。光緒元年（1875）には、元来台湾府が所轄していた北部地区、つまり大甲渓以北の地区は独立した府となり、「台北府」と呼ばれた。台北府

1684　康熙二十三年　　1府（**台湾府**）3県（**台湾県**、**鳳山県**、**諸羅県**〔→次頁〕）を置き、福建省の支配下に置く。

の政府所在地は淡水県城（現在の台北市）で、淡水県、新竹県、宜蘭県それに基隆庁を管轄した。元の台湾府は大甲渓以南の彰化、嘉義、台湾、鳳山及び恒春などの諸県のみを統括した。台湾省ができてから、改めて行政区を調整した。光緒十三年（1887）、再度統括区域を調整し、全台湾を三つの府に分けた。北部は元どおり台北府と称し、管轄する区域は最南の一部の地域を中部の台湾府に戻したほかにはほとんど変化はなかった。中部には新たに「台湾府」を設け（もともと台南に置かれていた「台湾府」は「台南府」と改称された）、政府所在地は橋孜図（現在の台中市の中にある）に定められ、苗栗県、台湾県、彰化県、雲林県、埔里社庁などを管轄した。南部は「台南府」と改称し、政府所在地は前通り現在の台南市で、安平県（もとの台湾県を改称）、鳳山県、恒春県、嘉義県、澎湖庁などを管轄した。中央山脈東側の花蓮、台東一帯には、「台東直隷州」を設け、いかなる府にも属さない台湾省の直轄とした。

台湾県　清の康熙二十三年（1684）に設けられ、県政府の所在地は現在の台南市だった。台湾県の県政府所在地は同時に台湾府の政府所在地だった。城内には台湾県知県のほか、その上司に当たる台湾府知府、台湾道などがいた。台湾県は清代の台湾では最も小さい県だった。清代初期には、北は新港渓（現在の塩水渓）と諸羅県を、南は二層行渓（現在の二仁渓）と鳳山県を境界とし、その範囲は現在の台南市及び台南県の仁徳、帰仁、新化、関廟などの郷や鎮に相当する。雍正年間に元は諸羅県に属していた羅漢門竹（現在の高雄県内門郷一帯）を引き継ぎ管轄した。道光十四年（1834）、塩水渓以北、曾文渓以南の地区はまた嘉義県から台湾県の管轄に移管された。これより以後は、管轄区域にはあまり大きな変動はなかった。

鳳山県　清の康熙二十三年（1684）に設けられ、台湾府「南路」地方を管轄した。鄭氏時代の萬年県に相当する。つまり二層行渓（現在の二仁渓）以南で、高雄県、高雄市及び屏東県枋寮以北の地区を含んでいる。鵝鑾鼻半島及び台東も理論上はやはり鳳山県に入る。県政府所在地は鄭氏の旧例を踏襲し、興隆里（現在の高雄市左営）に置いたが、清初の知県はみな府城内で事務を執り、興隆には駐在しなかった。後に鳳山県政府は県の域内に戻されたが、知県はほとんどの時間は埤頭（現在の高雄県鳳山市）にいて、興隆里は名目上の県政府所在地に過ぎなかった。乾隆五十一年（1786）、興隆里は林爽文の乱で焼かれ、県政府の所在地は正式に埤頭に移った。嘉慶十一年（1806）、埤頭もまた蔡牽によって破壊され、清朝は防御のためとして、県政府を再び興隆里に戻した。この後も県政府をどこに置くかで論争が続き、道光二十七年（1847）、最終的に埤頭を県城とすることに確定した。光緒元年（1875）には、枋寮以南のもと鳳山県に属していた地区は、独立して恒春県となった。

1684　康熙二十三年	**台湾鎮**を設け、その下に10営を管轄した。台湾鎮は**総兵**1名、副将2名、参将2名、遊撃8名、守備10名、千総20名、把総40名、**班兵**は合わせて1万名で編成された。

諸羅県　清の康熙二十三年（1684）に設置され、台湾府の「北路」地方を管轄した。鄭氏時代の「天興県」に相当する。新港渓（現在の塩水渓）以北、即ち現在の台南県新市郷以北の嘉義、雲林、彰化などを含み、台北、基隆に至る広大な地区はすべて諸羅県の管轄区に属した。それに基隆からさらに東方の宜蘭、花蓮などまでも理論上は諸羅県の管轄に入った。しかし、清初の台湾中、北部はやっと漢人による開墾が始まったばかりで、諸羅県の主たる政務は依然現在の嘉義県付近に集中しており、人民が大甲渓以北の区域に行くには相変わらず役所の許可を得なければならなかった。県政府所在地は諸羅（現在の嘉義市）にあったが、清初の県政府は鄭氏時代の旧例にならい、事務所は佳里興（現在の台南県佳里鎮にある）に置かれていた。康熙四十三年になって、名実ともに諸羅に移った。雍正元年（1723）、清朝は諸羅県虎尾渓（現在の雲林県旧虎尾渓）以北の地域を分割し、新たに設けられた彰化県の管轄に入れた。乾隆五十二年（1787）、諸羅県城は長期間林爽文に包囲されたが、城内の軍民は堅守して屈しなかった。乾隆帝は深く心を動かされ、諸羅を「嘉義」と改名するように命令し、その「義」行を「嘉」奨した。

台湾鎮　台湾総兵管轄下の緑営部隊を総称して「台湾鎮」と言った。その防衛地域は台湾本島と澎湖諸島を含んでいた。康熙年間に台湾鎮を創設した時には、合わせて10営があり、それぞれの営の兵士は1千名、全台湾では1万名だった。清代200年余の統治の中で、台湾鎮は営制あるいは官兵の編成を問わず多くの変革が行なわれた。以下、改変の規模が比較的大きな例をいくつか挙げる。康熙五十七年（1718）、北路淡水営を創設。雍正十一年（1733）、城守営を増設し、また北路営、南路営の編成を大幅に拡大し、3千名近くの増兵を行なった。乾隆五十三年（1788）、1,200名余りの増兵を行なった。嘉慶十三年（1808）、北路淡水営が艋舺営に昇格。嘉慶十七年、噶瑪蘭営を創設。同治八年（1869）に「軍縮加給」政策を実施する以前、台湾鎮が統括する官兵は約1万4千名余だったが、兵力削減の後は7千名余を残すだけになった。咸豊、同治年間以後、地方の団練、郷勇が次第に緑営に取って代わり、戦闘の主力となった。台湾の防衛も次第に淮軍、湘軍の新制部隊の手に移っていった。

総兵　明、清の官職名。明代の総兵官には官位の等級の定めはなく、定員もなかった。公、侯、伯、都督が任に当たった。満清が中国に入って後、武将を文官出身の総督、巡撫の指揮下に置き、同時に総督の数を減らして総兵を増やし、一鎮を分けて数鎮にした。この結果、清代の総兵の数はやたらに増え、その権威、権力が落ちるという状況が生まれた。清代の総兵は軍職の正二品官で、総兵直轄の部隊及び所属の各協、営を管轄し、鎮の所属する地域を守備し、当該の省の総督と提督の管轄下に入った。総兵は陸路と水師の2種に分かれ、全国には陸路の総兵70

人、水師の総兵13人がいた。清代の台湾には総兵1名が置かれ、台湾、澎湖の最高軍事指揮官だった。その管轄する部隊は総称して「台湾鎮」と言った。全国の各鎮の編成の大小は異なり、このため各鎮の総兵が統括する官兵の数も違っていた。台湾鎮を例に取れば、清初の編成では官兵は1万人だったが、乾隆、嘉慶以後は次第に増加し、1万4千名余りになった。

班兵 清代の台湾緑営の制度。台湾鎮の兵士は台湾で募集するのではなく、福建の各駐屯地の中から兵を配置替えし、台湾に送って任に当たらせた。3年の期間が来ると、福建の元の駐屯地に戻らなければならず、別の兵士が代わりに台湾に来ることになっていた。この制度は康熙二十三年（1684）に始められた。このような制度が始められた理由としては清朝の台湾民衆への不信感もあったが、主たる理由としては、財政上の配慮に基づいていた。というのは台湾で新たに兵を募集すれば、当然厳しい財政負担がかかることになる。しかし、もし福建の既存の部隊を台湾に振り向ければ、内地の防衛に穴が空く恐れもある。そこで中を取って「班兵」という措置を採ったのである。こうすれば、台湾鎮の編成にかかる1万名の兵士は新たに募集する必要はなく、福建に既存の10数個の駐屯地ごとに若干名の兵を引き抜いて台湾に行かせさえすれば、それで台湾の軍はでき上がる。班兵制度は財政上の問題を解決はしたが、多くの弊害も生んだ。先ず、福建の各駐屯地の中から抜き出された兵士同士の言葉、風俗、習慣が同じであるとは限らず、訓練や査察に数々の不便をもたらした。この他、同郷の官兵が1ヵ所に群れ、勢力を笠に着て人民を虐げたり、さらには地方の分類械闘（類を分かち、武器を取って戦う意味、清の官僚が名付けたもの。大陸から台湾に移住して来た開拓者たちが、出身地の相違や渡来の時期の違いから集団に分かれて反目し、抗争したことを言う）に加わるといった弊害を避けるために、やむなく同郷の兵士を分散させて守備につかせなければならなかった。兵士は3年に一度交代するが、福建と台湾の間の海上交通が危険だったため、多くの兵士は任期が来た後も福建の元の駐屯地には戻らず、台湾に留まり、多くの治安問題を引き起こすもととなった。班兵制度の欠点に対処するため、台湾の地方官吏は何度も改革を建議し、あるいは台湾現地から兵を募集することを主張したが、いずれも清朝に受け入れられなかった。班兵制度は清朝の台湾統治が始まってから採用され、台湾が日本に割譲されるまで廃止されることなく続いた。

1685　康熙二十四年　台湾府の**儒学**を**台南孔廟**に設ける。
1685　康熙二十四年　蒋毓英が『台湾府志』を編纂。台湾で最も早い地方志。
1686　康熙二十五年　諸羅県が新港、蕭壠、目加留湾、麻豆4社の**社学**を設立。

儒学　清代、各地方が教育行政を管理するための機関。府の儒学は「府学」、県の儒学は「県学」と呼ばれ、一般大衆は俗に「老師衙」と呼んだ。すべて台湾道の管轄下にあった。台湾での最も早い儒学の設立は康熙二十三年（1684）の台湾県儒学で、同年にはまた鳳山県儒学が、翌年には府儒学が設立された。康熙四十五年には諸羅県儒学、雍正四年（1726）には彰化県儒学、嘉慶二十二年（1817）年には淡水庁儒学、光緒年間には淡水県儒学及び台北府儒学がそれぞれ設立された。儒学衙門の官職には「教授」（正七品）、教諭（正八品）、訓導（従八品）などがあった。これらの官吏の職責としては、学校を管理し、春秋の祭典を主宰し、試験を行い、生員を指導監督することなどがあった。

台南孔廟　鄭氏統治時期に淵源があり、鄭経が陳永華の建議を採用して建てたもの。永暦二十二年（1666）年に落成した。場所は当時の承天府鬼仔埔、現在の台南市中区南門路2号にある。孔子を祀るほか、傍らの明倫堂は儒学の講堂で、台湾で最も早く建てられた孔子廟であるばかりでなく、台湾儒学の幕を明ける先触れでもあった。清の康熙五十一年（1712）、分巡台厦兵備道（台湾、厦門地区を束ねる最高の位の官吏、長官）の陳璸は3年の時間をかけて大規模な修理を行い、孔子廟は初めてそれなりの規模を持つようになった。乾隆四十二年（1777）、台湾知府の蔣元枢は東大成坊外に泮宮石坊（国学を讃える石造りの牌楼式の建築物）を建てた。日本が台湾を占領した後、孔子廟は日本軍区や公学校など多くの用途に転用され、ひどく破壊された。戦後、台南市政府の度重なる修理によって、現在の姿になった。廟の傍らの東大成坊の上には「全台首学」の扁額がかかり、傍らには「文武百官至此下馬」の碑がある。元来孔子廟の正門があった泮宮石坊は南門路を隔てて孔子廟と向き合っている。現在は国家の一級古蹟に指定されている。

社学　清代の一種の教育機構で、多くは地方の郷に置かれたが、ごく少数は例外として府、県、庁の政府所在地に置かれた。一口に「社学」と言っても、それには異なる二つの意味があった。一つは文化の同好者による結社で、もう一つは教育機関の学校である。教育を目的とする「社学」にも対象の違いがあり、漢人社学と番人社学に分かれていた。漢人社学は義塾とよく似ており、しばしば区別がつけられない。番人を対象とする社学については「土番社学」と呼ばれ、すべてが役所によって設立され、主として帰順した番人の子弟を受け入れた。教科の内容は四書、五経を主とした。

科挙　隋朝から始まり、歴代王朝が実施した官吏選抜の試験制度。科目別に人材を選び登用した。両晋時代にはすでに推挙された孝行廉潔な人物、秀才に対して一律に試験の方法を取ったが、これは古代科挙制度の先触れである。隋の文帝は名門の家柄によって独占されていた九品中正の制度を廃止し、開皇七年（587）、「志行修謹」、「清

1686	康熙二十五年	広東の客家が下淡水（現在の屏東）一帯に入植。
1687	康熙二十六年	正式に**科挙**の試験を行う。
1690	康熙二十九年	台厦道・王效宗、総兵・王化行は鄭氏の庭園を改築し、**開元寺**とする。

平干済」の2科を設けた。隋の煬帝の大業二年（606）に正式に「進士科」を設置し、策試（皇帝が科挙の受験者に対して直接下問する試験）によって人材を選抜する制度を実施した。その方法は先ず州、郡の試験を行い、策試はその後に行う。採用の基準は策試に重きを置き、徳望にはない。唐代には科目を設けて人材を選び、常挙と制挙（天子の詔で不定期に行う試験）の2種類に分け、秀才、明経、進士、明法、明書、明算などの科目があった。試験を受ける者は進士と明経の二つの科目に集中していた。明経の試験は儒家の経典の暗唱に重きを置き、進士の試験では詩賦と時務策に重きが置かれた。宋以後の科挙は経書の解釈によって人材を選んだ。明、清の時代には、『四書』、『五経』の語句を問題とし、文章の型は八股文とし、解釈は朱熹の『四書集注』を基準としなければならないと規定した。光緒三十一年（1905）、清政府は近代学校制度を普及させることとし、1千年余り続いた科挙の制度はついに廃止された。

開元寺　府城の北、柴頭港渓のほとり、現在の台南市北区北園街89号にある。元は鄭経の台湾における旅宿で、その母の董太妃の養老の場所に供した。周囲は静かで、あずまやの多いことで知られた。董太妃の死後、庭園は次第に荒廃した。康熙二十九年（1690）、台厦道・王效宗と総兵・王化行は共同で資金を募って再建し、仏像を安置し、道場を建設して海会寺と名付けた。土地の人は、この寺が府城では初めて建てられたものだったので、慣例に従って通称を開元寺とした。乾隆四十二年（1777）、台湾知府・蔣元枢は再度改築し、現在見られるような規模になった。その後も数次にわたって修理が行なわれたが、中でも光緒十八年（1892）の修理が最も大規模だった。現在は殿宇や宝塔がそびえ立ち、庭園は広々としている。また、七絃竹、鄭経井、詩魂碑などの名勝が散在し、周囲は非常に静かである。

1695	康熙三十四年	**頼科**が諸羅県に「崇爻八社」の清朝への帰順を上申。
1695	康熙三十四年	高拱乾が『台湾府誌』を著す。
1697	康熙三十六年	**郁永河**が台湾の北投に行って硫黄を採り、**『裨海紀遊』**を書く。
1699	康熙三十八年	**通宵社番の乱**。

頼科　康熙年間、台北の有名な通事〔→**通事**の項参照〕。彼は長期間大鶏龍社の総通事を務め、康熙三十四年（1695）に中央山脈の東部に探訪に出かけた。これより先、康熙三十二年、陳文、林侃などの商人が大風に遭い、台湾東部に漂着した。彼らは上陸して定住し、水路や番社の情況にいささか通じるようになった。当時の台湾東部は後山と呼ばれ、当局の管轄下にはなかった。頼科は大鶏龍社の通事の身分を利用し、陳文らに頼んで道案内になってもらい、昼間は隠れ夜には歩き、ついに後山に到着し、その地の原住民と交易を行なった。頼科は台北に戻った後、後山との交易を合法化するため、後山の「崇爻八社」が帰順を願っていると役所に報告した。康熙五十一年、頼科は金を出して関渡天后宮を建て、翌年、鄭珍らと「陳和議」墾号（開墾者の屋号）を発足させ、海山庄（現在の台北県新荘市一帯）と内北投（現在の台北市北投区にある）などの土地を開墾した。頼科は乾隆初年ごろ死去した。

郁永河　字は滄浪。浙江省仁和県の儒生で、遊覧を好んだ。福建省城で官僚の補佐役をしていた時期には、福建の山水の名勝にあまねく遊んだ。康熙三十五年（1696）冬、福建省の火薬局が火事になり、火薬庫の中の火薬はすべて焼き尽くされた。郁永河は当局の損失を賠償するため、台湾に行き硫黄を採取することにした。康熙三十六年の春、彼は厦門を船で出発し、二月二十五日台南に上陸、北上して淡水河を遡上し、北投に至った。同年十月四日、淡水から船に乗り引き返した。この間7ヵ月余りが経過していた。彼は台湾での体験と視察の結果を記録し『裨海紀遊』、『鄭氏逸事』、『海上紀略』などの書を完成した。**裨海紀遊**の項を参照のこと。

裨海紀遊　書名、またの名を『採硫日記』。著者の郁永河は康熙三十六年（1697）に台湾に行き硫黄を採取した。本書はその時の台湾での体験を書いた紀行文である。彼は日記の形式をとって目にした風景、習俗や遭遇した困難などを記し、さらに事件や番社に対する政策などに論及している。郁永河が台湾に行った時期は、鄭氏の滅亡後わずか十余年で、書中に記載された内容は作者自身が身を以て体験したことでもあり、その参考価値は極めて高い。当時、台湾はまだ全面的に開発されておらず、漢人は大部分が南部に集中していた。このような時期に郁永河のように南から北へと旅行をした人物は稀で、その意味で本書の記録は最も貴重である。これ以後は、私的な著作であれ、当局が編集した地方志であれ、多くが本書の内容を引用している。現在通用している版本は、多くが郁永河の著作をひとまとめにしており、総称して『裨海紀遊』としている。その中には、『採硫日記』の他に『鄭氏逸事』、『海上紀略』などが含まれている。**郁永河**の項を参照のこと。

通宵社番の乱　康熙三十八年（1699）、通宵社の平埔族が起こした反乱。事件

1699　康熙三十八年　北投社番の乱。
1704　康熙四十三年　台湾最初の**書院**-崇文書院設立。
1704　康熙四十三年　諸羅県が木柵を築き城壁とする。
1708　康熙四十七年　江日昇が『台湾外記』を著す。

は当時の通事の黄申が自分の行為に節度がないばかりか、原住民に対する労役の徴発が過重であったため、番社の指導者の卓个、卓霧が反抗し、黄申ら数十人を殺害したもの。台湾総兵は北路駐屯地の参将に官兵を率いて出動させるとともに、新港、蕭壠、目加留湾、麻豆など4社の平埔族を徴用して先鋒とし、大挙して包囲した。しかし4社の原住民の死傷は甚大で、遅々として通宵社を攻略することができなかった。後に政府側は岸裡社（当時はまだ帰順していなかった）と連絡を取り、岸裡社民は通宵の東の山脈の背後から、官兵は通宵社の正面からと前後から挟み打ちにし、ついに通宵社を打ち破り、決着をつけた。

書院　本来は中国古代の支配者側の蔵書あるいは私人の読書、学問の場だった。宋朝になると、当時の学者の多くは景勝の地を選んで書院を作り、学問を研究し、弟子を集め教える場所にした。元、明、清の3代でも書院は盛んに行なわれたが、次第に科挙の準備の場所に変わっていった。台湾では早くも康熙二十二年（1683）に施琅が「西定坊書院」を創設したが、その性格は義塾に近いものだった。21年後（康熙四十三年）に最初の正式な書院―崇文書院が創設され、日本の台湾領有以前の光緒二十一年（1895）にはすでに数十の書院があった。書院には官立、私立、官督民営などいくつかの種類があった。官立の書院は府、県、庁の政府所在地に設置されたが、私立の場合はこのような制限を受けなかった。書院は政府の監督と管理を受けなければならず、その経費の出所は主として自分の所有する田畑の税収だった。このほか、官吏や有力者の金銭的な援助も受け入れた。書院の授業の内容は八股文を主としており、完全に科挙の試験に対応したものである。毎月試験を受けることを「月課」、成績優秀で奨学金を受ける者は「膏火」、書院の主宰者は「山長」とそれぞれ言われた。書院の建築は、一般には二進式あるいは三進式の構造になっていた。第一進は門庁（門を入ってすぐの部屋）、第二進は門から入って2番目の建物で講堂、第三進は3番目の建物で、奥の部屋（後堂）である。講堂の中央には先賢の位牌を祀ってあり、後堂は孔子と文昌帝を祀る場所である。第一進と第二進の間の左右に建てられた建物は学生が住む齋社である。山長は後堂の脇の部屋に住んでいた。

1709	康熙四十八年	**墾戸**の**陳頼章**が台北地区の**墾照**を取得。
1712	康熙五十一年	台湾知府・周元文が『重修台湾府誌』を著す。

書房　清代、台湾の民間で最も普及していた教育機関。「書房」というのは最もよく使われた言葉で、他に「学堂」あるいは「書館」などとも言われた。書房はすべて私人の経営で、先生自身が開いたもの、地方の人士が共同で先生を招聘したもの、あるいは金持ちが先生を招聘したものなどがある。教師の資格には制約がなかったので、科挙の試験に合格して資格や官職のある者あるいは読書人（科挙の試験の合格を目指して勉強中の者）などは誰でも教師になれた。書房の学生は年齢によって大きく2種類に分かれていた。年齢が6、7歳の間で、書房で基本的な教育を受ける者は「小学生」と呼ばれ、『三字経』に始まって、四書、五経までを習った。もう一つは年齢が10歳余りから20歳余りまでの者で、科挙の試験の準備をするための学生である。「大学生」と呼ばれた。教科は自学自習が主であった。書房の経費は主として学生の学費と礼金によってまかなわれた。清代には書房の数に関する統計資料はないが、日本統治初期の明治30年（1897）には、全台湾でまだ1,127の書房が残っていた。

墾戸　清朝の規定では、台湾で開墾に従事するには、まず政府に「墾照」、即ち開墾許可証を申請しなければならなかった。政府に開墾の登記をした後、政府はこれに基づいて地租を徴収し、同時に人民が番人の土地に踏み込み開墾するのを制限した。新たな土地を開墾するのであるから、かなりの金銭と時間を要し、一般大衆の能力では負担しきれるものではなかった。このためほとんど富豪あるいは有力者が政府に墾照を申請し、許可を受けた後に富豪が資金を提供し、耕作用の牛、種子、さらには家まで用意し、用水路を開削し、防護設備を構築した。このような準備を整えた後、小作人が実際の開墾の作業に当たった。これらの役所に開墾許可証を申請する人は「墾戸」あるいは「墾首」と呼ばれた。彼らは土地の名目上の所有者で、実際には開墾に携わることはほとんどなく、小作人から田畑の税金を徴収し、もし用水路を開削しているなら水の使用税を徴収することができた。墾戸はこれらの租税を徴収した後、今度は土地所有者の身分で役所に租税を納付した。このような開墾をめぐる人間関係の中では、墾戸は往々にして最も骨折りの少ない受益者だった。彼らは常に地方の権勢家であり、もっぱら開墾許可証の申請を行い、その後で小作人に実際の耕作を転嫁して利益を図ったのである。このため、彼らは開墾に実際に携わることはなくても、往々広大な土地を所有していたのである。

陳頼章　現在知られているところでは、台北盆地の開墾を最初に申請した開墾者である。康熙四十八年（1709）、陳頼章は当局に開墾許可証を発給するように求めた。当時台北地方は諸羅県に属していたため、諸羅県政府が陳頼章に開墾許可証（墾照）を発給し、彼らに「大佳臘」地方の開墾を許可した。開墾の範囲は、東は「雷里」、「秀朗」（ほぼ現在の水和、中和に当たる）を境

1714	康熙五十三年	イエズス会の宣教師ヘンデレアが台湾の地形図を作製し、里程を実地測量。
1714	康熙五十三年	清朝は大甲渓を境として淡水を化外の地と見なし、当局の許可証のない人民の立ち入りを禁止。

とし、西は八里坌（現在の台北県八里）、干脰（現在の関渡）に、南は興直山脚（現在の林口台地東縁）に、北は大浪泵溝（現在の圓山基隆河旧河道付近）に及んだ。開墾の申請の範囲は台北盆地の大部分を含んでいたが、開墾許可証に記載された実際の開墾面積は50甲あまりに過ぎなかった。この開墾許可証の重要性は、それが台北地区では最も早い年代の開墾許可証だという点にあり、これより先に台北に漢人が開墾に入っていなかったということを意味しているのではない。このほか、開墾許可証は台北地区の大半を含んでいるとはいえ、実際に開墾された田畑は極めて限られており、台北地方の開発のさきがけと見ることはできない。

墾照　墾戸は開墾に携わる前、まず政府に申請を提出しなければならず、政府は審査し許可した後、申請人に許可証を発給することになる。この許可の文書を「墾照」と言った。墾照にはその土地の所在地、及び東、西、南、北の四方の境界線が明記してあった。当局は1枚の墾照が申請できる最大面積をはっきりと規定していなかったので、墾戸は墾照を申請する際、ともすれば広大な面積の土地を書きこんだ。一方、地方の役人は審査、許可をする際には、実際の場所と面積をはっきり掌握しないまま墾照を発給するのが常だった。例えば、清初の康熙、雍正年間には、1枚の墾照が現在の台北盆地全体を含んでいたり、あるいは面積が全桃園県を上回っているというようなことが常にあった。この他、政府が審査、許可した開墾地区が重複していて、同一の地区に2人の合法的な墾戸がいるといったこともあった。墾照はとりあえずの開墾許可に過ぎず、墾戸も必ずしも期限内に土地を完全に開墾しきれるとは限らなかった。もし、墾戸が期限どおり土地を開墾できず、政府に登記し、租税を納めることができなければ、思い通りに土地の所有権を取得することができなかった。一方、政府は、墾戸が期限内に開墾することができなければ、その土地の墾照を別の申請人に発給し開墾させてもかまわなかった。

1715	康熙五十四年	**陳璸**が福建**巡撫**に就任。
1716	康熙五十五年	**岸裡社**の**土官**・阿穆が台中の荒れ地・猫霧拺の開墾を申請。

陳璸（1655～1718）　字は文煥、号は眉川。広東雷州海康県の出身。康熙三十三年（1694）の進士。康熙四十一年、福建古田知県から台湾知県に転任したが、これは彼の役人生活で最初の台湾勤務だった。3年の任期が来ないうちに、抜擢されて刑部主事となった。康熙四十九年、再度台湾に入り、分巡台厦兵備道に就任した。清廉な仕事ぶりで、各地の公有の荘園の収入はすべて公有に帰し、いささかも手を染めることがなかった。また、俸給を寄付して府学、県学を建てた。康熙五十三年、台湾を離任し、翌年福建巡撫に就任したが、五十六年、在任中に死去した。清朝は彼に礼部尚書を追贈した。おくり名は清端。陳璸は台厦道を務めた期間には、浙江、福建の海賊が暴虐をほしいままにしていた。一部の海賊は台湾北部の淡水に隠れていると伝えられ、清朝の重視するところとなった。陳璸は自ら現地に赴き、辛苦を辞さず、後には淡水に水軍一営を設け、防備の役に立てた。福建巡撫の任にあった時にも、再度皇帝の命を奉じて台湾北部を巡察した。往復1400里余りの旅程の間野宿の苦労を味わったが、道中贈り物を受け取ることをしなかった。台湾北部の巡察を終えた後、疲労がたまり死去した。

巡撫　一省を主管する官吏。従二品。清代の地方制度は主として省、府、県の三つのレベルに区分されていた。省は第1級の行政組織で、辺境地区を除いて全国は18の省に分かれていた。省級の官吏には布政使（別称「藩台」）、按察使（別称「臬台」）、提督学政（別称「学台」）の他に、総督と巡撫があった。清朝は各省に巡撫1名を置き、全省の政務を総攬させた。また、1省あるいは2～3省に総督1人を置いたが、その権力は巡撫の上にあり、このため「封疆大吏」の称があった。総督と巡撫はつねに皇帝の腹心であり、もっぱら皇帝の指示に従って仕事をした。清代の前期には、総督、巡撫の管轄する省の区分はまだ十分に確定していなかったが、中期以後は次第に8督、12撫に固定化された。台湾は省が設けられる以前は、福建巡撫と閩浙総督の管轄下にあり、両者はともに福州で事務をとっていた。光緒十一年（1885）、台湾が省になってからは「福建台湾巡撫」によって管轄された。**福建台湾巡撫**の項を参照のこと。

岸裡社　元は清代初年に岸裡山付近に住んでいた番社を指したが、この番社が強大になってからは、台中盆地北区の平埔族の総称ともなった。岸裡社はもともと政府が認定した「生番」だったが、康熙三十八年（1699）の通宵社番の乱の際、岸裡社は政府を助け、数年後に正式に帰順した。康熙六十年、岸裡社は再度政府に助力し、朱一貴の残党を掃討した。しばしば政府に協力し、それに加えて漢人の通事の張達京が間に立って取り持ったため、岸裡社は多くの特権を獲得し、次第に勢力を増して中部地区最大の平埔族群になった。岸裡社はもともと大甲渓北岸に居住していたが、雍正年間南岸の広大な土地を管理するようになり、次第に渓南の大社（現在の神岡郷大社村）に移った。清朝政府のもとで、岸裡社は他に

1717　康熙五十六年　澎湖に城を作る。
1718　康熙五十七年　「淡水営」を新設し、**守備**1名が500の兵を率い、淡水を防備。

阿里史、烏牛欄、樸仔籬などの社を管轄していた。岸裡社は現在の台中県神岡、豊原、后里などの郷鎮に分布していた。阿里史社群と烏牛欄社群は現在の潭子郷にいた。樸仔籬社群は現在の豊原、東勢、神岡、新社、石崗などの郷鎮に居住していた。これらの族群は、人類学の分類ではみなパゼー(Pazeh)族に属する。

土官　清代初期、台湾の原住民を統治するための方策で、鄭氏のやり方をほぼ継承したものである。土官は各番社の年配の高い者から公選によって選ばれ、番社の首脳に当たる人物である。土官は社内のいわゆる「頭人」の中から選んだが、世襲の酋長ではなく、絶対的な権力はなかった。小社には通常1人の土官しかいないが、大社には土官及び副土官がいた。総社は管轄する小社の土官も持っていたので、数人の土官がいたと思われる。政府は正副の土官に鑑札を与え、その証明とした。土官は番社の民衆を取り締まり、番社の事務を統括する権限があった。鄭氏時代の土官はまた労役と納税を請け負った。土官のほかに番社には「通事」がいた。早期には土官は字を読めず、漢人の文物制度になれていなかったので、その権勢と威光は漢人の「通事」のそれに及ばなかった。乾隆以後、中国内地の世襲の土官制度と区別するため、「土目」と呼び方を改めた。その職責は元来の土官と同じで、社番を取り締まり、社務を処理する他、税を徴収し食糧を配給するなどの仕事をした。

守備　武官の正五品官。その職務は駐屯地の業務と食糧を管理することで、各省の提督、総兵の管轄下にあり、参将、遊撃軍官の役も務めた。

永佃権　墾戸が政府に開墾の許可を申請する時には、1枚の開墾許可証に含まれる土地面積には通常制限がなかった。このため、墾戸は許可を得た後に、そのような広大な地域を1人で開墾することは不可能だった。その上、墾戸は財も権勢をある人物だったが、自作農ではなかった。このため墾戸は土地を小作人に耕作させ、政府→墾戸→小作人という多層の関係ができ上がった。これが開墾初期の基本的な形態だった。だが、年代が進むにつれて、小作人が長期にわたって実際に土地を耕作することから、次第に「永佃権」を持つようになった。いわゆる永佃権というのは、墾戸は土地の名目上の所有者ではあるが、小作人が小作米を納められなくなった場合以外は小作人を取り代え、土地を別の小作農の小作に出すことはできなかった。このような情況下では、小作人は土地の実際上の所有者になり、時には小作人は田畑をさらに下層の小作農の小作に出すことさえでき、墾戸もこれを阻止できなかった。このように墾戸が小作人を取り代えることができず、小作人が土地を永久に使用できる権限を「永佃権」と言う。

1719	康熙五十八年	彰化地区の**大租戸・施世榜**が**八堡圳**を造り、濁水渓を二水に引き、東螺堡を開拓。
1720	康熙五十九年	海東書院を建てる。

大租戸　開墾の初期、墾戸は土地を多くの小作農に分け与えて耕作させ、時間がたつと、これらの小作人は土地の永佃権を持つようになり、中には土地を別の小作農の小作に出すようにもなった。こうして、政府→墾戸→（大）小作人→（小）小作人という関係ができ上がった。元来の（大）小作人はまるで別の地主になったかのようで、このような情況を「一田二主」と言った（墾戸、大小作人の二重の地主がいるという意味）。つまり墾戸が田底（田骨とも言う）を持ち、大小作人が田面（田皮とも言う）持つというわけである。小小作人が大小作人に納める小作米を小租と言い、大小作人が墾戸に納める小作米を大租と言った。また大小作人は「小租戸」、墾戸は「大租戸」と呼ばれた。この他、土地がもともとは番社の物だった場合は、一部の小作米を番社に渡さなければならず、このような小作米は「番大租」と言った。

小租戸　**大租戸**の項を参照のこと。

施世榜（1671～1743）　字は文標、号は澹亭。鳳山県の抜貢生（皇帝の恩恵により選抜された貢生）。父親の施東は半線地方（現在の彰化）の墾首（墾戸）だった。施東の死後、施世榜は父親の開墾事業を受け継ぎ、彰化東南の平原地区を積極的に開墾した。潅漑の水源問題を解決するために、彼は康熙四十八年（1709）から八堡圳の建設にとりかかり、10年をかけてついに完成させた。施世榜はまた土地の開墾に従事するため「施長齢」という墾号（開墾者の屋号）を作った。田畑を開き、用水路を造り、養魚池を造るにも「施長齢」の名義で行なった。康熙六十年、台湾で朱一貴の反乱事件が勃発した。施世榜は官兵による乱の平定に協力した。事件が平定された後には、官兵が山に潜伏した賊徒を捜索、逮捕するのを助け、功により「都司」の官職を授けられた。彼の彰化地方における開墾事業は大きな成功をおさめ、毎年巨額の小作米と水の使用税を徴収することができた。これによって、施家は台湾中部の名望ある一族となった。

八堡圳　康熙四十八年（1709）から墾戸の施長齢（施世榜の土地開墾の屋号）によって築造が始められた。鼻仔頭（現在の彰化県二水郷倡和村）に堤防と堰堤を築き、濁水渓の水を引いて用水路に流した。この水は103の集落を流れ、1万2千甲（台湾の土地面積の単位、1甲は約9,700 m^2）余りの土地を潅漑した。全工事は康熙五十八年に完工した。清代の最大規模の水利工事である。この用水路（圳）の水源は濁水渓にあるので、「濁水圳」と言う。また財産権は施家に属するので「施厝圳」とも言う。雍正元年（1723）、彰化県は統括区域内に13の堡（砦）を築いたが、その中、半線地方の東螺東堡、東螺西堡、武東堡、燕霧上堡、燕霧下堡、馬芝堡、線東堡等の八つの堡（砦）は、この用水路の潅漑の範囲内にあったので、この用水路は「八堡圳」の名で知られるようになった。この用水路の建設初期には工事があまり順調に進まなかったが、後に「林先生」という人物の指導によってどうにか困難を克服したと伝えられている。この昔の「水利技術者」を記念して、今でも彰化県二水郷

1721	康熙六十年	四月十九日、**朱一貴**が**羅漢脚**を集め、崗山塘汛に出撃、公然と謀反を起こす。後に**杜君英**〔→次頁〕がこれに呼応し、五月一日、台湾府を落とす。

の八堡圳の水源には林先生を祀る廟がある。

朱一貴（1690～1721）　またの名を朱祖、福建漳州の出身。康熙五十三年（1714）台湾に渡り、台湾道衙門の下級役人になった。離職後、下淡水大武丁（現在の屏東県境）に移り、アヒルを飼って生業としていた。アヒルは集団的性格が非常に強く、アヒルの飼育者の指揮下では、まるで整然として秩序ある軍隊のようである。朱一貴は生まれつき義憤に燃えるたちで、友人との交際を好み、種々雑多な人々が多く彼と交際した。これに加え、彼には天性指導者的な性格があったので、次第に流民や羅漢脚（**羅漢脚**の項を参照のこと）の指導者となっていった。やがて、彼に関する多くの言い伝えが流れた。彼が飼っているアヒルが、二つの黄身を持つ卵を生んだというものから、あるいは朱一貴が川辺でアヒルを追っていて、水に映った自分の影を見ると、身には皇帝が着る龍の刺繍をした黄色い衣装をまとい、頭には天子の冠が載っていて、天子のいでたちさながらであった、などというものすらあった。康熙六十年、朱一貴はついに蜂起し、十数日で台湾府を落とし、自ら中興王を名乗り、年号を永和とした。彼はアヒルの飼育から家を興したので、人々は親しみをこめて彼を「鴨母王」と呼んだ。鴨母王の王朝はわずかに1ヵ月続いただけで、朱一貴は逮捕された後、北京に押送され、凌遅の刑に処せられた。

羅漢脚　羅漢脚とは台湾特有の呼称で、一般には田畑や家を持たず、妻子もなく、士農工商の四民のどれにも属さず、女遊びと賭け事、盗み、武力抗争に明け暮れ、やらない悪事はないといった人たちを言う。このような人たちは、まっとうな職業がなく流浪し、まともなは服を着ておらず、終日はだしで、外観が仏僧の羅漢に似ているところから、この名がある。このような家庭のない人たちが農村にあふれるという現象は、主として台湾の男女の比率があまりにもかけ離れているところから来ている。清代の台湾統治の初期には、台湾に渡る者には家族の同伴を許さず、この結果台湾に渡る者の多くは男性となった。密航が盛んになった時でも、女性は海を渡る危険を冒すには不向きだった。このため、性別の比率の差はますます大きくなった。女性の数が少なかったため、多くの青年男子は結婚相手が見つからず、特に経済的に劣悪な情況にある下層の男性は、一層ひどい情況にあった。このように家庭のないものがどんどん多くなると、同類の者が互いに呼び集まって、遊民となり、治安上大きな問題になった。清代の民衆による抵抗運動や武力抗争の多くには多数の羅漢脚が参加していた。

1721	康熙六十年	五月十日、下淡水地区の広東人が「**六堆**」を結成して「**義民**」と称し、福建人と抗争。台湾における最初の**分類械闘**。

杜君英（1658～1721）　広東潮州の出身。康熙四十六年（1707）、台湾に渡り、下淡水地方（現在の屏東平原）で雇い人となった。康熙五十九年、他人の木を盗伐したとして訴えられ、政府の逮捕を逃れるため、檳榔林庄（現在の屏東県内埔郷にある）に隠れた。当時、下淡水地区には多くの客家がおり、毎年春に台湾に渡って耕作し、秋の収穫が終わると大陸の故郷に帰るということが繰り返されていた。杜君英は表には出ないものの、客家のボスになった。康熙六十年三月、杜君英は1千人余りを集め台湾県で倉庫の略奪を行う準備をしていた。ちょうどその時、朱一貴が四月に蜂起したので、杜君英はただちに部下を派遣して同盟を結び、ともに政府軍に対抗した。五月一日、朱一貴と杜君英の二大勢力は連合して台湾府を落とした。朱一貴が王を称えたが、杜君英は常に号令に従わず、後にはまた原籍の問題がもとで憎みあい、朱一貴は部下に杜君英を攻撃させた。杜君英は敗走し、部下を引き連れて府城を離れて北上、道々家を焼き、人を殺し、財産を奪った。これは五月八日の出来事で、朱一貴が王を名乗ってからわずか1週間後のことである。清軍が台湾府を攻略すると、杜君英は山に隠れたが、九月中旬になって自首して出た。杜英君は北京に押送され斬殺された。

六堆　康熙六十年（1721）の朱一貴の乱に始まる。下淡水地区（現在の屏東平原）の民衆は、その年の五月十日、13の大集落、64の小集落の広東人あわせて1万2千名余が萬丹庄に集まり、清朝の旗印を立て、義民を結成し、「六堆」と称した。「堆」は「隊」と同音異字で、軍隊の意味であるという。六堆があり、先鋒堆、前堆、中堆、後堆、左堆、右堆に分かれていた。朱一貴の乱の期間、六堆の民兵は下淡水地区を防備し、鳳山八社の米倉を守った。乱が鎮圧されたのち、閩浙総督は事件の顛末を上奏し、功績のあった者には軍職の肩書きを与え、六堆の土地には「懐忠里」という名前を与えた。この後、六堆の村民は政府軍の反乱平定を何度も助けた。例えば、雍正十年（1732）の呉福生の乱、乾隆五十二年（1787）の林爽文の乱など。六堆はすべて客家で組織されていたので、義民の名を借りて、実際には分類械闘を行うことがままあった。例えば、道光十二年（1832）と咸豊三年（1853）の騒乱では、義民が私怨で福建人の村に攻め込み、ほしいままに家屋を焼き略奪を行い、政府も抑えきれない情況だった。

義民　清代には台湾の末端の行政機関が完備しておらず、治安を維持する能力は不十分だった。一旦動乱が勃発すると、政府はしばしば郷勇（自衛団）を募集して「義民」と称し、その力を借りて反乱を平定した。その最初の例は朱一貴の乱（1721）の時で、壮者に呼びかけ賊と戦うことのできる者はすべて「義民」と言い、これ以後「義民」という言葉が用いられるようになった。清代の台湾におけるあらゆる反乱事件では、政府側の文書は反乱を起こした者を賊、匪などと言い、政府を助けた者は義民、義勇、郷勇などと言った。ただ、民衆はある時は「賊」の側に付き、ある時はまた政府の側に頼るということがよくあったので、民衆をはっきりと2種類に区別することはできない。また構成分子について言えば、義民が必ずしも郷土の良民を守るとは限らず、土匪や盗賊が紛れ込んでいることも事実上少なくなかった。台湾の度重なる民衆の抵抗運動の中では、義民が（乱の平定に）功績を挙げた例と違法に乱を起こした例の件数はほぼ相半ばしている。これは「義民」が政府側を助けるのは、通常はその機に乗じて「乱民」に対抗する為だったからである。義民と乱を起こした側の間では、多く宿怨を抱えており、あるいはもともとは械闘の相手だったことがあったからである。「義民」であれ「乱民」であれ、確固とした道徳や信仰があるわけではなく、すべては地縁と原籍地の別による分類を基準としていた。このため、義民はいつでも乱党に変わり得たし、乱党もいつでも義民に変わり得た。林爽文事件の際の荘錫舎は陣前で寝返り、彼の率いる3千の賊徒は一夜の間に「義民」に変わった。戴潮春の乱ではそもそもは「賊の首領」だった陳大慼、葉虎鞭がやがて「義首」になった。これらはその極めて顕著な例である。

分類械闘　清代の民間の武力衝突の一形態。械は武器の意。当時、械闘（武力衝突）に加わるグループは、主として原籍地の別によって区分（分類）された。例えば閩（福建）籍人と粤（広東）籍人の間の械闘は「閩粤械闘」と言い、泉州人と漳州人の間の械闘は「漳泉械闘」と言う。例え原籍地が同じでも、異なる姓氏間の械闘が勃発したこともある。械闘の起こる場所は多くは開墾の中心の推移と重なっている。清代の早期には多くは南部で起こっており、中、晩期には彰化県、淡水庁の開発につれて、械闘の場所も中、北部に集中していった。械闘を誘発する原因の多くは、土地争い、水争いなど経済的な利益の衝突と関連していた。これらの利害の衝突はもともとは小さな地域の問題だが、一旦械闘が勃発すると、しばしば混乱を引き起こし、衝突の範囲も拡大する。年代の前後から見ると、初期は閩粤械闘が主で、中期は漳泉械闘が頻発し、最後には職業団体同士や異なる宗族間の械闘に変わった。械闘は社会の秩序を破壊したほか、移民の居住形態にも影響した。械闘で負けた側は、常に一族を挙げて同郷人の比較的多い地方に移り住み、同一の原籍を持つ移民が日増しに同一地域に集中して居住するようになった。

1721 康熙六十年 六月、南澳鎮総兵・**藍廷珍**、水師提督・**施世驃**が台湾に至り、**朱一貴の乱**を平定。

藍廷珍（？～1729） 字は荊璞、福建漳浦の出身。軍人出身。戦功により閩浙総督・覚羅満保保の推薦を受け、澎湖副将に大抜擢され、その後また南澳鎮総兵に昇進した。康熙六十年（1721）、朱一貴の乱が勃発した後、彼は命を奉じて水師提督・施世驃とともに兵を率いて鹿耳門から上陸し、数日で乱を平定した。翌年、台湾総兵に転任し、台湾の軍政改革を取り仕切った。雍正元年（1723）冬、福建水師提督に昇任、七年、在任中に死去。藍廷珍は台湾において、朱一貴の乱を平定したほか、山中に逃げ込んだ朱一貴の残党を引き続き捜索し、逮捕した。この他、彼は台湾中部で土地開発に投資し、権勢を笠に着て現在の台中市一帯を自分の荘園とし、管理者を現地に駐留させ収税に当たらせた。この荘園を「藍興庄」と言う。

施世驃（？～1721） 字は文秉。福建省晋江（現在の福建省泉州）の出身。施琅の第6子で、15歳の時、父親に従って台湾に進攻した。康熙三十五年（1696）、准部噶爾丹の征討に参加。後、南方に戻り、浙江定海提督に就任。康熙五十一年、福建水師提督に転任。康熙六十年、朱一貴が反乱を起こすや、命を奉じて澎湖を守備し、次いで南澳鎮総兵・藍廷珍とともに台湾を攻めた。乱の平定後、台湾は大きな台風に襲われた。施世驃はこの風雨に遭って病にかかり、同年九月、死去。

朱一貴の乱 清代の重大な民衆抵抗運動の一つ。康熙六十年（1721）四月十九日、朱一貴は52人を招き、羅漢内門（現在の高雄県内門郷）で正式に盟約を結び、二十一日には1千人余りを集めて簡単に崗山塘を攻め落とした。この知らせが台湾府に伝わると、総兵の欧陽凱は遊撃の周応龍に官兵400名を率いさせ、さらに新港、目加留湾、蕭壠、麻豆など4社の平埔族も政府軍に従わせ、乱の平定に向かわせた。四月二十七日、官兵は赤山（現在の高雄県鳳山市にある）で大敗し、台湾府に逃げ戻った。朱一貴と杜君英が率いる民衆軍は鳳山県と南路営を攻略した。五月一日、各方面の民兵は大挙して台湾府を囲んだ。戦闘は明け方から昼まで続いたが、政府軍は総崩れになった。文武の役人は家族を連れて澎湖に逃げ、台湾は陥落した。朱一貴は台湾府に攻め入った後、自ら「中興王」と称し、国号を「大明」、年号を「永和」と定めた。また、功臣に対し大いに論功行賞を行なった。台湾陥落の知らせは五月六日になって厦門に伝わった。閩浙総督が厦門に出向いて指揮をとり、福建水師提督・施世驃と南澳鎮総兵・藍廷珍に兵を率いて台湾に渡らせ、乱を平定させた。六月十四日、政府軍は鹿耳門に達し、すぐさま砲台を攻め落とし、安平を占領した。六月二十一日、政府軍は府城に攻め入り、朱一貴の王朝は瓦解した。閏六月七日、朱一貴は溝尾庄（現在の嘉義県太保市にある）で逮捕され、北京に押送され、凌遅の刑（手足を切断する刑）に処された。朱一貴は蜂起してから王を称するまで、わずか10日間しかかからなかったが、王を称してからは、わずか1ヵ月持ちこたえただけで瓦解した。一方、大陸から派遣された清軍は1週間の短期間に台湾を回復したとはいえ、その後山中に散り散りに逃げ込んだ残党を捜索し

1721	康熙六十年	満族、漢族各1名からなる**巡台御史**を置く。
1722	康熙六十一年	台湾が初めて「**番界**」を定める。

逮捕するのに1年余りかかった。

巡台御史 康熙六十年（1721）の朱一貴の事件後、清朝は施政のあり方を検討した。その結果、毎年都から御史1名を台湾に派遣して巡回させ、見聞をありのままに上奏させる、但し、地方の仕事には手を出さないということになった。翌年、正式に御史を派遣し、満族、漢族それぞれ1名とすると定めた。雍正から乾隆の初年まで、中央政府は御史の職位を重視した。このため御史の活動は成果を上げ、彼らの建議もよく清朝に受け入れられるところとなった。例えば、黄叔璥、呉達礼、夏之芳らは有名な巡台御史だった。だが、御史という職務は正規の官僚体系とは相容れず、理論的には巡回、建議の責任があるだけだったが、実際はいつも地方の政務の妨げになっていた。この他、御史は実際に政務を処理するわけではなかったから、台湾が抱える問題を深く理解することは難しかった。まして1年に1度の巡回の際には、自ら各地を訪れなければならないことになっており、地方は不必要な接待や、贈り物をするといったことがいたずらに増えた。乾隆十一年（1746）、巡台御史范咸、六十七の2人が穀物の買い入れ問題で福建巡撫の意見と厳しく衝突した。翌年、福建巡撫は2人の御史を汚職と職権乱用で弾劾した。このため、2人の御史はクビになり、さらにはこの2人より先任の数代の御史が巻き添えになり、あわせて処分を受けるということがあった。この事件により巡台御史の威光は大きな打撃を受け、このあと、御史の地位は非常に低くなった。乾隆五十三年、この有名無実化した制度は正式に廃止された。

番界 これには2種類の意味がある。一つは番地と一般行政区の境界線であり、もう一つは番人の生活する区域の意味である。後者は前者に派生して出てきた意味で、「境界線の外側にある番人の居住する場所」の意味である。第一の意味について言えば、番界の確定は康熙六十一年（1722）に始まった。当時はただ山に入る主な入り口を選んで境界を示す石を立てただけで、地表に連続した境界線を引いたものではなかった。この後、何回か確定のやり直しをしたが、いくつか境界を示す石を増やしただけで、一般行政区と番人の生活区域の間を真に区別する境界線にはなっていなかった。乾隆二十五年（1760）になって、台湾道の楊素景は彰化県と淡水庁の番界で、自然の山河では境界が見分けられない場所に初めて「土牛」と「土牛溝」を大規模に築いた。こうして、地表で完全に見分けられる「境界線」が初めて出現した。規定によれば、漢人は番人の居住区に侵入して開墾をすることはできなかったが、政府には厳格に取り締まる力がなく、境界線外側での違法な開墾が依然として盛んに行なわれ、漢人と番人の衝突に伴う殺し合いや紛争を誘発することすらあった。清代の番界は決して固定したものではなく、漢人の開墾と政策の開放につれて次第に山側に深く入り込んでいった。**土牛**の項を参照のこと。

1722	康熙六十一年	鳳山県に土を固めた城壁を築く。
1723	雍正元年	**彰化県**、**淡水庁**を増設。

彰化県　康熙五十年代の半ば、漢人の移民の足跡はすでに現在の新竹、桃園、台北一帯に及んでいた。これらの開墾活動は頻繁に漢人と原住民の衝突を引き起こし、加えて北部海岸では海賊の出没が伝えられ、地方の役人は治安への影響を憂慮していた。一部の役人は淡水の政府軍を引き上げ、大甲渓以北の流民を追い払い、政府の発給した許可がなければ一般人民が大甲渓以北に立ち入るのを禁止すると主張した。一方で、諸羅の知県・周鐘瑄は淡水と半線（現在の彰化市）の間に新たに1県を設け、また淡水に巡検を設けることを主張した。しかし、清朝は彼の意見を受け入れなかった。康熙六十年（1721）の朱一貴の乱後、巡台御史・呉達礼の建議を経て、清朝は雍正元年（1723）、「彰化県」を増設し、諸羅県の虎尾渓（現在の雲林県旧虎尾渓）以北の地方を彰化県の管理にすると布告した。しかし、管轄区域があまりにも広大であるため、雍正九年また大甲渓以北の地方を「淡水庁」の管轄に改めた。これ以後彰化県の県域は、南は虎尾渓に始まり、北は大甲渓に至るとほぼ定まった。つまり現在の台中県、彰化県全域、及び南投県と雲林県の一部分に相当する。光緒十三年（1887）、台湾省ができた後、行政区域を再調整し、元来の彰化県は分割されて、台湾県、彰化県、雲林県などに分けて管轄することとなった。

淡水庁　康熙六十年（1721）の朱一貴の乱後、巡台御史・呉達礼の建議を経て、清朝は雍正元年（1723）、彰化県と淡水庁を増設すると布告した。淡水庁の長官は「淡水捕盗同知」で、事務所は彰化に置かれた。しかし、彰化以北の領域があまりにも広く、人命事件や窃盗事件が起こっても、あるいは税金を納めるにも、人民は遠く彰化に出向かなければならず、大変不便だった。このため、清朝はまた雍正九年から彰化県の大甲渓以北の地区を淡水同知に処理させることとし、庁政府を竹塹（現在の新竹市）に移した。それ以後、淡水庁の区域は大甲渓以北のすべての地域を含むこととなった。嘉慶十七年（1812）になって、遠望坑（現在の台北県貢寮郷）以東の地方を新たに設けた噶瑪蘭庁の管轄下に置いた。光緒元年（1875）、淡水庁は廃止され、同じ地域に「台北府」を設け、「新竹県」、「淡水県」、噶瑪蘭庁が昇格した「宜蘭県」と「基隆庁」などを管轄した。

提督　武官職の従一品官で、文官職の巡撫より1級高く、尚書の名誉職を与えられた総督と同じ位である。各省の緑営の最高長官で、「封疆大吏」に相当する。提督は陸路と水師の2類に分かれ、陸路の提督は全国であわせて12人いた。水師の提督はわずかに3人だけで、それぞれ福建、広東、長江の3地域を防備していた。このため、全国の各省には陸路提督が1人いるだけだが、福建と広東の2省は例外で、陸路と水師の提督が1人ずついた。清代の台湾の軍隊は福建陸路提督と福建水師提督の管轄下にあった。

郊　清代の台湾商人の同業組合組織。同業組合を作っている各商人は「郊商」と呼ばれた。初期の大商店は大陸沿海地方から日用品を台湾に運び、次には台湾現地の特産品を大陸に運んで売った。これらの大商店は必要以上の

1723　雍正元年　　藍廷珍が水師**提督**に昇任。
1723　雍正元年　　台南に「**郊**」が現れる。

競争を避けるため、同業組合組織を作ったが、これが郊の起源である。貿易が盛んになってからは、多くの商人が貨物運送の元手を減らし、航海の危険を少なくするため、財力豊かな大商人に買い付け、運送、販売を委託した。これらの大商人はしばしば郊の指導者になった。台南は台湾で最も早く郊が出現したところで、前後して北郊の「蘇萬利」、南郊の「金永順」、それに糖郊の「李勝興」などの三大郊商が発展した。また、これらの郊商はさらに合併して一つの大組織、即ち府城（台南）の「三郊」になった。その他の有名な郊としては、「鹿港八郊」、「淡水三郊」などがあった。

鹿港八郊　鹿港の郊行（郊への参加商店）の成立は、乾隆の中葉に当たり、嘉慶年間にはすでに八郊へと発展していた。いわゆる八郊というのは泉郊金長順、厦郊金振順、布郊金振萬、糖郊金永興、簸郊金長興、油郊金洪福、染郊金合順、南郊金進益を指す。八郊の中では、泉郊会館が八郊聯誼会の中の最上位にあった。泉郊は主として泉州地区との貿易を営み、主な輸入商品は石材、木材、絹、綿、薬材などだった。厦郊は厦門、金門、漳州などと貿易を行い、商品の輸出を主としていた。南郊は広東、澎湖などと貿易し、塩魚の輸入が中心だった。八郊の全盛時期は道光、咸豊年間で、当時、泉郊に参加する商店は200余に達し、厦郊にも100余の商店が加わっていた。八郊ができたのは、元々は船舶間の紛争を処理し、媽祖の祭祀を主宰し、地方の慈善事業にたずさわるためだった。しかし、後には日常の紛争を仲裁し、分類械闘を調停するなどの役割も果たした。咸豊以後は、鹿港の港が土砂に埋まり、貿易港としての地位も失ったため、次第に没落した。日本時代になって、八郊には后宮媽祖の祭典の当日に、順番に幹事を務める役割だけが残された。

淡水三郊　艋舺の北郊、泉郊に大稲埕の厦郊を加えて「淡水三郊」と称した。艋舺は淡水河流域の大商港で、乾隆年間にはすでに北郊、泉郊などの組織が形作られていた。北郊の商店は主に福州、江蘇、浙江方面と交易し、泉効は泉州と貿易を行なった。咸豊初年、艋舺で郊の間の械闘が勃発し、同安人は艋舺を追われ、別に淡水河の下流に新しい町を作り、大稲埕と名付けた。大稲埕は厦門との貿易を掌握し、林右藻を指導者として厦郊金同順を組織した。後に艋舺の泉郊金晋順、北郊金萬利なども厦郊と合併し、金泉順と言った。これが「淡水三郊」の由来である。

1723	雍正元年	**藍鼎元**が『東征集』を著す。
1723	雍正元年	台湾府が木柵の城壁を築く。

藍鼎元（1680～1733）　字は玉霖、またの字を任庵、号は鹿州。福建漳浦の出身。幼少より学問を好み、康熙六十年（1721）、同族の藍廷珍について台湾に渡り、朱一貴の乱の鎮圧に加わり、藍廷珍の機密秘書となった。藍廷珍の朱一貴の乱の鎮圧及び乱後に行なった農村の粛清活動なども多くは藍鼎元の計画によるもので、布告、檄などもみな彼の筆によるものだった。藍鼎元は台湾に滞在中、台湾を積極的に開発することを主張し、当時の閩浙総督の消極的な制限策に反対した。彼の台湾の行政事務に関する多くの計画は、当時は採用されなかったが、後には台湾統治の重要な参考となり、最終的には実現したものもあった。台湾を離れた後、彼は『大清一統志』の編纂に参画し、後には広東で知県、知府などの職に就いた。著作には『鹿州初集』、『東征集』、『平台紀略』、『鹿州公案』などがある。この中、『東征集』と『平台紀略』の2書は朱一貴の乱について書かれた重要な史料である。

張達京（1690～1773）　字は振萬、号は東齋。原籍は広東潮州府大埔県。康熙五十年（1711）、単身台湾に渡り、転々として岸裡社地方に至った。当時この地方では疫病が流行しており、張達京は医術を用いて医療を施し、薬を与えたので原住民の尊敬を受けたと言われる。土官（p57、土官の項参照）の阿穆（阿莫とも書く）が娘を彼の嫁にしたので、人は「番駙馬」と呼んだ。雍正元年（1723）、彼は岸裡5社の総通事に任命された。その後、張達京は岸裡社を動かして政府に広大な未墾地の開墾を申請させ、「土地と水を交換する」というやり方で岸裡社の人から土地を取得し、小作人を呼んで開墾した。さらに、彼は漢人の秦登鑑、姚徳心、廖朝孔、江又金、陳周文と六館業戸を結成し、資金を出して朴仔籬口（現在の石岡水壩西南の場所）から工事を始めて葫蘆墩圳（またの名を猫霧捒圳）を開削し、大甲渓の水を引いた。用水路の全長は40里余り、千甲余の土地を潅漑した。これは台中地区の農地潅漑の走りである。朝達京の地元での勢力がきわめて大きかったので、政府側から睨まれるようになった。乾隆十五年（1750）から、台湾各地では通事が番社の生活圏に入って開墾をするという不正行為が相次いで起こっており、時には通事が「生番」と一緒になって首刈りをするということまで起こった。これらの事件が片付いてから、政府は勢力の強くなりすぎた漢人の粛清にとりかかり、張達京は総通事の役をクビになり、原籍に送り返された。張達京の台中盆地北区の開発に対する貢献は大で、今でも台中県神岡郷社口の萬興宮は「皇恩特授功加副府張公達京長生禄位」を祀っている。

社商　オランダ時代から清代初期に至るまで、役所の番社に対する課税は「贌社」制を採っていた。即ち、漢人が役所に対して番社からの税の納入を請け負い、その代わりに鹿皮、鹿肉などの代価を受け取るのである。番社の税金を引き受ける人物を「社商」あるいは「頭家」と言った。社商は贌社となった後は、その番社に自由に出入りする権利を獲得し、番社の交易を一手に引き受け、しかも番社内の土地の請負い耕作をすることができた。社商は

1723　雍正元年　　**張達京**が岸裡社の総**通事**に任命される。
1726　雍正四年　　水沙連社の骨宗が反乱を起こす。

番社に雇われているのではないし、また役所の走り使いでもなかった。しかし、社商は常に政府に代わって番地の税を受け取る請負商人であり、一方では番地の利権を独占するボスでもあった。彼らは、利権を得た後は町に居住し、番地の仕事は通事や社丁に任せていた。社商は常に漢人と番人の間の紛争を引き起こすもととなったので、この制度は康熙の末年に廃止された。

通事　贌社制度の下では、多くの社商は自分で番社に行くのではなく、番語に習熟した漢人に委託して、収税したり労役の仕事を課したりした。このような社商の代理人を「通事」と言った。清初の通事の多くは番語に習熟した漢人がなり、彼らは長期間番社に居住し、次第に番地の実際の管理者に変わっていった。中には番社に代わって役所に税を納入し、あるいは役所に代わって訴訟の審理を行うなどといった情況すらあった。この他、土地を抵当にした取り引きは、通事あるいは通事と「土目」の立ち会いの下で印鑑を押し認証しなければならなかった。原住民が漢人あるいは役所と交渉する場合には、通事に頼らなければならず、このため通事の権勢は自然に「土目」を凌駕し、数々の弊害を生んだ。このような弊害を根絶するため、乾隆の中葉以後は比較的漢化の進んだ番社では番人を選んで通事にあてた。手続きとしては、社内の生員、甲頭、業戸、屯弁丁、番差などがまず役所に候補者を推薦し、理番同知の審査と許可を経て通事となった。通常、一つの番社には1名の通事と1名の「土目」がいた。いくつかの社が集まってできた大社では、総通事あるいは正通事、副通事などを置いた。例えば岸裡の9社には1名の総通事と2名の副通事がいた。

1727	雍正五年	**台厦道**を**台湾道**に改め、澎湖庁を増設。
1727	雍正五年	府城の大関帝廟が祀典（祭祀のことを記した書物）に記載され、**祀典武廟**となる。
1727	雍正五年	淡水営の営盤（兵営）が八里坌に移駐。
1728	雍正六年	台湾最初の**会党**—諸羅県「父母会」が出現。
1728	雍正六年	山豬毛社事件勃発。

台厦道　正式名称は「分巡台厦兵備道」という。清初の台湾で位階の最も高い文官である。康熙二十三年（1684）に置かれ、管轄区域は台湾と厦門を含み、その麾下には「道標」1営の政府軍がいた。康熙六十年、朱一貴が台湾府を攻め落とした時の台厦道・梁文煊は職務を顧みず澎湖へと逃げた。乱の収束後、道の軍隊統率権を取り消し、「分巡台厦道」と名称を改めた。雍正五年（1727）、その管轄区域は縮小し、わずかに台湾と澎湖に限られた。このため「台湾道」あるいは「台澎道」と改称された。**台湾道**の項を参照のこと。

台湾道　清代の台湾地区で位階の最も高い文官。清代には台湾道の駐在地は常に現在の台南にあった。この官職は康熙二十三年（1684）に設けられ、光緒二十一年（1895）、台湾が日本に割譲されるまで続いたが、その間しばしば改変が行なわれた。最初、康熙二十三年に設けられた時には「分巡台厦兵備道」と呼ばれ、管轄区域は台湾と厦門を含んでいた。雍正五年（1727）、管轄区域は縮小され、わずかに台湾と澎湖に限られた。このため、「台湾道」あるいは「台澎道」と改称された。乾隆三十二年（1767）には、「台湾兵備道」と改称された。光緒十一年、台湾省を設置する以前は、台湾道は台湾地区の最高の位階の文官だった。平時には管轄区域内の財政報告、司法裁判、教育行政などすべてをまとめて管理した。動乱が勃発した時には、軍隊を移動させることもできた。省ができてからは、台湾巡撫が台湾の最高の長官となり、台湾道は補佐的な地位に退いた。軍政権及び教育行政権は巡撫に移され、財政報告の権利は布政使に移され、台湾道の権限としては裁判権を残すのみとなった。

祀典武廟　台南市中区永福路2段229号にある。俗称は「大関帝廟」、またの名は「大武廟」と言い、赤崁楼の南にあり、武聖関羽を祀る。創始は永暦十九年（1665）で、元は寧靖王府の関帝庁だった。鄭氏の滅亡後も廟は引き続き保存された。清の雍正五年（1727）からは、廟の祭典は政府の主催に改められたため、「祀典」武廟と呼ばれた。祀典に記載されたのちは、武廟は廟の持つ田畑によって出費をまかなえるだけでなく、建設関係のことも政府が完全にとりしきることになったので、15年から20年に一度は修復が行なわれ、廟は終始きちんとした状態に維持された。中でも乾隆四十二年（1777）の台湾知府・蔣元枢による改築は、最も大がかりなものだった。日本による台湾統治以後は、武廟の祭祀を当局が主催することはなくなった。民国72年（1983）に1級古蹟に指定され、修復工事が行なわれ、民国83年に竣工した。祀典武廟は格式が整い、廟宇の造りは高大重厚で、気宇は雄渾、台湾早期の廟宇建築の風格を示している。このほか、廟の中の木石への彫刻はきめ細かく、額や奉納された聯の豊富なことも

1730	雍正八年	淡水営守備を**都司**に改める。
1731	雍正九年	淡水同知が初めて竹塹に駐在、大甲渓以北が淡水同知の管理下に入る。台湾**県丞**の駐在地を羅漢門に改める。佳里興**巡検**が笨港から塩水港に移駐。下淡水県丞が赤山から大崑麓に移駐。笨港県丞、萬丹県丞、鹿仔港巡検、貓霧捒巡検、竹塹巡検、八里坌巡検を新設。

武廟の特色である。

会党　会党は民間の異姓の者が契りを結び義兄弟になることから発展した秘密の社会組織である。秘密の会党はもともと中国の閩粤地方で盛んに行なわれたが、明末清初以来、閩粤の移民が台湾で開墾を始めてからは、台湾でも次第に多くの秘密の会党が発展するようになった。このほか、早期の台湾への移民は、多くが原籍の違いによって分かれて居住し、泉州庄、漳州庄、客家庄など同籍の村落を形成し、常に分類械闘を起こしていた。公権力があてにならず、治安が良くない環境の下では、このような会党に加わって自らの安全を図る人が多かった。中でも遊民、羅漢脚のような財産のない者で会党に加わる者が最も多かった。現在、最も早い会党として知られているのは、雍正六年（1728）の諸羅県の父母会で、民間の互助団体だった。乾隆年間の小刀会は政府軍の侮りを排除するための自衛組織だった。清代の民間の反政府事件の多くは、会党が介入したために拡大したものだった。有名な会党には天地会、父母会、小刀会、添弟会、雷公会、太子会などがあった。

都司　武官職の正四品官、職責は遊撃と類似。**参将**の項を参照のこと。

県丞　県丞は文官職の正八品官で、巡検は文官職の従九品官。彼らは官僚体系の中での最も下級の官吏で、その主な仕事は同知あるいは知県に協力し、役所内の政務の処理を手助けすることである。本来なら、県丞と巡検は県政府の所在地内の役所で仕事をすべきだが、県によっては管轄区域が広大であるとか、管轄区域内の特定の地域の事務が煩雑であるといった場合には、県丞と巡検は県政府の所在地外に派遣され、県内の特定の地域に常駐して知県の代理となった。こうなると、県丞と巡検は何事も1人の処理に任されたため、政務を決断する権力もわりに大きかった。台湾では、各県の面積は内地の一般の県に比べて広く、海岸地帯には港が、山側には「番地」の入り口になる村落があり、これらの場所は管理を強化しなければならないところだった。このため、台湾各県の県丞、巡検の大多数は県政府の所在地で事務をとらず、別に一年中駐在する場所があった。このほか、彼らがどこに駐在するかはわりに融通がきき、時勢に応じて調整変更することができた。この点では、県政府の所在地が理想的でないという理由で長年争っても変更できないのとは異なっていた。清代の台湾では全部で7つの県丞を置いたが、彼らは13の異なった名称を用い、12ヵ所に常駐した。巡検はあわせて9つ置かれたが、18の異なった名称で、26ヵ所に常駐した。彼らの主な業務は、地方の巡察警備、悪人の尋問、盗賊の逮捕、船舶の検査と取り調べ、義塾の経営、牛の市の開催などだった。

巡検　清代の低位の文官職の官吏。**県丞**の項を参照のこと。

1731	雍正九年	**大甲西社番の乱**勃発、中部地区の**熟番**の番社が続々呼応。
1732	雍正十年	鳳山県服生の反政府事件が起こる。

大甲西社番の乱　清代の最大規模の「熟番」の反政府事件。雍正九年（1731）十二月、大甲西社の原住民・林武力らは、淡水同知・張弘章が指示した過重な労役に耐えられず、武装して政府に抵抗した。事件が起こった時、たまたま総兵の呂瑞麟が淡水に巡視に来ており、変を聞くやただちに南下し、彰化県城に進駐して作戦の指揮を執った。その後半年の間は反乱は広がらなかったが、政府軍も山中に逃げ込んだ番人を完全に掃討することはできなかった。雍正十年五月、台湾道・倪象愷の親戚が功績を横取りしようと、官兵を手伝って食糧を運んでいた5名の大肚社の番民を殺害し、乱を起こした番人の死体だといつわった。この事件は大肚などの番社の激しい不満を引き起こし、群衆は彰化県城に集まり首謀者の処罰を要求した。しかし、役所側はいい加減にあしらってすませてしまった。数日後、大肚社は阿束社、南大肚社、沙轆社、牛罵頭社、水裡社、大甲社、樸仔籬社、阿里史社などと連合し、彰化県城を包囲し、反乱はあっというまに拡大した。清朝は大陸から6千名の政府軍を動員し、政府軍は新任の総兵・王郡の指揮のもとに、八月、鹿港に上陸した。九月初め、政府軍は一挙に阿束社を打ち破り､大肚渓を強行渡河し、引き続き南大肚社、水裡社、沙轆社などを打ち破り、反乱は十一月初めには完全に平定された。事件後、清朝は反乱の中心となった幾つかの番社の名を変えた。大甲西社は徳化社に、牛罵頭社は感恩社に、沙轆社は遷善社に、貓盂社は興隆社にそれぞれ改められた。

番役　一般に、帰順した原住民の番社では年貢米を納める他に労役に服する義務があった。年貢米は数量が決められていたが、番役については決まりがなく、多くの弊害を生じた。番役は大きく分けて2種類あった。不定期の強制労働と定期の労役である。乾隆二十年から四十年まで（1755～1775）の間、岸裡社が負担した労役の例を挙げると次の通りである。不定期の強制労働には鹿、馬、赤牛の買い付け、3年に1度府州県学が生員に対して行なう試験のための小屋の建設、役人とともに行なう守備範囲の地方の巡視、荷車や番人の派遣による材木や木炭の運搬、営や汛の兵舎の建設などである。定期の労役には公文書の送り届け、土牛や土牛溝の修理、要害の地の守備、軍事関連工事の護衛などがあった。これらの強制労働と労役は、大部分は報酬がなく、役所の証明書さえ示されれば、熟番は拒むことができなかった。多くの番社は労役が度重なるため、安住して耕作に従事することができなくなり、漢人の小作人をやとって自分の土地を耕作したが、最後には土地の所有権を失うはめに陥った。

熟番　清朝の公文書の記載によると、康熙年間に帰順した「熟番」は46社だったが、乾隆六年（1741）には89社まで増え、乾隆三十二年、南北路理番同知を設けた時には93社だった。嘉慶年間に噶瑪蘭庁を設けた時には、さらに36社が加わった。熟番の元来の耕作技術はわりに後れたもので、鄭氏の台湾統治時代には、彼らは鉄器を用いて刈り取ることをまだ知らなか

1733	雍正十一年	台湾の**緑営**の編成を大幅に拡大。「城守営」、「北路営」を新設。**参将**を**副将**に改め、中、左、右の3営を管轄させる。「南路営」の下に新たに「下淡水営」を置く。

った。だが、乾隆年間になると、鉄製の農具を使えるようになったばかりか、比較的進んだ地域では用水路を開いて潅漑をすることまで知っていた。漢人と熟番の交易によって、彼らの畜産物や狩猟の獲物も商品に変わり、それらを漢人の塩、布地、鉄器、装飾品等と交換し、生活の中身を豊かにしていった。漢人の人口が増えるにつれて、熟番は漢人と混住するようになり、次第に漢人の風俗に染まって、最後には漢人たちの中に埋没して消えてしまった。

緑営　清代の軍隊の名称。清初には旗兵（満人）の旗印は黄、紅、白、藍の4色を使い、漢兵の旗印は緑色を用いた。このため、漢兵を緑営と呼んだ。清代中期以後、緑営は兵数が増え、旗兵をはるかに超えるようになったので、次第に軍の主力になった。緑営の最高組織は「標」で、その下に順を追って「協」、「営」、「汛」、「塘」などがあった。緑営の軍官は等級の上下の順に次のようになっていた。提督（従一品）、総兵（正二品）、副将（従二品）、参将（正三品）、遊撃（従三品）、都司（正四品）、守備（正五品）、千総（正六品）、把総（正七品）、外委（正八品あるいは正九品）など。提督が統率する部隊は「提標」、総兵が統率する部隊は「鎮標」、副将が統率する部隊は「協」、参将、遊撃、都司、守備が統率する部隊は「営」、千総、把総、外委が統率する部隊は「汛」とそれぞれ呼び、軍官のいない部隊は「塘」と言った。緑営は募集制度をとったが、台湾だけは例外だった。台湾の緑営兵は現地では募集せず、福建の各営の兵士の中から選抜して渡台させ、「班兵」と言った。緑営の兵種は馬兵、歩兵に分かれ、沿海地方には他に水師があった。緑営兵は全国に分布し、その定員は嘉慶年間に最も多く66万人余だった。その後しばしば削減され、光緒年間には46万人だった。太平天国の乱以後、緑営は機能を失い、団練、郷勇に取って代わられた。

参将　「参将」、「遊撃」、「都司」、「守備」、この四つの職位は、緑営の中の中級の軍官である。「参将」は武官職の正三品官で、総督、巡撫、提督、総兵の管轄下にあった。ある者は1人で一つの町を守り、ある者は上級の武官とともに一つの町を守った。巡撫の営務の統括管理の手助けをする者は、撫標中軍と言った。提督の営務の統括管理の手助けをする者は提標中軍と言った。清末には、全国の緑営参将はあわせて177名で、その中水師参将は22名、その他はすべて陸路参将だった。

副将　武官職の従二品官。事に応じて総督、巡撫、提督、総兵の管轄を受けた。職務が異なれば、統括する部隊の呼称も違った。総督、提督の統率する軍務の手助けをする場合には督標中軍、提標中軍と呼ばれた。独立して外で防備に当たる場合は協標営と呼ばれ、しかも自身の役所が持てた。清代に台湾に置かれた副将はわずかに3名で、すべて独立して防備にあたる責任者だった。1名は安平水師副将で、安平水師協を統率し、その下の水師中、左、右の3営を統括した。もう1名は澎湖水師協副将である。さらにもう1名は北路協副将で、北路の中、左、右の3営を統率した。

1733	雍正十一年	張達京が**貓霧捒圳**を築き、岸裡社と「**割地換水**」を行なう。
1735	雍正十三年	柳樹湳、登台庄で生番殺人事件勃発。
1739	乾隆四年	**艋舺**龍山寺落成、本尊は**観世音**。
1739	乾龍四年	府城（台南）「**風神廟**」を建てる。

遊撃　武官職の従三品官。職責は参将と類似していた。**参将**の項を参照のこと。

貓霧捒圳　上溝渠（埤）、下溝渠を含む。下溝渠（即ち旧溝渠）は雍正年間に作られた。岸裡社総通事の張達京が土官の潘敦仔と協約を結び、朴仔口から溝渠を築き、大甲渓の水を引いて淹漑した。その中、8割は張京達のものになり、2割は岸裡社のものとなった。雍正十一年（1733）、張達京は「張振萬」号という屋号で、そのほかの5名の漢人と協力して「六館業戸」を結成し、6600両の資金を集め、上溝渠を開削した。この淹漑工事は、「割地換水」の方式を採った。これは岸裡社が現在の台中県豊原、神岡、潭子、大雅、台中市北屯、西屯一帯の土地を漢人の開墾のために提供し、一方、六館業戸はそのお返しとして、岸裡社に14分の2の水利権を与えるというものだった。貓霧捒圳は台中盆地最大の水利施設で、乾隆末年にはその淹漑面積は3千甲（1甲は約1ha）余りに達した。

割地換水　岸裡社の原住民と漢人の開墾者が水利権と土地所有権を交換しあった方式。台中盆地の広大な未開墾の土地は、元々は岸裡社の所有だった。この土地を開墾しようとするなら、大規模な溝渠を作り、淹漑用水をまかなわなければならなかった。土地を所有する岸裡社には溝渠を作る資金と技術がなく、資本を持つ漢人には土地がなかった。そこで、もし漢人が資金を出して溝渠を作り、完成後一部の水利権を岸裡社に与え、代わりに一部の土地所有権を獲得すれば、双方が自分の土地を淹漑する水を得ることになる。このようなやり方を「割地換水」と言った。**貓霧捒圳**の項を参照のこと。

艋舺　元は平埔族「沙麻廚」社の所在地。雍正年間に漢人の村落ができはじめ、遅くとも乾隆二十九年（1764）にはすでに町ができていた。艋舺の地名の由来はそこが淡水河の「艋舺渡頭（渡し場）」のそばにあったからで、艋舺というのは平埔族が使用する丸木船のことを言う。艋舺は渡しの便があったから、乾隆初年には台北盆地の商品集散の中心地になった。また大陸の福建、浙江との交易が始まると、次第に台湾北部の政治、軍事の中心になった。乾隆二十四年、元来八里坌に置かれていた「北路淡水営」が艋舺に移ると、艋舺は竹塹以北の軍事上の重要地点になった。嘉慶十四年（1809）、新庄に置かれていた県丞も艋舺に移った。このほか、淡水庁の政府所在地は竹塹（現在の新竹市）にあったが、台北盆地の事務が繁雑で、商業も盛んだったので、淡水同知は、半年は竹塹に、半年は艋舺に残って台北の政務を処理するのが通例だった。このため、艋舺は台北盆地の政治の中心になった。道光、咸豊年間には艋舺の商況はピークに達し、「一府、二鹿、三艋舺」と称えられた。しかし、やがて咸豊三年（1853）の郊の間の械闘の勃発に加えて、淡水河が次第に浅くなったため、艋舺の盛況は日を追って衰弱し、その商業上の

1740	乾隆五年	清朝が岸裡社原住民に「潘」姓を賜る。
1741	乾隆六年	劉良璧を中心に『重修福建台湾府誌』を編纂。
1746	乾隆十一年	八里坌巡検が新庄に移駐。
1746	乾隆十一年	范咸ら『重修台湾府誌』を著す。

地位は次第に大稲埕に取って代わられた。

観世音　元々は仏教の菩薩の1人である。その法名は多いが、最も通用しているのは「観世音」である。世間の苦難の声を聞くというのがその意味である。民間の伝説によると、観音の前身は王女で、名を「妙善」と言い、のちに修行によって悟りを開いた。観世音菩薩はかつて誓いをたて、32の姿に変わってこの世の様々な苦難を救ったと伝えられる。このため観音の造形は非常に多く、よく見られるものとしては「送子娘娘」、「施薬観音」、「馬頭観音」、「持蓮観音」、「千手観音」などがある。台湾の泉州人の多く集まり住むところ、例えば台南、鹿港、艋舺、淡水などには、みな「龍山寺」が建てられており、観世音菩薩を祀っている。これらの廟の大部分は、泉州の龍山寺から線香の火を分けてもらって建てたもので、中でも艋舺龍山寺、鹿港龍山寺が最も有名である。

風神廟　台南市西区民権路3段143巷8郷にある。乾隆四年（1739）に創建され、接官亭建築群の中の一部分である（**接官亭坊**の項を参照のこと）。本尊は風神で、台湾海峡両岸の間を往来する船舶の安全を加護する。乾隆十一年、商人が風神廟の後ろに大士殿を建て、観音大士を祀った。乾隆四十二年、台湾知府・蔣元枢は官庁、風神廟、大士殿を建て直し、公館を廟の左に建て増して、役人を送迎する際の滞在場所とした。日本の台湾統治後、この場所は役人が上陸する埠頭ではなくなり、風神廟も自ずとその特殊な地位を失った。この廟は台湾でただ一つの風神廟で、質朴で昔ながらの風格があり、神仏の像、文物とも芸術的価値に富んでいる。現在は3級古蹟に指定されている。

1751　乾隆十六年　　水沙連、拳頭母に**官庄**を設ける。
1755　乾隆二十年　　**林秀俊**、**大安圳**を開く。

官庄　鄭氏の時代には、文武の役人が土地を囲って開墾することを許し、これを官田と言った。清朝が台湾を統治するようになってから、元々役人が所有していた土地を、耕作者の所有に改め、これらの土地は一般民衆の財産になった。だが、一部の土地は依然として役所の所有のまま残り、これを官庄と呼んだ。このほか、地方の名士が自分の土地を献じて、自ら望んで小作農に与えた例もある。あるいは元は無主の地で、役所が自ら開墾してできた官庄もあった。しかし、官庄の最も主要な来源はやはり民間のものを没収して公のものとした土地である。毎回反乱が収まるたびに、反乱者の私的財産は「反産」として、すべて没収し必ず公の所有に帰した。このほか、違法に開墾した土地も、一旦調査によって明るみに出れば、官庄に編入されるということがあった。例えば、乾隆年間には、彰化県水沙連（現在の南投県竹山鎮一帯）と淡水拳頭母山後（現在の台北景美、新店）の2ヵ所は違法に番界に入って開墾したという事情があり、役人の調査を経てこれらの土地は官のものとなり、「水沙連官庄」と「拳頭母官庄」ができた。その土地の小作農は役所の小作農になった。政府の官庄の経営方式は、通常は小作農のリーダーを通して小作農に田畑を貸し、小作農は一部の農産物を銀貨に換算して役所に納付した。道光年間を例にとると、台湾の官庄は合計120ヵ所、毎年定額で銀1万9千両余を徴収していた。

林秀俊　「林成祖」とも言った。福建省漳州府漳浦の出身。雍正年間に渡台して開墾に従事した。現在の台中県大甲鎮に住み、その土地の平埔族から土地を借り受け、また大甲圳を開削して農地を潅漑した。当時、大甲に住んでいたのは多くは泉州人で、漳州籍の林秀俊の事業ははかばかしく進まなかった。そこで、林秀俊は大甲を離れ、擺接（現在の台北県板橋一帯）に行き、新たな展開を求めた。当時の北部台湾はやっと開発が始まったばかりで、至るところに開墾されていない土地があった。林秀俊は擺接、興直二堡、つまり現在の台北県新荘、三重、五股、板橋、中和、永和一帯の土地に投資し、開墾した。また大安圳及び永豊圳を開削し、農地を潅漑した。このほか、現在の土城、南勢角山地区の原住民が首刈りに来るのを防ぐため、林秀俊は役所の許可を求めて、自ら武器や食糧を蓄え、番人の襲撃を防ぐ施設を設けた。こうして現在の中和、永和、板橋、土城一帯を防備し、開墾者の安全を保障し、この地方の農業開発に多大な貢献をした。**大安圳**の項を参照のこと。

大安圳　溝渠の名。林秀俊が擺接（現在の台北県土城市、板橋市）一帯の砂地に潅漑するため開削した。この用水路の幅は2丈4尺、延長は10里余。用水路が涸れ河を横切る場所では、河床の下に通水官を敷設し、用水がうまく流れるようにした。洪水によってしばしば破壊されたが、林秀俊は困難を恐れず、毎年修復し、10万銀余りを費やして完成させた。大安圳の潅漑面積は千甲余に及び、毎年1萬石余の小作米を取り立てることができ、林秀俊はか

1757	乾隆二十二年	新荘地蔵庵を創建。本尊は**大衆爺**。
1758	乾隆二十三年	竹塹社番に「潘」姓を下賜。
1759	乾隆二十四年	南投県丞を新設。

なりの富を得ることができた。日本時代に改修が行なわれ、用水路の両岸には梅檀の木が植えられ、すこぶる美観を呈している。**林秀俊**の項を参照のこと。

大衆爺　民間の無縁仏に対する呼称。民間の信仰では、人の死後、その霊魂は冥土に行く。子孫は祖先が死後も冥土で満ち足りた生活を送ることを望むならば、庫銀（紙銭）や紙の棺などを焼き、沢山のお供えを準備して祀らなければならない。しかし、霊魂によっては、疫病、戦乱によって死んだり、あるいは番人に殺害されたりして、死体を埋葬する人がなく、その霊魂を祀る人もいない。そこで「浮かばれない魂」になる。これらの浮かばれない魂は祀ってくれる子孫がいないので、しばしば村民に危害を加え、疫病や病を招く。これらの無縁仏を慰めるため、村民は道ばたや路地の奥、野良の路傍、あるいは人里離れた野外に常に料理を供え、彼らを祀ることをする。民間では、これらの霊魂は霊験あらかたであると信じているので、彼らのために廟を建て祀ることもあった。このほか、名も知らぬ骸骨が見つかると、それらを1ヵ所に集めて埋葬し、まとめて廟を建てて祀ることもあった。これらの無縁仏はまた「有応公」、「萬善公」、「金斗公」などとも呼ばれた。これらの浮かばれない魂を祀る廟で比較的規模の大きなものとしては、台北県板橋市の大衆廟、新荘市の地蔵庵などがある。

福徳正神　俗称を「土地公」とも言い、土地の神と見なされている。神としての格は高くはないが、人民の生活と最も密接な関係を持つ神である。出産、成年、結婚などなど、すべて土地公の廟にお参りし、加護をお願いする。時代の変遷につれて、一般人の土地公に対する信仰にも次第に変化が表れた。「土地があれば財産がある」という考えのもとに、土地公は福の神と拡大解釈され、現代の商人が必ず拝まなければならない神となった。陰暦で毎月の朔（1日）と望（15日）の翌日、すなわち2日と16日の2日は商人は祭礼用の牛、豚、羊それに酒を用意し、土地公を祀る。これを「作牙」あるいは「作福」と言う。毎年最後の作牙（十二月十六日）には、宴会を催して従業員を大いにもてなし、1年間の苦労に酬いるが、これを「尾牙」と言う。台湾では、土地公は一般に温厚な老人の姿に造られ、頭には銭の飾りをつけた帽子をかぶり、金持ちらしい服装をしている。また体の肉付きはよく、顔色は赤くつややかで、慈悲深く優しい笑顔を見せている。

1760	乾隆二十五年	**郭錫瑠**が「五庄圳」を建設。「**瑠公圳**」の前身。
1760	乾隆二十五年	台湾道・楊素景が彰化、淡水番界に**土牛**を築く。
1760	乾隆二十五年	余文儀が『続修台湾府志』の著作に着手。

郭錫瑠（1705～1766）　字は天錫。福建南靖の出身。幼年の時父について渡台、半線（現在の彰化市）に住んだ。乾隆元年（1736）、家族を連れて北上し、興雅庄一帯で開墾に従事した。当時、そのあたりの田畑は、木の切れ端で作った溝渠で少量の潅漑用水をまかなっており、新たな耕地を開くことができなかった。郭錫瑠は台北地区の水源の調査に着手し、最終的には新店渓の上流青潭渓を水源にすることを決めた。青潭渓の用水路の入り口から台北盆地の間の一部には水を取り入れるトンネルを開削し、また用水路と霧裡薛景（現在の景美渓）が交差する場所では水を通す橋を架けなければならなかった。工事が大規模で、予想外の費用がかかるので、郭錫瑠は彰化にあった自分の田地を売って金に換え、この溝渠の建設に全力を投入した。当時青潭地区の原住民のタイヤル族は頻繁に出没し、よく労働者を殺害した。郭氏は双方の衝突を収めるため、原住民の女性を妻とした。何回もの挫折を経て、乾隆二十五年に新店大坪など5庄を潅漑する用水路が完成した。霧裡薛景をまたぐ水道橋は、橋の上を頻繁に人が行き交い破損したため、郭氏は設計を変更し、河の底に水道管を埋設し、用水が順調に流れるようにした。乾隆三十年、暴風雨によって河底の暗渠が破壊された。郭氏はその後まもなく疲労のために病にかかり、この世を去った。彼の生存中には台北盆地を潅漑する水利建設を完成させることはできなかったが、後年できた用水路は彼の名をとって「瑠公圳」と言った。郭錫瑠は死後松山北方の旧里族の丘陵の近くに葬られたが、民国74年（1985）に台北市瑠公水利会が新店安坑に改葬すると共に、「瑠公墓園」を建設し、石碑を建てて記念とした。

瑠公圳　台北盆地内の最大の潅漑施設。乾隆五年（1740）、郭錫瑠が青潭渓に用水路の入り口を建設したのに始まり、河の水を台北盆地内に引こうと企図したものである。この用水路建設の工事は極めて難しく、一部水を通すトンネルを開削する必要があったほか、霧裡薛景（現在の景美渓）をまたぐ水道橋を架けなければならなかった。それに加えて青潭一帯のタイヤル族の原住民が頻繁に首刈りに現れ、工事に携わる労働者を殺したため、工事は最終的には失敗に終わった。乾隆十七年、郭氏は再度工事に取りかかったが、やはり結果が出なかった。乾隆十八年、大坪林地区の開墾者で作る蕭妙興連合の十二張、七張、十四張、宝斗厝、二十張などの5庄（現在の新店市内にある）の庄民が金を出して郭錫瑠の工事の継続に協力した結果、乾隆二十五年、ついに大坪林5庄を潅漑する用水路が完成した。これを「五庄圳」と呼んだ。郭氏は引き続き霧裡薛景に水道橋を架け、さらに台北盆地まで水を引こうとした。しかし、旅行者の通行が頻繁で、最初に架けた木橋はまもなく壊れてしまった。郭氏はそこで設計変更を行い、河底に暗渠を埋設することにしたが、乾隆三十年の暴風雨によって、この暗渠も完全に押し流されてしまった。郭氏は長年心血を注いだ工事が水泡に帰し、この年の暮れ、心労が高じ

1761	乾隆二十六年	**潘敦仔**が岸裡社総通事に就任。
1761	乾隆二十六年	鳳山県丞を萬丹から阿里港の駐在に変更、新港巡検が斗六門に移駐、下淡水巡検が大崑鹿から崁頂に移駐。

て死亡した。未完の事業は彼の息子の郭元芬によって完成された。台北盆地を潅漑するこの用水路は郭錫瑠によって始められたので、後の世の人は「瑠公圳」と呼んだ。実際には台北盆地を潤す用水路は瑠公圳だけに止まらず、現在の瑠公圳は日本時代に各用水路を統合して新たに作り直したもので、郭氏が当時建設した規模をはるかに上回っている。

土牛　清代、番社との境界線上には石や碑を立てたほか、溝を掘ったり土を盛ったりして標識にした。溝を掘った際に出た土石は溝のそばに積んでおいたが、ちょっと見ると牛が地上に横たわっているようなので、「土牛」と、また土牛の傍の深い溝は「土牛溝」と呼んだ。乾隆二十五年（1760）に土牛を築いた際の記録によると、土牛の長さは約2丈、底部の幅は1丈、高さは8尺、上部の幅は6尺で、大体梯形の六面体をしていた。一方、土牛溝は長さ15丈、幅1尺2寸、深さは6尺だった。すでに乾隆八年以前に溝を掘り土牛を積んだという記載があるが、大規模に設置されたのは乾隆二十五年である。この工事は台湾道の楊景素が責任者になり、もともとあちこちに散在していた境界を示す石をほぼ線状につながった境界とした。その後、彰化県と淡水庁地方では、地表にはっきりと識別できる「番人の住む地域との境界線」が置かれた。諸羅県、台湾県、鳳山県、つまり濁水渓以南の地方では、土牛を設けたという記録はなく、番界は主として相変わらず自然の地形と点状に置かれた境界石で識別していた。

潘敦仔　岸裡社第3代の総土官。岸裡社が勢力を持つようになったのは潘敦仔の祖父の阿穆に始まる。阿穆は清軍が通霄社の反乱を鎮圧するのに協力したことから、第1代の総土官に任ぜられた。雍正十年（1732）、敦仔は清軍による大甲西社の騒乱の平定に協力し、雍正皇帝の引見を受け、御衣を賜った。この特別の栄誉によって、彼は岸裡社の歴代の土官の中で最も有名な人物になった。爵位は「大由仁」と言った。彼の支配下の田畑は主に現在の神岡郷、豊原市一帯にあって非常に広く、毎年数千石の小作米を取っていた。清朝の制度下では、土官と通事は番社の中で最も勢力のある人間だった。土官は番人が就任し、通事は大半は番語に精通した漢人がなった。潘敦仔が土官になったばかりの頃の総通事は漢人の張達京だった。乾隆二十六年（1761）、役所は漢人の通事を解任する必要から潘敦仔を通事にした。この結果、潘敦仔は漢人でない最初の通事となった。

1763	乾隆二十八年	貢生の胡焯猷が義学を設け、明志書院を建てる。
1763	乾隆二十八年	**府城の三郊**が**水仙宮**を改修し、三郊の本部とする。
1766	乾隆三十一年	南北路**理番同知**を新設し、南路は**海防同知**が兼任。

府城の三郊　府城（台南）の北郊、南郊、糖郊を指す。この中、北郊のリーダーは蘇萬利商行で、南郊と糖郊のリーダーはそれぞれ金永順と李勝興だった。三郊の取引市場はそれぞれ異なり、輸出入の商品の種類も違っていた。北郊は厦門以北の各港との取引を主とし、もっぱら薬材、絹、南北の商品の輸入を扱っていた。南郊は厦門及び厦門以南の各港と取引を行い、刻みタバコ、陶磁器、煉瓦を専門的に仕入れた。糖郊は主として砂糖、米、豆、麻などの輸出と中継輸送に従事した。始めの頃、各郊は独立して活動したが、嘉慶年間になると、海賊の蔡牽がしばしば府城を犯したので、各郊の商人は自衛のために連合して義民を募集し、府城を防衛した。その後、三郊は廟の修復、治安の維持、河の浚渫などの地域の公益事業に積極的に参画した。道光年間、曾文渓が氾濫し、台江が泥で埋まってしまった。河の浚渫のために三郊は公金をほとんど使い果たしてしまった。まもなく安平が貿易港になり、外国の商社が豊富な資金で競争に加わったので、三郊は勢力を失った。日本時代になると、台湾と中国大陸との間の貿易はほとんど中断し、三郊は完全に没落した。

台南水仙宮　清代台湾府城の西定坊と五條港の中央の南勢港埠頭、即ち現在の台南市西区神農街1号にあった。康熙四十二年（1703）の創建で、夏禹、寒奡、項羽、伍子胥、屈原ら5人の川の神仙を祀っている。乾隆六年（1741）に再建され、当時にあっては全台南で最も規模が大きく、最も壮麗な廟だった。乾隆二十八年、北郊の有力な商人蘇萬利らが600銀を費やして改装し、また郊の事務所を廟の傍の三益堂に設けた。この結果、水仙宮は三郊の本部となり、「三郊会館」とも呼ばれた。嘉慶年間、三郊の勢いは盛んで、全台湾の対外貿易を牛耳り、水仙宮は府城の自警団、治安防衛、商業、紛争の仲裁、公益事業の開催などの事務所となり、このため廟もまた最盛期にあった。日本時代、三効の勢力は次第に衰え、次第に解体した。昭和16年（1941）、戦争の必要から、中、後殿は取り壊され、防空の用地になった。この結果、廟の前殿のみが残るだけとなった。この廟は以前には三郊の会館であり、大きな歴史的意義がある。また石の彫刻、木工が精巧かつ精緻であるため、3級古蹟に指定されている。

理番同知　清代、もっぱら番人の事務に責任を負う官吏で、乾隆三十一年（1766）、閩浙総督・蘇昌の建議によって設置された。当時「熟番」はとうに帰順しており、彼らの「社」は中国大陸からの移民の村落と錯綜し、土地の多くは漢人に占有され、多くの者が離散してあてもなくさまようようになった。熟番が土地を失ったために深山に逃げ込み、再び生番となるのを防ぐため、広東省に理傜同知を設置した前例にならい、台湾に「理番同知」の職を置くことにした。理番同知は彰化県城内の淡水同知の旧事務所（元の同知はすでに竹塹に移駐しており、官署は空いていた）を利用して事務をとり、台湾北路の淡水、彰化、諸羅など1庁2県内の熟番の番社を管轄した。任期は3年だった。

1766 乾隆三十一年 余文儀が淡水攸武乃社を鎮圧。
1767 乾隆三十二年 清朝、台湾道を台湾兵備道に改める。

南路の熟番の事務については、台湾、鳳山両県の境界内の番社は比較的少なく、しかも集中していたので、元の台湾府海防同知が南路理番同知を兼任した。理番同知の職務は幅が広く、通事の任命、風俗改良の奨励、漢化のための学習から、土地の精査、税の徴収、さらには漢人と番人の接触と紛争に関することなど、すべてその職務に含まれていた。

海防同知 正式な名称は「台湾府海防捕盗同知」で、康熙二十三年（1684）に設けられた。その役所は台湾府にあり、港への船の出入りを管理するのが役目だが、康熙二十三年（1768）からは南路の番人に関する政務も合わせて扱うことになった。清初の規定では大陸と台湾の間を往来する船舶は、台湾府の安平と対岸の厦門にだけ出入りでき、この二つの港を正口と言った。この正口によらず出入りする船は密航と見なされた。台湾へ出入りしようとする船舶は役所に証明票を申請し、厦門を出航する前にまず1回目の検査を受けなければならなかった。安平に入港する前にもう一度検査を受けなければならず、違法な貨物の積み込みがないことがはっきりして、初めて入港できた。海防同知は安平港の検査事務の責任を負う役人である。台湾と大陸の間の往来が日増しに頻繁になるにつれ、乾隆五十三年に鹿港を新たに正口に加え、元々彰化にあった北路理番同知が港湾事務を兼務して管理した。乾隆五十五年には、今度は淡水庁の八里坌と対岸の福州の間の通航を開放した。道光四年（1824）、さらに彰化県の五條と対岸の蚶江、噶瑪蘭庁の烏石港と対岸の五虎門の間の通航をそれぞれ開放した。以上の新たに開放された港は、各地の最寄りの官吏が検査に当たり、新たに同知を設けることはしなかった。

清代

1768	乾隆三十三年	九月、**黄教**が各地の**塘汛**で略奪を重ね、政府軍は半年間の追跡捜査の末、翌年三月、逮捕。
1769	乾隆三十四年	**呉鳳**、原住民に殺害さる。

黄教　原籍は福建同安。台湾県に居住し、多くの前科がある有名な窃盗常習犯。乾隆三十三年（1768）9月、当局の追及が身近に迫ったため、黄教は仲間を募り、緑営の塘汛を略奪した。当局はしきりに人馬を派遣したが、一向に捕まえることができなかった。黄教の犯罪の手口は兵力の希薄な小汛を不意に攻撃し、政府軍の兵士を殺害し、兵器を略奪した後、都市を攻めたり土地を略奪したりはせず、山間に退くというものだった。彼は山地の地理に非常に詳しかったので、政府軍は彼の足取りを全く把握することができなかった。このほか、黄教には決まった仲間がいるわけではなく、その場その場で仲間を募り、解散するのだった。清朝は福建水師提督・呉必達を台湾に派遣して討伐に当たらせた。呉必達は半年の時間と賊徒の20倍の兵力を動員し、乾隆三十四年三月二十七日、黄教の仲間の手引きによって山中で黄教を刺殺した。この事件は、鳳山、台湾、嘉義の3県の山間部に及んだが、政府軍はいつも追跡や逮捕に失敗し、当局の山間部における治安能力の無力ぶりを暴露することとなった。

塘汛　各地を防備する緑営部隊。通常は交通の要衝、河や海の港、あるいは山沿いの険要の地に配置された。それぞれの塘汛の間の距離は一定しておらず、短ければ10里、長ければ30～40里である。「官弁」の駐在しているところは「汛」と言い、守備兵がいるだけのところは「塘」と言った。ここで「官弁」と言うのは、緑営の「千総」以下の低位の軍官で、例えば「把総」、「外委」、「額外外委」などである。塘汛の守備兵の主な任務は盗賊の捜査逮捕、宿場の防備、通行人の護衛、港での検査、密輸の防止などである。最大の汛でもその兵力は100名余りに過ぎず、一般には10数名から数十名だった。塘に至っては多くは10名に満たなかった。汛の兵士は防備の区域を固守しなければならず、勝手に移動することはできなかった。平時には集団の訓練に参加せず、戦時にも前線にやられることはなかった。とは言っても、塘汛は兵力が不足していたので、しばしば匪賊の攻撃の第1目標になり、銃器や兵器を奪われた。台湾では、塘汛に属する兵力は緑営の総兵力の大体2分の1から3分の1の間で、残りの「戦兵」は作戦専用の兵力だった。

呉鳳　福建平和県の出身。幼時に父母について台湾に渡り、鹿麻産（現在の嘉義県竹崎郷鹿満村）に住んだ。彼は阿里山番社の言葉を習得し、原住民と商売をした。24歳で阿里山の通事に任命され、のちに原住民との衝突の中で命を失った。呉鳳の死後、劉家謀はこれを題材にして詩句を作り、これが呉鳳についての最も早い文献となった。しかし、この時は呉鳳が死んでからすでに1世紀もたった後だったので、呉鳳の本当の事跡はすでに考証が困難になっていた。日本時代になって、呉鳳の伝説は当局の宣伝によって大いに広められた。その中で、呉鳳は「番人の首刈りの悪習を取り除くため、毅然として自分の生命を犠牲にした」という筋書きが次第に形作られ、小学校の教材にまで取り入れられた。戦後もこの

1772	乾隆三十七年	**小刀会**事件起こる。
1774	乾隆三十九年	余文儀、『続修台湾府志』を完成。
1777	乾隆四十二年	台湾**知府**蔣元枢、**接官亭坊**〔→次頁〕を建てる。

伝説が依然として小学校の教科書の中に残され、呉鳳は知らない者のない偉大な人物になった。実際のところは、呉鳳の伝説は200年余りの変遷を経てとうの昔に本来の姿を失なっている。現在流行している話しの筋は、政府が何らかの教育目的のために作り出したものである。この物語は人心に深く沁み込み、その結果原住民の文化に対する誤った観念を作り出したばかりか、原住民の尊厳も傷つけた。1980年代になって、呉鳳の物語はやっと小学校の教科書から削除された。

小刀会 民間の互助団体の名称。乾隆三十七年（1772）、彰化県大墩街（現在の台中市）の林達らが、檳榔を売っていた最中、営兵に商品を買いたたかれ、殴られ辱められた。これをきっかけに林達らは仲間や友人18人を集めて義兄弟の契りを結んだ。彼らは今後営兵の侮りにあったなら、各人が小刀を携え助け合おうと約束しあい、自分たちの組織を「小刀会」と呼んだ。これと同時にほかの場所にも小刀会の組織が現れた。それは林阿騫をリーダーとし、護身のために小刀を身に着け、「王爺会」と言った。この類の民間団体の人数は一定しておらず、50～60名に達するのもあれば、10名余りというのもあった。名称は同じでもそれぞれの成り立ちは異なり、また同一人が作ったものでもなかった。ましてや互いの間には支配や従属の関係はなかった。

知府 府の長官で、清初には正四品だったが、乾隆十八年（1753）以後従四品に改められた。知府の助手は同知（正五品）、通判（正六品）などで、その人数は各地の事務の忙しさを勘案して決められ、固定した定員はなかった。一般には同知、通判各1～2名だった。清初には福建省には10の府があった。それは福州府、福寧府、建寧府、邵武府、延平府、汀州府、彰州府、泉州府、興化府それに台湾府である。このほか、別に龍岩、永春の二つの直隷州があった。当時の台湾と澎湖は「台湾府」の管轄に属し、府治（府の政府所在地）は現在の台南市で、台湾県と同一場所にあった。台湾府にはそのまた上級の「台湾道」があった。台湾府は台湾道と県、庁の中間に位置し、直接各県の事務を管轄できない上に、全台湾の政務を統一して処理することもできず、十分に機能していなかったと言えよう。

1782	乾隆四十七年	彰化刺桐脚で**漳泉械闘**が勃発。
1784	乾隆四十九年	**鹿港**が開港、福建の蚶江を相互乗り入れの対象とする。
1784	乾隆四十九年	清が番界の開墾地を測量。

接官亭坊　接官亭とも。文字通り往来する役人を送迎する場所である。台湾海峡を往来する航海の安全を祈り、大陸から渡台する役人を正式に送迎するため、乾隆四年（1739）、台湾道・愕善が台南の渡し場に「接官亭」を建てた。建てられた当初は、三つの建物が縦に並び、第1番目が大門、2番目が「官庁」、三つ目が風神を本尊とする「風神廟」だった。のちに、地元の人が4番目の大士殿を付け足した。乾隆四十二年、知府の蔣元枢は建物を改修して、官庁と風神廟を拡張し、宿舎を買い入れ、新たに埠頭を作り、埠頭の傍には石造りの牌楼を建てた。当時、大陸から渡台して来た役人は船に乗って渡し場に停泊し、地方の役人は石の牌楼の前に立って出迎えた。役人は上陸した後、官庁に迎え入れられ、風神を参拝し、それから宿舎に入って地方官から盛んな宴会で歓待を受けた。このような大げさな役人出迎えの儀式は、台湾が日本に割譲されるまで続いた。大正7年（1918）、日本人は現在の民権路を作るため、官庁から後ろの建築物をことごとく取り壊し、廟にあった神仏の画像は官庁に移して祀った。大正13年、現地の住民は残っていた官庁の遺構によって風神廟を再建した。現在では、接官亭は風神廟と接官亭の石の牌楼などを残すのみである。接官亭の石の牌楼は泉州の白石と青斗石で作られ、正面から見ると4本の柱、2層の屋根、三つの通り抜けからなり、高さは8m、幅は8mである。その規模の大きさ、構造の複雑さは、台湾で最たるものである。

漳泉械闘　一方は漳州人を主とし、一方は泉州人を主とする械闘のこと。**分類械闘**の項を参照のこと。

鹿港　元は平埔族の居住地で、明末にはすでに漢人がやって来て開墾していたと言われる。鹿港は台湾西部海岸の中央に位置しているので、船舶が南北に往来する中継点だった。また大陸との距離も近く、半日も航海すれば到達できた。しかも、鹿港は彰化平原及び台中盆地の広大な後背地を持っていた。これらの地方は古くから穀倉の称があり、農産品が非常に豊富で、立地条件がすぐれていた。乾隆初年、鹿港は中部の米穀集散の中心となり、乾隆四十九年（1784）には正式に開港して、鹿港から直接大陸に航行することが許可された。開港から道光三十年（1850）までの半世紀余りは鹿港の全盛期で、人口は10万もあり、毎日出入りする帆船は100艘ほどに上ったと言われる。道光の末年、幾度かの大きな台風の後、濁水渓は河道を変えて鹿港を河口とするようになり、港は流れ込んだ大量の土砂でふさがれた。その後、日本時代の前まで、鹿港は依然としてその地方の物産の集散の中心だったが、繁栄ぶりは以前にはるかに及ばなかった。1860年代に台湾が開港して後、鹿港は条約上は開放された港の中には入らず、以後主要港としての地位を失なった。

同知　同知、通判は知府の補佐役で、通常は食糧の輸送、塩に関する労役、盗賊の捕縛、海防、河川の工事や水利、漢人や番人の鎮撫などの仕事を管轄した。明清両代の同知、通判は閑職

1786	乾隆五十一年	淡水**同知**・潘凱、生番に殺害さる。
1786	乾隆五十一年	十一月、**天地会**の**林爽文**〔→次頁〕が反乱を起こす。荘大田がこれに呼応し、台湾は動乱に陥る。

に過ぎなかった。台湾府内で特定の人物が管理しなければならない仕事のある時は、同知、通判を地方に派遣して、何らかの特定の事柄を専一に管理させた。その派遣先の事務所を「庁」と呼んだ。庁は本来は事務所の所在地を指すだけだったが、同知、通判がある場所に固定して駐屯して防備に当たるようになると、月日の経つうちに固定した行政単位になった。このほか、少数民族が集まり住む地域では、州、県を設置するのは適切でないとして、大半は庁を置いた。これらは「理番同知」あるいは「撫民同知」と呼ばれた。彰化に駐在した「北路理番同知」、五囲（現在の宜蘭市）に駐在した「噶瑪蘭通判」、基隆に駐在した「北路撫民理番同知」などがその例である。

天地会　清代の民間の秘密結社で、三点会、三合会とも言う。「天を拝して父となし、地を拝して母となす」ところから、天地会の名がある。天地会の流れをくむ民間の秘密結社は「洪門」と言い、その分派の名称には、哥老会、小刀会、紅銭会などというのがあった。天地会は康熙十三年（1674）に組織されたといわれ、最初は福建、台湾一帯で活動していたが、のちには次第に長江流域及び広東、広西地方へと勢力を拡大した。会員の大多数は社会の末端の農民、労働者、遊民などであった。天地会は「反清復明」を主旨とし、会員は清代の民衆が起こした抵抗運動の多くに参加した。アヘン戦争後、湖南、湖北の両湖地方、広東、広西の両広地方で会員の武力蜂起が頻々として見られた。太平天国以後、多くの天地会の首領は付和雷同して反乱を起こした。19世紀末から20世紀の初頭にかけて、多くの会員は同盟会の指導を受け入れ、抗清革命に身を投じた。天地会は秘密の民間組織だったから、会の設立、組織及び会が主導的な役割を果たした民衆の抵抗運動などについては諸説紛々で、天地会が一体どれ程の影響力を及ぼしていたかを確実に知るのは大変難しい。林爽文の乱は台湾で最大の民衆の抵抗運動だが、一般には、この乱は天地会が背後にあって主導的な役割を果たしたものと考えられている。

1786　乾隆五十一年　　鹿港龍山寺落成、本尊は観世音。
1787　乾隆五十二年　　諸羅県を嘉義県に改める。

林爽文（?～1788）　原籍は福建漳州平和県、渡台後、彰化県大里杙庄（現在の台中県大里市）で開墾に従事し、すこぶる家産に富んでいた。当時大里杙一帯には多くの名門の一族や勢力のある一族がいて、いつも械闘が起こっていた。このため人々は人数を集めて自衛していた。林爽文も例外でなかった。乾隆五十一年（1786）、諸羅県で械闘が勃発した。これに参加した天地会党の人々は当局の追及を逃れるため、やはり天地会員だった林爽文を頼って続々と大里杙に逃げ込んだ。彰化知県は逮捕に向かおうとしたが、かえって天地会の会員に殺害され、事態はますます収拾がつかなくなった。林爽文は事ここに及んでついに反乱を決意した。その年十一月二十八日、林爽文は衆を率いて彰化県城を攻略、十二月三日には衆に推されて王となり、年号を「順天」とした。次いで六日には諸羅を攻略した。翌年一月、台湾府城（台南）を包囲攻撃したが敗北し、大里杙に戻った。その後、十一月に福康安が台湾に来るまで、林爽文は現在の彰化県、嘉義県内でゲリラ戦を戦った。十一月八日、林爽文は諸羅城で初めて福康安と矛を交えたが惨敗を喫し、一路北方へと退却した。しかし、二十四日には大里杙までも政府軍によって粉砕された。その後、林爽文は残余の部下を率いて山中に逃げ込んだが、原住民の度重なる待ち伏せ攻撃に遭い、ついに乾隆五十三年一月四日、老衢崎（現在の苗栗県竹南鎮）で捕まり、北京に押送され処刑された。

荘大田（?～1788）　福建漳州平和県の出身。若い頃父について渡台、諸羅に寄留。父親の死後、鳳山県篤家港（現在の屏東県里港郷にある）に移り住んだ。若干の家産があり、常日頃同郷人を助け、義侠心に富む者として知られた。林爽文が反乱を起こした後、荘大田は衆を呼び集め、自らは「南路輔国大元帥」、「定南将軍」、「開南将軍」をもって自任した。乾隆五十一年（1786）十二月十三日、鳳山県城を攻略し、鳳山知県を殺した。その後、軍を指揮して北上し、林爽文と共に府城（台南）を攻めた。乾隆五十二年正月、府城の包囲攻撃は遅々として進まず、林爽文は衆を率いて北に帰り、荘大田は引き続き府城付近に止まって政府軍と対峙した。その後、清朝はしばしば多数の軍兵を台湾に送ったが、府城の政府軍と荘大田の間の勢力は拮抗の状態が続き、双方とも膠着状態を打開できなかった。荘大田は大目降（台南県新化鎮）、大武壠（台南県左鎮、玉衣一帯）を根拠地とし、衆を率いてしきりに府城を騒がせた。その間、政府側は一度鳳山県城を取り戻したが、まもなく再び荘大田に奪回された。乾隆五十三年正月、福康安は林爽文の部隊を殲滅した後、南下して荘大田の掃討にかかった。正月二十日、政府軍は数方面から大武壠を包囲攻撃した。荘大田は大敗して逃走し、二月五日柴城（現在の屏東県車城郷）で逮捕された。

福康安（?～1796）　満州鑲黄の旗人。

1788	乾隆五十三年	**荘大田**が逮捕され、**福康安**が**林爽文の乱**〔→次頁〕を平定。
1788	乾隆五十三年	斗六門県丞を新設、元の斗六門巡検は大武壠に移駐。阿里港県丞が下淡水（阿猴）に移駐。下淡水巡検は興隆里（現在の左営）に移駐。
1788	乾隆五十三年	艋舺の**清水祖師**〔→次頁〕廟落成。

若くして従軍し、乾隆三十九年～四十年（1774～1775）の間、福康安は金川（四川省成都付近）の原住民征討に加わり、輝かしい戦功をたてた。のちに陝甘総督に昇進。乾隆五十一年、台湾で反政府の反乱が勃発するや、清朝は大軍を台湾に送り征討したが、なかなか進展が見られなかった。乾隆五十二年八月、乾隆皇帝は福康安に台湾平定の軍務を引き継ぐように命令した。十月末、福康安は満、漢の将兵それに四川の屯番（原住民の部隊）を率いて福建から船出し、十一月一日、鹿港に上陸した。六日、大軍を率いて鹿港から南下し、八日、諸羅城の包囲を解いた。二十日、諸羅から北上し、大埔林（嘉義県大林鎮）、庵古坑（雲林県古坑郷）、斗六門（雲林県斗六市）などを相次いで抜き、二十五日、林爽文の根拠地の大里杙（台中県大里市）を攻略した。林爽文は山中に逃げ込んだが、乾隆五十三年一月四日、老衢崎（現在の苗栗県竹南鎮）で捕まった。福康安は引き続き軍を率いて南下し、二月五日、柴城（現在の屏東県車城郷）で荘大田を生け捕りにした。福康安は乱の平定に功があったとして、昇官して公爵に封じられ、存命中に自身を神として祀る廟を台湾に建てることを特に許された。乾隆五十四年、両広総督に任じられ、五十七年、チベットに出兵した。六十年には貴州の紅苗を討伐、翌年五月、陣中に没した。

1789	乾隆五十四年	羅漢門県丞と新庄巡検を取り替え、羅漢門巡検、新庄県丞に改める。
1791	乾隆五十六年	清朝、台湾で「屯番」制度を実施。
1791	乾隆五十六年	彰化県で漳泉械闘が起こる。
1792	乾隆五十七年	台湾八里坌（淡水河口）と福建五虎門（閩江口）の間で通航。

林爽文の乱　清代、台湾で最大規模の反朝廷事件。乾隆五十一年（1786）七月、諸羅県で天地会の楊光勳とその弟が互いに闘争し、当局はその機に乗じて天地会の会員を逮捕した。これによって事態は拡大し、多くの天地会の会員は次々に大里杙に逃げ込み、林爽文に決起を促した。彰化知県・兪峻と北路協副将・赫生額は大里杙へ捜査逮捕に向かい、十一月末、大墩汛に進駐した。十一月二十七日の夜、天地会の会員は林爽文を捕らえたと偽って、清軍の営中に入り込み、たやすく大墩汛を攻略し、兪峻と赫生額は反乱者の手にかかって死んだ。事態はここに至って収拾がつかなくなった。翌日、天地会の会員は彰化を攻略し、林爽文を擁して王とし、年号を「順天」とした。その後、林爽文は衆を率い破竹の勢いで南下し、十二月六日、諸羅城を落とし、十二日には台湾府の城下に迫った。同時に、鳳山県では荘大田が決起し、十二月十三日、鳳山県城を攻略した。荘大田はその後兵を率いて北上し、林爽文と共に台湾府城を包囲攻撃した。府城の攻防戦は１ヵ月に及んだが、双方は対峙して譲らず、林爽文は乾隆五十二年一月十三日、大里杙へと引き返した。政府軍は二十一日諸羅城を回復した。その後、政府の大軍は府城、諸羅それに鹿港に集合したが、出撃しようとするだけの力がなかった。一方、林爽文と荘大田の部隊も山沿いの村落を守るだけで、まれにゲリラ戦を仕掛けるだけだった。清朝は大陸からしばしば大軍を台湾に派遣したが、手詰まりを打開できなかった。最後に、清朝は福康安を総帥として派遣した。福康安は十一月の初め鹿港に上陸し、六日から南下を始め、八日には諸羅城の囲みを解き、町を囲んでいた林爽文の部隊を打ち破った。二十日にはさらに諸羅から兵を動かして北上し、二十四日林爽文の根拠地大里杙を撃破、乾隆五十三年一月四日、林爽文を生け捕った。北路を完全に平定した後、福康安は主力を南路に向かわせ、一月二十日、荘大田を破り、二月五日には荘大田を捕らえた。この乱はこうしてやっと完全に収まった。林爽文事件の台湾の歴史に対する影響は大変大きく、事後、清朝の台湾統治策もかなりの程度改められた。事件の最中、数ヵ月包囲されながらも屈しなかった諸羅は、これによって皇帝の称賛を受け、「嘉義」と名を改めた。

清水祖師　清水祖師は法名を普定、俗名を陳応と言った。福建永春の出身。宋の仁宗二十二年（1044）の生まれ。彼は生まれつき非凡な風貌を示していたと言われる。幼年にして家の近くの大雲寺に出家し、法師の奥義を得た。彼は橋を架け道を造り、住民に利益をもたらした。彼はまた医術に通じ、日照りには雨乞いをし、住民から大変尊敬を受けていた。人々は彼のために住居を建て、「清水巌」と名付けた。このため、清水祖師廟の多くは「清水巌」と呼ばれている。一般に民間で祀っている清水祖師の像は、多くは黒い

1795	乾隆六十年	鳳山の陳光愛と彰化の陳周全が反乱。
1796	嘉慶元年	**呉沙**が蛤仔難の開墾に入る。
1800	嘉慶五年	**蔡牽**、鹿耳門を攻める。海賊黄勝長、八里坌を攻める。
1804	嘉慶九年	彰化の平埔族が潘賢文に率いられ、蛤仔難に移る。

顔をしているので、「烏面祖師公」という人もいる。言い伝えでは、祖師廟付近で災難が起ころうとすると、お祖師様の像の鼻が落ちるという。台湾の祖師廟は少ないが、お参りはとても盛んだ。各地の清水祖師廟で最も有名なのは台北県三峡の「長福巖」だろう。このほか、台北市萬華祖師廟、台北県淡水鎮の清水巖、高雄市楠梓区の清福寺などもみな歴史が古く参拝者の多い廟である。毎年、陰暦正月六日は清水祖師のお祭りで、萬華、淡水、三峡などは非常な賑わいを見せる。

呉沙（1731～1799）　福建漳浦の出身。台湾に移って後、始めは三貂社の原住民と交易に従事していたが、その地方が見渡す限り平坦な沃土なのに、田畑が作られていないのを見て開墾を思い立った。その後、彼は原籍の異なる流民を集め、各人に米一斗、斧一丁を与えて開墾を始めた。やがて、漳泉などを原籍に持つ流民が殺到し、多くのごろつきやお尋ね者などもここに隠れるようになった。林爽文の乱が勃発した後、淡水同知の徐夢麟は一味が山間部に逃げ込むことを恐れ、呉沙を招いて防備への協力を求めると共に、呉沙の開墾事業を黙認した。呉沙は柯成らの資金の援助を得て広く流民を蛤仔難（現在の宜蘭地区）に呼び込み、開墾地の周りに防御用の土堺を築いて根拠地とした。嘉慶四年、呉沙がこの世を去るまで、漢人の開墾の範囲は最初の土堺から四番目の土堺にまで広がっていた。呉沙は、死後後世の人たちから「開蘭第1人」と呼ばれた。

蔡牽（？～1809）　福建同安の出身。早くから法を犯して海上に逃亡し、次第に海賊の頭目になり、山東から閩粤（福建、広東）に至る海域に出没した。嘉慶九年（1804）、蔡牽は初めて鹿港を犯し、さらにまもなく鹿耳門に入って停泊し、家を焼き、強奪し、1ヵ月の逗留の後港を去った。嘉慶十年三月、蔡牽は滬尾に至り、鎮海威武王と自称し、年号を光明とし、部下を分封した。嘉慶十一年二月、蔡牽は鹿耳門で李長庚と王得禄の包囲討伐に遭い、甚大な損害を受けた。六月、双方は再び鹿耳門で交戦し、蔡牽は大敗してその後再び台湾には来ようとはしなかった。嘉慶十四年八月、蔡牽は黒水溝で王得禄に包囲され、もはや逃れられぬものと悟り、自分の乗った船を沈め自殺した。

1805	嘉慶十年	大龍峒保安宮落成、本尊は**保生大帝**。
1806	嘉慶十一年	淡水で漳泉械闘が起こる。
1809	嘉慶十四年	蔡牽が黒水溝で**王得禄**に包囲され、船を沈めて自殺。
1809	嘉慶十四年	蛤仔難で三籍の械闘が起こる。
1809	嘉慶十四年	北路淡水の編成を拡大し、「艋舺営」に昇格。
1809	嘉慶十四年	新庄県丞を艋舺県丞に改め、鹿仔港巡検は大甲に移駐。

保生大帝　「呉真人」、「大道公」とも言う。姓は呉、名は本、宋朝の福建泉州同安白礁の出身。彼は医術に優れ、死後羽化登仙したと伝えられる。保生大帝に関する伝説は非常に多いが、最も有名なのは「虎の喉をなおし、龍の眼を入れた」話しである。同安から台湾に移民した漢人は、ほとんどが「保生大帝」を信仰している。中でも台南県学甲鎮の「慈濟宮」は最も有名で、毎年の「上白礁」の大祭典はここで行なわれる。このほか、台南市正義街1巷24号の開山宮は台湾で最も早く保生大帝を祭った廟である。台北市の「保安宮」は嘉慶十年（1805）の建立で、歴史はそれほどないが、参拝者は極めて多く、全省に名を馳せている。

王得禄（1770～1841）　字は百遒、号は玉峰。江西の出身で、彼の曾祖父の父は康熙六十年（1721）の朱一貴の反乱の時、軍と共に渡台したが鳳山で戦死した。子孫は諸羅県の溝尾庄に定住した。王得禄は15歳で武学校に入学した。乾隆五十一年（1786）、林爽文の乱が起こると、王得禄は地方の郷勇（自衛団員）500名を募集して政府軍と協力して戦い、功により千総に昇任した。嘉慶元年（1796）、蔡牽、朱濆らの海賊が中国の東南沿岸に横行するや、王得禄は銅山営参将・李長庚に従って海賊を逮捕し、またもや戦功を建てた。嘉慶十年春、王得禄は虎井嶼と鹿耳門の2ヵ所で蔡牽を大いに打ち破り、総兵に昇任した。李長庚の死後、王得禄は引き続き閩浙の兵船を統率した。嘉慶十五年ついに蔡牽らの海賊を一掃し、上京して皇帝に拝謁し、浙江総督に昇任すると共に、「太子太保」の栄えある肩書きに封じられた。道光二十年（1840）、アヘン戦争の際、王得禄は澎湖に移り防衛に当たったが、疲労により陣中で死亡した。王得禄は、清代の台湾籍の人物の中では官の位の最も高かった人物で、死後は伯爵に封じられ、太子太師の肩書きを追贈された。おくり名は果毅。彼の墓は現在の嘉義県新港郷番婆村にあり、敷地は2km^{2}余りあり、大清法典の格式に従って造られている。両側には石作りの偶像、石獣などが立っており、1級古蹟に指定されている。王得禄の故郷の諸羅県溝尾庄は、彼にちなんで「太保」と改名した。即ち現在の嘉義県太保市である。

蛤仔難（クバラン）　「噶瑪蘭」とも言い、宜蘭地区の古称。その地方の原住民語の漢字音訳から来ている。すでに17世紀にオランダ人、スペイン人が蛤仔難に来て現地住民と商取引をし、布教をした。清朝の台湾統治後、この地方は番人の居住地区に属していたが、依然として淡水地区の通事が訪れて交易をしていた。乾隆五十二年（1787）暮れ、山間部に逃げ込む恐れのある林爽文を包囲するため、淡水同知・徐夢麟は呉沙に命じて三貂地方を厳しく守ら

1810	嘉慶十五年	羅漢門巡検が蕃薯寮に移駐。
1810	嘉慶十五年	**蛤仔難**（クバラン）が版図に入り、噶瑪蘭と改称。
1812	嘉慶十七年	噶瑪蘭庁を設け、通判1名（五囲、現在の宜蘭市に駐在）、県丞1名（頭囲、現在の頭城鎮に駐在）、巡検1名（羅東に駐在）を置く。
1812	嘉慶十七年	清朝、**楊廷理**を第1代噶瑪蘭通判に任命。
1812	嘉慶十七年	「噶瑪蘭営」を新設。

せ、林爽文を阻止する手助けをさせた。乱が平定された後、徐夢麟は台湾知府の楊廷理に蛤仔難を版図に組み込むように建議した。しかし、経費の見通しがたたず、治安の維持が困難であることも考慮して、この建議は福建巡撫に否決された。しかし、民間の開墾の動きは急速に広まった。嘉慶元年(1796)、呉沙は大勢の移民を率いて蛤仔難に入って開墾を始め、それ以後、入植する漢人はますます増えた。当局もそれを禁止する有効な手だてもなく、15年もたたないうちに、濁水渓(現在の蘭陽渓）以北の地方は荒れ地から良田に変わってしまった。開墾を目的とする流民のほか、海賊までもがここを根拠地にしようとした。民衆を管理し、同時に海賊が占拠するのを防ぐため、清朝は嘉慶十五年ついに蛤仔難を版図に組み入れることを決定し、正式に「噶瑪蘭」という地名にした。

楊廷理（1747～1813）　字は清和、また半緑とも。号は双梧。晩年の号は更生。広西柳州府（現在の柳州市）の出身。乾隆四十二年（1777)、抜貢に選抜され、翌年には皇帝が自ら行なう試験で第1位になり、知県に任用された。乾隆五十一年、台湾府南路理番同知となった。3ヵ月後、林爽文の乱が起こり、台湾知府が殺されると、楊廷理は知府代理として郷勇の募集、府城の防備の責を負い、翌年、正式に知府に昇任した。彼は戦乱の中で顕著な功績を挙げ、乾隆五十五年、台湾道に昇任した。官途が順風満帆に見えた乾隆六十年、公金の引き継ぎに不明朗な点があったとして罷免され、翌年には伊犁に流刑された。流刑先から戻ったのは嘉慶八年（1803）のことだった。嘉慶十一年、再び官途につき、再度台湾知府の任に就いた。その後、短期間内地に戻った以外は、一貫して台湾に留まり、知府、淡水同知、噶瑪蘭通判などの職にあった。この間、彼は蛤仔難を清朝の版図に組み入れることを極力主張した。清朝はこの建議を何度も否決したが、最後には同意し、嘉慶十七年、噶瑪蘭庁を設立し、彼を噶瑪蘭庁通判に任命した。だが、1年後、彼は疲労のため病に倒れ、死亡した。楊廷理の手になる詩文は非常に多く、著作には『東瀛紀事』などがある。

1816	嘉慶二十一年	当局が埔里を違法に開墾した郭百年らを山地から放逐。いわゆる**郭百年事件**。
1822	道光二年	噶瑪蘭の林永春が反乱を起こす。
1823	道光三年	竹塹の**鄭用錫**、進士に合格し、「**開台進士**」と号す。
1824	道光四年	林平侯、三貂嶺の道路を開く。

郭百年事件　嘉慶十九年（1814）、水沙連社の自警団員の首領の黄林旺は一般人の漢人・陳大用、郭百年と組んで、すでに死亡している「生番」の頭目や通事の名義で台湾府に開墾証明を申請した。彼らは水裡、埔里などの番社が自ら進んで漢人を入山させ開墾に当たらせることを願っていると偽りを言った。嘉慶二十年、知府は認可を与え、彰化県に開墾証明書を発給させた。郭百年らはそこで労働者と農民合わせて千人を募集し、社仔、水裡、沈鹿、埔里などに開墾に入り、各社の原住民の抗議を招いた。郭百年は相手の隙に乗じて、原住民を多数焼き殺し、彼らの財産を強奪した。嘉慶二十一年、台湾総兵・武隆阿はこの地を視察し、この犯罪行為を見つけた。武隆阿は彰化県府に開墾に入った漢人を全て追い払わせ、郭百年らは翌年逮捕され刑に処された。当局はまた埔里への入り口に碑を立て、一般人の立ち入りを禁止した。

鄭用錫（1788～1858）　名は文衍、またの名を蕃。字は在中、号は社亭。竹塹の出身。彰化県学の附生（科挙の試験で初めて県の試験に合格した受験生）で、嘉慶二十三年（1818）に挙人に合格し、道光三年（1823）には進士に合格した。「開台進士」と誉め称えられた。彼は竹塹の鄭家の家長で、竹塹地方の著名な名望家でもあり、生涯、地方の多くの公共事業に参画した。巨額の献金をして淡水文廟を建て、淡水庁の建設を建議して、城壁の建設工事の責任者となった。アヘン戦争の際には兵士を募り、大安港の防衛に協力した。咸豊三年（1853）、淡水庁で起こった械闘の際にも、彼は当局に協力して治安の維持に当たった。このほか、明志書院で前後あわせて8年間講師を務めた。淡水庁では、庁の設置以来地方志の編纂が行なわれていなかったが、鄭用錫はその編纂に着手し、『淡水庁志初稿』を完成させた。この本は刊行されなかったが、のちの『淡水庁志』の手本となった。鄭用錫はとりわけ詩作を好み、『北郭園全集』の著作がある。咸豊八年（1858）、この世を去り、新竹市大衆山廟に葬られた。同治八年（1869）に墓地が整備され、墓前の両側には石馬、石像、石筆が立てられた。この墓地は保存状態が極めてよく、1級古蹟に指定されている。

開台進士　台湾で初めての進士の意味で、「開台黄甲」とも言う。竹塹の人鄭用錫は清の台湾統治後初めて進士に合格した人物なので、人々は「開台進士」と呼んでいる。実際には、鄭用錫の前に台湾では陳夢求、王克捷、荘文進ら3人が進士に合格している。この中、陳夢求は陳永華の息子で、戸籍は満州正八旗に属していた。ほかの2人は戸籍を偽って試験を受けた疑いがある。元来、清朝は台湾籍の受験生には定員を保障しており、多くの非台湾籍の人たちが籍を偽って受験するという事態が起こっていた。王克捷、荘文進らは台湾籍の身分で進士に合格したが、彼らは台湾に籍を移し、比較的有

1826	道光六年	中港**番割**の**黄斗乃**事件起こる。
1826	道光六年	竹塹城を石城に改築。
1828	道光八年	淡水人呉全ら、花蓮港の開墾に入る。
1829	道光九年	陳集成墾号が大嵙崁（現在の桃園県大渓一帯）に入り開墾。

利な条件で受験しようとした可能性があるので、一般には鄭用錫が台湾で最初の進士の合格者と認められている。

番割　漢人と生番の間に立って仲介貿易を行なう人を指す。この名称には通常マイナスのニュアンスが含まれている。清朝が番界政策を実施してからは、漢人と生番の間のいかなる接触も厳禁したので、役所の認可を得ないまま、ひそかに生番と往来する者は「番割」と呼ばれた。彼らは鉄鍋、塩、布などの品物を番人の鹿茸、鹿筋、鹿の乾し肉などと交換し、販売した。彼らのほとんどは番語に通じ、番人の婦人を妻とし、番人の風俗習慣に従い、生番との間に良好な関係を保っていた。例えば嘉慶年間に斗換坪（現在の苗栗県頭份鎮にある）に入った黄祈英はその有名な例である。彼は番人の女性を嫁にとり、頭目の位を受け継ぎ、さらに南庄（現在の苗栗県南庄郷）一帯の開墾も行なった。清朝当局が漢人と生番の隔離政策をとったのは、「番割」が紛糾を起こす媒体となると考え、また「番割」が生番と結んで騒ぎを起こすことを恐れたからである。しかし実際には、生番と漢人の間には互いに商品取引をしたいという要求が以前からあり、「番割」を完全になくすことはもともと難しいことだった。

黄斗乃　本名は黄祈英。番人名を「斗阿乃」と言い、このため人々は「黄斗乃」と呼んだ。広東嘉応州の出身で、嘉慶十年以後に単身で台湾に渡り、中港斗換坪（現在の苗栗県頭份鎮にある）一帯で番人との交易に従事した。彼は番人の頭目の娘を嫁にとるほど番人と友好的な関係にあり、その上番社に住むようにもなった。道光六年（1826）、淡水庁で閩粤の分類械闘が勃発すると、黄斗乃はその機に乗じて番人を率いて中港を襲撃し、私怨を晴らした。まもなく、閩浙総督の孫爾準が兵を率いて台湾に入り、全力を挙げて械闘の騒ぎを引き起こした者の捜索、逮捕に当たった。黄斗乃はこれにより捕縛、処刑された。

1831	道光十一年	閩粤人が共同出資して**金広福**墾号を設立、**隘**を設けて番人を防ぎ、山中に開墾を進める。
1832	道光十二年	**張丙事件**勃発。

金広福　開墾者の屋号。新竹の東南丘陵一帯は高地ではなかったが、灌漑の水源を得ることが難しく、生番の出現も頻繁だったので、開墾はなかなか進まなかった。道光四年（1824）、もともとこの地方の開墾を申請していた開墾者が開墾事業を放棄した。道光十一年、淡水同知は客家の姜秀鑾と閩人の周邦正の2人を呼んで12,600両の資金を工面させ、当局も民間から没収した経費の中から毎年400石を補助し、さらに1,000両の創業費を支給した。こうして「金広福」の屋号を作り、これを大きく24の組に分けた。「金広福」の「金」の字は当局が保護し資金の援助をしたことを意味し、「広」（広東）の字は粤人を表し、「福」（福建）の字は閩人を表していると言われる。金広福は単純に開墾事業を行うだけではなく、開墾と番人の防御に責任を負い、開墾の地域内の治安、警察業務などまでも一手に引き受けていた。道光十三年、開墾に着手し、地域を縦断する形で開墾を進めたが、この間、番人の防御に当たっていた40人が殺害されるという惨劇が起こった。咸豊、同治年間になると、金広福は北埔一帯の50～60の村落を切り開き、さらに山間部に向かって開墾を進め、「金広福大隘」を築き、隘丁（自警団員）数百人を統括した。当時の北埔に置かれた金広福公館（事務所）は今も完全な形で保存されており、1級古蹟に指定されている。

隘　生番の攻撃を防御する武装施設。隘を守備する者には漢人も熟番もいた。経費の出所によって官隘と民隘の2種類があった。隘の施設は、普通は隘寮、望楼、土で固めた壁あるいは木の柵などだった。隘を設置する目的は、村を安全に保護し、生番の首刈りの脅威に遭わずにすむようにすることにあった。隘がいつから設けられるようになったのか今でははっきりしないが、林爽文の乱以前は隘の規模は比較的小さく、主要な施設としては望楼があるだけだった。少なくとも乾隆十年（1745）には、熟番の社内にすでに望楼が建てられており、若い番人を代わる代わる派遣して見張らせていた。その後、台湾の地方官も幾度も望楼建設の措置を推進した。この中、平地の望楼は盗賊防止に、「番界」に近い望楼は番人からの防御にあてた。林爽文の乱後、新たな開墾のやり方が行なわれるようになり、民間も隘を設けて番人を防ぐことができるようになったため、番人の居住地区外の土地を合法的に開墾した。このため、嘉慶、道光年間には隘が盛んに設けられた。咸豊以後、樟脳の産業が次第に盛んになり、隘も樟脳の採取、製造業者の進出に伴って山間部に設けられるようになった。日本が台湾を統治するようになってからは、伝統的な隘は次第に消失し、それに代わって近代的な武器を装備した隘勇線が作られた。

張丙事件　道光十二年（1832）、嘉義、台湾、鳳山県境で起こった張丙を首領とする反政府の動乱。張丙は嘉義県店仔口（現在の台南県白河鎮）の人で、平素から各方面の「英雄豪傑」と交わり

1834	道光十四年	「北路左営」を「嘉義営」に改める。
1834	道光十四年	淡水庁で閩粤械闘起こる。騒乱は道光二十年まで続く。
1838	道光十八年	鳳山**知県**・**曹謹**〔→次頁〕が**曹公圳**〔→次頁〕の建設を提案。

があり、義侠心に富み、人々から「大哥」(兄貴)と持ち上げられていた。道光十二年、食糧の問題からある者と悶着を起こし、相手が役所に訴えたため、張丙は嘉義県令によって指名手配された。ちょうど同じ頃、張丙の友人の陳弁も抗争事件を起こした為、役所に追われる身となった。十月一日、嘉義県知県・邵用之は張丙の逮捕に向かったが、逆に殺害され、翌日、台湾知府までも殺された。その後数日間、張丙は衆を率いて嘉義県内の至る所で放火、略奪を繰り返し、林圯埔の黄城、鳳山県の許成などが南北2方面で次々にこれに呼応した。しかし、黄城と許成の勢力は張丙に従属してはいなかった。十一月一日、福建水師提督・馬濟勝は2千の援軍を率いて鹿耳門に上陸し、十八日、塩水港(現在の台南県塩水鎮)付近で張丙に大打撃を与え、各地の動乱は十二月初めになってようやく次々に平定された。

知県 「県」は清代の最末端の地方行政組織で、長官は知県と言い、官は正七品だった。知県の助手には県丞(正八品)、主簿(正九品)、典吏(正規の官位以下)などがいた。県丞と主簿は食糧や馬に関すること、徴税、戸籍、盗賊の逮捕に関することなどを分掌した。典吏は監獄を主管した。事務の繁雑な県には、県丞、主簿、典吏が全て配置されており、普通の事務量の県では必ずしも全てが配置されるとは限らなかった。知県の属官にはこのほかに巡検がいた。巡検の役目は盗賊の逮捕で、通常は要害の地に配置されていた。清代の府、県の制度は極めて不健全で、地方行政の腐敗を招いた。県の官僚には人事権がなく、実際の政務の執行は全て下級の役人に頼っていたが、県の官僚はその下級役人の任免も掌握できていなかった。このほか、役所には十分な事務費がなく、官吏自身の俸給も極めて少額で、下級役人にはほとんど給料がなかった。このようなわけで、非合法に私利をはかることが下級役人の収入源になっており、官吏もこれを禁止しようがなかった。このほか、上司は目下の官吏に公然と賄賂を要求した。その上、いろいろと臨時の仕事が割り振られるので、県の官僚は上司への対応をするのが精一杯で、地方の行政に関心を持つ余力はなかった。

1839	道光十九年	全台湾の有力者がアヘン禁止運動に呼応。
1841	道光二十一年	八月十三日（7月）**アヘン戦争**が台湾に波及、鶏籠に停泊中のイギリスの船艦ナーブダ号が撃沈される。
1842	道光二十二年	**姚瑩**、**達洪阿**が淡水で再度英艦を破る。

曹謹　字は懐樸、河南省河内の出身。嘉慶十二年（1807）の挙人で、知県、海防同知などの職を歴任した。道光十七年（1837）、台湾に渡り鳳山県知県になった。彼が政務を執るまでは、鳳山県の平原地区は潅漑設備が不十分だったので、田畑は雨水に頼るほかなく、旱の年には収穫をあげるのが難しかった。曹謹は着任後、鳳山各地を巡視し、下淡水渓（現在の高屏渓）には豊富な水があるにもかかわらず、十分に利用されていないことを知った。そこで、彼は大きな用水路を建設することを提唱した。用水路が完成した後、台湾知府の熊一本は視察に訪れ、曹謹の功労が大であることを認め、用水路を「曹公圳」と命名した。道光二十一年、曹謹は淡水同知に昇任したが、時あたかもアヘン戦争の時期に当たった。彼は兵士を募集し、鶏籠と大安の港でイギリス軍を食い止めることに成功した。道光二十六年、職を解かれ帰郷した。咸豊十年（1860）、鳳山県民は曹謹の徳行に感謝し、県城の鳳儀書院の傍らに曹公祠を建て彼を祀った。

曹公圳　旧圳と新圳の二つがある。旧圳は道光十八年（1838）に着工し、44本の用水路を築いて下淡水の渓流の水を引き田2549甲を潅漑した。この工事は当時の鳳山県知県の曹謹が発案したもので、しかも曹謹自ら用水路の水源の九曲塘を踏査したので、竣工後、台湾知府はこれを「曹公圳」と命名した。これが曹公旧圳の由来である。道光二十二年、貢生の鄭蘭、附生の鄭宣治及びその弟の鄭宣孝らが新しい用水路を作る計画を立て、用水路46本を完成させた。これによる潅漑面積は2,033甲だった。これが曹公新圳である。曹公圳の潅漑区域は、おおむね現在の高雄市の全地域に相当し、台南市以南では最大規模の潅漑施設である。

アヘン戦争　道光十九年から二十二年（1839～1842）の清朝とイギリスの戦争。戦争の期間、中国の海岸は、北は山海関から南は珠江の河口まですべてイギリスの砲艦に侵略され、江蘇、浙江、福建、広東沿海は主な戦場だった。台湾もこの戦争を免れることはできなかった。道光二十一年、イギリス艦船は厦門、定海、鎮海、寧波を占領した。厦門は台湾の海運にとって最も重要な港だったので、厦門を失ったことはただちに台湾の不安を引き起こした。当時台湾防備の責務を負っていたのは、台湾道・姚瑩と台湾総兵・達洪阿だった。彼らは海防を強化する一方、義勇兵と地主の武装組織を募った。これに応える者は瞬く間に4万人あまりに達した。八月十三日（7月）、英艦ナーブダ（Nerbudda）号は鶏籠を侵したが、守備軍と風浪に攻められ、岩礁に触れて沈没した。翌年閏二月三十日（1842年1月30日）、守備軍はまたもや大安港で英艦アン（Ann）号を打ち破った。この2度の戦闘による捕虜の中、将校と病死者を除く100名余りはすべて斬殺の刑に処せられた。清英の停戦後、イギリス側は鶏籠、大安の二つの事件では、英国船は遭難して沈没したもの

1843	道光二十三年	正月二十五日、南京条約のイギリス側署名者ポッティンジャーが、遭難した英国船の乗組員を達洪阿と姚瑩がみだりに殺害したと抗議。清朝は閩浙総督・怡良を渡台させ、取り調べと処罰に当たらせる。
1843	道光二十三年	三月二十四日、清朝が達洪阿と姚瑩の罪を許す。

であり、捕虜は非戦闘員であったとして、清朝に姚瑩と達洪阿らを処罰するように迫った。道光二十三年、姚瑩と達洪阿は免職されたが、まもなく罪を許された。

姚瑩（1785～1853）　字は石浦、号は明叔、または展和。晩年は幸翁と言った。安徽省桐城の出身。嘉慶年間に進士となった。福建の平和、龍渓両県の県令を務めた。アヘン戦争の間、台湾道の任にあり、総兵の達洪阿と協力して海防を整備した。道光二十年から二十二年（1840～1842）の間、5度イギリス軍を撃退し、また再三上書して和議に反対した。「南京条約」の調印後、英国代表に捕虜をむやみに殺したと非難され、四川とチベットの境界に左遷された。晩年にはチベットを紹介する本を書き、中央に陸海の防備を強化し、外国の侵略と圧迫を防ぐように建議した。咸豊初年、広西、湖南の按察使を務め、太平天国を鎮圧したが、のち陣中に病死した。彼は曽祖父の姚范、祖父の姚鼐の文風を受けつぎ、文章と議論に長じていた。国を治める実用の学を重視し、桐城派の重要人物になった。著書には『中復堂全集』などがある。

達洪阿（？～1854）　富察氏、字は厚庵、満州鑲黄の旗人。遊撃、参将、副将などを務めた後、道光十五年（1835）、台湾総兵となった。道光二十一年～二十二年の間、台湾道・姚瑩と協力して督戦し、台湾に侵攻したイギリスの軍隊を数度にわたって撃退した。「南京条約」の調印後、イギリス代表は台湾の官吏がいたずらにイギリス船の船員を殺害したと告発、清朝はイギリスの圧力のもとで、達洪阿と姚瑩を免職し逮捕した。それからまもなく、達洪阿は釈放され、伊犁の参賛大臣、西寧弁事大臣などの職に就いた。咸豊年間、相次いで広西、直隷などで太平軍を鎮圧したが、臨洺関（現在の河北省永年）で太平軍に敗れ、負傷して陣中に没した。

1843	道光二十三年	三月、台湾県民の**郭光侯**ら台湾県の税の取り立てを拒否し、衆を集めて抗議するも、政府軍の包囲討伐に遭う。
1844	道光二十四年	八月、**郭光侯**は**納税拒否（抗糧）事件**で北京に赴き上訴。事件は翌年九月に終息。
1845	道光二十五年	正月、彰化県で地震発生、民家4千余軒が倒壊。
1845	道光二十五年	六月、台湾南部を猛烈な台風が襲い、海水の逆流で千余人が死亡。
1845	道光二十五年	林国華が板橋に**林本源**家の弼益館を建てる。
1846	道光二十六年	北路理番同知・史密、巡道・熊一本、閩浙**総督**・龍韻珂らが水沙連6社の開墾の禁令を解くよう願い出るも、清朝はこれを許さず。

郭光侯の納税拒否（抗糧）事件　「抗糧」とは「農業税の納入拒否」の意味である。清代の台湾では米の生産が盛んだった。当局は福建、広東の軍糧を確保するため、台湾の税は穀物の徴収を主とし、その後取り立てた穀物を対岸の大陸に運んで納付した。これは内地で銀貨に換算して納付する方式とは異なっていた。嘉慶以後、台湾と大陸の間の貿易が衰退したため、穀物を運ぶ船舶が不足し、台湾の税を銀貨に換算して納付することを許可した。ところが、もともと納付すべき穀物の銀貨への換算をいくらにするかは当局側の一方的な決定に任されていた。しかも、その換算の基準は往々にして穀物の時価と差があり、当局側はその差額から利ざやを稼いでいた。それは形を変えた増税に等しく、常に農民の不満を引き起こした。道光二十四年（1844）、台湾県ではついに納税の問題で争議が勃発した。農民は銀貨での納税を拒否し、穀物をどんどん台湾府に運び込み、東門の下に積み上げた。郭光侯は台湾県の武官の受験生で、すこぶる正義感に富んでおり、弱者の側に立ち民衆を率いて府城に行き抗議した。当局は、彼が「反官」を企んだとして逮捕状を出した。郭光侯はやむなく密かに台湾を脱し、北京に行って上訴した。最終的には御史の陳慶鏞が郭光侯に代わって告発し、台湾知県はこれにより免職された。郭光侯は「反官」の罪名はぬぐい去ったが、「債事（秩序を破る）」の罪名で辺境に流された。

林本源　林本源は人名ではなく、店号あるいは屋号であり、板橋の林家の代表的な称号である。林家の始祖の林平侯は、名は安邦と言い、号は石潭と言った。福建漳州府龍渓県の出身である。父親の林応寅について台湾に移り住み、元は淡水庁の新庄（現在の台北県新荘市）に居住し、家塾を開き生徒を教育した。林平侯は米商・鄭谷の家に雇われ、数年後に自立して家庭を持った。竹塹の林賢と合弁で全台湾の塩を扱って財をなし、事業は順風満帆だった。のちに淡北で閩粤械闘及び漳泉械闘が頻発するようになった。林平侯は新庄河港が泥でふさがることや漳泉械闘のしこりなども考慮して、大嵙崁（現在の桃園県大渓鎮）に移った。咸豊三年（1853）、漳泉械闘が再発し、林家は再び台北に戻り、漳州人の集まり住む板橋に家を再興した。平侯には五人の子供があったが、それぞれ国棟、国仁、国華、国英、国芳と名付けた。彼は「飲水本思源」の5文字を子供に分

1847	道光二十七年	四月、閩浙総督・龍韻珂が渡台し、各地を視察。
1847	道光二十七年	閩浙総督・龍韻珂が艋舺文甲書院を学海書院と改名。
1847	道光二十七年	イギリス船が鶏籠に至り、付近の炭鉱を実地調査。
1848	道光二十八年	呉全が花蓮の呉全城を開墾。
1849	道光二十九年	四月二十一日、アメリカ東インド艦隊の司令官が船を台湾に赴かせた。船艦は五月五日鶏籠港に達し、品質の良い石炭のサンプルを得るとともに、アメリカと清が鶏籠に石炭貯蔵所を建設する交渉を行なうことを建議。
1850	道光三十年	三月二十六日、イギリス艦船が鶏籠港に入港し、石炭の購入を求めたが拒否され、三十日、港を離れる。
1850	道光三十年	台湾道**徐宗幹**が「全台紳民公約」6条を定める。

け与え、後日事業を行なう際の屋号（行記）とするように計らった。この5人の中では、国華と国芳が特に抜きんでており、「本記」と「源記」を併せて「本源」と号し、祖先の恩を忘れない（水を飲むのにその源を忘れない）という意志を表した。これが「林本源」の屋号の由来である。

総督　1省あるいは2省を主管する役人。正二品。職責は巡撫とあまり変わらず、はっきりした区分はない。双方の役所の公文書のやりとりでは同格の機関と見なされ、上下の区別はなかった。平時においては、総督は軍隊の指導訓練を主な仕事とし、巡撫はもっぱら民政を処理した。戦時には総督は兵を率い、巡撫は後方補給の責任を負った。清朝が階級、職種に大差がない地方を主管する2種類の役人を置いたのには、特別な考えがあった。それは双方を相互に監督させ、総督、巡撫らの地方官が強大になるのを防ごうとしたのだった。清代の台湾は閩浙総督の管轄下にあった。**巡撫**の項を参照のこと。

徐宗幹（？～1866）　江蘇通州の出身。嘉慶二十五年（1820）の進士。道光元年（1821）、山東曲阜県知事に就任し、二十三年、四川に転勤し知府となった。二十八年、台湾道に昇任した。当時、台湾は行政の最も腐敗した場所として知られていたが、徐宗幹は就任後、書院を建て、義塾を興し、財政の立て直しに努めた。咸豊三年（1853）、職務を終えた。のちに同治元年（1862）に福建巡撫に昇任し、再度台湾の行政を管轄した。彼の巡撫時代には、台湾の戴潮春の乱に遭遇した。彼は腹心の丁曰健を台湾道に任命し、丁曰健は兵を率いて台湾に渡り乱を平定した。徐宗幹は彼の在任中の台湾の政務に関し論述を行い、丁曰健に与えた。これはのちに『治台必告禄』の中に収録され、台湾統治の重要な参考資料となった。著作には、『斯未信齋文集』、『斯未信齋文稿』などがある。

1851	咸豊元年	正月、清朝が台湾での炭鉱、硫黄の採掘禁止命令を再度発布。
1851	咸豊元年	イギリスの駐厦門領事ハリー・パーカーズ（Harry Parkers）が鶏籠を視察。
1852	咸豊二年	十一月、李祺生が『噶瑪蘭庁通志』を補充編纂し出版。
1853	咸豊三年	八月十四日、宜蘭の呉磋、林汶英が納税を拒否し官に背く。噶瑪蘭の通判・董正官が殺害される。
1853	咸豊三年	淡水庁で**頂下郊拼**の大械闘勃発、福建同安人が敗退し、大稲埕に移住。

頂下郊拼　咸豊三年（1853）から咸豊九年まで続いた艋舺一帯に広がった大械闘。事件は買い物をめぐる口論に起因すると言われているが、事件が拡大した真の原因は同安人の「下郊」がこれを機に三邑人の「頂郊」の地盤を奪い取ろうとしたことにあった。頂郊は物資、人力両面でともに優勢だったが、その居住地と下郊の八甲庄の間は池によって隔てられており、相手を打ち破ることができなかった。最後に、頂郊は中立の安渓人の清水祖師廟を経由し、これに放火したのち、その火勢に乗じて下郊人の根拠地八甲庄に攻め込んだ。下郊人は大敗し、城隍の神像を背負って荒れ地に落ち延び、淡水河下流の大稲埕に新たな集落を作った。さらに霞海城隍廟を建て、艋舺から持って来た神に仕えた。安渓人が三邑人に貸して焼失させてしまった祖師廟は、同知六年（1867）、三邑人が新しい廟を再建した。今回の械闘で負け戦をした同安人は、まもなく海外貿易が盛んになるにつれて、大稲埕が艋舺に代わって商業上の有力な地位を占めるようになったため、かえって禍を転じて福を得る結果となった。**郊**の項を参照のこと。

林文察（1828～1864）　字は密卿、原籍は福建漳州府平和県。台湾に渡った最初の祖先は大里杙（現在の台中県大里市）に住んだが、のちに林家の一分家が阿罩霧荘（現在の台中県霧峰郷）で栄え、林文察の父・林定邦の時代に次第に立身出世した。林文察は戦功があり、自衛団を募集して出征し、軍費を寄贈し、正式の資格がないまま福建の官吏として任用された。勇猛でよく戦い、建寧、汀州の乱の平定に参加したことにより、やがて総兵に昇進した。太平天国の乱に際しては、林文察は弟の林文明とともに台湾籍の自衛団を率いて龍泉に進み、太平天国が福建に進入するのを阻止した。また多くの場所で戦功を挙げ、提督の肩書きを授けられた。同治二年（1863）には福建陸路総督に昇任した。林文察はこのほか戴潮春の乱を平定し、清朝は恩賞として彼に福建全省の樟脳の専売権を与え、林文察はこれによって巨富を成した。林文察の死後、太子少保の位を追贈され、剛愍のおくり名を贈られた。台中県霧峰郷の萬斗六に葬られた。漳州萬松関と台湾の東大墩（現在の台中市内）の2ヵ所に彼の功労を称える祠がある。清代に台湾で官位の最も高かったのは嘉義県太保郷の王得禄（太子太保）であり、それに次ぐのが林文察である。

広沢尊王　広沢尊王は、姓は郭、名は洪福で泉州府南安県の出身と伝えられている。幼くして両親をなくし、牛や

1854	咸豊四年	アメリカ船マジソン号が鶏籠に入港、遭難船のアメリカ人を調査し、さらに鶏籠の炭鉱を実地調査。
1854	咸豊四年	閏七月、福建の小刀会の賊・黄位が鶏籠に逃げ込み、曾玉明に撃退される。霧峰の**林文察**がこの戦闘で頭角を表す。
1856	咸豊六年	艋舺青山宮が創建される。本尊は**霊安尊王**。

羊を放牧して生活を維持した。10歳の時、好意ある風水師の導きのもとで、なんと羽が生えて天に昇った。昇天しようとした時、叔父が伝え聞いて駆けつけ、慌てふためいて彼の左足を引っ張ったが間に合わなかった。広沢尊王の画像の多くが、一重まぶたの童子で、しかもみな一本足であぐらをかいた姿をしているのはこのせいである。台湾では、広沢尊王は泉州南安人が信仰する神様となっている。毎年旧暦二月二十二日の誕生日と八月二十二日の昇天し悟りを開いた日には、各地の信徒が盛大に祝うことになっている。広沢尊王を祀る廟は、ほとんどが「鳳山寺」と呼ばれているが、これは南安人が最初に広沢尊王を祀った「鳳山古寺」を踏襲したものである。

霊安尊王　俗称「青山王」、泉州恵安県の山の神で、台湾の恵安移民の主たる信仰対象である。青山王は伝染病を追い払うのに霊験あらたかであるため、民間から深く崇められているという。青山王に関する伝説では、一説には恵安県の鎮守と言い、もう一説では元々は恵安県の知県で、仁政を敷き、民を愛したというので、死後神に祀られたと言われている。最も一般的な説は、三国時代の呉国の将軍・張滾を指す。彼は孫権の命令を受けて泉州恵安に駐在し、盗賊を防いだという。台湾で最も代表的な青山王廟は、台北市貴陽街の艋舺青山宮である。そのほかで比較的有名なものには、彰化県芬園郷の霊安宮、台中県沙鹿鎮の青山宮、新竹県香山郷の南霊宮、それに新竹市東南街の霊安宮がある。青山王には王爺と同じように街を回って巡行する宗教活動がある。艋舺青山宮では毎年陰暦十月二十日から三日間の法会があり、始めの二日間は「暗訪」と言って神の霊のみがお参りをし、二十二日になって初めて正式の巡行がある。当日は萬華地区のあらゆる神も輿に乗って随行し、すこぶる賑やかである。

1858	咸豊八年	六月八日、イギリス人ロバート・スウィンホウ（Robert Swinhoe）がイギリス艦で台湾に至り、炭鉱を実地調査。
1858	咸豊八年	6月、清朝はロシア、アメリカ、イギリス、フランスとそれぞれ「**天津条約**」を締結し、台湾の2港が正式に**開埠**。
1858	咸豊八年	**霧峰林家**が**宮保第**の建設を開始。

天津条約　英仏連合軍との戦役の後、清朝がイギリス、フランス、ロシア、アメリカなどとそれぞれ締結した不平等条約。咸豊八年（1858）5月20日、英仏連合軍は大沽砲台を攻め落としたのち天津に迫った。29日、清朝政府は大学士・桂良、吏部尚書・花沙納を天津に急ぎ派遣し、講和を求めた。6月13、18、26、27日にロシア、アメリカ、イギリス、フランスとそれぞれ「天津条約」を締結した。清英、清仏の天津条約の主たる内容は次のとおり。一、外国公使の北京常駐。二、さらに牛庄（後、営口に変更）、登州（後、煙台に変更）、台湾（のちに台南の安平を選定）、潮州（後、汕頭に変更）、瓊州、鎮江、南京、九江、漢口、淡水などの10の港を通商のため開港。三、外国人は内地で旅行し、交易し、自由に宣教することができる。四、外国商船は長江一帯の交易港に航行できる。五、徴税規則を改め商船のトン税を軽減する。六、イギリスに白銀400万両を、フランスに白銀200万両の賠償金をそれぞれ支払い、賠償金を得た後、イギリス、フランスは占領した広州を返還する。

開埠　19世紀中期以後、台湾の米、砂糖、樟脳、石炭は主要な輸出品目となったが、同時に大量のアヘンが台湾に輸入された。当時、台湾には対外貿易の港はなく、これらの商品の売買は部分的には非合法の密貿易のルートを通して行なわれた。天津条約の締結以後、安平と滬尾の2港が開かれ、これが台湾開港のはしりとなった。安平と滬尾のほか、鶏籠と打狗は元来条約で決められた貿易港ではないのに、早くから外国商人が貿易のために来港していた。しかも鶏籠には炭鉱があったため、福州税務司のメリテン（Baron de Meritens）は南洋大臣の李鴻章に税関を増やすよう要求し、清朝も同意して、鶏籠と打狗も対外貿易を行なう港となった。4港が開放された後、船舶の出入、徴税業務を処理する税関も前後して設けられた。淡水税関は同治元年（1862）滬尾に開設され、鶏籠税関は同治二年、打狗税関は同治三年、安平税関は同治四年相次いで開設された。これで台湾の4港の開港が定まった。

霧峰林家　台湾中部の名家。林家の原籍は福建漳州府平和県で、第14代の林石は乾隆十九年（1754）に渡台し、捒東堡大里杙庄（現在の台中県大里市）に住んだ。乾隆末年、林家は林爽文事件に巻き込まれ、阿罩霧（現在の台中県霧峰郷）に移った。林石の孫の甲寅の子供たちは財産分けをした後、定邦、奠国2兄弟の系列に分かれた。これが後の下厝、頂厝2分派の起源である。清代に下厝系が栄えたが、それは主として定邦の長男の林文察が咸豊、同治年間に太平天国を掃滅するのに功を立てたからである。文察の子・朝棟は清仏戦争で戦功を挙げた上、戦後には劉銘伝が山を開き番人を手なずけ、新しい事業を起こすのに協力したため、樟脳の事業や土地開墾の特権を獲得し、

1859	咸豊九年	四月三日、大稲埕霞海の**城隍**廟落成。
1859	咸豊九年	五月十八日、スペイン・サントミンゴ会の宣教師サインズとブフロウルが台湾に至り宣教。
1859	咸豊九年	九月七日、淡水庁の港仔嘴、加蚋仔、枋橋の各地で漳泉の械闘が勃発、加蚋仔は破壊された。

莫大な富を集めた。その富は板橋の林家に次ぐものだった。頂厝の林奠国の系統は学を好み、三男の文欽の長男・林献堂は日本時代の議会設置請願運動の指導者で、民衆の思想の啓発や政治意識の覚醒に大いに貢献した。日本時代、霧峰林家が携わった事業の多くは土地と関連があり、商工業方面ではあまり見るべきものがなかった。

宮保第　霧峰林家下厝の代表的な建築物。霧峰林家の建築物群は下厝と頂厝の2部分に分かれ、宮保第は下厝に属する。咸豊八年（1858）、林文察はもとからあった草葺きの建物を拡大して邸宅にした。林文察はまず宮保第の中落（第三進の中央の大広間と大広間を守る左右内外の建物）を着工し、林文察の戦死後、その子の朝棟が同治九年（1870）から光緒九年（1883）のあいだ大いに工事を行い、宮保第の第二進と第一進の玄関を入ったところの部屋を完成させた。宮保第の第四進、第五進はその後続々建てられ、光緒二十一年、台湾が日本に割譲される前にどうにか完成した。その屋敷の規模、風格は台湾の建築物の中では並ぶものがなかったが、民国88年（1999）の九二一震災で崩壊した。**霧峰林家**の項を参照のこと。

城隍　「城壁」や「お堀」が元の意味で、それがのちに城市の守護神に変化し、あの世の司法関係に責任を持つようになった。この世の地方官のようである。人の死後、魂魄はまず城隍様のもとに引き立てられて審判を受け、日頃の善悪功罪によって、天国に上るか地獄に落ちるかが決まるという。城隍の左右には文武の役人、警察官の役割をする七爺八爺それに24司の下級役人らが控え協力し合っている。この中、文判官は手に人の寿命を定めた名簿を持ち、この世での寿命を司っている。武判官は判決後処分を執行する。城隍はあの世の事を管轄しているので、城隍廟は一般の広々として明るい廟とは異なり、わざわざ低く暗い建築様式をとっている。廟の中には顔つきの凶悪な神、古めかしい刑具、不気味な言葉を書き連ねた額などが所狭しとばかり並べられており、身の毛がよだつような恐ろしさだ。

1859	咸豊九年	**陳維英**、**挙人**に合格。
1860	咸豊十年	九月、北部の械闘が再発し、漳人が新荘に攻め込み、大坪頂及び桃仔園一帯に波及した。
1860	咸豊十年	景美の「集応廟」が創建される。本尊は**保儀尊王**。
1860	咸豊十年	10月、英仏と「北京条約」を締結、台湾の安平及び淡水口を貿易港として開放することを取り決める。

陳維英（1811～1869）　字は実之、号は迂谷、淡水庁大龍同庄の出身。少年時代、挙人の陳維藻について学び、府学の生員となった。道光二十五年（1845）、福建閩県の教篆になった。咸豊元年（1851）、台湾道・徐宗幹によって孝行廉潔、品行方正な人物に選ばれた。咸豊九年、郷試の挙人に合格し、内閣中書を授かった。本籍に戻った後、明志、仰山、学海などの書院で教えた。同治初年、戴潮春の乱の時、軍費を提供したことにより、四品の肩書きを得、孔雀の羽を礼帽に飾ることを許された。晩年、剣潭のほとりに別荘を建て、「太古巣」と名付けた。『郷党質疑』、『偸閒録』、『太古巣聯集』などの著作がある。

挙人　明清両代に「郷試」を通った者を「挙人」と言った。「郷試」は3年ごと、つまり十干十二支の紀年で、子、午、卯、酉の年に各省の省都で行なわれ、これを「正科」と言った。このほか、慶祝の式典が行なわれる時には、追加の試験が行なわれた。これを「恩科」と言った。試験に参加する者は府、州、県学の生員の資格があり、しかも歳科の試験の及第者でなければならなかった。試験は3回に分けて行なわれ、毎回はそれぞれ3日だった。郷試の首席は「解元」と言い、合格した者はすべて「挙人」と言い、北京で行なわれる「会試」に参加することができた。

保儀尊王　「大使公」、「尪公」、「尪元帥」とも言う。保儀尊王と保儀大夫はそれぞれ唐代の張巡と許遠を指す。張巡は唐朝の鄧州南陽の出身。唐の玄宗の時、安史の乱が起こったが、張は各地の志士勤王に呼びかけ、御史中丞に封じられた。のちに反乱軍の勢いが日増しに盛んになり、張は睢陽に退いた。当時の睢陽の太守が許遠だった。許遠は杭州塩官の人で張巡と力を合わせて敵に当たるため、軍権を張巡に任せて、自身は兵站の活動を受け持った。のちに睢陽城もやはり反乱軍の攻勢に堪えられず、城が破られたあと2人は壮烈な戦死を遂げた。後世の民衆は2人の忠義を懐かしみ、廟を建て彼らを祀った。保儀尊王と保儀大夫は元々別人だが、時代が遠くなるとともに、多くの信徒は彼らを一体とし、勝手に「保儀尊王」と呼んだ。また2人を一緒に祀った廟がいくつかあり、「双忠廟」と呼んだ。保儀尊王を祀った廟宇の中で最も有名なのは台北市景美の「集応廟」で、陰暦四月十日が迎神の祭日となっている。

怡和洋行　英文名はJardine, Matheson & Co.。道光初年から中国の沿海一帯でアヘンの販売に従事した。当時の西洋の中国における最大の企業と言え、中国の近代経済史に大きな影響を与えた。怡和洋行の創始者の一人であるMatheson（Sir James William, 1796～1878）はイギリス人でスコットランドの生まれ。初めはインドのカルカッタで叔父の商売を手伝った。嘉慶二十三

1860	咸豊十年	イギリスが台湾に領事館を設立。
1860	咸豊十年	**怡和洋行**とDENT洋行が台湾に進出。
1861	咸豊十一年	十一月、スウィンホウが厦門から艦船で打狗に、さらに台湾府に至り、滬尾に**税関**を開設。
1861	咸豊十一年	十二月、イギリス領事館が台湾府から滬尾に移転。

年(1818)、広州に行き、ジャーディン(Jardine)と共に商売を始めた。道光十二年(1832)、二人は広州で怡和洋行を設立し、道光二十三年、上海に支店を開設した。怡和洋行は中国を拠点とし、勢力の拡張に努めた。咸豊十年(1860)、怡和洋行は台湾に上陸し、打狗、滬尾、大稲埕などに事務所を置いた。光緒十三年(1887)六月、台湾鉄道の請負契約を獲得した。怡和洋行の主要な責任者にはDond Matheson、Alexander Morrison、C. H Best、M. Woodleyなどがいる。主要な業務は、樟脳と茶の葉の貿易及び代理保険などだった。

税関　咸豊八年(1858)の天津条約の取り決めにより、台湾では滬尾、鶏籠、安平、打狗などの港を開放した。開港して貿易が始まってから、関税を徴収する業務をとり行なうのが税関だった。清の税関はアヘン戦争が終束した後、清英間の南京条約に基づいて、五つの貿易港に税関税務司を設立し、通商の事務を管理した。税関は清自身の行政機関で、名目上は各省の総督、巡撫、あるいは将軍が兼任したが、実際の支配権はイギリス人のハート(Sir Robert Hart)の手に握られていた。彼は清の布政使の肩書きで長期間「総税務司」の職を担当し、全中国の税関の支配者だった。台湾は咸豊八年に開港を決定した後、同治元年(1862)、滬尾に最初の税関を開設し、続いて二年に鶏籠に、三年に安平と打狗にそれぞれ税関を開設した。これらの税関の中、淡水を本関(滬尾に置いた)とし、鶏籠、安平、打狗を支関とした。

1861	咸豊十一年	全台釐金局を新設し、台湾道の管轄とする。
1861	咸豊十一年	フェルナンド・サインス（Fernando Sainz）万金庄に至り平埔族に布教を開始。
1861	咸豊十一年	台湾道が樟脳の専売制度を実施。
1862	同治元年	三月十七日、**戴潮春**が反乱を起こし、十九日、彰化を占領。翌月、林日成が阿罩霧を攻め、陳弄が鹿港、嘉義、大甲などを攻める。

戴潮春（？～1863）　字は萬生、彰化県四張犁（現在の台中市北屯区にある）の出身。富豪の出である。かつて軍営で文官職にあったが、咸豊十一年（1861）、上司に賄賂を贈ることを拒絶したためクビになった。彼は気前よく金を出す気性で、義侠の風があり、のちに八卦会に加わって指導者となった。戴潮春は辞職して家に帰った後も依然命令を受けて団練（地主階級の武装組織）の事に関わり、役所と協力して盗賊の逮捕に当り、彰化知県の信頼が厚かった。八卦会もこれによって勢力が次第に拡大し、参加者は数百人を数えた。同治元年（1862）、台湾道・孔昭慈は八卦会の勢力が大きくなり過ぎ、治安を脅かすと考えて包囲討伐を行い、結社の洪という名の総理を捕縛して殺害した。戴潮春は巻き添えになることを恐れ、ついに決起した。同治元年三月十九日、彼は易々と彰化を落とし、大元帥を名乗り、告示を出して民心を安定させ、大衆に髪を伸ばすように命令した。彼は明朝の制度を守り、大将軍、都督、国師、丞相、尚書などの官位を分封した。このほか、白沙書院に「応天局」を設け、城内には「賓賢館」を設立し、かつて官にあった人たちを礼遇した。まるで王国を作ろうとするかのようだった。台湾の歴代の民衆反乱の中では官僚体系の模倣としては最も様になったものだった。これは戴潮春が役所に勤めていた経験と関係があるものと思われる。戴潮春は自らを大元帥に封じたが、実際には彼には反乱軍全体の各派の勢力を統御する力はなかった。同治二年暮れ、戴潮春は逮捕、斬首の上、さらし首にされた。

義民爺　清代、反乱事件の中で死亡した義民は「義民爺」と言われた。台湾各地の義民爺に対する信仰は、大体が乾隆五十一年（1786）の林爽文事件と同治元年（1862）の戴潮春事件で戦陣に没した民兵に由来し、その骨を集めて埋めたところに廟を建て「義民廟」あるいは「褒忠祠」と言った。「義民」の多くが客家だったため、義民廟の多くは客家の居住する地区にあり、中でも新竹県新埔枋寮の義民廟の規模が最も大きい。

義民廟　義民爺を祀る廟を「義民廟」あるいは「褒忠祠」と言う。台湾全土で約20の義民廟があり、ほとんど全てが客家の集落に集中している。有名なものには新竹県新埔郷、桃園県平鎮市、それに苗栗県苗栗市の義民廟がある。この中、新埔枋寮義民廟（正式名称は「褒忠祠」）は、毎年桃園、新竹、苗栗の3県の客家の民衆が、15の大きな集落に分かれ、陰暦7月20日に盛大な祭儀を執り行なうことで名高い。

把総　明清時代の位の低い武官。明代の京師を守る京営兵には、みな把総が置かれていた。各営には都督1、号頭官1、都指揮2、把総10、領隊100、管隊200がいた。把総の地位は都指揮の

1862	同治元年	六月八日、林向栄が嘉義の包囲を解く。
1862	同治元年	七月十八日、淡水が正式に税関を設け徴税。
1863	同治二年	一月、義首祭宇が牛罵頭を攻める。
1863	同治二年	五月、竹塹の**林占梅**が**団練**を指揮して大甲を奪回。

下、領隊の上である。清代の緑営の組織は標、協、営、汛から成っていた。この中「汛」は最も下の兵営で、把総は汛の低い階級の将校だった。汛の将校には正六品の千総、正七品の把総、正八品あるいは九品の外位がいた。これらの汛の将校は将軍、総督、巡撫、総兵がそれぞれの連隊で統括していた。正規の緑営のほかに、四川、雲南などの少数民族の施政官（土司官）として「土把総」があった。台湾には熟番が就任する「屯把総」という職があった。

林占梅（1820～1868）　幼名は清江、字は雪村、号は鶴山または巣松道人。6歳の時父親が死に、9歳の時祖父もこの世を去り、祖母と母親に扶養されて成長した。道光十四年（1834）、わずか14歳で岳父について北京に行き、その後さらに山東、揚州、洞庭湖、南京などを遍歴し、17歳になって台湾に戻った。財産が豊かだったため不穏な事態が起るたびに、林占梅は次々に寄付をして多くの肩書きを得、地方の有名な紳士となった。道光二十四年、兵を募って大甲渓を守り嘉義と彰化の械闘が淡水庁に及ぶのを阻止した。林占梅の生涯で最も重大な仕事は、当局に協力して戴潮春の乱を平定したことだった。彼は自ら傭兵を率いて援軍に当たったばかりか、多大な家産を傾けて乱平定の戦に注ぎ込んだ。戴潮春の乱は3年間に及んだが、同治三年（1864）に平定された。林占梅は大甲城を防御し、彰化を回復するのに少なからぬ功績を立てた。しかし乱の平定後、ある問題で告発され、裁判のために多大な金銭と精力を費やし、まもなくこの世を去った。

団練　清代の地方の武装団体で、官側の正規部隊とは別のものである。団練は「団」と「練」が結びついてできた言葉である。「団」とは保甲のことで、大多数は紳士あるいは土豪が指導者となり、その地方の戸口を調査し、大衆を捕まえた。「練」は郷紳によって訓練された郷兵で役所と力を合わせて反乱を鎮圧した。団にせよ練にせよ、いずれも地方の私有の武装兵力で、その経費は役所の負担ではなく、親玉の紳士や土豪が工面した。道光末年、八旗、緑営の正規軍の作戦能力はすでに衰え、太平天国の乱の勃発後は、官兵には乱を鎮圧する力は全くなかった。このため、清朝は地方が団練を作ることを奨励した。団練は作戦能力が高く、政府の金を使わずにすんだので、団練はいつしか社会の風潮になった。一方地方の紳士や土豪からすれば、団練には金がかかったが、官職を得るための方便でもあり、平時には自衛に使え、動乱が起こればその機に乗じて勢力を拡張することもできた。

1863	同治二年	九月、福建陸路提督・林文察、兵を率いて台湾に戻り**戴潮春の乱**を鎮圧。
1863	同治二年	十二月、戴潮春捕まる。
1863	同治二年	鶏籠に税関を開設、淡水税関の支税関となる。
1864	同治三年	三月、林文察、軍を率いて小埔心（現在の彰化県埤頭郷にある）の陳弄を包囲討伐。
1864	同治三年	五月、打狗、安平に税関を開設。
1864	同治三年	イギリス国籍のメリテンズ（Meritens）、炭鉱の採掘を要求するも、福建巡撫の徐宗幹、台湾道の**丁曰健**に拒否される。
1865	同治四年	三月、太平軍が漳州に進攻、台湾地区が警戒状態に入る。

戴潮春の乱　同治元年（1862）三月、淡水同知・秋曰覲は南下して彰化に至り、北路協副将・林得成と合流し、部隊を率いて東大墩（現在の台中市にある）に進駐し、八卦会討伐の準備をした。八卦会の首領の戴潮春はやむなく反乱に踏み切った。この時、霧峰四塊厝庄の林日成は自衛団を率いて東大墩に向かった。本来、林日成は役所の側を手助けしようとしたのだが、寝返って大墩汛を陥落させ、秋曰覲と林得成は二人とも殉難した。三月十九日、林日成と戴潮春の両勢力は一つになって易々と彰化を攻め落とした。やがて、大肚、牛罵頭、葫蘆墩、大甲などの地方の勢力も相次いでこれに呼応した。四月、戴潮春の勢力は嘉義にまで拡大した。五月、台湾総兵・曾玉明は兵を率いて鹿港に上陸したが反乱勢力を有効に阻止することができなかった。十二月になって水師提督・呉鴻源が兵を率いて安平に上陸してからは、政府側は次第に優勢に立ち、嘉義、斗六門、彰化、それに大甲一帯を次々に回復した。同治二年（1863）九月、清朝は新任の台湾道・丁曰健に命じて淡水に上陸させ、林占梅の率いる団練と合流の上南下させた。中部の反乱グループの勢力は一つ一つ殲滅された。十二月末、戴潮春は捕らえられ処刑された。翌年、林日成も自殺し、台湾各地はおおむね治安を回復した。しかしいくつかの反乱グループは割拠して気勢を張り、政府側に掃滅されなかった。同治三年三月、陳弄が逮捕され、十一月には官兵が洪欉を包囲討伐し、反乱はやっと完全に平定された。

丁曰健　京師宛平県の出身、寄留先の籍は安徽。道光十五年（1835）の挙人。道光二十七年から前後して鳳山県知県と嘉義県知県を務め、咸豊元年（1851）、南路海防同知に昇任し、四年、淡水同知に移った。淡水庁では咸豊三年以来大規模な械闘が起こり、民心は失われた。丁曰健は着任後治安の回復に努め、小刀会の匪賊を平定した。淡水同知の役目が終わった後、彼は福州儲備道に抜擢され、福建布政使を兼務した。同治元年（1862）、台湾で戴潮春の乱が勃発すると、当時の福建巡撫の徐宗幹は、丁曰健は台湾の情勢に非常に詳しく、反乱を平定するには最適の人物と考え、彼を台湾道に任命し、福建から兵とともに台湾に行かせた。丁曰健は台湾北部に上陸し、竹塹の林占梅の協力を得て破竹のごとく前進し、やがて彰化県城を取り戻した。当時、台湾で反乱の平定に当たった者には、

1865	同治四年	七月、マックスウェル（James L. Maxwell）医師が死人の心臓や肝臓を取って薬を作っているというデマが流れ、民衆が医院を攻撃。
1865	同治四年	十月、民衆が万金教会を焼き払う。
1865	同治四年	噶瑪蘭で**西皮福禄の械闘**。
1866	同治五年	イギリス人ドッド（John Dodd）、鶏籠で茶を植える。
1866	同治五年	イギリス人スウィンホウ、打狗の哨船頭山上にイギリス領事館を建てる。
1867	同治六年	三月十二日（3月9日）、アメリカ船ローバー号（Rover）が座礁し、瑯嶠番人の襲撃に遭う。（**→ローバー号事件**）

武将の曾元福、林文察らがいたが、丁曰健と彼らは互いに打ち解けることがなかった。同治三年、丁曰健は総兵官の曾元福の存在を無視し、文官の身分で自ら兵を率いて北勢湳（現在の南投県草屯鎮にある）を包囲討伐したが、これによって武官との関係はさらに悪化した。同治五年、病と称して辞職した。著書には『治台必告録』がある。

西皮福禄の械闘　同治四年（1865）、羅東地方で林、李という2人の博打打ちの間でいざこざが起り、これが西皮と福禄という2派の械闘に発展した。この両派はもともと宗派と演劇に使う楽曲を異にするグループだった。この械闘は全宜蘭に広がったが、最後には当局が軍隊を出し、騒ぎを引き起こした者を斬首にし、混乱はやっとおさまった。

ローバー号事件　同治六年（1867）三月十二日（3月9日）、アメリカ船籍のローバー号が台湾南端を通過中に七星岩で暗礁に乗り上げた。船員はサンパンに乗って漂流し、亀仔角鼻山に上陸したが、原住民に殺害された。イギリス領事はこれを知るとただちに砲艦を派遣して処理に当たらせたが、何もできずに帰った。アメリカの駐厦門領事リ・ゼンドル（Le Gendre）は台湾に赴き、台湾当局に事を起こした生番の処罰について協力を要請した。しかし、台湾当局は生番は当局の管轄下にはなく、外国人も勝手に番人の地に入って問題を引き起こしてはならないと答えた。リ・ゼンドルは拒否された後も頑として現地に行こうとした。6月19日、アメリカは軍艦2隻を派遣して原住民の集落を攻撃したが、副艦長1名が戦死した。台湾当局は事件が拡大するのを恐れ、アメリカと協力して番人を討つことに同意した。九月、台湾総兵の劉明灯は兵500を率いて車城に行ったが、この時リ・ゼンドルはこれまでの方針を変えて交渉による解決を決めていた。10月初め、彼は通事とともに入山し、18社の頭目の卓杞篤（トーキトク）と面談し、以後中国や外国の船が事故を起こした場合には、番人は適切に救護に当たるべきことを取り決めた。こうして事件はどうにか収拾された。

清代

1867	同治六年	四月、アメリカの駐厦門領事**リ・ゼンドル**は、船の遭難者を原住民が襲撃した問題について、台湾当局が調査し処罰するかについて照会。
1867	同治六年	五月十二日（6月19日）、アメリカ軍艦の兵が亀山に上陸、報復したが、副艦長が戦没。
1867	同治六年	八月十三日（9月23日）、台湾総兵官劉明灯が軍を率いて瑯嶠に至る。
1867	同治六年	九月十三日（10月10日）、リ・ゼンドル瑯嶠番社に入り、頭目の卓杞篤と和議を交渉。

リ・ゼンドル（Charles William Le Gendre, 1829～1899） 原籍はフランス、1860年から1862年にかけてアメリカの南北戦争に従軍し、負傷して退役した。同治五年（1866）からアメリカの駐厦門領事の職にあり、2度台湾南部に赴き、瑯嶠地区に入って、同治六年のアメリカ船ローバー号の遭難事件を調査した。翌年、同地に行き原住民の頭目卓杞篤と交渉した。この事件のほかに、台湾の炭鉱、物産及び通商などについても調査し、『Reports on Amoy and the island of Formosa』を著したが、これは19世紀にアメリカ人が台湾を調査した初出の資料である。同治十年十二月、牡丹社の原住民が琉球の漂流者を殺害した事件があり、リ・ゼンドルは再び番社に行き調査をしたが要領を得ず、まもなく彼はアルゼンチン駐在に転任になった。日本を経由する際、日本人に台湾への侵攻を勧め、日本政府に外務省顧問に招聘された。同治十二年、副島種臣について北京に赴き、清朝総理衙門と交渉を行なった。同治十三年、日本の特使大久保利通の補佐官として台湾に向かう準備中に厦門でアメリカ海軍に逮捕されたが、まもなく釈放された。上海で『台湾の番地は中華帝国の一部か？』という本を書き、日本の台湾出兵の弁護をした。のちに朝鮮政府の外交、内政の顧問になったが、最後はソウルで死を迎えた。

茶 台湾北部の茶はドッド（John Dodd）が福建安渓から茶の品種を導入し、農民に栽培を奨励し、これが台湾北部の最も重要な輸出商品になった。1868から1895年までの輸出額は総輸出額の54％を占めた。茶の輸出の伸びは素晴らしく、1871年は1866年の輸出量の10倍に達し、1875年は30倍、1877年は50倍、1892年は100倍になった。輸出される茶はウーロン茶が主で、次は包種茶だった。主要な産地は台北盆地を取り巻く山の斜面及び桃園、新竹の台地と丘陵地だった。産地が北部台湾を中心にしていたので、大部分は大稲埕に運ばれ加工された後、淡水港から輸出された。その中、ウーロン茶は主にアメリカに売られ、包種茶は南洋地区に売られた。茶葉貿易の勃興は、北部台湾の経済貿易の地位を高めたばかりか、山沿いの丘陵と台地の開発を促進させた。

ウーロン茶 茶の葉は加工の過程の違いにより、緑茶、花茶、ウーロン茶及び紅茶の4種類に分けられる。清末の台湾の製茶業は、わずかに花茶とウーロン茶の2種類を製造するだけだった。両者の違いは発酵の程度の違いによる。また花茶の製造には香りの良い花が必要だが、ウーロン茶は花を必要

1867	同治六年	ドッド（John Dodd）が試みに**ウーロン茶**の木を植える。
1867	同治六年	**徳記洋行**が安平に支店を開設。
1867	同治六年	長老教会リチー（Huge Richie）が打狗地区で宣教。
1867	同治六年	丁日健が『治台必告録』を著す。
1868	同治七年	三月十九日、鳳山北門外の長老教会の教会が壊される。

としない。ウーロン茶の製造の重点はあぶり、焙じるところにあり、茶葉をより乾燥させるのである。花茶の特色は花の香りがついていることで、その製造方法は茶葉と花びらを一緒に焙じるやり方である。花の種類としてはクチナシの花、マツリカ（ジャスミンの一種）の花、ハクモクレンの花などがある。ウーロン茶の主な輸出先はアメリカで、花茶の主なマーケットは南洋だった。

徳記洋行（タイト商会）　台南市安平区安北路194号にあった。英文名はTait & Co.。タイト商会は道光二十五年（1845）厦門で創立された19世紀イギリスの対中貿易の大商店の一つである。主として、貿易、保険、金融などの業務に従事した。同治六年（1867）に安平が開港されると、タイト商会代表のマッソン（J. C Masson）は安平に家屋を借りて営業した。その後、イギリス駐安平領事館（現在の西門国民小学校）北側の浜辺に洋館、倉庫を建て、台湾における貿易の最初の拠点にした。タイト商会は安平五大洋行の一つとして砂糖と樟脳の輸出及びアヘンの輸入を主な業務としていた。1870年代、台湾北部の茶葉の貿易は次第に盛んになり、多くの外国商人が台北に店を置くようになった。タイト商会も人後に落ちず、北上して大稲埕に拠点を設けた。この時期は、タイト商会の台湾における最盛期と言ってよいだろう。日本が台湾を統治するようになってから、洋行は次々に閉鎖された。明治44年（1911）に安平のタイト商会が営業を止めた後、日本人はこの建物を「塩業会社」とし、戦後はさらに「台湾塩場弁公室」となった。民国68年（1979）、台南市政府は「台湾開拓史料蝋人形館」に作りかえたが、人形は生き生きとして真に迫り、台湾先住民の生活のありさまを表現している。現在は3級古蹟に指定されている。

1868	同治七年	イギリスの商人**ピッカリング**が梧棲で樟脳を密輸出し、鹿港同知に拘留される。
1868	同治七年	四月二日、キリスト教徒の荘清風が鳳山県左営庄で村人に殴り殺される。
1868	同治七年	六月二六日、イギリス公使アロック（R.Alock）が海軍を派遣して台湾を示威。
1868	同治七年	十月八日、福建興泉永道・曾憲徳とイギリス領事ギブソン（John Gibson）が樟脳事件と**鳳山教案**の善後策を協議。
1868	同治七年	十月十二日、イギリス艦が安平を砲撃、軍装局と火薬局を破壊。江国珍らが殉職。
1868	同治七年	十月十三日、府城の紳士と商人がイギリス軍に保証金として4万元を差し出し、イギリス軍は停戦に合意。
1869	同治八年	清朝が兵力削減と加給を実施、台湾の緑営兵は7700名と大幅に削減された。

ピッカリング（W.A.Pickering 1840～？）
イギリス人。19世紀中葉、東アジアで活躍した冒険家。彼は中国人との交流が40年もの長期にわたったので、中国の官話と4種類の方言を話すことができ、中国の言葉に通暁していた。彼が交際した中国人は、上は総督、巡撫の地方官から下は盗賊、庶民にまで及んだ。彼は同治三年（1864）台湾に来て打狗税関の検査員になり、翌年安平税関の責任者となった。同治六年には招かれてイギリスの商社怡記洋行府城支店を経営した。翌年、彼は梧棲で樟脳を密輸出し、鹿港同知に取り調べを受け商品を押収されたが、これが引き金となってイギリス軍艦が安平を砲撃するという事件が起こった。その後、イギリス海峡植民地翻訳官、華人護民官などの職を歴任し、光緒十六年（1890）に退職した。税関総税務司のハート（Sir Robert Hart）は彼を称賛し、ヨーロッパ人で彼ほどに中国人の性格をよく理解できた者は、後にも先にもいなかったと言っている。著作には『Pioneering in Formosa』がある。

鳳山教案　同治七年（1868）四月、キリスト教信者の荘清風は教会の勢力を恃んで多くの大衆を押さえつけたため、鳳山県左営庄（現在の高雄市左営）の民衆に殺害され、イギリス、フランスの教会も打ち壊された。同年八月、鳳山県前金庄（現在の高雄市にある）などの地方の群衆がヨーロッパの伝道師に不満を抱き、鳳山長老会と埤頭教会を打ち壊し、イギリスの伝道師のマックスウエル（James L Maxwell）、キャンベル（William Campbell）らを包囲した。当時、イギリスの商人ピッカリングが樟脳を密輸出しようとし、鹿港の同知に差し押さえられるという事件が起こったこともあって、イギリスの駐華公使アロック（Rutherford Alock）はこれを口実に軍艦を派遣して安平の砲台を占領し、閩浙総督の英桂を屈服させた。清朝側は賠償金の支払いと下手人を処罰することに同意し、鹿港同知と鳳山知県を解任し、樟脳の専売を取り消し、被害者の家族を弔慰して、この事件はやっと治まった。

マッケイ（George Leslie Mackay 1844～1901）
スコットランド籍、父親の代にカナダに移住。マッケイは師範学校を卒業後

1869	同治八年	七月一日、ドイツ人、イギリス人の大南澳開墾阻止事件。
1871	同治十年	十一月六日（11月27日）、琉球人が八瑶湾に漂着、上陸した船員が牡丹社の原住民に殺害さる。
1872	同治十一年	二月一日、**マッケイ**が台湾北部で伝道事業を開始。
1872	同治一一年	五月二十二日、日本の通訳官・水野遵が上海から台湾に到着。
1872	同治十一年	七月二十八日、鹿児島県参事・大山綱良が日本が台湾に罪を問うことを建議。
1872	同治十一年	九月八日、日本陸軍少佐・樺山資紀が台湾に入り調査。
1872	同治十一年	十月二十日、日本の閣議が台湾出兵を決議。
1873	同治十二年	七月一日、日本の樺山資紀らが福州から淡水に達し、台湾で調査と情報の蒐集にあたり、4ヵ月の滞留の後台湾を離れた。
1873	同治十二年	板橋の林家が**大観義学**を創設。

数年間小学校の教師をし、その後研究所に入って神学の研鑽を積んだ。1871年、外国での伝道の申請をして許可され、翌年台湾にやって来た。台湾の北部は人口が多かったが、伝道師は南部に集中していた。そこで彼は3月、船で淡水港に行き、台湾語の習得に励み、5ヵ月もしないうちに台湾語で伝道することができるようになった。台湾現地の言葉、風俗習慣を考慮して、彼は現地人の布教のできる牧師を訓練することにし、大きな成果をあげた。布教を始めて最初の8年間で、あわせて21人が洗礼を受けて弟子となり、伝道の幹部となった。こうして淡水は北部教会の発祥の地となった。光緒八年（1882）、彼が創設した「理学堂大書院」が落成し、次いで女子のみを受け入れる「淡水女学堂」を作り、西洋式の教育を実施した。マッケイはいつも病人の歯を抜いてやるなどして人々の彼に対する好感を勝ち取った。彼は医者ではなかったが、以前基本的な医療知識を学んだ経験があり、のちには「偕医館」を開いて北部台湾の西洋医の先達になった。マッケイは1872年に台湾に来て1901年に淡水で病死するまでの約30年間、彼の弟子たちと北部台湾を遍歴し、キリスト教の教義とヨーロッパの文化を伝え、伝道の事業、医療活動、教育事業に止まらず、台湾に非常に大きな影響を与えた。

大観義学　台北県板橋市文昌街12号にあった。同治年間、淡水地区では漳泉械闘が頻発して百以上の村落に広がり、長年終息しなかった。同治12年（1873）、板橋林家の林維譲と林維源の兄弟が妹の夫・荘正和に、大観義学を建て、漳籍、泉籍の人々に共同で管理運営させ、学生を教育し、寝食を供するようにと要請した。これは漳、泉両籍の融合に大きな助けとなった。日本は台湾を統治後、明治32年（1899）年、その場所に板橋公学校を建てたが、41年新校舎が落成してそちらへ移った。昭和3年（1928）、林熊光、林履信がこの場所に私立の板橋幼稚園を開設したが、戦後にその名を大観幼稚園に改めた。〔**義学→**次頁〕

1874	同治十三年	三月二十二日（5月8日）、日本軍が社寮地方に上陸、「**牡丹社事件**」が起こる。
1874	同治十三年	四月七日（6月2日）、日本軍が牡丹社、高士仏社を攻撃、双方石門で戦う。
1874	同治十三年	四月十四日、清朝は**沈葆楨**を欽差大臣に任命し、台湾などの海防と諸外国との事務を取り扱わせる。

義学　義学は義塾とも言い、貧しい子弟を教育することを目的とした。学生は主として6歳以上の幼児で、カリキュラムはまず『三字経』を、次いで『朱子小学』を、それから『四書』を読んだ。義学には官立と私立の二種があり、前者は道、府、県政府の所管で、後者は地方の金持ちが金を出して経営した。官立、私立にかかわらず、政府の行政監督を受けなければならなかった。経費は主として自己の所有する田地からの収入か富裕な紳士の援助に頼っていた。台湾で最初に義学ができたのは康熙二十二年（1683）で、台湾が日本に領有されるまで続いた。義学という名のつくものは各地に10ヵ所以上あったが、多くの義学は書院に付属していたので、「義学」ではなく「書院」という名前がついていたということも考えられ、義学の数は実際にはもっと多かったはずである。

牡丹社事件　同治十年（1871）、一艘の琉球の船が台風に遭い、現在の屏東県満州郷一帯に漂着した。船員は上陸後、現地の事情に通じていなかったので、誤って番社の集落に入り込み、54人が原住民に殺害される結果となった。生き残った12人は、漢人の楊友旺、楊天保の助けで鳳山県の役所を経由して福州に護送され、福建の役人の手厚い保護を受け、無事に琉球に送り返された。これはもともと単純な遭難事件だったが、同治十三年、日本が台湾に出兵する口実となった。5月8日、日本軍は社寮（現在の車城郷重渓口）に上陸し、次いで石門で牡丹社の人々と戦争となり、双方に死傷者が出た。6月初め、日本軍は千名以上の兵士と大砲を動員して再度牡丹社に攻め入り、放火、殺害をほしいままにし、牡丹社を投降させた。軍事的に勝利を収めたのを受けて日本は強硬な外交政策を採った。一方、清朝は沈葆楨を台湾に派遣し、防備と対日交渉に当たらせたが、劣勢を挽回することはできなかった。清朝は李鴻章を派遣して日本の大久保利通と外交交渉を行い、条約を結んだ。この条約で、清朝は日本の「番地討伐」の正当性を承認し、日本の軍費を賠償として支払った。そこで、日本軍は12月20日すべて撤退した。こうして半年に及んだ軍事行動と外交交渉は終了した。牡丹社事件をきっかけとして、清朝は台湾を重視するようになり、事件は台湾の歴史に大きな影響を与えた。

沈葆楨（1820～1879）　字は幼丹、福建侯官県（現在の福州）の出身。道光年間の進士で、江南道監察御史、貴州道監察御史を歴任した。咸豊六年（1856）、江西九江知府となり、のち曾国藩に付き従って訓練や武器、軍服の支給などに関わる営務を取りしきり、太平軍の鎮圧に当たった。咸豊十一年、曾国藩の推薦を受け江西巡撫となった。同治五年（1866）、福州船政局を主管し、最初の船政大臣になった。同治十三年、日本軍は瑯嶠に上陸し、牡丹社事件を

1874	同治十三年	七月二十五日、沈葆楨が「**億載金城**」の建設を実施に移す。
1874	同治十三年	九月二十二日（10月31日）、日清双方は牡丹社事件で条約を締結、清は日本の軍事行動を「人民を保護する正義の行動」と認め、軍事費50万両を賠償金として支払う。日本側は台湾からの撤兵を約束。

引き起こした。清朝は彼を「欽差弁理台湾等処海防兼理各国事務大臣」とし、彼を巡閲の名目で兵と共に台湾に派遣し、軍事的配置と防御の準備に当たらせた。沈葆楨は台湾に2度来ている。1度目は同治十三年で、滞在期間はおおむね半年だった。2度目は光緒元年（1875）、獅頭社の番人が乱を起こした際に5ヵ月間滞在した。台湾における彼の主要な政治的業績は、山地を開き番人を統治（開山撫番）し、海禁を解除し、郡県を増やしたこと、巡撫の移駐、軍政の立て直し、炭鉱の採掘などである。二度目に台湾を離れた後、沈葆楨は両江総督兼南洋通商大臣に任命された。在任期間中には、輪船招商局の経営に関係し、船政学堂の学生をイギリス、フランスに留学させた。著作には『沈文肅公政書』がある。

億載金城　またの名を「三鯤身砲台」と言い、台湾で最初のヨーロッパ式砲台であるばかりか、イギリスのアームストロング砲を備え付けた最初の砲台でもあった。敷地は3haに及び、ヨーロッパの稜堡式の四角な砲台で、四隅が突きだし、中央はくぼんでいる。周囲四方には城を護る濠をめぐらし、砲台の上には大、小の砲を置き、中央は教練場となっていた。構造は完璧で、規模は非常に大きかった。同治十三年（1874）、沈葆楨は台湾に着任し、沿海の情勢を巡視したのち、安平港内に西洋の新しい方式にならって大砲台を建設してヨーロッパの巨砲を置き、府城の海防を固めようと図った。七月、沈葆楨はフランス人技師とともに実地に検査、測量を行い、三鯤身を砲台の設置場所に定め、ただちに着工した。三鯤身は砂州だったため、材料の取得と運搬は極めて困難だった。厦門、泉州から煉瓦を運んだほか、当時はすでに傾き崩れていたゼーランディア城の城壁の煉瓦を利用したという。光緒二年（1876）八月、砲台は竣工し、沈葆楨は正門の額に「億載金城」の4文字を大書した。日本時代、砲台の一部がこわれた。戦後、政府は砲台の建設百周年（民国64年）に当たり、大規模な修復を行い、今見るような姿になった。現在は1級古蹟に指定されている。

1875	光緒元年	正月十二日、清朝は沈葆楨に台湾の「**開山撫番**（山地の開発と番人の統治）」の実施に責を負うことを命じ、沈葆楨は二月二十三日台湾に到着。
1875	光緒元年	十一月十四日、**丁日昌**が福建巡撫の職を継ぐ。
1875	光緒元年	十二月二十日、地方行政区を再編成。台北府、淡水県、恒春県、新竹県、卑南庁、埔里社庁、**基隆庁**を増設し、噶瑪蘭庁を宜蘭県に改める。この結果、全島は2府、8県、4庁に分けられた。

開山撫番　清末、台湾統治の重要な政策で、沈葆楨が提案したもの。同治十三年（1874）、牡丹社事件勃発の後、沈葆楨は台湾に派遣され事件の処理に当たった。彼はもし台湾の番地への管理を強化しなければ、遅かれ早かれ外国人による番地への介入という禍いを招くと考えた。そこで彼は「開山撫番」を提案し、番地政策の重点政策とした。開山撫番の仕事の内容は二つあった。いわゆる「開山」というのは、まず軍隊が番地に至る道路を開削し、その後人民に番地の中での開墾を奨励し、最後には街を作り、役人を置いて統治するというものである。いわゆる「撫番」は番社の戸口を調査し、慎重に土官を選び、番人に漢語を学習させ、最後に彼らの風俗を改め、漢人と同一にしようというものである。このような膨大な仕事は必ずしも完全に実現はせず、真に進展をみたのは山道の開削のみに止まった。道路の開削工事は同治十三年に、南路と北路の2本の道路に分けて始められた。北路は前後して台湾道の夏献綸と提督の羅大春が責任者となり、蘇澳から奇萊まで100里の山道を切り開いた。南路は同知の袁聞柝と総兵の張其光が請け負い、赤山から卑南まで170里を切り開いた。翌年（光緒元年）二月、今度は総兵の呉光亮が中路の開削を指揮し、林圮埔から璞石閣まで265里を開削した。これらの台湾を東西に横断する道路は平地での道幅は1丈、山地では6尺とするのがきまりで、沿道には堡塁を設け、警護の兵士を駐在させた。沈葆楨が職を離れてからは、これらの道路はすぐに使われなくなり、南路だけが通行可能な道として残った。

丁日昌（1823～1882）　字は禹生または雨生、広東法順の出身。貢生の出身。早くから故郷で武装組織（団練）を率い潮州の暴動を弾圧し、江西万安知県になったが、万安を奪われクビになった。その後湘軍に身を投じ、曾国藩の幕僚になった。同治元年（1862）、李鴻章の命を受け、上海に行って洋砲局を経営した。江南製造局の前身である。同治四年、蘇松太道に昇任し、江南製造局の総裁を兼任し、のちに両淮塩運使となった。その後、彼は買弁の唐廷枢を推薦して輪船招商局や開平鉱務局の開設にあたらせた。同治七年から江蘇巡撫、福建巡撫（台湾学政と督船政を兼務）を歴任し、台湾の炭鉱を採掘した。のちに沈葆楨の後を継いで福州船政局を経営した。同治九年、天津教案（キリスト教会と民衆の衝突事件に伴う外交、訴訟事件）が起こるや、天津に行って曾国藩と協力して教案の処理に当たり、民衆の暴動を弾圧した。光緒六年（1880）、駐南洋（清末には江蘇、浙江、福建、広東各省の沿海地域を指した）副官として海防の任にあたり、南洋水師を統

1876	光緒二年	八月二十四日、基隆炭鉱が機械による掘削を開始。
1877	光緒三年	二月八日、丁日昌が上海の淞滬鉄道を撤去した後の材料を台湾に運び、鉄道建設の用に供するよう要請。
1877	光緒三年	台南府城から旗後に至る電報線が竣工。
1878	光緒四年	六月十九日、加礼宛など7社の原住民が新城に駐留する清軍を襲撃。
1878	光緒四年	九月一日、福建巡撫・呉賛誠が台湾に渡り、「剿撫生番(生番を討伐、降伏勧告すること)」を始める。

括、総理衙門大臣を兼任した。のちに汚職で弾劾され、病と称して辞職した。著作に『撫呉公牘』などがある。

基隆庁　光緒元年(1875)に設置された。元の地名は鶏籠で、港湾としての条件が優れていたので、道光年間以来次第に北部台湾の重要な港になった。それに加えて鶏籠付近の山には良質の炭鉱があった。石炭はヨーロッパの汽船の重要な動力源でもあったので、鶏籠港は列強の垂涎の的となった。南京条約の締結後、清朝は五つの港を貿易港として開放し、ヨーロッパ船籍の船の来港が日増しに多くなった。鶏籠は条約上の開放港に入ってはいなかったが、東アジア水上運輸の中継地に位置しており、また石炭を生産していたので、外国の船が頻繁に接岸し、停泊するようになった。咸豊十年(1860)、淡水が正式に開港し、鶏籠は淡水の補助港の名目で貿易港となった。牡丹社事件以後、沈葆楨は鶏籠が重要な場所であると考え、一つの庁を設立して通判1名を駐在させ、地名を上品に「基隆」と改めた。光緒十年(1884)、清仏戦争の際、フランス軍は基隆港を封鎖し、さらに上陸して基隆を8ヵ月にわたって占領した。戦争の終結後、劉銘伝は港の周囲にしきりに砲台を築き、基隆の防備を強化した。それと共に、近代的な埠頭の建設を進めたが、経費の不足で完成には至らなかった。日本の台湾統治以前は、基隆港の港湾としての条件は淡水より優れていたが、外部への連絡が良くなかったので、商業面では淡水の地位に取って代わることはできなかった。

1879	光緒五年	六月二十五日、**林維源**が50万元を寄付したことにより、三品の官位と一品の恩典を与えられる。
1879	光緒五年	艋舺県丞を廃止。
1881	光緒七年	四月八日、清朝が岑毓英を福建巡撫に、劉璈を台湾道に転任させる。
1881	光緒七年	七月十八日、「琛航」、「永保」の2隻の汽船が福建、台湾間の航行を開始し、政府軍と書物や新聞を運ぶとともに、民間の客や貨物も運ぶ。

林維源（1838～1905）　字は時甫、号は冏卿。台北板橋の出身。同治二年（1863）、戴潮春の乱の際、軍事費2万両を寄付した。光緒三年（1877）、丁日昌の説得で台湾の海防と鉄道建設の用に供するため、50万元の巨額の寄付をした。のちにこの金は山西、河南の被災者救済に流用され鉄道は建設されなかった。2年後、清朝に寄付をした際、清朝は規定上は彼に三品の官位を与えることしかできないところを、前例を破って一品の恩典を賜った。翌年、台北の工事が始まると、林維源はまたもや寄付をし、また小南門の建設を請け負った。この後、台湾府は大きな建設をする度に、必ず彼に寄付を頼んだ。光緒十年、清仏戦争の最中、劉璈は何と彼に100万元の献金を求めたが、林維源はやむを得ず20万を出した後、厦門に逃れた。清仏戦争の終結後、林維源は劉銘伝の勧めで善後処理の経費として50万元を寄付した。その後、劉銘伝が台湾の政権の座にある間は、林維源は彼の有力な助手として働いた。番人の慰撫、土地税の清算、鉄道、港湾の建設などの数々の新政のいずれにおいても、林維源は重要かつ中心的な人物であった。彼の下で、板橋の林家は農業の開墾の家業から商業投資の家業へと転換した。林家は少なからぬ寄付をしたが、政府の信頼と協力を勝ち取り、産業経営上の特権すらも与えられたので、板橋の林家は台湾で一番の富豪となった。台湾が日本に割譲された後、台湾の官民は台湾民主国を作り、林維源を議長に推したが、彼は辞退し、台湾を離れて厦門に避難した。日本は台湾の統治を始めてから何度も彼に台湾に戻るよう要請したが、実現しなかった。台湾での家業はその子によって代行された。林維源は明治38年（1905）死去した。

岑毓英（1829～1889）　字は彦卿、号は匡国。広西西林の出身。光緒七年（1881）五月、福建巡撫となったが、主要な任務は台湾の防衛にあたることだった。同年閏七月十八日基隆に到着し、台北府、淡水県、新竹県、彰化県、嘉義県と南下しつつ各地を巡視し、九月三日、福建の福州府に戻った。十一月八日、再度来台し、大甲渓橋の建設を進めた。このほか、山地の開発と番人の慰撫に積極的に取り組み、特に新竹、苗栗一帯の山地に関心をはらった。一方では地方の指導者に生番を投降帰順させるように依頼し、その一方で彼らには山地に入り開墾する特権を与えた。当時の新竹、苗栗一帯の有力者の林汝梅、黄南球、北埔姜家などはみな岑毓英の信任を得て、番人の境界に入り開墾に当たった人たちである。光緒八年五月、雲貴総督に転任した。清仏戦争の際、ベトナムに入り仏軍と戦ったが、光緒十五年、任地で死亡した。

1881	光緒七年	閏七月十八日、**岑毓英**が台湾に到着し、各地の情況を調査し、大甲渓橋の建設を決定。
1882	光緒八年	五月四日、**理学堂大書院**が落成。
1883	光緒九年	三月二十四日、鵝鑾鼻灯台が落成、使用開始。
1883	光緒九年	十二月十二日、**淡水女学堂**が落成。第1期の学生は34人で、そのすべてが宜蘭の平埔族。

清朝は襄勤と贈り名した。

理学堂大書院　清の咸豊年間、台湾は外国と貿易を始めたが、それと共に欧米のカトリックとプロテスタントも台湾に伝来した。同治十一年（1872）、カナダのプロテスタント長老会の宣教師マッケイが淡水に来て宣教したのが台湾北部のプロテスタント宣教の始まりである。その後マッケイは帰国し、故郷のオックスフォード郡民の援助で資金を調達した後、台湾に戻って学校を経営した。学校の敷地を淡水に選び、光緒八年、理学堂大書院が落成した。故郷を記念して、彼は学校を「牛津（オックスフォード）学堂」と命名した。これは台湾における外国人による新式の教育の始まりである。建築に使われた煉瓦はすべて厦門から運んで来たもので、全体のスタイルは西洋の教会堂と中国の伝統的建築を融合したものとなっている。明治34年（1901）、マッケイ博士は死去し、学校は「淡水神学院」と改名された。大正3年（1914）、神学院は台北に移り、その跡を利用して淡水中学校が創設された。戦後、学校は淡江中学と改名された。民国54年（1965）、淡水工商管理学校がこの地に創設され、のちに真理大学に改められた。当初マッケイが建てた牛津学堂の建築物は、今も昔の姿のままキャンパス内に保存され、学校の校史館となっている。民国74年（1985）、内政部によって2級古蹟に指定された。

淡水女学堂　マッケイは台湾の婦女の地位の低さと知識のなさを目の当たりにし、女子学校を設立し、ネイティブの牧師を育成する必要を痛感した。光緒七年（1881）、マッケイは教会のカナダ本部から3千ドルの補助を得て、光緒九年十二月「淡水女学堂」を作った。校舎は「理学堂大書院」の左側にあった。当時は風習が未開で一般の家庭では女子の教育を全く重視しておらず、入学者は宜蘭の平埔族の婦女が多数を占めた。淡水女学堂は台湾子女教育の嚆矢で、大正五年（1916）には「淡水高等女学校」と名を改めた。戦後は台北の「宮前女学校」と合併し、「純徳女子中学」となった。民国45年（1956）、順徳女子中学は淡江中学といっしょになり、淡江中学は男女共学の学校になった。

1884　光緒十年　　清朝は**淮軍**の将軍・**劉銘伝**に台湾の防備監督を命じ、劉は閏五月二十四日、台湾に到着。

淮軍　李鴻章を頭とする軍事集団。咸豊三年（1853）、太平軍が安徽に進攻した際、李鴻章と工部侍郎・呂賢基が共同で統率する団練（地主階級の武装組織）を編成した。それが太平軍によって打ち破られた後、李鴻章は兵部侍郎・曾国藩の司令部に投じた。咸豊十一年、曾国藩の支援のもとに、淮南の合肥、六安一帯に行き、6,500人の団練を募集し、湘軍の編成にならって訓練し、別に1軍を作った。この軍隊は主として淮河流域から兵士を募集したので淮勇と呼ばれ、歴史的には李鴻章のこの軍隊を淮軍と称する。同治元年（1862）、淮軍は上海に移動し、外国製の銃と大砲それにヨーロッパの軍隊組織を採用して編成替えし、湘軍や外国の軍隊と連合して太平天国の部隊を滅ぼした。同治四年、淮軍は6～7万人まで編成を拡大し、捻軍を鎮圧する主力部隊になった。淮軍は李鴻章を指導者とし、主な高級将校には張樹声、劉銘伝、郭松林、潘鼎新、葉志超らがおり、清末の重要な軍事、政治集団である。

劉銘伝（1836～1895）　清末淮軍の高級将校。字は省三、安徽合肥の出身。咸豊四年（1854）、郷里で団練を統率し、李鴻章が淮軍を創設した際、彼は兵士を募って銘字営を作った。同治元年（1862）、李鴻章によって上海に派遣され太平軍を鎮圧した。同治四年からは前後して曾国藩、李鴻章について行動し捻軍を鎮圧、功により直隷総督に昇任した。光緒六年（1880）、鉄道の建設を上奏、提案したが当局に容認されなかった。清仏戦争の間、命を受けて台湾の軍務を監督し、海防を充実させるための10項目の建議を提出し、大部分は中央に受け入れられた。光緒十年閏五月、台湾で職務につき、基隆でフランス軍を撃退した。8月、フランス軍は基隆に上陸したが、清軍は全力で台北を守り、淡水で重ねて損害を与えた。フランス軍と対峙する間、意見の不一致から台南を守る劉璈と不仲になった。当時、中国の政局は湘、淮の二つの派閥が握り、互いに張り合っていた。劉銘伝は淮軍の出身で、劉璈は劉銘伝の排斥によって、清朝に免職された。光緒十一年、中央は台湾に省を設けることを決定し、劉銘伝は初代の巡撫になった。その後、彼は大いに洋務を興し、兵器機器局、火薬局、撫墾局、樟脳局、鉱務局、水雷局などの組織を設立し、さらには砲台を築き、郵便を始め、電報線を架設し、東西の横貫道路を開削し、また上海、香港、サイゴン、シンガポールへと向かう汽船の航路を開いた。光緒十三年、鉄道局を設立し、資金を集めて基隆から新竹に至る鉄道を敷設した。劉銘伝が台湾で大規模な建設事業を行なうことができたのは、彼自身の能力によるところが大きいのは勿論だが、清朝の中央が極力支持したのが重要な要因である。当時の清朝の政治は恭親王奕訢と醇親王奕譞が握っており、彼らは劉銘伝の改革に賛同していた。劉銘伝が台湾の政務を取りしきっていた5年間に、福建省と沿海の各税関は毎年100万両の資金を提供しており、これが台湾財政の重要な支えだった。光緒十六年以後、情勢は変化を見せ始めた。それまで劉銘伝を支持して来た醇親王奕譞が

1884　光緒十年　　六月十五日（8月5日）、**清仏戦争**が台湾に波及。フランスの軍艦が基隆を砲撃し、社寮島の砲台を破壊。

他界し、清朝の財政が日増しに悪化したため、台湾を建設するための資金を引き続き提供することは不可能になった。財政が日増しに緊縮するという情況の下で、劉銘伝は光緒十七年四月、基隆炭鉱の不正事件により退職して故郷に帰り、その後は邵友濂が継いだ。光緒二十年、日清戦争が起こり、清朝は再度劉銘伝を海防の任に起用しようとしたが、彼に婉曲に拒絶された。光緒二十二年正月十一日、劉銘伝は故郷で病死した。59歳だった。清朝は彼に太子太保衛を追贈し、壮粛のおくり名を贈った。彼の著作には『劉壮粛公奏議』、『大潜山房詩稿』などがある。

清仏戦争　光緒九年から十一年（1883～1885）にかけてフランスがベトナムと中国の領内で起こした戦争。光緒九年十二月（11月12日）、フランス軍6千人がクールベ（Courbet）に率いられて広西に駐屯していた清軍と黒旗軍の陣地に攻撃をしかけ、清仏戦争が勃発した。清軍は連戦連敗で、フランスはこの機に乗じて清朝に迫り、1884年（光緒十）5月「清仏会議簡明条約」が結ばれた。6月、フランス軍はベトナム・ランソン付近の清軍の駐屯地を強行接収しようとして反撃に遭い、再び戦火が生じた。8月5日、フランス軍艦は台湾の基隆を侵犯したが、守備軍に撃退された。23日、馬尾港に停泊していたフランス軍艦が突然砲撃を開始し、福建海軍の軍艦11隻と貨物船19隻を撃沈した。清朝政府はここに至ってフランスに宣戦を布告した。10月初め、フランス軍艦は再び台湾を侵犯したが、淡水付近で大敗した。翌年3月、フランス軍艦は浙江沿海に侵入攪乱したが、宝山砲台の砲撃を受け、艦隊は敗退した。司令官のクールベは負傷し、のちに澎湖で死亡した。これと同時に、馮子材の率いる清軍は中越国境でフランス軍を撃退し、フランス軍の司令官は重傷を負った。劉永福の率いる黒旗軍も臨洮でフランス軍を撃退した。清軍の相次ぐ勝利で、フランス内閣は倒れたが、清政府は意外にもこの時停戦を命令した。1885年5月、李鴻章は天津でフランス公使と「清仏会議ベトナム条約十款」に調印した。この条約によって清朝はフランスのベトナムにおける植民統治を承認し、雲南、広西2省のベトナムとの境界を開き通商することに同意した。

1884	光緒十年	七月三日（8月23日）、フランス軍が馬尾港に奇襲攻撃を行い、**福建水師**（海軍）が潰滅。8月26日、清が対仏宣戦。
1884	光緒十年	八月十三日（10月1日）、フランス軍司令官**クールベ**が仙洞に上陸し、曹志忠、林朝棟らと**獅球嶺**に戦う。

福建水師（海軍）　清末海軍の一つ。同治五年（1866）、閩浙総督の左宗棠が福州船政局を創立した。十三年、清朝は福建を中心として新式の海軍を作ることとし、閩浙総督と船政大臣にこれを統括させることに決定した。数年間の運営を経て、十隻あまりの船艦を擁するまでになり、港の守備と台湾、厦門及び福建、広東海上巡邏の任に当たった。清仏戦争の間、フランス軍は光緒十年（1884）七月三日（8月23日）、馬尾港の福建水師を奇襲し、1時間もたたないうちに福建水師の11隻の軍艦と19隻の貨物船がすべて撃沈または撃破され、将兵の死傷が700人あまりに達するという惨劇となった。福建水師はこのような大損害を受けて再建のすべがなく、清朝は光緒十四年、福建水師を南洋水師に併合した。同時に、南洋水師の巡察警備区域を従来の（長）江浙（江）沿海から福建、台湾、広東の海上にまで拡大し、南洋大臣の管轄下においた。

クールベ（Anatole Courbet 1827～1885）　フランス人。海軍中将。光緒九年（1883）、フランス海軍インドシナ艦隊司令官に就任。清仏戦争の勃発後、彼はベトナムのユエを占領し、ベトナムにフランスと条約を結ぶよう無理強いした。同年10月、フランス海軍の「東京艦隊」と「中国海艦隊」が統合して遠征艦隊を組み、クールベが総司令官になった。光緒十年、清仏の平和的局面は破局を迎え、クールベは戦場を北へ拡大した。六月（8月）、初めて台湾を侵し、基隆を砲撃した。七月（8月）、福州の馬尾港を奇襲し、中国の福建水師を殲滅した。八月、彼は台湾を攻撃し、基隆と淡水を砲撃した。フランス軍はしかし、淡水で浅瀬から上陸を企てて敗北し、クールベは台北攻略の計画を放棄せざるを得ず、台湾海域の全面封鎖に転じた。光緒十一年正月（1984年10月）から、フランス軍は基隆に上陸し、清朝軍と基隆南方の丘陵地域で対峙した。まもなく、クールベは浙江鎮海を攻撃最中、清軍の砲火にあって傷つき、艦を率いて南下し澎湖を占領した。五月八日（6月9日）、清仏は天津条約に調印し、戦争は終わった。2日後、彼は澎湖で病死し、遺体はフランスに運ばれた。

獅球嶺　基隆港南方の小さな丘で海抜はわずかに155mに過ぎないが、基隆港南方の最高の防壁である。清代の基隆港と台北盆地間の交通はすべて獅球嶺の山地を通り抜けて行くものだった。清末に鉄道を建設する際、獅球嶺の下にトンネルを掘り、基隆と八堵の間を結んだ。このトンネルは現在では3級古蹟に指定されている。交通の要衝であるだけでなく、獅球嶺は地勢が高く、基隆港をくまなく俯瞰できるため重要な戦略の要地でもあった。獅球嶺には砲台が築かれており、港全体を抑える良好な視界を擁していた。この

1884	光緒十年	八月二十日（10月2日）、フランス軍砲艦が滬尾を猛爆、陸戦隊が沙崙に上陸するも、**孫開華**、**張李成**の率いる軍隊が撃退。
1885	光緒十一年	正月七日（1884年10月23日）、フランス軍が台湾島の全面封鎖を宣言。
1885	光緒十一年	3月4日、フランス軍が基隆東南の月眉山を攻略し、清軍は基隆河南岸に退く。

砲台は日本の統治後次第に荒廃し、今では石造の指揮所1ヵ所と大砲の土台が一つ残っているだけである。光緒十年（1884）の清仏戦争と光緒二十一年の日本軍の台湾出兵の際の戦争では、獅球嶺で重大な戦闘が行なわれたことからも、その重要性は自ずと明らかである。

孫開華（？～1893）　字は賡堂、湖南慈利の出身。若くして太平天国の鎮圧に参加し、功により、守備に昇任した。のち、安徽、江西などの地を転戦し、総兵に昇任した。のちに広東で戦功をたて、提督に昇任した。光緒二年（1876）、陸路総督の身分で兵を連れて台湾に入り、沈葆楨に協力して山を開き、番人を慰撫する仕事に当たった。光緒十年、清仏戦争の際には淡水の守備に当たり、浅瀬から上陸を強行しようとしたフランス軍の撃退に成功し、勝利を収めた。この戦いの後、劉銘伝は彼に軍務に協力するように命令を伝達し、彼は劉銘伝の軍政面での有能な助手となった。光緒十九年、死亡。おくり名は壮武。

張李成（1842～1894）　名は達斌、別名は炳南。本籍は台北木柵と見られるが、台北土城とも言われる。若い時は負けず嫌いで、武芸を学び軍事を語ることを好み、いつも同輩と腕前を競っていた。光緒十年（1884）、フランス軍が台湾に進攻した。提督の孫開華は滬尾（現在の台北県淡水鎮）を守り、現地の兵士を募集した。張李成はこれを伝え聞くと、欣然としてこれに応じ、孫開華に貴子坑に派遣された。やがて命を受けて義勇兵を募集し、半月のうちに3千人余りを集めた。フランス軍は淡水に上陸したが、張李成は義勇兵を率いて勇敢に戦い、フランス軍を撃退した。この後、功によって遊撃に昇任した。光緒二十年九月、任務中に死んだ。

1885	光緒十一年	二月十五日（3月31日）、フランス軍、澎湖の媽宮港を占領。
1885	光緒十一年	五月八日（6月9日）、清仏は天津で和議に達し、フランス軍は六月二十四日（8月4日）、全軍が台湾から退去。
1885	光緒十一年	五月十日（6月11日）、フランス軍将軍クールベ、澎湖で病死。
1885	光緒十一年	**劉璈**が弾劾によって罷免さる。

劉璈（？～1889）　字は蘭州。湖南臨湘の出身。咸豊十年（1860）、左宗棠の部下となり、浙江の太平軍殲滅の作戦に参加した。同治三年（1864）、左宗棠は浙江巡撫の身分で彼を台州知府に任命、彼は同治十一年までその任にあった。同治十三年、夏献綸の推薦により、沈葆楨は彼に台湾に来て牡丹社事件の後始末、特に恒春県城の位置の選定に協力するよう要請した。ところが、ちょうど彼の母親が死んだため、劉璈は規定により故郷に帰って喪に服した。3年の後、彼は左宗棠の西征の隊伍に加わり、光緒七年（1881）、張之洞の推薦で台湾道に任命された。彼の台湾道在任中の成績は顕著だったが、総兵官の呉光亮と不仲だったため、台湾の文武の官僚は協力態勢をとることができなかった。光緒十年、清仏戦争の間、もともとは彼が主導して台湾防備の為の軍の配置を決めていた。しかしのちに台湾に派遣された劉銘伝との台湾の防御についての観点の違いから、二人の間に軋轢が生じた。光緒十一年、清仏戦争後、劉銘伝は五月、まず劉璈を罷免し、次いで清朝に上奏して劉璈の罪状を列挙したと言われる。罪状の中でもっとも重大だったのは汚職だった。劉銘伝は李鴻章をトップとする淮系の軍隊に属し、劉璈は左宗棠の湘系に属するところから、一般には今回の弾劾事件は派閥闘争によるものと見られている。劉璈は死刑の判決を受け、入獄して斬首を待った。七月二十四日、一貫して劉璈を保護して来た左宗棠が死去。のちに清朝は専門家を再度台湾に派遣して調査し、劉璈の死刑の判決を黒龍江への流刑に改めた。劉璈は光緒十五年、この世を去った。

白銀　中国古代に流通した貨幣の一種で、通常は銀を溶かしたのち馬蹄形に鋳造した。漢代に始まり、その後各王朝はみな鋳造した。しかし、あまり広くは流通せず、明代になってやっと広く用いられるようになり、清代には法定の通貨となった。明朝の初年に民間が金銀によって交易を行なうことを禁じたことがあった。明の成化以後、農地税、商業税、塩代金、役人の俸給などは次第に白銀で支払うことが行なわれ、流通範囲はますます広がった。明代には白銀を用いた取引が盛んに行なわれたとはいえ、銀貨はなく、鋳造されたのは馬蹄形の銀元宝だけで、少額の取引には小粒の銀が使われた。清代になると、白銀は銅銭とともに法定の通貨となった。中国の銀鉱の生産量は少なく、市場の需要に見合った量を完全に供給することができず、明末からはヨーロッパの1元銀貨が流入するようになった。アヘン戦争後、外国の貨幣が大量に流入し、自国で鋳造した銀貨と一緒に市場に流通した。日本の台湾統治後、一連の通貨制度の改革が行なわれ、白銀の流通範囲は次第に狭ま

1885	光緒十一年	七月二十九日、劉銘伝は上奏文「條陳台澎善後事宜（台湾、澎湖の善後策に関する上申書）」を提出し、台湾の善後処理の急務は防備、練兵、土地税の清算、番人の慰撫の4点にあると主張。
1885	光緒十一年	九月五日、清朝は台湾の**建省**（省の設立）を宣言。台湾巡撫を「**福建台湾巡撫**」〔→次頁〕に改め、劉銘伝を初代の巡撫に任命。

り、最後には台湾銀行が発行する「台幣」の紙幣に取って代わられた。中国では引き続き白銀が通用したが、民国24年（1935）、紙幣使用の政策がとられ、白銀を主要な貨幣とする時代は終わりを告げた。

建省　すでに光緒元年（1875）に、沈葆楨は福建巡撫を台湾に移駐することを建議したが、清朝は聞き届けなかった。清朝はただ福建巡撫に半年は台湾に駐在し、半年は元どおり省の都（福州）に駐在することを命じただけだった。台湾に省を設置する（建省）時機が熟したのは清仏戦争の終結後だった。光緒十年、劉銘伝は直隷陸路提督の身分で台湾に入り、防衛の業務を主管したが、翌年、清仏戦争が終わると清朝は彼を福建巡撫に任命し、引き続き台湾に残るように命じた。この時の中央と地方の大臣、例えば左宗棠、李鴻章らはみな台湾に省を設置することに賛成し、清朝は光緒十一年九月五日、台湾の建省を宣言した。しかし、実際の行政手続きは光緒十三年まで遷延したので、台湾は光緒十三年に省になったとする者もいる。台湾が省になってから、省都は彰化県橋孜図（現在の台中市）に定められたが、省都の建設が遅々として進まなかったため、巡撫は台北に留まったままで、台北はやはり事実上の省都だった。光緒二十年、台湾巡撫・邵友濂は省都を台北に改めるよう建議し、それ以後台北は台湾の名実ともに備わった省都になった。

1885	光緒十一年	九月二十一日、台湾最初の私立中学「長老教会中学」(現在の長栄中学) 設立。
1885	光緒十一年	台北に兵器機器局を設置。
1886	光緒十二年	二月十八日、清朝、林維源に台北開墾及び番人慰撫事務の補佐を命じる。
1886	光緒十二年	四月、「**清賦**(土地税の清算)」業務を開始。

福建台湾巡撫　清仏戦争以後、清朝は光緒十一年(1885) 九月五日、「福建巡撫」を「台湾巡撫」に改め、台湾常駐を命じるとともに、劉銘伝を初代の巡撫に任命し、台湾を省に格上げした。だが劉銘伝は台湾で防備、練兵、土地税の清算、番人の慰撫の仕事をやり終えないうちは、省を設置するなど軽々しく言うべきでないと考えた。なぜなら、台湾の収入は欠乏し、以前は兵士の給与などの支出はみな福建に依頼しており、もし軽率に省を設置したりすれば、福建は省が異なると言って台湾への援助を停止するに決まっているからである。このほか、省を設置する前に、新しい省都を造営しなければならない。この省都の場所は以前、岑毓英が巡撫の時にすでに決まっていたが、まだ着工しておらず、工事には銀百万両以上を費やさなければならなかった。過去10年台湾が推進して来た「山を開き、番人を慰撫する」成果は小さく、膨大な人力、物力をさらに注ぎ込まなければならなかった。清朝は省設立を暫く見合わせるという建議には同意しなかったが、台湾の財政が困難であるという事態に関しては、福建省と各税関が共同で台湾に助力し、連続5年、毎年80万両を仕送りすることに同意した。それとともに「台湾巡撫」を「福建台湾巡撫」に改め、それによって「台湾が福建によって孤立させられる恐れあり」とする劉銘伝の懸念を消し去った。光緒十三年から業務の移行の作業を開始し、光緒十四年正月二十一日、劉銘伝は「福建台湾巡撫」という公印を初めて使用し、台湾の防備に当たるとともに、第1代の巡撫に就任した。光緒十七年、邵友濂が第2代に、二十年唐景崧が第3代に就任したが、台湾が日本に割譲された後には自動的に消滅した。

清賦(土地税の清算)　劉銘伝は光緒十二年(1886) から台湾で土地の再測量と税の改定を実施したが、これを「清賦」と言う。清賦は前後2年4ヵ月にわたって行なわれたが、これは台湾が清朝の統治に組み入れられてのち、最初で最後の全面的で徹底した土地調査だった。清賦の目的は、第一には、台湾の南北の税が異なり、名目が多岐にわたり、税率が内地より遙かに重いという旧弊を正し、これによって人民の負担を軽減することにあった。第二には、隠し田畑の調査である。第三は、固定税を廃止し、土地の所有権を確立することにあった。事実、土地の再測量の結果、一部の地方の負担は以前よりもかなり重くなった。このほか、地主は「測量費」を収めることによって、再測量に伴う出費を支払わなければならなかった。再測量の結果、全台湾で登記された農地面積は477万4千畝あまりで過去の5倍に増えた。また実際に徴収された農地税は97万4千両で、過去に比べ57万両増えた。再測量の作業は光緒十四年に完成したが、測量証書の受領関係の事務がその

1886	光緒十二年	五月八日、劉銘伝が過去半年間に台湾中路及び南路で生番の帰化したもの400社あまり、7万人あまりと上奏。
1886	光緒十二年	九月十六日、劉銘伝は彰化大坪に進駐。林朝棟、呉宏洛を督戦し、蘇魯、馬那邦などの社の原住民を征討さす。
1886	光緒十二年	劉銘伝、**撫墾局**、**番学堂**を設ける。

後も続いたことや徴税のやり方をめぐる紛争などのために、光緒十八年になってやっと最終的な解決を見た。再測量の間には「施九緞の乱」が起こるなど、すべての作業過程が順調に進んだというわけではなかった。

撫墾局　光緒十二年（1886）に設立され、林維源を「幇弁全台撫墾大臣」とし、局の業務を統一的に取り仕切らせた。総局は林維源の旧居—大嵙崁に置かれた。総局の下に大嵙崁、南勢角、埔里社、叭哩沙、林圯埔、恒春、台東などの八つの局を設け、それぞれの局の下に若干の分局が置かれた。撫墾局の主要な任務は、要所に駐屯する兵士と連携して生番鎮撫の善後処理を行なうもので、毎年の経費は約10万両だった。劉銘伝の報告によると、わずか2年の間に撫墾局の生番帰順工作は輝かしい成果を挙げ、帰順した番社は880社あまり、その人口は15万8千人あまりに上った。その大部分は帰順工作によるものだが、ごく少数は武力によって屈服させたものもあった。これによって、光緒十五年、劉銘伝は全台湾の番社はすべて帰順したと言明したが、まもなく番人が「謀反」を起こすということがあった。清末の生番が帰化したか否かについての認定は、事実上番社と当局が相互不可侵であることを以て「帰順」とし、当局側には真に番社を統治する実力はなかった。

番学堂　光緒十二年（1886）に台北に創設された。最初に入学したのは大嵙崁、屈尺、馬武督一帯、つまり北部タイヤル族の番人で、あわせて20名だった。翌年にはまた10名を募集した。教学の方式は中国式の私塾を模倣し、読書、識字のほかに官話と台湾語、それに日常生活の細部まで教えた。第1期学生は光緒十八年に卒業したが、翌年、邵友濂は財政困難や効果がはっきりしないなどの理由で番学堂の撤廃を決めた。原住民の子供は山地に戻すか、親切な人物が引き取って養った。

1887	光緒十三年	三月、**西学堂**を創設し、西洋人を招いて教師とする。
1887	光緒十三年	三月二四日、清朝、邵友濂を**台湾布政使**に任命。
1887	光緒一三年	三月三十日、劉銘伝、官督商弁による台湾鉄道の建設について上奏。
1887	光緒十三年	七月九日、清朝、呉宏洛を第1代の澎湖総兵官に任命。
1887	光緒十三年	八月二十三日、福州と滬尾を結ぶ**電報線**が落成。
1887	光緒十三年	九月八日、台湾の地方制度を改め、全省を3府、1州、3庁、11県に分ける。

西学堂　光緒十三年（1887）年に創立、大稲埕六館街にあった。劉銘伝は外国留学の経験のある張爾城を招いて総監とした。イギリス人ヘイティング（Hating）、デンマーク人プモリン（Pumolin）が外国語を教え、その他に漢人の助手2人、教師4人がいた。学堂の主な科目は英語、フランス語、地理、歴史、算術、物理と化学などだった。官営の学校で儒学を学ぶ学生と同じように西学堂の学生も生活費の支給を受けた。最初学生は20名あまりで、劉銘伝は彼らが将来自強新政を推進する有用な人材となるよう期待を寄せた。光緒十六年、学堂は城内の登瀛書院のそばに移された。十八年、邵友濂は出費がかさみ、洋学に精通した学生を育成していないとして、学堂を廃止した。

台湾布政使　清代には各省に布政使1人を置き、行政及び財政を主管させた。俗に「藩台」と言い、官位の等級は巡撫と同じで、従二品官だった。台湾はもともと福建省の管轄下にあったので、福建布政使と福建按察使の支配下にあった。光緒十一年（1885）、台湾省が発足したのち、第1代の布政使・邵友濂が光緒十三年十月着任し、翌年から正式に執務を始めた。それ以後、台湾には布政使がいるようになった。全台湾の財政、兵士の給与、土地、田地などはみな布政使の管轄するところとなった。このほかにも、茶釐総局、税釐総局、塩務総局、磺油局、支応総局、軍火総局、火薬総局、電報総局、郵政総局、鉄路商務総局、輪船局などの機関も兼務して管轄した。

電報線　台湾の電報線は光緒三年（1877）に始まる。この電報線は丁日昌が建設を提唱したもので、2区間に分かれている。一つの区間は安平から台湾府城まで、もう一方は台湾府城から旗後までで、全長は42.5kmだった。光緒十二年、劉銘伝はこれを拡張し、台湾と中国大陸間の海底電線と台湾西部を貫く南北縦貫線を敷設した。そのうち海底電線は2本あり、1本は滬尾（現在の台北県淡水鎮）から福州川石山に至るもので58.5kmあった。もう1本は台南安平から澎湖に達するもので26.5kmあった。海底線は怡和洋行が建設を請け負い、滬尾、安平、旗後、媽宮の4局を設けた。費用は銀元で22万両だった。陸地線は基隆を起点に府城の台南まで700kmあまりで、中途には基隆、台北、新竹、彰化、嘉義、台南の六つの電報局を設けた。費用は7万6,500両だった。電報線は完成の後台湾の商業に貢献するところが大だった。特に大稲埕を中心とする茶業においては滬尾福州線の完成後、茶商たちはこの線を太平洋の海底電線につないで、速やかにアメリカの茶市場の情報を手に入れることができるよう

1888	光緒十四年	二月十日、台湾郵政を開業。
1888	光緒十四年	八月二十九日、**施九緞事件**が勃発。九月二十二日、**林朝棟**が平定。
1888	光緒十四年	十一月六日、清朝が劉銘伝の建議に同意し、台湾鉄道を官営に改める。

になり、ビジネスの拡大に大いに役立った。

施九緞事件　劉銘伝は光緒十二年（1886）から清賦事業を始め、再度徹底的な調査を行って全台湾の田地を測量した。台湾では従来隠し田地が非常に多かったので、土地の再調査後は、勢い人民の税負担が重くなった。同時に田畑を精査するのは非常に煩瑣な仕事で、もし作業員の測量に不公平が生じるようなことがあれば、民衆の抵抗が起こるのは目に見えていた。光緒十四年八月二十九日、彰化県浸水庄の住民数百人は施九緞を頭に「官激民変」の旗を掲げ、鹿港と彰化県城を襲い、測量票を破るように要求した。劉銘伝は林朝棟を派遣して鎮圧に当たらせ、この反乱事件を鎮めた。この事件後、彰化知県は測量業務の処理がまずかったとして、更迭された。

林朝棟（1851～1904）　台中県霧峰郷の出身。霧峰林家・林文察の子である。光緒初年、彼は都へ行って「兵部郎中」の職を金で買い、まもなく休暇をもらって故郷に帰った。光緒十年（1884）、清仏戦争の際、彼は劉銘伝の呼びかけに応え、私兵を率いて北上し、防備に協力、基隆の獅球嶺要塞の防衛に当たった。この戦功により「候選道」の職階を授けられた。彼は劉銘伝に重用され、特に「山を開き、番人を慰撫する（開山撫番）」の仕事ではそうだった。林朝棟は「中路統領」を担当し、北部の大嵙崁番、中部の蘇魯番を討伐する軍事行動にしばしば参加し、埔里社の通判の代理となって、中路墾務を兼務した。実際には、林朝棟の兵は原住民を防ぎ止める他に、武力によって（原住民に対する）防備線の設置を強行し、それに名を借りて樟脳の開発を図り、膨大な利潤を獲得した。光緒十四年、彰化県で「施九緞の乱」が勃発したが、やはり林朝棟によって平定された。光緒二十一年、台湾民主国の成立後、林朝棟も兵を率いて抗日に加わった。本来は清仏戦争の際に守備に当たり勝手の知った獅球嶺の防衛に当たるはずだった。しかし、彼はほかの将校とは不和だったため、兵を率いて故郷に戻った。日本軍が台湾を攻略した際、唐景崧は彼に至急電報を打ち北上して援助するように要請したが、彼は北上はしたものの途中で止まった。日本軍が台湾中部まで進むと、彼は鹿港から厦門に逃れ、そのまま厦門で晩年を終えた。

1888	光緒十四年	**急公好義坊**が落成。
1888	光緒十四年	清賦が終わり、大量の**隠し田地**を調べ出し、「**減四留六**」の措置を実施。
1889	光緒十五年	**黄南球**が北浦の姜家とともに「広泰成」墾号を作る。

急公好義坊　台北に府城が設けられたのちには、科挙の試験場を建てなければならなかった。その土地と経費は当時の貢生・洪騰雲が出した。彼の公のために尽くすことに熱心で、義侠心に富む（急公好義）善行を表彰するため、光緒十三年（1887）、劉銘伝は特に中央に上奏し、彼のために牌坊を建てることを願った。翌年、石造りの牌坊ができ上がり、当時の台北府知府・雷其達とそのほかの政府の役人が牌坊に記念の字句を書き記し、その功績と徳行を誉め称えた。この石坊は現在の衡陽路に建てられたため、当時の衡陽路は石坊街と呼ばれた。日本時代、台北市が実施した都市計画に合わせて、牌坊は台北の新公園内、即ち現在の二二八公園の現在の場所に移築された。坊は4本の柱に三つの間口の形式で、形と構造は立派に整い、彫刻は精美である。現在は3級古蹟に指定されている。

隠し田地　清代になってから、台湾では一田二主と言われる二重、三重の土地所有形態のせいで、田畑を隠匿して報告しないという状況が広く行なわれるようになっていた。歴代の統治者は隠し田地の問題を非常に重視し、何度も土地改革を行ってこの問題を解決しようと図って来た。清代には劉銘伝の政治主導の下で、光緒十二年（1886）六月、詳しい土地測量の政策を公布し、土地の所有権が誰の手にあるかを確定し、農村で隠匿脱税の術がないようにしようとした。しかし、地方勢力の反対を受け「減四留六」に改めて妥協するしかなかった。即ち、本来の大租（土地の本来の持ち主が治める税金）の4割は小作農の負担に改め、大租は6割を残して、しかも納税の義務を免除した。日本は台湾の統治後、明治31年（1898）7月、「台湾地籍規則」、「土地調査規則」を公布し、9月には「臨時台湾土地調査局」を設立し、6年の時間を費やして土地の地目と所有権を調査した。この結果、劉銘伝時代よりもさらに71％多い耕地を調べだし、土地税は3.3倍増えた。

減四留六　劉銘伝の田畑に対する税の調査の目的の一つは、小作人（小租戸）を納税者とし、小租戸を合法的な耕地の所有者とすることにあった。この措置がもし実行されれば、本来の土地所有者（大租戸）の利益は損害を受けることになり、このため多くの大租戸の反対を引き起こした。中でも最も強く反対したのは林維源だった。林維源は劉銘伝の新政推進の重要な片腕だったから、劉銘伝は妥協せざるを得なかった。台湾北部ではのちに「減四留六」の折衷案を採った。この方法は光緒十四年（1888）から実行され、本来の税金（大租）を10で割り、大租戸はなおその6を自分の物にし、その4を小租戸に渡して税を完納させるというものだ。しかし、測量票、土地税はみな小租戸の手を経るので、政府は実質的に小租戸を土地所有権者と承認した。本来の大租戸は納税の義務を免除されるが、以前の6割の大租を取ることができるに過ぎない。大租戸は小租戸が

1890	光緒十六年	八月二十二日、劉銘伝はイギリス商人に基隆炭鉱の経営を委託した事件により免職の処分を受けるも業務は継続して行うことに。
1890	光緒十六年	**洋行**〔→次頁〕出身の**李春生**〔→次頁〕が蚕局局長になる。

大租の支払いを引き延ばし、あるいは大租の納付を拒否することすらあるのではないかと恐れた。このため、大租戸が政府機関に登記して記録に留めることを許可し、時間がたつにつれ紛争が生じないようにした。これがいわゆる「減四留六」である。

黄南球（1840～1919）　字は蘊軒、桃園楊梅の出身。11歳の時、一家をあげて苗栗銅羅東南の鶏籠山の麓に移った。光緒二年（1876）夏、兵を率いて匪賊の乱を討伐し、功によって六品の位を授けられたほか、「陸成安聯庄隘」の処理を許され、墾号（開墾のための屋号）を創設し、内獅潭（現在の苗栗県獅潭郷）一帯に入山開墾した。光緒七年、福建巡撫・岑毓英が台湾を視察し生番の帰順を計画した。黄南球は苗栗一帯の番人帰順工作を引き継ぎ、「新竹総墾戸」の肩書きを得た。この後、彼の開墾事業は飛躍的に発展し、苗栗県の開墾の前線地帯である地三湾、獅潭、大湖の3郷は、ほとんどすべて黄南球が当時開墾したものである。清仏戦争の際、黄南球は命を奉じて台北府の防衛に協力し、劉銘伝の信頼を得た。光緒十五年、黄南球と北埔の姜家は協同で「広泰成」墾号を作り、政府の山地開発と番人に対する帰順政策に呼応して、引き続き山地を開発した。台湾が日本に割譲されると、彼は民間の義勇兵を率いて日本軍に抵抗したが、利あらず大陸に渡った。明治31年（1898）、彼は台湾に戻り（日本の）国籍を取ったが、やがて香港に行きそこで定住した。明治33年、台湾総督府は彼に台湾に戻って苗栗弁務署の参事となるよう招請し、彼はそこで故郷に戻って定住した。黄南球はその後は積極的に公職に就くことはなく、もっぱら企業の経営に傾注した。彼は樟脳の製造の経営に当たったほか、金融、運輸業に投資し、台湾屈指の大富豪となった。大正8年（1919）、病により死去。享年80歳。

洋行　咸豊十年（1860）、台湾の安平、淡水、鶏籠、打狗などが次々に開港されると、外国人が各港で商店を開くようになったが、これを称して「洋行」と言った。彼らは中国人の買弁を通じて、商品の売買を行なった。例えば清末の茶産業では、生産者が茶販に茶葉を売り、茶販が茶商に売り、茶商は買弁に売り、買弁が洋行に引き渡した。洋行はまた「媽振館（英語merchantの音訳）」を通して資金を茶商、茶販に渡し、最後は高利をつけて茶農に貸し付けた。洋行は台湾の金融と通貨の最終的支配者となったが、日本の台湾統治後、洋行の台湾産業に対する支配は次第に衰えた。清代の台湾の有名な洋行としては怡和洋行、怡記洋行、宝順洋行、公泰洋行、東興洋行などがある。

1891	光緒十七年	十月二十二日、台北・基隆間の鉄道完工。
1891	光緒十七年	十月二十二日、**邵友濂**が正式に福建台湾巡撫を引き継ぐ。
1891	光緒十七年	十一月二十四日、清朝、**唐景崧**に台湾布政使就任を命ず。

買弁　もとの意味は行政機関のために仕入れやそのほかの雑務を取りしきる下級役人を指したが、清末に港を開き通商を行なうようになってからは、外国商人の洋行が雇用する中国人を指した。外国商人は潤沢な資本を携えて中国に入り、洋行を開き貿易を行なった。彼らは言葉が通じず、現地の風土、民情にも詳しくなかったので、現地人を雇って商売を手助けしてもらわなければならなかった。これらの外国商人に雇われた中国人が「買弁」と呼ばれた。買弁は通常は貧賤な家の出だったが、買弁になってからは数年のうちに大いに蓄財し、雇い主をしのぐ者さえいた。洋行は現地人から商品を買うだけでなく、生産者に金を貸し付けることもあり、これらはみな買弁を通さなければならなかった。買弁は洋行にいることが長くなるにつれ、次第に市場の相場を熟知するようになり、自分の商品を最も利益の上がる市場で売り、わりにもうけの薄い市場で雇い主の商品を売った。清末の台湾で最も有名な買弁には、茶業に従事した李春生、砂糖業に従事した陳福謙などがいる。

媽振館　英語 merchant の音訳で、茶葉の販売と融資を行なう商館を言う。「媽振館」は通常広東、厦門あるいは汕頭出身の買弁によって経営された。彼らは厦門、香港、広東などに本社を設け、台北に支社を置いた。これらの買弁は大陸の故郷に相当の資産があり、しかも外国人とも懇意だったので、大陸にある洋行の信任を勝ち得、多額の資金の貸し付けを受けることができた。このようなわけで、媽振館は茶商と洋行の間に立って茶葉の販売を行なった。一方で一部の媽振館は産地の茶農に直接金を貸し付け、またある者は厦門の洋行の資金を大稲埕の茶商に又貸しし、茶業の商売と融資の仲介という二つの役割を担った。

李春生（1838～1924）　清末の有名な買弁。台北の出身で原籍は福建の厦門。幼い時から家が貧しかった。青年時代はキリスト教の信仰を受け入れ、ヨーロッパの宣教師との往来の中で英語を学び取った。最初は厦門の洋行で職員になり、のちには台湾に来て貿易に従事し、茶葉の輸出で巨富を築いた。台湾省の設置の際、台北の建設に多額の寄付をしたことで同知の肩書きを授かり、孔雀の羽の帽子飾りを与えられた。彼は鉄道の敷設と実業の発展を建議した。光緒十六年（1890）、台湾蚕局局長に就任した。日本の台湾統治以後、引き続き当局と協力、多くの政策上の諮問に答えた。晩年は著述に専念し、政治、社会、人生、宗教、宇宙、文芸など各方面に思索を巡らせた。著作には『天演論後書』、『主律新集』、『主律後集』、『民教冤獄』、『東西哲衡』などがある。

邵友濂（？～1901）　本名は維埏、字は小村、浙江余姚の出身。員外郎、御史、知府などの職をつとめ、光緒四年（1878）十二月から使節としてロシアに出向き、外交の業務に当たった。光緒八年二月、上海蘇松太道に就任したが、任期中に清仏戦争が勃発し、彼は台湾防衛を後方で支える作業の責任者として糧秣、兵器の調達に当たり、のちにはフランスとの交渉に参加した。戦争終結後、一度は河南按察史に転任したが、光緒十三年七月、台湾に移って布政使となり、劉銘伝に協力して田地の測量の業務を推進した。十五年、病により職を離れたが、やがて湖南巡撫に昇任した。光緒十七年、劉銘伝の後を引き継ぎ第2代の台湾巡撫となった。邵友濂が台湾巡撫に起用された理由は多々ある。彼は外交経験が豊富な上、上海に勤務中は台湾の軍備の後方勤務を大いに援助し、台湾の状況をよく理解していた。これらが主な理由である。邵友濂は光緒十七年十月着任後、緊縮政策を採り、帰順開墾の業務を取りやめ、台中の省都の建設を停止し、清理街道局、西学堂を撤廃し、新竹以南の鉄道を作らないことを決定した。その一方で彼は多くの新政を推進した。例えば機器局の規模の拡大、金鉱の採掘、土地税清算の後続事務の完了、鉄道建設の完工を急ぐといったことである。このほか、台湾通志の編纂事業も推進した。光緒二十年九月、湖南巡撫への転任の命を受け、台湾から赴任の途中上海で病気休暇を願い出た。光緒二十七年、病により自宅で死去。

唐景崧（1838～1924）　字は維卿、広西灌陽の出身。同治四年（1865）の進士。清仏戦争の間、広西巡撫・徐延旭、両広総督・張之洞の下で仕事をし、ベトナム内で劉永福を帰順させ、軍事に参画した。清仏戦争の終結後、二品に昇任し、台湾道に就任した。光緒十七年（1891）、台湾布政使に、二十年九月、台湾巡撫に昇任した。まもなく、清は甲午戦争（日清戦争）に敗れ、台湾は日本に割譲された。当時、彼は台湾における最高指導者で、積極的に防御のための配置を行なう一方で、国際社会の干渉に希望を託していた。光緒二十一年五月二十日、清朝は彼にただちに台湾を離れるように命令したが、彼は台湾の有力者と共に台湾民主国を成立させ、衆人によって総統に推挙された。彼は一方では清朝に電報で通告し、一方では天下に布告して、民主国を成立させたのはやむを得ない挙であったと声明した。彼は台湾の民衆に団結して抗日に当たるように呼びかけたが、政府の役人とその家族が大陸に渡り、それがもとで民心が動揺するのを阻止することができなかった。日本軍の台湾上陸後、防衛軍は総崩れになり、台北は風前の灯となった。彼は兵士に号令をかけることもできず、新竹、彰化方面の駐屯軍は救援のために北上することを拒んだ。六月四日深夜、彼は仮装して淡水に逃れ、ヨーロッパ人の助けでドイツ船に乗り込み、厦門に逃げた。著書には『請纓日記』がある。

1891	光緒十七年	**林汝梅**が「金恒勝」墾号を設立し、南庄地区で**樟脳**を生産。
1891	光緒十七年	**キャンベル**が台湾最初の盲人学校「訓瞽堂」を創設。

砂糖　すでにオランダの台湾統治のころから、砂糖は台湾の重要な産物だった。1868年から1895年までの間、砂糖の輸出額は全台湾の総輸出額の36%を占めていた。砂糖の輸出量は非常に早い伸びを見せ、1880年は1866年の4.5倍に達したが、1881年以後伸びは鈍くなった。輸出される砂糖には主に紅糖と白糖の2種類があり、ともに伝統的な製糖工場で生産された。このような簡易な製糖工場では牛を動力源にして石臼をひき、甘蔗から汁を搾り出し、さらにこれを煮詰める方法で結晶を分留させて蔗糖を取り出すという製法によっていた。砂糖の主要な産地は南部にあったため、大部分は安平あるいは打狗から輸出された。砂糖の輸出の対象地域は中国大陸のほか、日本、オーストラリア、香港、アメリカ、カナダなどだった。のちには、イギリスはヨーロッパから甜菜糖を買うようになり、オーストラリア自身も製糖を始め、アメリカもハワイの砂糖を保護するようになった。このため、台湾の砂糖の輸出先は大きく減少し、中国大陸と日本の二つの主要な市場を残すのみとなった。

生員　明清両代の府、州、県学の学生。生員の資格を得るためには何回かの試験を通らなければならなかった。第1段階は「県試」と呼ばれ、通常は2月に4回か5回行なわれた。各回の試験は八股文、帖詩、経論、律賦などに分けて行なわれ、これに合格した人は「府試」に参加できる。府試は府城で行なわれ、試験は4月に行なわれることが多い。これで選抜されると「院試」に参加する資格を得る。院試は各省の学政が主宰し、順番に各府を回って試験を主管する。院試を通った人は「生員」あるいは「秀才」と呼ばれ、各県学、府学で学ぶ。

林汝梅（1833～1894）　幼名は清潭、字は若村、号は鰲山、道士の号は元培と言った。林占梅の弟で、兄弟の序は5番目だったので人は「五老爺」と呼んだ。彼は秀才に合格していた。光緒七年（1881）、福建巡撫・岑毓英が大甲渓橋を建設した際、林汝梅は惜しみなく協力したので、岑毓英から高く評価された。岑毓英は台湾在任中に台北府の城壁の建設工事を推進したが、林汝梅はこれにも関わり、新竹地区の寄付金集めの責任者となった。光緒十年、清仏戦争の際、彼は200名を募集して新竹の防衛に協力し、功により「候選道」の肩書きを与えられた。清仏戦争以後、清朝は劉銘伝を撫台に任じた。劉銘伝は台湾で土地税の清算、山地の開発と番人の帰順の推進、鉄道の建設など多くの新政を行なったが、林汝梅はこれらの事業に積極的に協力した。光緒十七年、林汝梅は「金恒勝」号を設立し、苗栗南庄一帯の樟脳製造業の経営に当たったが、防衛経費を拠出しなかったため、樟脳硫黄総局から4,900元余りの罰金を課せられた。林汝梅がまだこの問題を自ら解決しないうちに、彼が死亡したという消息が伝えられた。林汝梅は晩年に道教を信じており、確実な死亡の日付は不明である。

1892	光緒十八年	二月一日、台湾砂金総局を基隆に開設し、併せて暖暖、四脚亭、瑞芳、頂雙渓などに分局を設立。
1892	光緒十八年	五月二十七日、蔣師轍が招聘に応じて台湾通志書編集長になる。

樟脳 台湾の特産品。原料は楠で、以前は戦闘用の船を造る材料として用いられ、清初から伐採が始まったが、規模はそう大きくはなかった。樟脳の市場が開拓されてから、大量に伐採されるようになった。樟脳は主として薬用に用いられ、もともと販路は広くはなかった。19世紀後期になって、樟脳はセルロイド製造に用いられるようになり、需要が急増した。当時、世界中で樟脳の主な産地は台湾と日本で、樟脳は台湾の重要な特産品になった。樟脳の産地は台湾の中、北部が中心だったので、大部分は淡水から輸出された。樟脳の製造過程は次の通りである。まず伐り倒した楠は現地で木片にし、次いで木片を竈で加熱し、樟脳の蒸気が昇華するのを待って冷却する、そうすると純白の樟脳の結晶が得られる。それから完成品を運び出す。楠は丘陵地区に育つので、入山して楠を伐採するとなると原住民の生活領域を侵すことになる。このため、しばしば漢人と番人が衝突し、殺人事件が相次いで起こったので、樟脳の生産量は非常に不安定だった。同治二年（1863）、北部が開港してから、樟脳の輸出量は次第に増加したが、光緒八年から十五年の間（1882～1889）は漢人と番人の衝突のために生産量は激減した。光緒十六年以後、再び大幅な増産に転じた。同治十三年以後、当局は山地の開発と番人の帰順工作を積極的に進めたが、その裏には樟脳を開発しようという企図があった。

キャンベル（William Campbell, 1841～1921） イギリス人。青年期に神学に対し大いに関心を抱き、大学卒業後も神学の研究に打ち込んだ。卒業後は著述と布教に励んだ。1871年、ロンドンで宣教師に指名され、台湾で牧師になるよう命じられた。この年9月、彼はイギリスのリバプールを出発し、12月、打狗に上陸した。その後台南の「旧楼」（現在の博愛路盲唖学校付近）に居を与えられ布教を始めた。キャンベル牧師の布教活動の成果は著しく、その足跡は台湾の至るところに及んだ。布教の過程では何度も現地住民の妨害にあったが、中でも1875年1月29日の白水渓（現在の台南県白河鎮）事件は最も危険な目にあった事件で、彼は危うく命を落とすところだった。布教で著しい成果を挙げたほか、キャンベルは台湾の盲人教育の創始者でもあった。光緒十三年（1887）、彼は定期休暇で帰国した際寄付金を募り、十七年、その金で台南の洪公祠を借り、「訓瞽堂」という名の盲学校を開設した。日本は台湾統治後、公立の盲人学校を開設し、キャンベルは「訓瞽堂」を閉鎖した。大正六年（1917）、キャンベル牧師は台湾における47年間の宣教活動を終え、イギリスの出身教会に戻った。その半年後キャンベルは世を去った。享年81歳。生前の著作には『Sketches from Formosa』、『Formosa under the Dutch』、『A Dictionary of the Amoy Vernacular』など十余冊がある。

清代

1892	光緒十八年	**林豪**が『澎湖庁志』を編集出版。
1892	光緒十八年	測量票の交付作業終了、**清賦局**を廃止。
1893	光緒十九年	正月六日、邵友濂が新竹以南の鉄道建設計画を停止。
1893	光緒十九年	十一月、台北、新竹間の鉄道完工。
1893	光緒十九年	**胡伝**が**台東直隷州**知州に就任。

林豪（1831～1918）　字は嘉卓または卓人、号は次甫。福建金門の出身。同治元年（1862）七月、請われて来台し、前後して竹塹、台北に住み、のちには澎湖に移り、主に文石書院で教えた。彼は『淡水庁志』、『澎湖庁志』、『金門志』などの地方志を中心になって編集した。このほか叙事文としては『瀛海客談』があり、他に戴潮春の乱を記述した『東瀛紀事』もある。また詩詞の創作にもあたり『誦清堂詩抄』の著作がある。彼は著作の豊富な文人だった。

清賦局　劉銘伝は光緒十二年（1886）五月中央に上奏した後、ただちに「清賦（土地税の清算）局」を開設し、田地の測量と税の改訂の業務の遂行に責任を持たせた。総局は台北と台南に設けられ、それぞれ台北府知府・雷其達と台南府知府・程起鶚が責任者になった。総局の下には各庁、県に分局を置き、総弁委員が責任を負い、各知県、同知が協力した。総弁の下で実際に業務の責任者となったのは「清丈委員」で、その大多数は大陸から徴集された下級公務員だった。彼らはそれぞれ「弓丈手」（測量員）、作図者、登記係などの人員を連れており、実際の調査の作業に従事した。これらの委員に現地の人間を使わなかったのは私情にとらわれて不正を働くのを防ぐためだった。田地の測量の作業は光緒十四年末に終了したが、「測量票」の交付作業は光緒十八年になってようやく終了した。清賦局もそれにともなって廃止された。**清賦**の項を参照のこと。

胡伝　字は鉄花、安徽省績渓県の出身。元江蘇税務督察で、光緒十七年（1891）、台湾巡撫・邵友濂の招きで台湾に来た。光緒十八年、全台営務処総巡となり、のち台南塩務総局提調（責任者）に転任、塩業を管理する役目の安嘉総館を兼任した。光緒十九年、台東に転任し、台東直隷州知州となり、鎮海後軍各営も統率した。在任中は台湾が通志の編纂を始める時期に当たり、まず各県、庁が「採訪冊」を作り、地方の地理書を作る基礎とした。当時の『台東州採訪志』は胡伝の編纂になるものである。光緒二十一年、清朝が台湾を日本に割譲した後、命を受けて大陸に渡った。著名な学者・胡適は彼の子息である。

台東直隷州　「州」は「府」の下の行政単位で、規定上は「県」と大差なく、大部分は比較的重要な県を改め設けたものである。長官は「知州」といい、その官職の等級は正五品か従五品だった。一般の「州」の他、「直隷州」というのがあり、府の管轄下にはなく、府と同格で省の直接の管轄下にあった。直隷州の多くは国境に置かれ、清代の台湾では台東1ヵ所だけに、しかも省制が敷かれてのち初めて設けられた。台東直隷州の管轄区域は、おおよそ現在の花蓮と台東の2県に当たる。

日本　アジア東北部、太平洋西北隅の島国で、中国、韓国、ロシアと海を隔てて隣接している。国土は北海道、本

1894	光緒二十年	正月十五日、邵友濂が省都を橋孜図から台北に改めるよう上奏。
1894	光緒二十年	8月1日、**日本**が清国に宣戦を布告し、**日清戦争**（**甲午戦争**）が勃発。

州、四国、九州の四つの大きな島と3,500余りの小島から成っている。面積は37万7千km²。山地と丘陵が総面積の70%を占め、火山は160余りと多く、地震が頻繁に起こる。最高峰は富士山で、海抜3,776mである。平野は少なく、あちこちに分散しており、関東平野がわりに大きい。海岸線は曲がりくねり、3万kmあまりに達する。このため入り江と良港が多い。温帯海洋性季節風気候に属する。河流は短く、急流が多く、水力発電の資源が豊富である。森林が国土面積の70%を占めている。日本と中国の間では古代から文化交流がしきりに行なわれた。西暦4世紀から5世紀にかけて統一国家となり、封建制度を何度か経験した。1868年の明治維新後、工業、商業の発展に努め、次第に欧米に追いついた。1894年、中国に対して日清戦争（甲午戦争）をしかけ、翌年には下関条約（馬関条約）を結び、それ以後台湾は日本の領土になった。1941年、太平洋戦争を引き起こしたが、1945年には連合国に投降し、台湾に対する主権を放棄した。戦後、経済は急速に復興し、GNPは世界第2位に躍進した。工業は造船、自動車、鉄鋼及び石油化学工業が主である。原料とエネルギーの大部分は輸入に依存し、製品を大量に輸出している。海洋漁業が発達し、漁獲量は世界一である。対外貿易は世界第4位である。首都は東京で、そのほか主要な都市としては京都、大阪、横浜、名古屋、神戸、札幌、福岡、北九州などがある。

日清戦争（**甲午戦争**）　光緒二十から二十一年にかけて（1894～1895）戦われた日本と中国の間の戦争で、戦争が旧暦の甲午の年に勃発したので、中国では「甲午戦争」と呼んでいる。光緒二十年春、日本は朝鮮の東学党の乱に乗じて朝鮮に出兵侵攻し、日清間の緊張状態を作り出した。7月25日、日本の戦艦は牙山口外豊島海上で清の兵員輸送船を襲撃し、豊島海戦が始まった。8月1日、日清双方は正式に宣戦を布告した。開戦後、李鴻章は戦いを避け講和を求める方針を堅持し、列強が調停役を買って出ることを希望し、清軍は受け身の局面に置かれた。9月15日、日本の陸軍は平壌で清軍を破った。17日には日本の連合艦隊が黄海海上で北洋艦隊を襲撃し、北洋艦隊は大敗して威海衛の軍港に退き、黄海と渤海の制海権を完全に失なった。10月、日本の陸軍は両路に分かれて中国の東北地方に進攻し、一方は長躯して遼東の内陸に入り、一方は大連、旅順を攻め落とした。翌年2月、日本軍は水陸両面から威海衛を挟撃し、北洋艦隊は潰滅した。3月にはさらに牛庄、営口などを占領した。4月17日、清朝は日本と下関条約（馬関条約）を結び、戦争は終わった。

1894	光緒二十年	9月17日、黄海海戦、日本の連合艦隊が**北洋艦隊**を撃破。
1895	光緒二十一年	3月26日、日本軍が澎湖を占領。
1895	光緒二十一年	4月17日、清国の代表**李鴻章**と日本の代表**伊藤博文**が**春帆楼**で**下関条約**（**馬関条約**）に調印。清国は朝鮮の独立を承認し、遼東半島、台湾、澎湖諸島を日本に割譲。

北洋艦隊　清末の中国の主力艦隊。同治十三年（1874)、清朝は海軍の建設を決定し、最初に北洋に水軍一軍を創設し、李鴻章が監督官になった。10年後、北洋水軍は戦艦14隻を有し、大沽口、旅順、営口、煙台などに分かれて駐屯して遼寧、河北及び山東の海上の巡視にあたった。光緒十一年(1885)、海軍衙門が発足し、北洋艦隊の建設に着手、十四年、大小の戦艦20隻あまりで正式に編成ができ上がった。戦艦の中にはドイツから購入した大型の装甲艦「定遠」、「鎮遠」の2艦と「経遠」、「来遠」などの快速艦、さらにはイギリスから買い入れた「致遠」、「靖遠」などの快速艦もあった。清朝は丁汝昌を海軍提督に任命し、威海衛と旅順の2ヵ所に提督衙門を置き、イギリス人を招いて海軍の教育長になってもらった。光緒二十年、日清戦争（甲午戦争）が勃発し、北洋艦隊は日本軍の攻撃にあい、全軍潰滅した。

李鴻章（1823～1901）　清末の大臣で、洋務派の指導者。字は少荃、安徽合肥の出身で、道光年間の進士。咸豊三年(1853)、家郷で団練（地主統率下の地方武装組織）を組織し、太平軍に抗戦したがしばしば惨敗し、のちに曾国藩に身を寄せて幕僚になった。咸豊十一年、曾国藩の委任を受け、湘軍の編成にならい安徽で武装部隊を編成、訓練し、「淮軍」と称した。翌年、淮軍は上海に移動し、イギリス、フランスなどの軍隊と協力して太平軍を消滅させ、この功により江蘇巡撫に就任した。同治四年（1865)、両江総督となり、捻軍の乱の鎮圧に成功した。同治九年、直隷総督兼北洋大臣に任じ、軍政、外交の大権を掌握した。彼は「自強運動」の提唱者、指導者で、江南製造局、津楡鉄道、上海機器織布局、招商局、開平炭鉱などを次々に設立した。彼は官営による独占を極力主張し、民間人が事業を興すことに反対した。軍事面では、外国から兵器、軍艦を積極的に買い付け、淮軍の勢力を拡充するとともに、北洋艦隊を建設した。外交面では、妥協と交渉により軍事の正面衝突に取って代わることを主張し、「清英煙台条約」、「清仏新約」、「下関条約」、「清ロ密約」などを主導して調印した。維新変法に反対し、かつては一度総理衙門から追い出されたこともある。光緒二十六年（1900)、義和団事件に際しては英、米、仏と洋務派官僚との間の東南互保章程を主導し、事変後「辛丑条約」に調印した。死に臨み、袁世凱に自分の職務を継がせるように推薦した。著書には『李文忠公全集』がある。

伊藤博文（1841～1909）　長州の出身。高杉晋作、木戸孝允らに従って倒幕運動に加わり、のちにイギリスに留学、兵庫県知事を務めた。明治4年（1871)、岩倉具視に従って欧米を視察、参議、内務卿を歴任した。明治18年、内閣制度を創設した。井上馨の協力のもとに明治憲法を起草し、明治22年、「大日本帝国憲法」を発布した。その後、三度（明治25、31、33年）総理となり、日清戦争（甲午戦争）後は日本側の全権代表として李鴻章と下関条約（馬関条約）に調印し、清朝に台湾、澎湖諸島と遼東半島を割譲させた。内政では、彼は自由民権運動を抑圧し、「政友会」を作った。のち貴族院院長、韓国統監、枢密院院長を歴任した。明治42年、満州を視察の途次、韓国人の安重根によってハルビン駅で射殺された。

春帆楼　下関（またの名を馬関という）の有名な旅館で、元々はふぐ料理で評判をとっていた。この旅館の名前の由来は、自ら「春畝」と号していた伊藤博文がある時関門海峡に点々と浮かぶ漁船の帆を眺めていて感ずるところがあり命名したのだといわれる。光緒二十一年（1895）、清朝と日本が「下関条約」（馬関条約）に調印した際、清朝の代表・李鴻章と日本の代表・伊藤博文はここで交渉した。元の建物は第二次世界大戦で焼かれ、現在の建物は戦後に新築されたものである。春帆楼の入り口の右側にある「日清講和記念館」には、和平交渉当時の椅子や器物が保存されており、参観に供されている。

下関条約（馬関条約）　日清戦争後、中国と日本が調印した条約。光緒二十一年（1895）4月17日、李鴻章と伊藤博文が日本の下関（別名・馬関）で調印したのでこの名がある。5月8日、清朝の皇帝と日本の天皇が批准書を交換した。全文は11ヵ条から成り、その第2条では「中国は台湾全島とその付属する全ての島嶼、澎湖諸島、遼東半島を日本に割譲する」と規定している。第5条ではさらに「本条約の批准書の交換の後、両国はそれぞれ高官を台湾に派遣し、2ヵ月以内に受け渡しを完了すべし」と規定している。条約の締結後、5月25日、台湾民主国が成立し、台湾割譲の決定の受け入れを拒絶し、日本の接収部隊との戦闘を準備した。このため、清朝と日本は元来の約束通りに台湾島で引き渡しを行なうことができなかった。6月2日、清朝代表・李経方は日本の第1代総督・樺山資紀と基隆港外の船上で引き渡しの手続きを行なった。台湾と澎湖諸島は、これ以後50年にわたって大日本帝国の領土となった。

1895	光緒二十一年	5月10日、日本が海軍大将・**樺山資紀**を台湾の第1代総督に任命。
1895	光緒二十一年	5月25日、「**台湾民主国**」が成立、唐景崧が総統に就任。

樺山資紀（1837～1922） 鹿児島の出身。1871年、琉球の漁船が事故で台湾に漂流し、恒春地方の原住民に殺害された当時、彼は鹿児島大隊分隊長で、主戦派だった。のちに日本が台湾に派兵し牡丹社を討伐した際、彼も従軍したが、その時の位は陸軍少佐だった。彼はまた台湾の南北を巡り歩き、調査し記録をつけた。明治11年（1878）、陸軍大佐の階級で近衛師団の参謀長となり、明治16年には陸軍少将に昇任、その後所属の軍種を変え海軍中将に昇任した。日清戦争の勃発後、彼は海軍軍令部部長に就任し、翌年には海軍大将に昇任、まもなく第1代の台湾総督になった。彼の台湾における在任期間は13ヵ月に過ぎなかったが、彼の苦心と労力の大部分は各地の武装反抗を平定し、日本の台湾における統治の基礎を築くことに費やされた。このほか、台湾在任中に台湾委任立法制（六三法の項を参照のこと）を確立した。樺山は台湾総統の職を去った後、日本の内閣で内相や文相などを歴任した。

台湾民主国　下関条約（馬関条約）の調印後、台湾の有力者と官僚が日本を排除するために作った新政権。光緒二十一年（1895）4月17日、下関条約の調印後、清朝が台湾と遼東半島を日本に割譲するというニュースが伝わり、台湾の官民は驚愕と恐慌に襲われた。4月23日、ロシア、ドイツ、フランスの3国が日本に遼東半島を中国に返還するように要求、台湾人民に新たな希望が生まれた。台湾人民は清朝に対し、列強に干渉を嘆願し、日本の台湾占領を阻止するよう要求した。しかし、清朝はすでに条約に調印したからには基本的に条約を反故にする立場にはないとし、西側の列強も台湾の割譲については積極的な反応を見せなかった。各国が傍観を決め込むという状況の下で、台湾の官民はヨーロッパの政治思想に見倣うことに決し、「自主」を宣言、各国の救援を求めた。5月23日、「自主宣言」を発表、25日に新政府を正式に立ち上げた。新しい国家は「台湾民主国」を国号に、年号を「永清」にそれぞれ定め、国旗は「藍地に黄色の虎」のデザインとし、巡撫の唐景崧が総統に就任した。台湾の官民は新政府の名義を使い、清朝を迂回して直接外国に対し外交接触を展開しようとしたが、国際社会の支持を得られず、最後にはやはり自身の武力で日本に対抗しなければならなかった。6月3日、日本軍は基隆を攻略、敗残兵は台北に押し寄せ、総統の唐景崧は逃亡した。台湾民主国はあっと言う間に瓦解した。その後の4ヵ月、台南を守る劉永福は依然として「台湾民主国」を奉じ、日本に抵抗しようと企図したが、事実上全局を支配することはなく、真に日本軍と戦闘し渡り合ったのは、主としてやはり台湾現地の有力者の武力だった。

丘逢甲（1864～1912）　またの名は倉海、字は仙根。台湾苗栗の出身。13歳で彰化県の生員に合格、25歳で挙人、26歳で進士になった。日清の下関での和議の後、彼は巡撫の唐景崧と手を組んで台湾民主国を成立させ、義兵の統領（統率者）になった。日本軍が台湾に上陸後、民主国総統の唐景崧はあ

1895　光緒二十一年　　5月29日、**近衛師団**が**塩寮**海岸に上陸。

たふたと大陸に渡り、義兵はあちこちで敗走し、丘逢甲も抵抗を試みないうちに台湾を逃げ出し、広東の本籍に帰った。1911年、辛亥革命の成功後、広東都督の胡漢民は彼を教育局長に招聘した。彼は病を抱えたまま南京臨時政府を組織するため上海で開かれた各省連合会議に出席した。丘逢甲はやがて病が重くなり、家郷に護送されて帰ったが、まもなくこの世を去った。49歳だった。丘逢甲は詩文に長じ、著作には『嶺雲海日楼詩鈔』などがある。

近衛師団　天皇の親衛軍。日清戦争の末期、元来は遼東半島に派遣され、第四師団とともに北京に進攻する準備をしていた。日清両国が休戦で合意に達したため、作戦任務は取り消され、近衛師団は遼東半島にそのまま留まった。光緒二十一年（1895）、日清の和議が成立した後、台湾民主国が出現し、日本の統治に反抗することを明らかにした。日本はもはや平和裡に台湾を接収することは無理と予測し、作戦に加わっていない近衛師団を選んで台湾に派遣し、反抗する軍隊の鎮圧を担当させた。師団長の能久親王は命を受けるやただちに最初の派遣部隊を率い、日本軍はそれぞれ旅順と大連から乗船した。両路の軍隊は琉球で集結後台湾に向かい、5月29日、塩寮海岸に上陸した。上陸後、強い抵抗にも遭わず雙渓、瑞芳、基隆を経由して台北を占領した。台湾民主国は瓦解し、総統の唐景崧は6月4日の夜間、任務を放棄して逃亡、あたふたと大陸に渡った。民主国の命運はわずかに10日余りで尽きた。しかし、この後、近衛師団は南下の最中に頑強な抵抗に遭い、能久親王も台南を攻め落とした数日後に病没した。台湾がおおむね平定された後、近衛師団は11月頃日本に戻った。台湾には5ヵ月半の駐留だった。

塩寮　台北県の貢寮郷にある。明治28年（1895）5月29日、日本軍は台湾に上陸する以前、上陸地点について慎重な検討を行い、最後に東北隅の塩寮海岸に上陸することに決した。当時日本軍が使用した地図は大変お粗末なものだったので、上陸地点の「塩寮」を「澳底」と間違えた。日本が台湾を平定した後、日本統治の「起点」を象徴するものとしてこの場所に記念碑を建てた。戦後、この花崗岩でできた「北白川宮征討記念碑」はたたき壊され、民国64年（1975）、現在の「抗日記念碑」が改めて建てられた。事実から言えば、当初日本軍が上陸した時には抵抗を受けなかったので、この場所に「抗日」の記念碑を建てるのは誤解を招きやすい。

1895	光緒二十一年	6月2日、**李経方**と樺山資紀が台湾の引き渡しを完了。
1895	光緒二十一年	6月7日、日本軍、台北に入城。
1895	明治28年	6月17日、**台湾総督府**、「始政」式典を挙行。
1895	明治28年	6月22日、日本軍が新竹を攻略。

李経方（1855～1934）　字は伯行、端甫、安徽合肥の出身。光緒十六年（1890）、駐日公使、二十一年3月駐日和議使節団のメンバーの1人となる。和議のことは本来李鴻章が責任を負っていたが、李鴻章が日本で刺されて負傷したのち、清朝は改めて李経方を欽差大臣として派遣し、交渉を引き継がせた。5月、台湾割譲の処理の全権委員に命じられ、6月2日、基隆港外の戦艦上であわただしく花押を押して引き渡しを済ませた。光緒三十一年、商約大臣に就任、三十三年から三十六年まで駐英大臣。

台湾総督府　日本時代、台湾の最高権力機関。総督府が明治28年（1895）に設けられた時は、台湾全島はまだ平定されていなかったので、軍事力による統治が行なわれ、総督府の下には民政、陸軍、海軍の3局が置かれていた。翌年4月、軍政が廃止され、組織は民政、軍務の2局体制に変更された。このうち、民政局の下には総務、内務、殖産、財政、法務、学務、通信の7部があった。明治30年10月、民政局のほかに財政局を設けたが、翌年6月組織の簡素化を行い、財政を再度民政に組み入れ、民生部を改めて設け、部内は職務の内容によって14課に分けた。明治34年、民生部の下の組織を新たに調整し、警察本署と総務、財務、通信、殖産、土木の5局体制にした。これ以後、総督府の組織は10数年安定を維持し、大規模な改変はなく、最も大きな部門の民生部のトップ—「民政長官」は総督に次ぐナンバー2の人物となった。大正8年（1919）、総督府の組織は再び変更が行なわれ、民生部を廃止し、改めて内務、財務、逓信、殖産、土木、警務の6局と法務部を設けた。その後数度の調整を経て、日本統治の末期には総督府の組織は、文教、財務、鉱工、農務、警務の5局と外事、法務の2部となった。日本が敗戦し降伏したのち、総督府は中国が派遣して来た「台湾省行政長官」の監督指揮下で善後処理を引き継ぎ、日本人の送還の事務を執行し、民国35年（1946）5月30日に正式に廃止された。

伊澤修二（1851～1917）　長野県人。著名な教育家。明治7年（1874）、長野師範学校校長となり、翌年『教授真法』を発表した。同年、アメリカに留学し、日本の文部省の第1期公費アメリカ留学生となった。帰国後、体育教育に尽力し、国定教科書と小学唱歌集を編纂した。明治23年「国家教育社」を創立、国家の力による教育事業の推進、国家主義式の教育観念の宣伝、忠君愛国思想の鼓吹を主張した。晩年には盲唖教育に力を尽くした。明治28年、伊澤修二は自薦して第1代台湾総督の樺山資紀に自身の台湾教育の建議と抱負を述べた。この中で、伊澤は台湾が「国家教育」の実験場となり、国語（日本語）による教育政策を推進することにより、台湾人が同化して日本人となる目標を達成することを希望した。総督は彼の自薦を受け入れ、この年5月、彼を総督府学務部長に招聘した。彼は大稲埕に学務部を開設し、日本語教育を推進し、「国語伝習所」を

1895	明治28年	6月、**伊澤修二**が「**国語伝習所**」を設立。
1895	明治28年	8月6日、総督府が軍政を開始。
1895	明治28年	**尖筆山の役**。**楊載雲**〔→次頁〕が戦死。

設立した。彼は台湾に来る日本人も台湾語を学習すべきだと主張した。明治30年7月、教育経費の問題で辞職した。学務部長の在任は2年足らずだったが、彼は植民地50年の教育の方向を決定したと言える。台湾を去ってから、伊澤は台湾教育の先覚者のイメージを与えられ、ほとんど神格化されるほどだった。彼の弟の伊澤多喜男はのちに台湾総督になった。

国語伝習所　明治28年（1895）6月に設立された。日本の台湾統治が始まってから最初に作られた近代的な教育機関である。同年9月には「国語学校」もできた。このうち、台湾人を対象にした国語伝習所の乙科と国語学校制度に付属した「国語学校付属学校」は台湾教育史上最も早い近代的な初級教育機関である。台湾総督府は、伊澤修二を台湾の第1代教育主管に任命し、一方では日本内地の尋常小学校のカリキュラムを参考にし、一方では台湾教育の要求を考慮し、日本の台湾領有初期の初等教育を確立した。それは日本語と実学の知識を主とする教学の方向で、のちにでき上がる公立学校制度に重要な影響を及ぼした。最初、伝習所の教育課程には台湾語も含まれていたが、重点とされたのは日本語で、伊澤修二の台湾における「国語（日本語）」教育実施の発端となった。総督府は「国語」教育を普及させるために学費を徴収せず、このほか教職員の給料、学生の教科書などの費用もみな総督府が負担した。総督府は明治31年までに漢人を対象とする16ヵ所の国語伝習所を設立し、このほか原住民地区に数ヵ所の分教場を作った。

尖筆山の役　尖筆山は新竹と苗栗の境界にあり、重要な戦略要地である。日本軍は6月22日に新竹を占領したものの、台北と新竹の間では依然として抗日軍が出没し、ゲリラ戦術でしばしば日本軍を悩ませ、その補給線を断ち切った。このため、日本軍は7月末までには掃討作戦を一段落させ、さらにその後南進の準備を進めるとした。7月31日、近衛師団長・能久親王は新竹に入り、8月6日、作戦計画を立て、9日早朝に新竹、苗栗間の尖筆山に総攻撃をかけ、ついで主力軍を苗栗に進ませることにした。8日、近衛師団は兵を数路に分け、新竹南方の丘陵地区に向けて進んだ。日本海軍も2隻の軍艦を出動させ、香山沖から尖筆山を固守する民間軍に砲撃を加えた。一方、陸軍も野砲を使ったが、日本軍が台湾上陸以後野砲を使うのはこれが最初だった。陸、海両面からの猛烈な砲火に圧倒されて、民間軍は急速に崩壊した。9日早朝、日本軍は尖筆山を占領、抗日民間軍はこの戦略要地を失ない、大挙して南方に撤退した。日本軍は抵抗にあうこともなく、まもなく苗栗県城を占領した。

1895	明治28年	8月14日、苗栗が陥落。
1895	明治28年	**八卦山の役**、彰化が陥落し、**呉湯興**、呉彭年ともに戦死。
1895	明治28年	10月18日、**劉永福**、ひそかに大陸に戻る。

楊載雲（?～1895）　1895年、新楚軍の統領となり、日本軍が台北を占領後、命を受けて支援のため北上したが、まだ軍隊が到達しないうちに新竹は日本軍に攻略された。そこで彼は頭份に留まり、姜紹祖、呉湯興、徐驤らの部隊と呼応した。まもなく、日本軍は南下し、彼の部下は闘志を失い、意欲も萎えた。楊載雲は死守を決意したが、頭份で部下に殺害された。現地の人々はその忠節に感じ、昭和6年（1931）、彼の遺骸を中港渓の小島に葬った。その際、人目を避けるため名を楊再雲と改めて葬った。その後、墓地は数回の台風や洪水にあい、中港渓のそばの大衆廟の後ろに改葬した。民国69年（1980）、高速道路の工事によって大衆廟は取り壊され、新たに場所を選んで「楊統領廟」を建てた。

八卦山の役　尖筆山、苗栗の敗戦後、彰化以北の義民兵は次々に彰化へと退いた。彰化の北には大肚渓、東には八卦山があり、中部台湾では最も険要の地である。8月28日、夜も明けないうちに、日本軍は数部隊に分かれて密かに大肚渓を渡り、早朝5時半、八卦山に総攻撃をかけた。八卦山からは城内を俯瞰することができ、ひとたび陥落すれば彰化は非常に危険な状態になる。この日の戦闘は2～3時間続いただけで、日本軍は完全に彰化を占領した。清軍の統領の呉彭年、義民兵の首領・呉湯興はともに陣没した。

呉湯興（?～1895）　字は紹文、苗栗銅羅の出身。1895年、台湾が日本に割譲されてから、彼と生員の邱国霖、呉鎮洸らは自衛団を募った。6月中旬、日本軍が新竹を攻撃した際、呉湯興はゲリラ戦を挑んでしばしば日本軍を悩ませた。7月上旬、各方面の抗日民間軍は力を合わせて新竹に進攻し、日本軍と十八尖山の要塞の争奪戦を繰り広げたが、最後には失敗した。8月中旬、尖筆山の戦いに敗れたあと、呉湯興はそのほかの義民兵とともに彰化に退いた。8月28日、彼は八卦山で日本軍と戦い、砲弾にあたって陣没した。

劉永福（1837～1917）　本名は建業、字は淵亭、広東欽州の出身。同治四年（1865）、同郷人を率いて太平軍に投じ、軍の名を「黒旗軍」と称した。同治八年、兵を率いてベトナムに入り、ベトナムを助けて反乱を平定し、ベトナム王に官職を授けられた。その後数年間に数回、ベトナムでフランス軍を打ち破った。光緒十年（1884）、清仏戦争が始まり、清朝は彼にベトナムを侵略したフランス軍に対する攻撃を命じ、功により提督の肩書きを授けられた。戦争終結後、勅命を受けて帰国し、2年後、南澳鎮総兵に就任した。日清戦争中の光緒二十年、勅命により兵を引き連れて台湾に入った。台湾民主国の成立後、民主国大将軍に就任し、台南府城に駐在した。唐景崧が逃げだし、台北の台湾民主国が潰滅した後、彼は台南で再び台湾民主国を樹立した。劉永福は実際には抗日行動をしたことはなく、中、北部の抗日に対して常に傍観の態度を取り、前線に支援に行くことはなかった。日本軍が台南城に迫るや、劉永福は形勢はすでに挽回不可能

1895	明治28年	10月21日、台南が陥落。台湾民主国滅亡。
1895	明治28年	10月27日、**能久親王**が台南で病没。

と見て、日本軍が台南に進攻する前にひそかに安平に逃げ、商船に乗って大陸に逃げ戻った。光緒二十三年、再び命を受けて黒旗軍4営を組織して広州に駐屯し、土匪と械闘を弾圧した。辛亥革命（1911）以後、広東全省民団総長に就任したが、まもなく辞職して故郷に帰り、民国6年（1917）に没した。

能久親王（1847～1895）　日本の皇族。京都に生まれ、プロシア（現在のドイツ）に留学した。明治28年（1895）、日清戦争に際し、彼は近衛師団長に就任した。本来は命を受けて華北に出征するはずだったが、まもなく日清の和議が成ったため、華北進攻の任務は取り消され、台湾の占領に変更された。能久親王は近衛師団を率い、5月29日に塩寮に上陸した。以後、6月11日、台北に入城し、さらに南進を続けたが、10月28日に病没した。齢わずかに49歳だった。台湾の民間では、彼はこれより先中部で殺害されていたが、日本軍は秘密にして喪を発さず、戦争が終わるのを待って病没という作り話をでっち上げたと伝えられている。この言い伝えに従えば、能久親王は台湾各地で少なくとも4回以上殺されたことになる。事実はどうであれ、能久親王は死後日本の台湾統治の象徴とされた。明治34年10月、台湾神社が竣工したが、能久親王はそこに祀られる主要な神の1人だった。それ以後、台湾各地に建てられた神社でもほとんど全てが彼を祀った。能久親王が立ち寄った場所は「御遺跡地」と呼ばれ、記念碑を建てたり、当時の建物や関連する文物を保存したりした。日本の台湾統治50年の中で、彼は最も徹底的に神格化された日本人と言えるだろう。

1896　明治29年　　1月1日、**胡嘉猷**、**陳秋菊**、**林李成**らが台北を奇襲。**芝山岩**学堂の6名の学務官殺害さる。

胡嘉猷（1839～1920）　またの名を胡阿錦と言い、号は甫臣と言った。新竹平鎮の客家。彼の父は広東梅県籍の胡珠光で、軍とともに台湾に来たが、退役後銅器製造の職人になった。彼は幼少の頃から学問を好んだが、何度も試験に落ち、金を出して監生の資格を買うのがやっとだった。のちに糧運総管に就任し、五品の孔雀の羽根飾りを帽子につけることができる恩賞にあずかった。光緒二十一年（1895）、台湾が割譲された後、黄娘盛、李蓋発らと3千人余りの抗日義民軍を組織し、龍潭陂（現在の桃園県龍潭郷）、楊梅鎮一帯を転戦した。同年12月末、台北各地の義民軍に推されて「総統」になり、光緒を年号とし、12月29日、「総統台北、新竹、苗栗義民各軍」の名前で公告を発布し、陳秋菊、林李成ら各方面の義民軍とともに三方から台北を包囲した。日本軍と数ヵ月対峙したが、打ち破ることができず、深山に退き、まもなく厦門に潜入して、再度の台北攻撃の準備をした。しかし、その後、陳秋菊が日本側に帰順し、林李成、簡大獅が相次いで殺害されたため、台北一帯の抗日活動は低調になった。胡嘉猷は明治33年（1900）、原籍の広東梅県に戻った。大正5年（1916）、台湾に帰り「台湾勧業共進会」に参加した。大正9年11月、広東で病死。

陳秋菊（？～1922）　台北文山の出身。先祖は乾隆の中葉に泉州から台湾に移った。父は茶の栽培を生業とし、のちに深坑街に移り住んだ。光緒十年（1884）、清仏戦争が起こると、陳秋菊は義勇兵500名を募集し、基隆を防衛し、これにより四品の軍功を授けられ、双花藍翎を付けることができる恩賞にあずかった。日本の台湾占領後、民衆を率いて深坑一帯で抗日を指導し、金瓜寮（現在の台北県坪林郷）、深坑、石碇、木柵一帯を逃げまどった。物資の補給を欠き、自給自足もままならなかったので、往々にして現地で住民から物を強奪し、大稲埕の外国商人からも略奪しようとした。このため、民衆は一般には陳秋菊らを土匪と見ていた。まもなく日本政府の降伏勧告を受けて投降した。明治40年（1907）5月、紳章を授けられた。日本に帰順した後、日本政府は彼に楓仔林（現在の台北県石碇郷）で樟脳の生産と開墾を認め、彼は瞬く間に財産を増やした。

林李成（？～1899）　字は笑渓、淡水県三貂堡遠望坑（現在の台北県貢寮郷にある）の出身。少年時代雙渓の進士・連日春と貢生・荘逸書に教えを受けた。三貂堡の生員。成年になって金瓜石で金鉱を採掘し、少々財産があった。台湾が日本に割譲されてのちに、採掘権の問題でもめごとがあり、相手が日本の憲兵に誣告したので、林李成はやむなく抗日に立ち上がった。明治28年（1895）末、林李成と林大北らは憲兵守備隊を襲撃し、翌年正月には、彼は陳秋菊、簡大獅らと台北を包囲した。明治30年5月、林李成は陳秋菊、詹振らと連合して再び台北を包囲したが惨敗した。明治32年11月に日本の警察と守備隊に射殺された。

芝山岩　明治28年（1895）、総督府学務部長の伊澤修二は台北を出発し、剣潭に見物に行った。その後、河を超えて士林街へ調査に向かう途中、平野に単独で高くそびえ立った岩を見かけ

1896	明治29年	1月、**長野義虎**が中央山脈の横断に成功。
1896	明治29年	3月30日、「**六三法**」を公布。

た。これが芝岩山である。伊澤は山によじ登り、そこに無人で荒廃した恵済宮を見つけた。伊澤は喜び勇んでここに学務部を設け、台湾最初の「国語伝習所」を建てることにした。これ以後、芝岩山は総督府が言うところの「全台教育発祥の地」となった。国語伝習所は開設後、日本の普通用語、軍隊用語、商工用語などを教授した。明治29年元旦、国語伝習所の6名の教職員は、台北に年賀に行こうと円山河畔を通りかかったところで抗日分子の襲撃に遭い、死亡した。この事件は「芝岩山事件」と呼ばれ、6名の教職員は「六士先生」と尊称され、「殉教」の偉人となった。のちに日本人は芝山岩の上に神社を建て、記念碑を立てた。芝山岩はこのため日本時代の「教育の聖地」となった。

長野義虎　日本の台湾統治の2年目の明治29年（1896）1月、情報参謀職にあった陸軍中尉・長野義虎は「義勇番隊」を組織し、初めて台湾番人の世界に踏入り、台湾番人世界を探検、中央山脈を横断した最初の人物となった。「義勇番隊」は原住民の中で若くて元気のある者と土目の志願者から隊員を選抜し、山間の番社を保護することを目的として組織された一種の軍隊だった。これは台湾の警備がまだしっかりしていなかった状況の下では、最も少ない費用、簡単な教育、訓練しかかけず、また番人の強健で困苦に耐える性格を利用した一種の融通性をもたせた方法だった。同年5月26日、長野は求めに応じて「台湾島番地西番の探検」という講演を行なった。日本の人類学者・鳥居龍蔵も聴講して台湾の原住民に対し非常な興味を覚えた。1ヵ月後、鳥居は初めて台湾に行き、探検調査を行なった。

六三法　日本政府が公布した明治29年（1896）法律第63号のこと。法律の名称は「関於応該在台湾施行的法令之法律（台湾で施行すべき法令に関する法律）」といい、台湾地区の法体系を定めた法律である。この中では、台湾総督はその管轄区域内で法律の効力を持つ命令を発布できると規定している。これは台湾総督の一身に行政、立法の大権を集中して与えた条文で、憲法違反の疑いがあるという議論を引き起こし、日本の帝国議会でしばしば論争が行なわれた。この法律は有効期限3年とされていたが、台湾総督府は明治32年と明治35年の2度、有効期限延期の申請を提出し、議会で採択された。明治38年、日露戦争が起こり、政府は国家が戦争状態にあることを理由に、有効期限を戦争終結後の翌年の年末まで延期するように申請した。明治39年12月31日、六三法はついに失効し、新たに制定された三一法に取って代わられた。**三一法**、**法三号**などの項を参照のこと。

1896	明治29年	4月1日、軍政を廃止し、3県（台北、台中、台南）1庁（澎湖）を設置。台湾は新たに設置された拓務省の管理となる。
1896	明治29年	4月7日、「台湾鉄道会社」発足。
1896	明治29年	5月18日、日本、台湾間の定期航路開業。
1896	明治29年	6月2日、桂太郎が第2代総統に就任。
1896	明治29年	6月17日、『台湾新報』発行。
1896	明治29年	7月26日、総督府衛生顧問・**バートン**が台湾に到着。

バートン（William Kinninmond Burton, 1856～1899）　イギリスのスコットランド・エジンバラの出身。エジンバラ工業専門学校を卒業し、ロンドンなどで土木建築技師の仕事を務めた。1884年5月、万国衛生博覧会がロンドンで開かれ、バートンはその会場で日本が視察のため派遣した衛生局の役人と知り合った。3年後、日本政府の招請で日本に行き、衛生局工程技師に就任し、同時に東京帝大に教授として招かれた。この間、彼が企画設計した衛生関係の工事はほとんど日本各地に及んだ。例えば東京、大阪、神戸、門司、名古屋、広島などの水道はみなバートンの手になるものである。明治29年（1896）、彼は東京帝大の招聘期限が切れたため、故郷へ帰る準備をしていたが、親友の後藤新平の勧めで台湾に行き、総督府民政局の衛生工程技師となった。日本語を知らないバートンを助けるため、総督府は彼の学生の濱野弥四郎を同時に招請し、バートンが台湾各地の衛生調査活動を行なうのを補佐させた。バートンはのちに野外調査の最中に伝染病にかかり、明治32年に死亡した。台湾での在職期間は3年間だった。バートンは基隆の水道設計の仕事を完成させただけだったが、彼の衛生工程の考えと構想は濱野弥四郎によって実を結んだ。彼が東京帝大時代に育成した学生の多くは台湾に渡り成功した。例えば土木局技師長の長尾半平、鉄道部長の新元鹿之助などで、日本時代の台湾の土木工程、交通建設、都市計画などに影響するところが極めて大だった。バートンは衛生工程界に顕著な貢献をしたほか、写真技術の造詣も深く、「英国王室撮影協会」会員に名を連ね、撮影に関する著作を数冊書いている。彼の台湾衛生工程への貢献を記念するため、大正8年（1919）、台北水源地のポンプ室（現在の水道博物館）の前に彼の銅像が建てられた。

乃木希典　第3代台湾総督で、当時松方内閣で拓務相兼陸相を務めていた高島鞆之助の推薦によるものだった。任期は明治29年（1896）10月から31年2月まで。彼は山口県の出身で、軍の階級は陸軍中将。当時彼に協力した民政長官には前後して水野遵と曽根静夫がいる。乃木希典は日清戦争にも参加し、明治28年には第2師団長として台湾攻略戦に参加し、南部台湾守備隊司令官の経歴を有していた。生活ぶりは謹厳、清廉だったが、官界政治には長じていなかったと言われる。明治30年、台湾高等法院院長の高野孟矩が総督府の役人にかかわる汚職事件を摘発し、さらにそれが台湾と内地で「日本帝国憲法は台湾に適用されるか否か」の論争を誘発したことから、乃木は総督職に嫌気がさし、赴任1年半余りで辞職した。

1896	明治29年	9月25日、「国語学校規則」発布。
1896	明治29年	10月14日、陸軍中将**乃木希典**、第3代総督に就任。
1896	明治29年	12月5日、**簡義**が帰順。
1897	明治30年	1月11日、深堀安一郎大尉が中央山脈横断探検隊を率いて出発。2月14日、失踪。
1897	明治30年	1月21日、「台湾アヘン令」を発布し、アヘンの専売を実施。
1897	明治30年	5月8日、**国籍選択**日期限切れ。

簡義（？～1898）　字は精華、雲林県梅仔坑（現在の嘉義県梅山郷）の出身。明治28年（1895）、日本軍が台湾に進攻した際、彼と渓辺厝（現在の雲林県古坑郷にある）の陳文晃、西螺の廖景琛、他里霧（現在の雲林県斗南鎮）の黄丑らは、それぞれが民衆数百人を集め、斗六城外で日本軍と激戦を繰り広げたが、敗れて散り散りに逃げた。のちに彼と大坪頂（現在の雲林県古坑郷）の柯鉄が合流し、再度民衆を集めた。明治29年6月24日、簡義は「九千歳」と自称し、大坪頂で天地を祀り、翌日、大挙南投に進攻した。日本軍の守備隊長・古市大尉は小隊長の中村中尉に兵20名余りを率いさせて偵察に出したが、抗日軍の待ち伏せに遭い、中村は重傷を負って自殺し、全隊のうちわずか8人だけが無事に撤退できた。事件が落着した後、総督府の帰順政策によって、簡義は同年12月5日、山を下り投降した。翌年、総督府は彼を庄長に就任させ、紳章を与えた。明治31年6月、病により死亡。享年64歳。

国籍選択　下関条約の規定に基づき、台湾地区の住民は、もしも引き続き台湾に居住することを願わなければ、あらゆる不動産を自由に処分して金に換え、台湾を出て行くことができた。条約発効の日から2年間の期限を与え、この期限を過ぎても台湾、澎湖から出て行かない者は日本国臣民と見なされた。すなわち、この2年以内に、台湾の住民は台湾に残って日本の国籍を取り日本国民になるか、あるいはあらゆる財産を処分して金に換え、台湾を離れるかを自由に選択することができた。下関条約は明治28年（1895）5月8日に発効したので、台湾住民の国籍選択期限は明治30年5月8日になる。明治29年11月、総督府はさらに台湾及び澎湖諸島の住民でおよそ出てゆくことを希望する者は永住者、短期の居住者を問わず全て役所に申告すべきこと、「土匪」はまず投降し、武装解除ののち出て行くこと、台湾を出て行く者が携帯する財産は関税を免除することなどを規定した。だが実際に台湾を離れて行った者は4,456人だけで、当時の台湾の総人口の0.2％に過ぎなかった。

1897	明治30年	5月27日、地方制度を改め、6県（台北、新竹、台中、嘉義、台南、鳳山）及び3庁（宜蘭、台東、澎湖）を置く。
1897	明治30年	6月26日、**「三段警備制」**を実施。
1897	明治30年	10月25日、**鳥居龍蔵**が蘭嶼で人類学調査に従事。

三段警備制　台湾総督府は明治28年（1895）年11月に全島を平定したと公言したが、その後数年間、台湾各地では依然として頻繁に武装反抗事件が起こった。明治30年には、各地の反乱を弾圧するため、総督府は台湾全島に1万1千名の軍隊、4千名の憲兵、3千名余りの警察官を配置していた。軍隊、憲兵、警察のいずれも警察権力を行使するし、政令は百出するありさまで、民衆はどれにどう対処すればよいか分からなかった。総督の乃木希典は軍、警、憲、三者の衝突を調整するため、「三段警備制」を実施し、全台湾各地を「危険地区」、「不安定地区」、「安全地区」に分けた。いわゆる危険地区は、社会状態と人心が最も不安定な山地を指す。この地区は通常ゲリラ部隊の根拠地で、軍隊と憲兵が防衛の責任を負う。不安定地区は抵抗の比較的少ない地区を指し、憲兵と警察が共同で防衛に当たる。安全地区は民情の最も安定した村落と都市を指し、警察部門が秩序の維持の責任を持つ。三段警備制は明治30年（1897）6月26日から実施に移されたが、予期したほどの効果を得られず、1年後に廃止された。

鳥居龍蔵（1870～1953）　四国徳島の出身。著名な人類学者。日本の人類学の草分けである坪井正五郎の教えを受けた。明治29年から33年まで（1896～1900）の間、彼は写真機を携え、台湾で4回にわたって学術調査旅行を行なった。これは台湾史上、早期の全面的、系統的な原住民を対象にした民族学上のフィールドワークで、多くの貴重な写真と資料を残した。その後、鳥居はその調査を中国南部にまで伸ばし、台湾の原住民と中国西南の少数民族の比較研究に着手した。明治33年以後、研究の中心は次第に東北アジアに向かい、千島列島、サハリン、東シベリア、モンゴル、中国東北地方、朝鮮半島などにはみな彼の足跡が残されている。同時に大量の考古と民族誌の論文を執筆したが、最大の成果は東北アジアの支石墓（Dolmen）を発見したことである。昭和14年（1939）ごろ北京の燕京大学の客員教授に招かれた。昭和26年に日本に帰り、2年後に東京で死去した。終生の著作は、朝日新聞が整理、編集し、『鳥居龍蔵全集』として出版した。

高野孟矩事件　明治30年（1897）、高等法院は多数の総督府役人の汚職案件を弾劾した。当時の総督・乃木希典はかねてから台湾の行政を立派に革新すると公言しており、高等法院の一連の弾劾行動は、総督の期待に合致するかに見えた。しかし、逮捕された役人の官位が極めて高かったため、これらの司法案件は政治事件に発展した。高野孟矩は当時の高等法院の院長で、総督府の法務部長も兼任していた。明治30年6月、乃木総督は上京し、中央政府の当局と台湾の官吏の公務執行問題について検討した。その結果、民政局長の水野遵が免職になったほか、財務部長、学務部長も停職になり、高野孟矩の「法務部長」の職務までもが解かれた。その後まもなく、高野は上京したが、松方首相は意外なことに彼に

1897	明治30年	12月16日、総督府高等法院院長**高野孟矩**は収賄の役人を起訴したことにより、停職処分にあう。（→**高野孟矩事件**）
1898	明治31年	2月26日、**児玉源太郎**が第4代総督に就任。3月2日、**後藤新平**が民政長官に就任。

高等法院院長の職も辞するように勧めた。高野孟矩は、日本憲法第58条第2項の規定により、司法官の身分は明文で保障を受けているとして停職の処分を拒絶し、休暇が明けたとして高等法院に出勤した。ところが、彼は乃木総督が派遣した警察によって法院から追い出され、11月4日、台湾を離れた。このほか、高野を支持した台北地方院院長、新竹地方院院長も辞職した。その後、高野孟矩は日本国内で総督府は憲法が付与した司法官の身分保障を犯したと攻撃し、「日本帝国憲法は台湾に適用されるか否か」の論争を引き起こした。

児玉源太郎（1852～1906）　徳山藩の出身で、生まれは山口県。明治維新後陸軍に入り、数次にわたる内戦で戦功を立てた。明治10年（1877）、日本陸軍大学校校長に就任、ドイツの軍事制度と戦術を導入し、近代日本の陸軍に本質的な影響を与えた。明治31年から第4代台湾総督になったが、彼は歴代総督の中で唯一日本国内の軍政の要職とを同時に兼任した人物である。彼は8年の任期中に、陸軍大臣、内務大臣、文部大臣を兼任した。明治36年、日本はロシアに対する宣戦を決定し、児玉源太郎は10月、陸軍参謀本部次長に転任し、翌年6月6日、陸軍大将に昇任、その後すぐに満州軍総司令部総参謀長に就任した。日露戦争の終結後、明治39年4月、台湾総督を辞し、陸軍参謀総長に就任したが、まもなく病死した。児玉の兼職はすべて政府の要職だったので、彼が総督の身分で台北に滞在した期間は短かった。特に日露戦争の期間は、彼は一年中満州で作戦を指揮し、台湾の政務を顧みる暇は全くなかった。このような状況の下で、台湾総督府は事実上民政長官の後藤新平によって取りしきられた。

後藤新平（1857～1929）　岩手県人。幼少のころから医学を志し、須賀川医学校を卒業した。明治16年（1883）、内務省衛生局技師になった。明治23年ドイツに留学し、2年後、衛生局長に就任した。明治31年、児玉源太郎に抜擢され、総督府民政長官に就任した。当時の後藤新平の行政経歴、声望は総督の職になるには不十分だった。それで児玉源太郎は長年台湾に不在だったにもかかわらず、主人不在の総督職をほかの人物に代わらせることはなかった。この結果、後藤新平は民政長官の身分で、台湾総督の大小の政務を代わりにこなすようになり、有実無名の総督というに等しいものだった。彼は任期内に武装抗日の勢力を弾圧し、治安の安定を確保する一方、種々の経済改革と建設活動を積極的に展開し、統治の基礎を確立した。明治36年、功により男爵の肩書きを授けられ、貴族院議員に選ばれた。明治39年、児玉源太郎が総督を辞してまもなく、後藤も辞職して台湾を離れ、「南満州鉄道株式会社」総裁に転任した。その後、日本の政界で鉄道院総裁、内相、外相、東京市長などの職を歴任し、昭和4年（1929）、死去した。

1898	明治31年	5月1日、『**台湾日日新報**』創刊。
1898	明治31年	6月20日、総督府官制を変更し、地方制度を3県（台北、台中、台南）3庁（宜蘭、台東、澎湖）に改め、その下の44の弁務署を管轄。
1898	明治31年	6月20日、三段警備制を廃止。

台湾日日新報　日本時代、台湾で発行量が最も多く、最も長続きした新聞。明治31年（1898）、『台湾新報』と『台湾日報』を合併して発足し、木下新三郎が社長と編集長を兼務し、台湾総督府が経費を補助した。『台湾日日新報』は日本時代最大の新聞社で、『台南新報』、『台湾新聞』とともに三大新聞と言われた。明治33年3月、会社に改組し、資本金は10万円だったが、その後次々に増資し、昭和3年（1928）には100万円に達した。昭和19年4月1日、総督府の新聞業を統一するという政策により、『台湾日報』、『台湾新聞』、『興南新聞』、『東台湾新報』、『高雄新報』の5社と合併して『台湾新報』となり、廃刊を宣言した。総計15,800号余りを発行した。新聞報道のほかに、明治31年5月1日からは、付録の形で総督が公布する行政、司法関係の命令を掲載し、これは昭和17年3月25日まで続いた。明治34年11月からは、8面のうち2ページは中国語版とし、明治38年7月1日からは『漢文台湾日日新報』の名で4ページの独立した新聞を発行した。明治44年11月30日、財政困難の理由で、日本語版の中に2ページの中国語版を付け加えるやり方に戻し、昭和12年4月には中国語版を廃止した。

台北病院　正式な名称は「台湾総督府台北病院」と言う。その起源は明治28年（1895）6月20日、総督府が大稲埕千秋街（現在の台北市貴徳街）に「大日本台湾病院」を設立したのに始まる。設立当初は、日本台湾事務局が医師10名、薬剤師9名、看護婦20名を選んで台湾の業務に派遣した。明治30年、「医学講習所」を設立し、台湾の子弟に医学及び普通学科を教え、台湾籍の医師を育成し、それによって日本人医師の不足を補おうとした。これが台湾の公立近代医学校の始まりである。翌年、病院は正式に「台湾総督府台北病院」と名付けられ、病院の場所は大稲埕から市内に移った。昭和13年（1938）4月、台北病院は台北帝国大学のものとなり、医学部の付属病院になった。戦後、台北帝国大学医学部は「国立台湾大学医学院」と改称され、付属病院は「第一付属病院」に改称された。その後さらに「国立台湾大学医学院付設医院」と改称された。これが、現在通称「台大医院」と言われている病院である。

洪棄生（1867～1929）　原名は攀桂、字は月樵。台湾の日本への割譲後、繻と改名、字は棄生。彰化鹿港の出身。日本の台湾統治後、彼は時局を痛憤し、日本の官吏とは往来せず、公職に就こうともしなかった。普段は文学の創作に従事し、その範囲は詩詞、散文、文学批評にも及んでいる。彼の詩の題材は幅広く、心情、史実、懐古を詩に詠んだ作品があり、人民の生活の苦しみ、民族の情感、地方の風土などを反映している点に特色がある。作品は『寄鶴齋詩集』に収められている。このほか、日本の台湾攻略の過程を記録した『瀛海偕亡記』などの著作がある。

1898	明治31年	6月30日、総督府医院を改め正式に「**台北病院**」とする。
1898	明治31年	7月17日、「台湾地籍規則」と「台湾土地調査規則」を公布。
1898	明治31年	7月19日、裁判の三審制を二審制に改める。
1898	明治31年	7月28日、**公学校**と**小学校**の制度を公布。

公学校　公学校は日本時代の台湾人教育の第1段階である。総督府は台湾人に対する教育では、まず日本語教育を主とし、明治28年（1895）、台北士林の芝山岩に学校（学堂）を建て、日本語を教えた。翌年、全台湾の重要都市にみな「国語（日本語を指す）伝習所」を設置した。明治31年7月、「台湾公学校令」を公布し、地方の経費で6年制の公学校を設立し、国語伝習所に代わる台湾人の初等教育の機関とした。その教育の趣旨は公学校令第1条に次のように示されている。「公学校は本島人の子弟に道徳教育を施し、それによって実学を授け国民の性格を養成し、同時に国語に精通させることを以て本旨とする」。教育の内容は身を修める道徳教育と日本人精神を涵養する国語（日本語）教育を主とした。公学校の教学の科目は日本人が通う小学校と似ていた。ただし、公学校教科書は台湾総督府が独自に編纂し、小学校教科書の内容が日本本国のものから選ぶのとは違っていた。昭和16年（1941）、日本内地で「国民学校令」が公布されたのにともなって、全島の150の小学校と820の公学校（分校場を含む）は統一して国民学校と改称され、昭和18年から義務教育が実施された。

小学校　日本時代、台湾総督府が台湾にいる日本人児童のために設立した初等教育機関。大正11年（1922）、「台湾教育令」が修正される以前は、日本国内の教育法令と制度に基づいて設置された。明治30年（1897）、台湾総督府国語学校第四付属学校を設けたのが日本児童の初等教育の始まりである。翌年、総督府は「台湾総督府小学校官制」を発布し、台湾各地に正式に小学校を設置した。日本内地で明治23年に公布された新「小学校令」は、小学校は児童の身体の発達に留意し、道徳教育と国民教育の基礎、それに生活に必要な一般知識、技能を教えることを本旨とする、と規定している。台湾小学校のカリキュラムでは、台湾語と中国語などの科目を教えることが付け加えられたが、明治35年以後は日本の学制に合わせて、学科は次第に日本本国と一致するようになっていった。その科目の中には、修身、国語、算術、日本史、地理、理科、図画、唱歌、体操、裁縫などがあった。明治40年以後、日本の「小学校令」の改訂にともなって、小学校の中にも農、工、商などの実業科目が増設された。

1898	明治31年	7月28日、**林火旺**が部下300人余を率いて帰順。「土匪帰順」の第1号。
1898	明治31年	8月6日、暴風雨が猛威を振るい、台北に水害の被害。
1898	明治31年	8月31日、総督府「**保甲条例**」を公布。

林火旺（?～1900）　宜蘭の出身。日本の台湾統治以後、宜蘭で抗日運動を指導した。明治31年（1898）、台湾総督・児玉源太郎、民政長官・後藤新平が土匪の帰順政策を実施した際、林火旺が最初に300名余の部下を引き連れて山を下り帰順した。7月28日に礁渓公園で帰順式が行なわれた。彼は誓約書に署名し、日本側の補助金を受け取り、これ以後橋梁を架け、道路を作る請負商人になった。のちに、日本商人の詐欺行為に怒り、部下が警察と衝突した際、自分の部下をかばったため、日本警察の指名手配を受けた。林火旺は再度手下を連れて山に入り、宜蘭の山地にこもった。しかし、山を下りて食糧を補給することができなかったため、部下は次々に離れて行き、最後は密告されて礁渓一帯で捕まった。明治33年3月22日、処刑された。

保甲制度　明治31年（1898）8月、総督府は保甲条例を公布し、10戸で1「甲」、10甲で1「保」と規定した。保には「保正」が、甲には「甲長」がおり、任期は2年で、無給職とし、自分の家で公務を処理した。保甲の任務は戸口調査、風水害の警戒、土匪の捜査、アヘンの害の絶滅、伝染病の予防、橋や道の普請、奉仕活動の推進などだった。同時に、保甲のメンバーの間には、刑罰の「連座」の責任があると規定しており、社会のコントロールに非常に大きな効果があった。保甲は警察の協力機関で警察の指揮と監督を受けなければならなかった。明治36年7月には、全台湾で保が4,815、甲が41,660あり、総督府の動員の徹底ぶりがうかがえる。社会の治安の安定にともなって、総督府はさらに保甲を地方行政の協力機関とし、「保甲連合会」を作り、「保甲書記」などの職を設け、地方の行政事務の執行を手助けさせた。日本語の普及、風俗の改善、迷信の打破、纏足の廃止などはみな保甲の組織の力を借りて推進されたとすら言える。

壮丁団　明治31年（1898）、総督府は「保甲条例」を施行した際、悪党を抑え、天災を防ぐため、特に「壮丁団」の制度を定めた。「壮丁団」の団員は保甲の中の17歳から50歳までの身体強健で、品行方正な男子から選ばれた。選ばれた男子は正当な理由が無ければ辞退できなかった。団員の任期は3年で、続けて立候補し再選されることができた。団長と副団長は団員の互選で選ばれ、名誉職で、公務員の身分はなく、給料も支給されなかった。しかも壮丁団の経費は保甲内の各戸が自分で工面した。明治36年7月には、全台湾に1,058の壮丁団があり、団員は13万4千人あまりだった。壮丁団は行政や警察の協力機関として、地方の治安を安定させる機能があったほか、総督府の巨額な行政出費の節約につながった。**保甲制度**の項を参照のこと。

土地調査　明治31年（1898）7月17日に公布された「台湾地籍規則及び土地調査規則」に基づき、地籍調査、三角測量、地形測量などを実施したが、これらを合わせて「土地調査」事業と言った。各土地所有者による当局への申

1898	明治31年	9月5日、「土地調査局」が正式に活動を開始、**土地調査**の執行にあたる。
1898	明治31年	9月10日、**簡大獅**が芝山岩で帰順を宣誓。

告を原則とし、地方土地調査委員会を経てその土地の所有者、境界、種目を査定した。この調査は7年の歳月を費やし、522万円の経費を要した。調査が行なわれた地域は、西部の平地が中心で、東部といくつかの島嶼は調査の範囲に入らなかった。しかも、西部であっても山林、原野に属するところは部分的な調査をしただけだった。土地調査を行なうと同時に、総督府は清代の大租戸、小租戸、小作農の間の土地関係を整理し、小租戸を真の土地所有権者と確定し、納税の義務ありとした。大租戸の元来の所有権については、明治37年5月から総督府が自身で買い上げた。これ以後、台湾の一つの田地に多くの所有者がいるという複雑な土地関係は単一化に向かった。土地調査の結果、台湾の昔から続いた隠し田を無くすと同時に地代の税率の引き上げによって、総督府の税収を増やし、総督府が早期に財政独立の目標を達成するのに役立った。また一面では、土地所有権を確定して土地売買の障害を解消し、同時に総督府は大量の公有地に的をしぼって開発を進めることができた。このほか、土地調査に付随した成果として、総督府は台湾の地形にこれまで以上に徹底した理解を持つようになり、治安のためばかりでなく、治山や洪水防止の基礎を固めるのにも役立った。

簡大獅（？～1900）　宜蘭の出身。明治28年（1895）の日本軍の台湾侵攻によって、彼の妻、妹、母、兄嫁がみな殺され、彼は日本人を不倶戴天の敵とした。その年の12月末、陳秋菊、林李成らとともに台北を攻め、のちには竹子湖、滬尾（現在の台北県淡水）、三角湧（現在の台北県山峡）などの地を転戦した。明治31年、景尾弁務所長・長谷信敬の勧めで、林秀清、劉簡全とともに台北県知事・村上義雄に投降請願書を提出した。ただちに芝山岩で帰順式が行なわれ、民政長官の後藤新平も自ら出席した。簡大獅は部下600人を率いて参加し、帰順誓約書を提出、今後再び「保庄金（工匪税）」を徴収せず、武器を携帯せず、正業に就くと約束した。それとともに、住所、家族の名簿を手渡し、心から統治を受け入れた。簡大獅グループは帰順した後、士林から金包里（現在の台北県金山）に通じる道路工事に従事したが、なおひそかに要塞を作り、武器を買い入れるなどしていたので、参事官・石塚栄蔵の疑いを招いた。簡大獅は詹番、徐禄の支援を受け、まもなく挙兵した。しかし、総督府側に包囲され、龍潭陂（現在の桃園県龍潭郷）、咸菜甕（現在の新竹県関西郷）に退き、さらに厦門へ密かに逃亡した。明治33年、清朝に逮捕されて台湾に引き渡され、3月29日、台北監獄で処刑された。

1898	明治31年	11月5日、総督府、「**匪徒刑罰令**」を公布。
1899	明治32年	1月30日、陳秋菊が帰順。
1899	明治32年	3月17日、**黄国鎮**が帰順。
1899	明治32年	3月22日、「台湾事業公債法」を公布。

匪徒刑罰令　明治31年（1898）公布。日本に反抗する「匪徒」を処罰するために制定された。この法令は一般の刑事条例とは異なり、匪徒に限って処罰するものである。いわゆる「匪徒」とは、その目的がなんたるかを問わず、民衆を集めて凶暴な行為、脅迫を行なう者はすべて匪徒と見なした。この刑罰令に基づいて、匪徒の首謀者あるいは指揮者は死刑に処せられた。「官吏、軍隊に対する抵抗、建築物、船舶、自動車、橋梁、通信施設の破壊、財産の略奪、婦女の強姦」に関わる情状は、指導者たると部下たるとを問わず全て死刑に処せられ、未遂犯も正犯と同等に見なされた。匪徒をかくまったり、匪徒の逃走を助けたりした者は有期の懲役に科せられた。このような内容から見ると、この法令は信じがたいほどの厳しさだが、この刑罰令には1条の但し書きがある。この但し書きは、匪徒が一旦自首したからには、大幅に減刑することができ、完全に刑罰を免除することができるとさえ規定している。それ故、この法令は重罰で脅しをかけているだけでなく、大きな幅をもたせ、匪徒の自首を奨励していた。

黄国鎮（？～1902）　台南県後大埔（現在の嘉義県大埔郷）の出身。台湾が日本に割譲されて後、彼は明治28年（1895）12月、葉裕、李烏猫、張徳福ら12人を招集して義兄弟の契りを結び、「十二虎」と称した。明治29年7月10日、軍を率いてしばしば嘉義を攻めたが攻め落とせず、温水渓（現在の嘉義県中埔郷にある）に退き、嘉義の東堡山区の49の村落を支配下に置いた。また日本軍が「鉄国山」の柯鉄を包囲攻撃しているすきに乗じて、勢力を拡大し、皇帝を自称し、「大靖」を建国した。明治31年9月から10月の間、埔羌崙（現在の雲林県褒忠郷）、嘉義東堡三層崎（現在の嘉義県中埔郷にある）、店仔口（現在の台南県白河鎮）の派出所を攻撃した。その後、日本政府は懐柔策に転じ、抗日分子に投降勧告を行い、黄国鎮は山を下り投降した。投降の交換条件は、父の黄響を大埔の庄長に任命し、帰順した者には各人に毎月8円を与えるなどとなっていた。明治34年11月23日、黄国鎮は再度武装蜂起し、阮振、頼福来らと連合して樸仔脚支庁を攻めた。日本軍は12月3日、攻勢をかけ、翌年3月、後大埔で黄国鎮を射殺した。

柯鉄（？～1900）　雲林斗六の出身。動きが力強くすばしこく、狩猟を好み、射撃術にたけ、よく虐げられた者の味方をした。代々、大坪頂（現在の雲林県古坑郷）一帯の開墾にあたってきた。明治29年（1896）4月の大坪頂の役では、柯鉄は1人で無数の敵を退け、「鉄虎」と言われた。その勇気を讃えて、北部の簡大獅、南部の林少猫とあわせて抗日の「三猛」と称された。のちに簡義が部下を率いて合流し、大坪頂を「鉄国山」と呼んだ。総督府が懐柔策に転じた後、役人を雲林に派遣して投降を求め、辜顕栄、陳紹年らが仲を取り持ったが効果はなく、簡義1人が山を下りて投降しただけだった。その後、多数の民衆が柯鉄を「鉄国山総統」に推した。柯鉄は「天運」と改元

1899	明治32年	3月23日、**柯鉄**、頼福来らが帰順。
1899	明治32年	4月1日、「**総督府医学校**」設立。
1899	明治32年	4月26日、食塩を専売に加える。
1899	明治32年	5月12日、**林少猫**が帰順。

し、大衆から食糧を徴集し、治安を守ることを約束し、独立王国になったかのようだった。総督府はただちに軍隊を派遣し、明治29年12月12日、攻撃を開始した。戦闘は惨烈で、柯鉄らは鉄国山の基地を放棄して深山に逃げ込んだ。翌年、温水渓（現在の嘉義県中埔郷）に逃げこみ、黄国鎮に身を寄せた。明治31年5月、児玉総督は有利な条件を提示して柯鉄に投降を勧めたが、交渉の成立を見ないうちに、柯鉄は病死した。**簡義**の項を参照のこと。

総督府医学校　明治32年（1899）4月1日の創立で、台北病院長の山口秀高が校長に就任した。修業年限は予科1年、本科4年。予科のカリキュラムの中には動物学、植物学などが含まれ、本科には解剖学、生理学、物理学、実習などがあった。大正7年（1918）7月、「医学専門部」を増設し、同時に編成を拡大し、熱帯医学専攻科（修業年限1年）と研究科（修業年限3年）を設けた。大正8年、台湾教育令の公布後、本校は「総督府医学専門学校」に改称された。大正11年、新台湾教育令に基づき、再び「台北医学専門学校」と改称された。昭和11（1936）年4月1日、台北帝国大学は医学部を新設し、この学校は台北帝国大学に合併され、「付属医学専門部」となった。日本の台湾統治前期には、国語学校と医学学校は当時の台湾人の最高学府で、卒業後の進路が最も開けていた学校だった。医学校は総督府から重視され、修業年限は5年もあり、学生は学費の公費待遇と食糧手当を受け、当時の台湾人には最も人気のあった学科だった。

林少猫（？～1902）　号は義成で、また「小猫」と呼ばれた。鳳山県阿猴（現在の屏東）の出身で、「金長美」米店を経営していた。かつて劉永福麾下の黒旗軍で福字中郡左営管帯を務めた。台湾民主国の事が敗れて後、林少猫は部下を率いて抗日を続けた。明治30年（1897）、鄭吉生の部下を収容し、31年12月、阿猴、潮州を攻め、再度恒春を攻めた。打狗一番の金持ち陳中和が日本政府のために林少猫に降伏を呼びかけ、後壁林（現在の高雄市小港）における居住、製糖と荒れ地を開墾する特権を保証した。翌年（1899）5月12日、林少猫の帰順式が阿猴街（現在の屏東県屏東市）で行なわれた。明治35年、日本政府の台湾全島での抗日鎮圧がやっと一段落を告げ、総督府は中央集権を貫徹するため林少猫の勢力を全滅させることを決定した。5月末、後藤新平は大砲による後壁林の猛攻撃を命令し、林少猫とその家族、屏東各地の抗日分子を虐殺し、5月30日を全島が完全に治安を回復した記念日と宣言した。8月末、総督府は徹底的に抗日分子を平定したと正式に宣言した。林少猫と北部の簡大獅、中部の柯鉄はその抗日の事跡によって「三猛」として知られている。

1899　明治32年　9月26日、**台湾銀行**、正式に開業。
1899　明治32年　10月2日、「台北師範学校」開校。
1899　明治32年　11月8日、総督府「鉄道部」が発足、民生長官の後藤新平が部長を兼任、**長谷川謹介**が技師長に就任。

台湾銀行（戦前）　明治32年（1899）の創立で、資本金は500万円。台湾銀行には二つの顔があった。一つは台湾の貨幣の発券銀行、もう一つは台湾最大の商業銀行としての顔である。前者について言えば、いわゆる「台幣」は台湾銀行が発行した「台湾銀行券」の略称である。それ以前、台湾各地で流通していた貨幣は100種あまりに達し、公定の質と兌換の基準を欠き、商業の発展に極めて不利だった。台湾銀行が「台湾銀行券」を発行してからは、総督府は旧式の貨幣の流通範囲を狭め、次第に全台湾の貨幣を統一し、最後には「台湾銀行券」以外の貨幣の流通を完全に禁止した。後者について言えば、台湾銀行は日本時代最大の商業銀行だった。大正15年（1926）を例にとると、台湾銀行の資本額は全台湾の銀行の総資本額の45％を占め、台湾全土に君臨していたと言える。さらに、当時の台湾商工銀行、華南銀行、彰化銀行、台湾貯蓄銀行の4銀行の資金を支配し、直接、間接に糖業、茶葉、樟脳、タバコ、塩業などの産業を支配した。のちには営業を華南及び南洋諸島にも拡張した。

長谷川謹介（1855～1921）　山口県の出身。台湾総督府鉄道部長、縦貫鉄道建設の技師長。明治10年（1877）、「鉄道工技生養成所」に入学して学業を修め、その後日本鉄道局の技師となり、多くの幹線の建設工事に参加した。明治32年、台湾に招かれ「臨時台湾鉄道敷設部技師長」に就任し、縦貫鉄道建設工事を中心になって指導した。明治39年、後藤新平の後を継いで鉄道部長に就任した。明治41年4月、縦貫鉄道は全線が完成開通し、10月24日、開通式が行なわれた。長谷川は、その後すぐ12月に台湾を去り、日本鉄道院東部鉄道管理局局長に昇任した。その後、西部鉄道局局長、中部鉄道局局長、鉄道院技監、鉄道院副総裁などを歴任した。大正8年（1919）、工学博士の学位を授与された。大正10年8月27日、死去、享年57歳。長谷川謹介の青壮年時代は、日本が明治維新後大いに鉄道建設を推進している時期に当たり、彼も多くの重要な工事に参加した。明治32年、台湾総督府は縦貫鉄道の建設を決定し、「臨時台湾鉄道敷設部」を設置し、当時45歳の長谷川を技師長に招聘した。鉄道部の部長は名目上行政長官の後藤新平が兼任していたとはいえ、実際の責任者は長谷川だった。縦貫鉄道の完工後、長谷川は日本内地の職務に転任した。彼の台湾における在職期間は9年に過ぎなかったが、彼が全責任を負った縦貫鉄道の建設が、台湾のその後の経済発展と、都市と農村の関係に与えた影響は非常に大きかった。

黄玉階（1850～1918）　台中梧棲の出身。20歳で漢方医の学習を始め、26歳で開業した。光緒8年（1882）、大稲埕に移り、清仏戦争の時期には、兵士を募ってフランス軍に抵抗した。2年後、清朝は彼に五品軍功を授けた。日本の台湾統治の初期、中、北部の伝染病の

1900	明治33年	2月9日、**柯鉄**が病死〔→154ページ〕。
1900	明治33年	3月15日、「揚文会」を開催、進士、挙人、秀才ら146人が参加。
1900	明治33年	3月15日、漢方医・**黄玉階**が「**台北天然足会**」を提唱、「解**纏足**」運動を宣伝。

治療に当って多くの人々を救い、明治30（1897）年、漢方医師の免許を得た。翌年、彼は総督府から紳章を授かった。明治32年、「台北天然足会」の発足を計画、準備にあたり、翌年正式に発足するや、会長に推挙された。明治44年、謝汝詮とともに「断髪不改装会」を発起し、また会長に推挙された。明治天皇が逝去すると、彼は葬儀に参加する台湾人代表の1人に推挙された。大正4年（1915)、総督府から勲六等に叙せられ、藍綬瑞宝章を贈られた。大正7年、病死した。黄玉階は一生公益活動に熱心で、とりわけ「纏足をほどき、断髪する」運動の普及に熱心に取り組み、社会風俗の改良に対する貢献は並々ならぬものがあった。

台北天然足会　明治33年（1900）3月15日、総督府は「揚文会」を挙行し、全島の著名な文人、紳士を台北の淡水館に招いた。この機会に、台北大稲埕の漢方医・黄玉階は同士40人を糾合して「台北天然足会」を発起し、台北県当局に登録申請を行い、「解纏足（纏足をほどく）」の幕を開けた。「揚文会」の終了後、全島の約200名の紳士がそのまま「台北天然足会」の成立大会に参加した。彼らは、台湾の女性は纏足をほどき、学校で教育を受け、文明的な現代女性になるべきだと考えた。会の会規には、「会員が入会後に生んだ女児がもし引き続き纏足をするようであれば、姻戚関係を持つことを拒絶する。会員の10歳以下の男の子は、纏足の女子を妻にしてはならない」と書かれていた。このほか、会員の生んだ子女は互いに婚姻すべきであり、会員外で纏足をしていない者とも姻戚関係を持ってもよいとした。**纏足**の項を参照のこと。

纏足　漢人社会固有の風俗。女児の足を布で巻き、足の発育を妨げ、足裏の骨格を湾曲変形させ、足裏を非常に小さいままに保つようにする。女性が小さな足を持つことは、中・上流階級では高貴と美感の象徴と見なされた。日本の台湾統治後、総督府は纏足を悪習と見なし、纏足した者は肢体障害者とすら見なした。とはいえ、総督府は台湾人の習俗にはかたくなに干渉せず、纏足を禁止もしなかった。明治33年（1900)、台北大稲埕の漢方医・黄玉階は紳士、商人の同士40人を糾合し、「台北天然足会」を発起し、台湾県当局に登録申請を行い、纏足開放運動の幕を開けた。同時に学校教育や新聞、雑誌の宣伝指導を通して運動を広めた。その後、社会の気風の変化につれて、纏足の女性はいよいよ少なくなった。大正4年（1915）1月、「保甲規約」の中に纏足を禁止する条文を付け加え、違反者は保甲連座法で処罰した。その後、纏足の風潮は完全に無くなった。**台北天然足会**の項を参照のこと。

1900	明治33年	3月22日、林火旺処刑さる。
1900	明治33年	3月25日、台湾守備隊編纂の『台湾史料』出版。
1900	明治33年	3月29日、簡大獅処刑さる。
1900	明治33年	6月2日、台北淡水河の堤防完工。
1900	明治33年	11月28日、台南、打狗間の鉄道開通。
1900	明治33年	12月10日、**三井**財閥の投資による「台湾製糖株式会社」創立。

弁髪　清朝は、男子は頭の前の部分の髪の毛を剃り、後ろの部分は長髪のまま残し、縛ってお下げにするように定めた。長い時間がたつうちに、これは習俗になり、「弁髪」と呼ばれた。日本は台湾を統治後、弁髪は差し迫って改革を必要とする悪習であり、衛生上も大きな害があると判断した。当時、国語学校と医学校が最初に断髪の気風を提唱した。このほか、公学校も常に集団断髪大会の会場にあてられ、公学校の教員は往々にして断髪会の重要メンバーだった。辛亥革命（1911）の成功後、中国大陸では弁髪を切る風潮が起こり、この風潮は台湾にも影響した。明治44年（1911）、『台湾日日新報』の記者・謝女詮と大稲埕の区長・黄玉階は共同で「断髪不改装会」を発起し、弁髪は時宜にあわず、不衛生で、不便で、お下げを切るのは「文明」で「流行」だと宣伝した。社会の気風の変化につれて、新しい時代の男子はもはやお下げをしなくなった。

三井　日本の大財閥。創始者の三井高俊は質屋を開業し、酒や味噌の販売も兼業して事業を始めた。明治維新の前、三井はすでに旧貨幣を兌換する御用商人となっていた。明治になってから、三井財閥は政商の路線を歩み、政治的な関係を利用して商業利益を得た。日本の台湾統治以後、三井財閥は台湾に進出して、樟脳、茶、砂糖、鉱業などの事業に投資し、台湾における最も重要な日本資本の一つになった。明治42年（1909)、「三井合名会社」を設立し、三井銀行、三井物産はみな株式有限会社に改組し、三井鉱山は三井合名会社の鉱山部になった。昭和20年（1945)、日本の敗戦後、三井、住友、安田、三菱などの旧財閥は解体を強制させられ、翌年、三井本社は解散した。昭和40年5月、三井物産は「財団法人三井文庫」を設立し、三井の歴史と関連のある史料を専門に収集したが、これは日本の経済史研究の宝庫でもある。戦後、三井と関係のある重要な企業としては、三井銀行、三井不動産、北海道炭鉱汽船、東芝などがある。

台湾慣習研究会　明治33年（1900)、総督府と法院の公務員が主になって始めた組織。この会は形式的には民間団体に属するが、大多数の会員は官僚だったので、政府的な色彩が濃かった。会長は総督の児玉源太郎が、副会長は民政長官の後藤新平が、総幹事は伊能嘉矩が務め、他に設立委員33人がいた。この会は明治34年から40年までの間、毎月、雑誌『台湾慣習記事』を出版し、前後あわせて7巻を刊行した。そのカバーする内容は台湾の法制、経済、歴史、地理、教育、宗教及び風俗方面の研究と調査で、台湾の歴史、風俗を研究する際の重要な参考資料である。

新渡戸稲造（1862～1933）　盛岡の出身。札幌農業学校卒業後、北海道庁に就

1901	明治34年	1月15日、**台湾慣習研究会**発行の『台湾慣習記事』創刊。
1901	明治34年	1月27日、「台湾文庫」、台北の「淡水館」に設立さる。
1901	明治34年	6月1日、台湾総督府、専売局を設立。もとの樟脳局、塩務局、製薬所は全て専売局の管轄下に。
1901	明治34年	7月4日、「台湾公共埤圳規則」を公布。
1901	明治34年	9月、**新渡戸稲造**が「**糖業改良意見書**」を提出。

職。明治16年（1883）、東京大学に入り、次いで東京大学を中退してアメリカ、ドイツで農政学と農業経済学の研鑽を積んだ。明治23年、ドイツ・ハレ大学の博士学位を取得し、翌年、日本に帰って、札幌農学校で教えた。明治31年、病気のため辞職し、アメリカで治療を受け、同時に著述に従事した。在米中に、彼は後藤新平の招請を受け、1年間ヨーロッパ及びヨーロッパ各国の植民地を視察した後、明治34年2月、台湾に到着し、相次いで総督府技師、殖産課長、糖業局局長などの職に就いた。総督府が彼を台湾に呼んだ主な意図は彼の才学の力を借りて台湾糖業の未来について計画を立てようということにあった。明治34年9月、新渡戸稲造は正式に「糖業改良意見書」を提出し、総督府の糖業政策の策定に大きな影響を与えた。彼は台湾には2年間いただけで、明治36年、後藤新平の推薦で京都帝国大学法科大学教授に招かれ、その後一貫して学術界で活躍した。大正9年（1920）、政界に戻り、ジュネーブの国際連盟事務次長に就任した。昭和2年（1927）、日本に戻り、貴族院議員になった。昭和8年、カナダで開かれた「太平洋会議」の最中に病死した。

糖業改良意見書　台湾の糖業発展に影響を与えた重要文献。新渡戸稲造が明治34年（1901）9月に提出したもので、甘蔗の生産、製造及び市場の3方面にわたって建議している。甘蔗生産の農業の面では、主として甘蔗の品種の改良、栽培方法の改良、水利潅漑施設の建設、田畑を甘蔗の栽培に転作することへの奨励、甘蔗生産のための土地の開墾などについて建議している。製糖加工業については、大規模な機械製糖工場を設置することを主張している。このほか、市場の保護については、外国から輸入する砂糖に対する関税の引き上げ、運輸路線の建設、販路の拡張、法定価格の制定、糖業教育の推進、産業組合の結成、甘蔗保険の制定、副生産品の奨励などを建議している。その後の発展状況から見ると、「糖業改良意見書」の中の建議は、農民組合の組織、統一甘蔗価格と甘蔗保険の制定以外は、ほとんど全て総督府の受け入れるところとなった。総督府はこの意見書に基づいて、その後製糖工場資本への補助、製糖の原料の確保と市場保護などの奨励政策を展開し、製糖業を日本時代の台湾最大の産業へと急速に発展させた。

1901	明治34年	10月25日、「台湾旧慣調査会規則」を公布、**臨時台湾旧慣調査会**を設置。
1901	明治34年	10月27日、「**台湾神社**」鎮座式を挙行。
1901	明治34年	11月9日、地方制度を変更し、3県と各弁務署を廃止し、全島を21庁に分ける。

臨時台湾旧慣調査会　台湾総督府は明治34年（1901）、臨時台湾旧慣調査会を発足させ、後藤新平が会長に就任して、台湾及び清国の法制調査に着手した。京都帝国大学教授の岡松参太郎と織田万が招かれて調査を主管した。調査は二部分に分けて行われ、第1部分では法制の調査、第2部分では経済調査を行なった。土地開発、土地所有関係、土地売買、親族関係、婚姻制度、商業活動などはすべてこの会の調査研究の範囲内にあった。明治36年から44年まで、第1部分の調査報告書が相次いで出版された。『清国行政法』と『台湾私法』がそれである。漢人を対象とする経済調査報告が一段落した後、明治42年からは原住民の調査が行われた。衣食住と交通、生産方式、宗教信仰及び口碑伝承などがみな調査の対象になった。この部分の調査の成果として、『番族慣習調査報告書』、『番族調査報告書』及び『台湾番族慣習研究』などが相次いで出版された。調査活動が終了した後、この会は大正8年（1919）に解散した。

台湾神社　日本時代の台湾で第一の神社。明治28年（1895）、日本軍が台湾を攻略した際、統帥の能久親王はマラリアにかかり台南で死んだ。彼の病死は日本の統治者にとってはこの上ない悲痛な出来事だった。その犠牲の代償としてもたらされた台湾の平定は、皇族にとっての光栄でもあった。このため、当時、台湾に神社を建て、能久親王を祀ろうと提唱する動きがあった。明治29年、日本の貴族院と衆議院は国費で「台湾神社」を建設する議案を採択し、明治32年2月、造営を開始した。建設場所は台北剣潭山の中腹が選ばれ、34年10月20日、落成した。この神社は、札幌神社（後の北海道神宮）と同じく開拓三神の大国魂命、大己貴命、少彦名命のほかに、特に能久親王をも祀り、台湾で最も代表的で格の高い神社となった。一般的には、神社の称号には神宮、大社、神社、社の数種類があり、その中では「神宮」が最も尊いとされている。台湾神社は「大社」の格だった。30数年間に台湾神社の建物は次第に腐朽し、作りも規模も時代の要求にあわなくなったため、総督府は拡張工事を行ない、「大社」にふさわしいものにすることを決めた。拡張工事が終わりに近づいていた昭和19年（1944）6月、すなわち「始政四十九周年」の記念日に当たって、総督府は台湾神社を「台湾神宮」に格上げすると発表した。主体となる建物はもとの所在地の東側200mの所を選んで建てられ、総建坪は1,800坪だった。しかし、落成後まもなく、松山飛行場に着陸しようとしていた輸送機が神宮の上に墜落し、新しい建物は丸焼けになってしまった。

高木友枝（1858～1943）　福島県人。東京帝国大学医学部卒業。明治29年（1896）、血清薬院長兼内務技師に就任した。30年5月、日本を代表して第12回万国医事会議に出席、次いでベルリン万国ハンセン病会議に参加し、その

1902	明治35年	3月31日、**高木友枝**が台北病院院長に任命される。
1902	明治35年	7月6日、「南庄事件」勃発。
1903	明治36年	12月、「塩水港製糖会社」設立。
1904	明治37年	2月10日、「日露戦争」勃発。

後ヨーロッパで衛生制度を視察した。明治35年、台湾に招かれ、前後して台北病院院長、総督府技師、総督府医学校教授、医学校校長などの職を歴任した。明治42年、総督府研究所が設立され、彼が第1代の所長になった。大正2年（1913）12月3日、医学博士の学位を受けた。大正4年、医学校校長の職務を解かれ、研究所所長の専任になった。大正8年、医療行政部門から離れ、新しくできた「台湾電力株式会社」の社長になった。台湾電力株式会社は政府色の強い会社で、彼は昭和4年（1929）日本に帰るまでの社長在任中に、多くの中、小規模の電力会社を合併し、台湾の電力事業を統一するのに力を尽くした。高木友枝は長期間医療行政及び医療教育部門で働き、伝染病の撲滅に大きな功労があった。医療部門のほか、彼はまた総督府研究所の創立に参加し、最も早い研究機構を樹立した。公職を離れた後、台電社長の在任中、日月潭水力発電の計画を推進し、台湾の電力事業の統一に力をつくした。

1904	明治37年	5月20日、総督府、「**大租権整理令**」を公布、「**一田多主**」現象の消滅を企図。
1904	明治37年	10月10日、**陳中和**が創立した「新興製糖会社」の工場が落成。
1904	明治37年	11月4日、最初の番人児童教育所が嘉義達邦社に開設される。
1905	明治38年	1月、番社調査報告を公布。全島番社の総数784、人口10万3,360人。
1905	明治38年	3月17日、嘉義地方で強い地震発生、1,100人余が死亡。

大租権整理　総督府は明治36年（1903）12月5日、大租権を凍結し、新たな登記を一切受け付けないと宣言した。明治37年5月20日、「大租権整理令」を公布し、総額378万円であらゆる大租権を統一して買い上げた。ただし11万円以下は現金で支給し、残りの367万円に対しては公債の方式で補償した。当時はちょうど日露戦争の時期に当たっていたので、デマが飛び交い、大租戸は公債を受け取った後、すぐに投げ売りし、価格の暴落を招いた。額面100円の公債が40～50円でしか売れなかった。政府の威信と金融の安定を守るため、総督府は明治38年から7割の額面（70円）で台湾銀行が統一して大租公債券を買い取ることを決定し、公債の暴落が引き起こした経済混乱をどうにか静めることができた。これ以後、台湾の土地の「一田多主」の現象はようやくなくなり、土地所有権の単一化の目標を達成した。

一田多主　台湾の土地所有権の特殊な現象で、一ヵ所の田地に2名以上の地主がいた。このような現象は中国華南の習慣に発しており、一人の地主は政府が認定した所有権を有し、また納税の義務を負っていた。もう一方の地主は土地の実際の所有権を持っており、通常は土地を自由に処分できたが、上位の地主に租税を納める義務があった。このような習慣がもとになっているほか、台湾にはさらに多くの歴史的要素があり、「一田多主」の現象を強めた。例えば開発が比較的遅かった中・北部では、当局は通常広い面積の土地を一人に与えたが、彼が再びその土地を他の多くの農民に貸し与えたので、「大租戸」、「小租戸」の関係が生じた。このほか、一部の土地の所有権は熟番の番社の所有権に属していたので、所有権は一層複雑だった。清末以来、台湾の統治者は、劉銘伝時代の清賦、日本時代の「大租権整理」のように、不断に土地所有権単一化の措置を進めて来た。**大租戸、小租戸、減四留六、大租権整理**などの項を参照のこと。

陳中和（1853～1930）　字は致祥、高雄市の出身。16歳で商業の世界に入り、香港、厦門、日本の間を往復し貿易に従事した。明治36（1903）、打狗の三塊厝（現在の高雄市にある）に精米工場「南興会社」を作った。翌年、鳳山山子頂（現在の高雄県大寮郷）に「新興製糖工場」を設立し、赤砂糖の生産に着手した。明治39年には「新興製糖株式会社」と改称した。明治43年、烏樹林製塩会社を作り、烏樹林製塩場（現在の高雄県永安郷にある）の開発に着手した。大正11年（1922）、南興会社は陳中和物産株式会社に改組され、都

1905	明治38年	5月13日、台湾全島及び澎湖に戒厳令を施行、7月7日、解除。
1905	明治38年	7月、台湾最初の発電所（亀山発電所）竣工。
1905	明治38年	9月7日、日本とロシアが講和条約を結び、日露戦争終結。
1905	明治38年	10月1日、彰化銀行、正式に開業。
1905	明治38年	12月12日、恒春番社の大頭目・**潘文杰**死亡。
1905	明治38年	12月29日、台北の官民が淡水館で「児玉源太郎凱旋帰府」歓迎大会を挙行。
1905	明治38年	**『調査経済資料報告』**出版。

市の土地開発の経営に当たった。陳中和は昭和5年（1930）に死亡し、高雄市五塊厝に葬られた。その墓園は今では古蹟に登録されている。彼が投資して設立した「新興製糖株式会社」は、日本時代、台湾人が出資した極めて少ない製糖会社の一つで、また日系資本に併合された最後の製糖会社だった。陳中和の子の陳啓川は戦後第4期、第5期の高雄市長を務め、陳家は現在、高雄市の政治、経済界の著名な一家である。

潘文杰（1854～1905）　元は漢人林某の子だったが、瑯嶠18番社の大頭目・卓杞篤に引き取られて養われた。潘文杰は大変有能で、漢人と原住民の双方から声望があった。同治六年（1867）、アメリカの商船ローバー号が座礁するという事件があったが、彼は兄を補佐してアメリカ領事と交渉し、事件を平和裡に解決した。同治七年、清政府は恒春の建設を開始したが、彼は大いに尽力し、当局は彼に「潘」姓を与えた。明治28年（1895）11月、総督府は全台湾の平定を宣言したが、東部台湾は実際には征服されていなかった。翌年5月、潘文杰は恒春の庁長・相良長綱に助力して、恒春から台東、花蓮へと前進し、残余の清兵と戦い、7月、東部を完全に占領した。この軍事行動における潘文杰の貢献は大きかったので、一層日本政府の信頼を得た。

調査経済資料報告　「臨時台湾旧慣調査会」第2部の調査の成果の報告書。会の第2部の調査目標は台湾の旧来の農商工業の習慣で、愛久澤直哉が専任部長、総督府税関長・宮尾舜治が専任委員となった。明治38年（1905）、調査の成果を刊行したが、それが『調査経済資料報告』である。内容は第1編「産業」、第2編「地方産業一般」、第3編「交通」、第4編「一般経済資料」となっている。このうち、第4編の「一般経済資料」の中の労働賃金、生活費などの調査は、20世紀初の台湾社会における経済の実際状況を反映しており、大変貴重な資料である。第1編「産業」の中の米、茶、砂糖に関する調査は、総督府の産業政策の決定にとって、重要な参考価値があった。

1906	明治39年	5月23日、陸軍大将**佐久間左馬太**、第5代総督に就任。
1906	明治39年	11月、「明治製糖株式会社」設立。
1906	明治39年	12月、「大日本製糖株式会社」設立。
1907	明治40年	1月1日、「**三一法**」が発効。
1907	明治40年	11月15日、「**北埔事件**」勃発。

佐久間左馬太（1844～1915）　長州藩の武士の子。本名は岡村直矩。14歳で毛利藩の武士に養子にやられ、それ以後佐久間に改姓した。明治5年（1872）、陸軍大尉となり、2年後に日本の台湾出兵に加わり、中佐の位で兵を率いて牡丹社を攻めた。明治19年、陸軍中将に昇任し、2年後には陸軍大将に昇任した。明治39年、児玉源太郎の後をうけて台湾総督に任命された。佐久間は軍隊出身で、官界や政治には疎かった。着任後、総督府の主要な幹部は依然として児玉、後藤時代のままで、大きな変動はなかった。当時、台湾の漢人の抵抗はすでに一段落を告げ、総督府は全力をあげて原住民問題の処理に当たることができた。佐久間は牡丹社事件の時、原住民と戦った経験があり、台湾総督に就任した後は、それまでの宥和を中心とする番人処理政策を改め、厳しい武力鎮圧を行なった。とりわけ、明治43年から大正3年（1910～1914）にかけての「五年理番計画」では、彼は70歳の高齢で自ら武装して戦場に赴き、強大な武力で血なまぐさい鎮圧を行なった。大正3年9月、佐久間は東京に出向き、天皇に「全台湾の番社の平定」を報告した。彼の任務はこれで果たされたと言えるだろう。総督の職を解かれて3ヵ月もたたないうちに、太魯閣での戦闘の古傷が再発し、死亡した。

三一法　「明治40年（1907）第31号法律」の略称で、法律の名称は「台湾で施行すべき法令の法律」と言い、「六三法」の名称と共通している。明治40年の元旦から実施され、同時に失効した「六三法」に取って代わった。基本的には、「三一法」と「六三法」にはあまり大きな違いはなく、総督の出す法令は日本本国の法律、あるいは台湾で施行される法律に違反してはならないと明文で規定していた。しかし、この前に「六三法」に依拠して公布された法令は、本国の法律に抵触しても、依然として有効とされた。「三一法」にはやはり有効期限が定められており、その期間は5年と長くなった。明治44年（1911）と大正5年（1916）の二度延長され、最後は大正10年「法三号」に取って代わられた。**六三法、法三号**の項を参照のこと。

北埔事件　指導者の蔡清琳は、北埔支庁眉庄（現在の新竹県峨眉郷）の人である。若い時分巡査補（基層警察官）になったが、後に行ないに節度がないとして免職になり、二度懲役刑に服した。出獄後も常に警察の嫌がらせにあったためこれを恨みに思い、機をうかがって報復しようと考えていた。明治40年（1907）、彼は北埔山地の自警団員と樟脳労働者を扇動し、「まもなく清国の軍隊が旧港（新竹南寮港）に上陸する、自分はすでに清軍と連絡を取っている、先に北埔を占領し、日本人を皆殺しにしよう」と公言した。11月14日夜、蔡清琳の仲間は付近の日本警察の分遣所を攻撃し、日本巡査数名を殺害した。翌日午前、蔡清琳は北埔支庁を攻撃し、まず支庁長と全ての事務員を

1908	明治41年	1月30日、藤田組が阿里山森林計画の経営を放棄。
1908	明治41年	4月20日、縦貫鉄道全線開通。
1909	明治42年	10月1日、**石坂荘作**が基隆に「石坂文庫」を開設。
1909	明治42年	10月25日、地方制度を変更し、元来の20庁を12庁に減らす。

殺し、次いで北埔に住んでいる日本人住民をすべて殺害した。殺害された者は合計57人に及んだ。事件が起こったあと、総督府はただちに軍隊、警察を救援に向かわせた。蔡清琳の仲間は日本軍に遭遇すると、あっと言う間に総崩れになった。多くの人は清兵の来援という事実は全くなく、騙されていたことを知った。そこで蔡清琳が寝ている間に彼の首を切った。最終的に軍と警察は100人余りを逮捕し、12月13日、北埔の臨時法廷で取り調べを行ない、指導者の蔡清琳はすでに死んでいるので、ほかの9名が首謀者として死刑に処せられ、そのほかの97人が行政処分の判決を受けた。

石坂荘作（1870～1940）　群馬県吾妻郡の出身。幼い頃からすこぶる漢学を好んだ。日清戦争のおり、徴用されて従軍した。明治29年（1896）、台湾に入り、翌年5月、基隆河金鉱採掘に加わった。この時、瑞芳の顔雲年の家に寄宿し、顔雲年、顔国年兄弟との交わりが大変篤かった。同年9月、『台湾日日新報』に雇われ、32年、基隆に派遣され新聞の取り次ぎ販売をした。その後数年間、自ら「石坂荘作商店」を開き、度量衡器を販売した。彼は地方の公益事業に非常に熱心で、明治36年には「基隆夜学校」を創立して自ら校長になり、地方の人々に中等補習教育の機会を提供した。明治42年、基隆に私立図書館を創設し、「石坂文庫」と命名した。この図書館の蔵書は8,416冊で、民衆に無料で閲覧に供した。基隆地方の衛生の改善、公園の建設、風俗の矯正など、すべて手をつけないものはなかった。石坂は余暇には古蹟、石碑を調査し、歴史上の事件を整理した。多数の著作があり、有名なものには『台湾踏査実記』、『基隆港』、『北台湾の古碑』などがある。彼が創立した「基隆夜学校」は、今日の「光隆商職」の前身である。

1909	明治42年	10月25日、総督府の下に「番務本署」を新たに設け、翌年度（1910）から「**五年理番計画**」を開始。
1910	明治43年	4月1日、臨時台湾旧慣調査会編『**台湾私法**』全13冊が完成。
1910	明治43年	5月9日、総督府「**大嵙崁の役**」を発動。

五年理番計画　明治43年（1910）、総督府は「五年理番計画」を定め、1,630万円の経費をあて、武力による弾圧を加え、全台湾の原住民を帰順させることとした。計画では、第1、2年には、北部地方で掃討を行ない、同時に警戒線（原文：隘勇線、原住民からの攻撃を防ぐ警戒線）を前に進める。南部地方ではまず慰撫と調査に従事し、また道路を切り開き、将来の武力掃討に役立てる、となっていた。3年目の重点は「太魯閣番」を全力で攻撃する。4年目からは、活動の重点を南部と東部に移し、全面的な掃討を行ない、東西方向の横貫道路を通し、東部を開発するための運輸の幹線を作る。最後に、5年目には警戒線を永久的な道路に作り変えるなどとなっていた。計画通りならば、番人統治事業は北部から南部と東部へと進められ、最後には北部のタイヤル族に対する鎮圧の進み具合だけがひどく遅れることになり、南部と東部は早々に終了することになる。この5年間の軍事行動の最大の目標は、太魯閣番を徹底的に討伐することだった。70歳と高齢の総督・佐久間左馬太も自ら戦場に赴き督戦した。戦争の終了後、佐久間総督は大正3年（1914）9月19日、日本に赴き、天皇に理番の事業は終わったと報告し、まもなく総督職を下りた。大正4年（1915）7月、次の総督・安東貞美は「番務本署」を廃止し、山地を警察本署の「理番課」の管轄とし、武力討伐による番人統治政策に正式に終止符を打った。

台湾私法　臨時台湾旧慣調査会が出版した台湾の旧来の法制習慣調査報告書。この本の目的は、一つには、台湾の古いしきたりを明らかにし、日本による統治の行政及び司法の需要に応えようとするものだった。二つには、中国の法制を研究し、学理の論述を編纂し、将来の台湾の立法の基礎にしようというものだった。調査期間は明治34年（1901）から始まり、明治40年に終わった。この本の全体は本文が6冊に分かれ、それに付録参考書が7冊あり、合計13冊になった。総ページ数は5,866ページにも達した。このうち、正文は台湾民事習慣に対する分析研究で、付録参考書は調査収集で得られた文書資料であり、正文の著述の順序に従って配列された。この本は全体が「不動産」、「人事」、「動産」、「商事及び債権」の4篇に分かれている。『台湾私法』の最大の特徴は近代の法律の概念で台湾の複雑な民間の習慣を整理したことで、台湾の歴史、私法、法制史の研究に役立つばかりか、中国史の研究にとっても貴重な宝庫である。

大嵙崁の役　明治43年（1910）5月9日、総督府はタイヤル族大嵙崁番に包囲攻撃をかけた。警察大隊1,814名を動員する計画で、その中には日本人労働者275名、漢人の自警団430名と漢人の労働者700人が含まれていた。39日内に包囲討伐の任務を達成し、同時に警戒線（隘勇線）をさらに山側に押し込むという計画だった。しかし、始めて見ると作戦は順調に進まず、5月14

1910	明治43年	10月30日、「台湾**林野調査**規則」を公布。
1911	明治44年	2月8日、阿里山鉄道開通。
1911	明治44年	2月11日、黄玉階が「断髪不改装会」を発起。
1911	明治44年	8月26日から8月30日にかけ豪雨災害、南北交通が途絶。

日、総督府は台北、桃園、台中、南投各庁を緊急動員し、支援部隊を派遣した。この武装警察隊のうち、土木工事と運輸作業を行なうのは日本人労働者だが、実際に前線で戦うのは漢人の自警団員で、戦闘意欲は湧かず、番人の勇敢さにまるでかなわなかった。包囲討伐行動が予定の日程を超えたので、総督府は7月1日、第2期計画を発動し、警察を増員したほか、軍隊を出動させ、速射砲、山砲、迫撃砲、機関砲などの重装備を使用した。10月6日、原住民は投降した。今回の包囲討伐行動はあわせて5ヵ月の時間を費やし、「大嵙崁番」の17社1千人余りを征服、616挺の銃を没収した。

林野調査　明治43年（1910）10月30日、総督府は「台湾林野調査事業規則」を公布し、1910年から1914年まで5年の時間をかけて「林野調査」を行なうことを決定した。いわゆる「林野」とは、土地調査の範囲に入っていない「山林原野」を指す。調査の手順は、これまでの各種の調査の例に従い、まず人民が申請を提出し、それから測量、製図を行ない、最後にその所有権を確定することとなっていた。当局の統計によると、総計167,054件の申請を受け取り、実測面積はあわせて973,736甲に達した。最後に民有地と確定されたのは56,961甲で、残りの916,775甲は国有とされた。

三菱　日本の大財閥。創始者の岩崎弥太郎は土佐藩出身で、明治6年（1873）、「三菱商会」を設立し、汽船運輸、金属鉱山の経営で財をなした。明治8年、上海行きの定期航路を開いたが、これは日本で最も早い外国行きの定期航路だった。関係企業の「三菱造船」は船舶、飛行機及び大型プラントの製造に当たる総合的重工業の企業で、その前身は明治4年に創業した長崎造船所である。「三菱電機」と「三菱自動車工業」はそれぞれ大正10年（1921）と昭和45年（1970）に「三菱重工」から独立した企業である。昭和45年、三菱創業100年を記念するため、中島正樹を顧問とする「三菱総合研究所」を設立した。これは三菱企業集団全体のシンクタンクである。三菱集団傘下の重要な会社には、ほかに「日本郵船」、「東京海上火災」、「三菱銀行」、「明治生命保険」などがある。有名な三角菱形の商標は、土佐藩主・山内家の家紋「三柏」の柏の葉と、岩崎家の家紋「三階菱」の菱形をあしらってデザインしたものである。三菱は日本重工業の中心で、かつては日本軍部に協力して大いに軍需産業を興し、大日本帝国の戦争目的の達成に協力した企業とされる。

1912	明治45年	3月23日、「**三菱製紙会社**」の竹林財産権問題が「**林圯埔事件**」を誘発。
1912	明治45年	6月27日、「土庫事件」が勃発。
1913	大正2年	1月2日、台湾最初の自動車による旅客運輸が台北、円山間で開通。

三菱製紙会社　三菱財閥の投資により設立された。創設の初期、会社は台北の企業家から3万7千円で申請権を買い取った。原料のある竹林に対しては、使用権の紛争を解決するため、現地の民衆に3万4千円の保証金を支払い、明治41年（1908）、ついに総督府から1万5千町の竹林使用権を獲得した。事業経営を初めてからも、不断に妨害にあい、大正5年（1916）、休業に追い込まれた。損害額は総計134万円にのぼった。その後、図南産業会社が経営に失敗した竹林事業とあらゆる負債を三菱製紙がそっくりそのまま受けつぐことを希望したので、会社は昭和7年（1932）に再び設立された。会社が原料とした竹林は、現在の南投竹山、雲林古坑、嘉義竹崎一帯で、付近の住民は先祖代々竹製品に頼って生きて来た。総督府の林野調査によると、この一帯の竹林は無主地と判定され、付近の住民は使用権を持つだけだった。三菱製紙工場が総督府にこの竹林の下げ渡しを申請してからは、付近の住民は竹産物の採取を禁止された。これがもとで紛争が起こり、さらには「林圯埔事件」まで誘発した。これらの紛争は明治43年（1910）から昭和4年（1929）まで続いた。

林圯埔事件　明治45年（1912）、竹林の財産権問題がもとで引き起こされた武装抵抗。この事件の中心人物の劉乾は南投庁沙連堡（現在の南投県名間、竹山一帯）の出身である。家は貧しく、易者を生業としていた。台湾が日本に割譲されて後、劉乾は林圯埔の憲兵隊で雑役係をしていたが、明治44年、日本人は彼がデマを流して民衆を惑わせていると告発し、彼に商売を改めるように脅迫した。そこで劉乾はその地方の信徒に総督府に対する抵抗を呼びかけ、また三菱の竹林生産の独占に不満を持つ者も味方に吸収した。明治45年3月22日、劉乾と林啟禎の二人は信徒の家に神を祀る高い祭壇を設け、天地に決起することを告げ、劉乾を総指揮として林圯埔から5kmほどの所にある頂林派出所に攻め込んだ。しかし、日本政府が招集した警察隊と保甲壮丁団に敗れた。4月7日、総督府は南投に臨時法院を開設し、8名に死刑の判決を下し、即日処刑した。

関帝廟事件　羅福星の抗日事件と同時に、台南関帝廟（現在の台南県関帝郷）でも李阿齊が計画した台南進攻の陰謀事件が検挙された。これを「関帝廟事件」という。事件の首謀者の李阿齊は「阿良」ともいい、台南関帝廟庄の出身である。父親が明治28年（1895）、抗日の役で死んだので、その仇を報いようと志していた。彼は神仙の宣伝を利用して信徒を募ったが、反乱を起こす前に機密事項が露見して捕まり、大正3年（1914）3月、羅福星らとともに処刑された。**苗栗事件**の項を参照のこと。

苗栗事件　明治45年から大正2年の間（1912～1913）、台湾各地で数件の反乱陰謀事件が相次いだ。これらをあわせて「苗栗事件」と言う。事件の首謀

1913	大正2年	4月、大湖陰謀事件の犯人張火爐を検挙。
1913	大正2年	10月、**関帝廟事件**の犯人を検挙。
1913	大正2年	11月20日、「**苗栗事件**」勃発、12月18日、**羅福星**が逮捕される。
1913	大正2年	12月2日、**東勢角事件**勃発。

者の羅福星は明治45年から、革命党を秘密裡に組織し、本部を苗栗に置いた。このほか、台北大稲埕北門外街の台南館、得勝街の三合興茶桟、大平横街の広成茶桟を連絡所とし、さらに台南、彰化、桃園、基隆、宜蘭などに拠点を設け、華民会、三点会、老人会及び父母会（観音会とも言う）を外郭組織とした。大正2年9月、大湖支庁の銃器が盗まれ、日本の警察は全島で大規模な捜査、逮捕活動を展開した。11月下旬までに各地の団体は相次いで暴かれ、重要な党員は大部分逮捕された。12月18日、事件の首謀者の羅福星が逮捕された。当時は羅福星の事案のほかにも、陳阿栄の南投事件、張火爐の大湖事件、李阿齊の関帝廟事件、頼来の東勢角事件などがあった。この五件の類似事件に対して、総督府は臨時法院を設置し、苗栗で同時に審理した。このため「苗栗事件」と言われる。逮捕された1,211人のうち、死刑の判決を受けた者221人、有期懲役は285人、行政処分を受けた者は4人だった。**羅福星**の項を参照のこと。

羅福星（1886～1914）　字は東亜、号は国権、原籍は広東省鎮平県。羅福星はインドネシアで生まれ、1歳で広東の故郷に帰り、明治36年（1903）、家族とともに台湾に来た。苗栗の一堡牛稠庄に住み、苗栗公学校に入学した。明治39年、一家をあげて広東の故郷に戻った。その途中、厦門で正式に同盟会に加わり、翌年、シンガポール中華学校校長になり、次いでまもなくバタビア中華学校校長になった。胡漢民ら革命党員との交際が極めて密だった。明治44年（1911）、黄花岡の蜂起に加わり、事破れたのち、香港、シャム、バタビアなどの地に難を逃れた。同年、武昌蜂起の成功後、羅福星と黄興はバタビアで民軍2千人を募って国に帰り、革命を助けたが、南北和議の後解散し、故郷に帰った。明治45年（1912）、羅福星は再び台湾に渡り、密かに革命党を組織した。大正2年（1913）、台南関帝廟、新竹大湖、台中南投、東勢角などで抗日陰謀事件が相次いで検挙された。9月、大湖支庁銃器盗難事件の巻き添えで、革命組織が警察に検挙された。事が明るみに出て、羅福星は大陸に密かに戻ろうとしたが、12月18日、淡水で逮捕され、大正3年3月3日、処刑された。戦後、苗栗大湖忠烈祠右側の羅公岡山麓に「昭忠塔」が建てられ、羅福星を記念した。**苗栗事件**の項を参照のこと。

東勢角事件　東勢角は現在の台中県東勢鎮。事件の首謀者の頼来は台中庁圳寮庄（現在の台中県后里郷にある）の人で、風水を占うのを生業にしていた。大正元年（1912）、密かに中国に渡り、同年末、台湾に戻り、謝金石、詹墩、詹勤、李文鳳、張阿頭らと血をすすって盟約を結んだ。翌年12月、東勢角支庁に攻撃をしかけ、まもなく戦死した。この事件ではあわせて578人が逮捕され、そのうち20人が処刑された。**苗栗事件**の項を参照のこと。

1913	大正2年	12月、**『清国行政法』**すべて完成。
1914	大正3年	4月1日、長老教会、淡水中学を創設。
1914	大正3年	4月5日、台北円山動物園営業開始。
1914	大正3年	5月7日、「六甲事件」勃発。
1914	大正3年	5月17日、佐久間総督は自ら軍隊、警察を率いて**太魯閣番の役**を発動、8月19日、終結。

清国行政法　日本の台湾統治の初期、総督府は施政の必要から、旧来の制度及び行政法規を整理する重要性を強く感じた。これに応じて京都大学教授の岡松参太郎は、清代の政府制度と行政運営の規定の調査の責任を織田萬に持たせてはどうかと総督府に推薦した。織田萬は、当時京都帝国大学の法学教授で、東大法科を卒業し、ドイツ、フランスなどに留学の経験があった。明治36年（1903）から、彼は京都帝大法科大学内で『清国行政法』の編纂を始めた。この本は、「汎論」と「分論」に分かれ、明治38年5月に第1巻を刊行し、大正2年（1913）12月、最後の第6巻を刊行した。のちに、第1巻の内容に誤りや欠落が大変多かったので、新たに訂正、増補を行ない、上、下、2冊に分けて刊行、大正4年、最終的に完成した。この本は正文6巻7冊と索引1冊から成り、内容は行政法規、行政組織、官吏法、裁判制度、内務、私法、財政などを含み、清朝政治制度の各分野を網羅している。

太魯閣番の役　日本時代の総督府が原住民を鎮圧するために発動した最大規模の戦争。主な戦場は現在の合歓山地区一帯で、花連木瓜渓上流及び立霧渓上流一帯を含んでいた。この地区に住む原住民は「太魯閣番」といわれ、あわせて97の集落があり、人口は1万名に近かった。戦闘能力のある壮丁は3千人余りで、総督府の目から見て最も頑強な部族だった。大正3年（1914）5月、総督府は3,108名の兵士、3,127名の警察、4,840名の人夫の総計1万人を動員して3千人あまりの壮丁しかいない「太魯閣番」を攻めた。この戦争は6月1日から8月初めまで、標高2千mあまりの山の中で80日間戦われた。当時すでに70歳の総督・佐久間左馬太は自ら合歓山に行き軍と警察の戦いを指揮した。6月26日、彼は戦場で断崖から落ちて負傷し、翌年8月1日、世を去った。

隘勇線　明治28年から39年（1895～1906）の間、日本は台湾原住民に対して基本的には懐柔と放任の政策を採っていた。これは原住民が山区にいて、自ら進んで山を下りて日本人を攻撃することはなく、日本の統治政権を危うくすることがなかったからである。そこで、日本は山区付近に撫墾署を設けて原住民の人心を静め、隘勇（自警団）を置いて原住民を山から下りさせなかった。また、「番童教育所」を作って原住民を教育した。もう一つの懐柔の方法は、原住民の集落の指導者を平地に招待し、時には日本を参観させて、彼らに軍艦、大砲の威力を見せ、原住民の指導者に対して日本への畏敬の念を生じさせるというやり方だった。明治39年以後、日本は台湾原住民に対して厳しい弾圧政策をとるようになり、明治39年から42年まで、日本はまず警戒線（隘勇線）を山地に向かって前進させ、山区周辺の警察を山地にまで入り込ませ、鉄条網を張り、それ

1914	大正3年	8月23日、日本、ドイツに宣戦布告、第一次世界大戦に正式に参戦。
1914	大正3年	9月19日、佐久間総督、日本に赴き五年理番計画の完成を報告。
1914	大正3年	11月22日、**板垣退助**、台湾を訪問、「同化会」の誕生を促す。

に電気を通すことまでした。明治42年になると、日本が台湾の山区に構築した警戒線は総延長470kmに達し、ほとんど全ての台湾原住民を山区に押し込めてしまった。

電流鉄条網　警戒線に設けられた防御工事で、高圧電流を流し、人が触れれば死亡する。鉄条網の設置は警戒路と平行し、特に警戒線の地勢が険しい場所や、番人による被害が頻繁に発生する地点に付設され、防御面の欠陥を補完した。その構造は高さ4尺5寸の電柱に4本の電線をとりつけ、電線と電線の間隔は8寸とした。電線の両側それぞれ6尺の範囲内では、地面を平らにし、雑草を取り除かなければならなかった。警戒線に配置された警備員は毎日朝、鉄条網を検査し漏電を防がなければならず、もし、異常を発見したら、ただちに電流を止め、障害物を除去したのち、送電を回復しなければならなかった。電力は専属の発電機から供給され、電力の分配、管理は各庁の庁長が指揮、管理した。

板垣退助（1837～1919）　高知県の出身。土佐藩の高級武士の出である。明治維新の際、彼は「尊皇」派に属し、尊皇軍を率いて「鳥羽伏見の戦」で勝利し、維新にあたって建国の元勲となった。明治政府の成立後、彼は明治4年（1871）に閣僚となったが、2年後に辞職した。その後、政府に民選議院の設立を建議し、明治14年、「自由党」の総理となった。これは、日本の近代政党の嚆矢である。翌年、刺されて怪我をした。彼を刺したのは小学校の教員で、板垣の自由民権思想は危険で、国家の前途を危うくすると考えたのだった。明治20年、板垣は明治政府から伯爵に叙せられたが、世襲としないことを条件にこれを受け入れた。彼は維新の元勲の一人で、声望も地位も相当に高かったが、終始政権の中核に入ることはなかった。明治33年、政界からの引退を宣言し、その後は社会福利、風俗の改善、公娼の廃止、婦人の地位の向上、労使協調の促進などの問題に関心を寄せるようになった。大正3年（1914）、林献堂に懇請され、先頭に立って「台湾同化会」を組織した。彼の身分は特別だったので、総督府の厚遇を受け、台湾の各庁長はみな同化会に加入した。しかし、まもなく総督府は同化会の解散を命令し、会はわずか1ヵ月存在しただけだった。板垣は寂しい晩年を送り、大正8年に死去した。日本の国会は彼の憲政に対する貢献を記念するため、一部屋を設けて彼の銅像を安置した。

1914	大正3年	12月20日、「**台湾同化会**」発足。
1915	大正4年	2月3日、「中学校官制」を公布し、公立**台中中学校**の創立を許可。

台湾同化会　大正3年(1914)、明治維新の元老で自由民権運動の指導者板垣退助が台湾を訪れ「同化会」設立の準備を行ない、12月20日、台北鉄路飯店で成立大会を開いた。参会者は500人余り、その場で板垣退助を総裁に推挙し、理事3人、幹事4人を専任し、総裁が地方の首長及び台湾の日本人の知名人を評議員に指名した。板垣は台湾の統治は同化主義をとるべきだと主張した。「同化」の意味は異民族を同種の民族に同化し、平等無差別の待遇で台湾人に対応し、島民に日本臣民であることを自覚させ、よって台湾を日本に永属させる目的を達成しようとするものだった。このほか、台湾の住民を架け橋として、日中の親密化を図り、ともにアジアの前途のために奮闘しようという理念を唱導した。板垣の呼びかけに台湾の紳士はいっせいに応えた。同化会の目標には、精神教育に努め、慈善事業の普及を図り、交通運輸を平等に利用し、農商工を奨励し、組合事業を発展させる、などなどが含まれていた。しかし、同化会は台湾の日本人及び若干の総督府の役人の邪推にあい、翌年(1915)1月26日、総督府によって強制的に解散させられた。前後わずかに1ヵ月あまりの命だった。

台中中学校　大正3年(1914)春、台中霧峰林家の林献堂は、母親の80歳の誕生日に受け取った祝儀を基金として、台中中学を創立する募金を呼びかけた。呉徳功、辜顕栄らの協力も得て、24万8千円余りの資金を集め、総督府に台湾人を専門に教育する中学の設立を申請した。この学校の修業年限は4年とし、日本の文部省の規定にある5年制中学より1年少なかった。当時では台湾人にとって唯一の中学で、名称は「私立台中中学校」と言った。総督府はただちにこれを引き取って公立にし、「公立台中中学校」と改称したが、やはり台湾人だけを募集するものだった。また別に台中二中を設立したが、これは日本人の子弟だけを受け入れた。台中二中は大正4年5月1日に開校し、大正10年に台中州立台中高等普通学校に改められたが、校長・小豆澤英は頑固に始終「一中」の名前を維持し、最後まで「二中」に変えなかった。日本時代にあってはかなりユニークな事例だった。

噍吧哖(タバニー)**事件**　大正4年(1915)に起こった大規模な武装暴動事件。この事件の首謀者は余清芳で、このため「余清芳事件」とも呼ばれる。西来庵は彼が密謀し、事を起こした場所で、このため「西来庵事件」とも呼ばれる。暴動が起こった場所が噍吧哖(現在の台南県玉井郷)だったので「噍吧哖事件」という。余清芳は宗教を利用して噂を広め、台湾にはすでに「神主」が出現しており、まもなく「大明慈悲国」を打ち建て、日本人を追い払い、租税を軽減するだろう、一揆に参加した者はたくさん褒美を受けることができると宣伝した。余清芳の秘密裡の宣伝行為は警察に察知され、指名手配を受けたので、余清芳はあわてて山地に逃げ込み、大正4年7、8月には噍吧哖一帯の警察派出所を攻撃した。総督府は軍隊と警察を派遣して山狩りを行な

1915	大正4年	5月1日、安東貞美、第6代総督に就任。
1915	大正4年	8月3日、「**噍吧哖**（タバニー）**事件**」勃発。
1915	大正4年	8月9日、**総督府図書館**が正式に開館。

い、8月22日、余清芳を逮捕した。事件が収まったのち、台南の臨時法廷で裁判が行われたが、あわせて1,957人が「匪徒刑罰令」で告発された。そのうち1,413人が起訴され、866人が死刑、453人が有期懲役になった。この事件の判決があまりにも苛酷だったので、日本の国会議員から非難された。このため、95名を処刑したのち、そのほかの死刑囚は無期懲役に判決が改められた。軍隊が暴動参加者を掃討した際、噂では山区の村で虐殺行為があり、死者の数は非常に多いということだったが、直接の証拠はなかった。この事件は日本時代の抗日運動の分水嶺とされ、前期は武装暴動が主体だったが、後期は非武装の政治社会運動を行なうようになった。**余清芳、羅俊、江定**の項を参照のこと。

総督府図書館　大正4年（1915）4月14日に創設、同年8月9日、正式に一般に開放された。この図書館の創設は「台湾文庫」に遡る。「台湾文庫」は明治34年（1901）に設立された私人が募金で作った公共図書館だった。「台湾文庫」は台北市書院街（現在の博愛路）の「淡水館」にあった。数年間経営したが、経費が不足した上、建物も古くなったので、明治39年閉館し、図書は「東洋協会」台湾分会に渡して保管した。東洋協会は台北市には公共図書館が是非とも必要であると考え、総督府に対し当局が設立してはどうかと建議した。これが、「総督府図書館」設立の由来である。大正4年、図書館が開館した時には、「台湾文庫」の1万8千冊の図書を引き取ったほか、総督府文書課の本を加え、さらに各方面が寄贈した800冊あまり、新たに購入したもの6千冊と、傷んだものを除き合計2万2千冊余りの蔵書があり、台湾島内最大規模の図書館だった。大正11年から「巡回文庫」を始め、図書を分割して台湾各地を巡回した。「巡回文庫」は一ヵ所に4ヵ月留まり、台湾の読書の気風を広めるのに大きな貢献をした。第5代館長・山中樵の指導下に、総督府図書館は広く台湾地方の文献と南洋の資料を収集し、これらはこの図書館の重要な蔵書となった。太平洋戦争の間、図書は相次いで各地に分散保存された。このため、本館は空襲に遭って破壊されたものの、わずかに新聞及び一部の図書を失っただけだった。戦後、台湾行政長官公署が接収し、「台湾省立台北図書館」に改められた。民国61年（1972）年、主管機関は省教育庁から中央に引き継がれ、同時に「中央図書館台湾分館」と変わった。現在は台北市八徳路と新生南路の交差点の光華商場の傍にあり、今でも台湾と南洋の資料の豊富な収蔵で知られている。

1915	大正4年	9月6日、**羅俊**を処刑、9月23日、**余清芳**を処刑。
1915	大正4年	10月20日、**下村宏**、民政長官に就任。
1915	大正4年	『番族慣習調査報告』など出版。

羅俊（1855～1915）　他里霧（現在の雲林顕斗南鎮）の出身。以前、保良局書記の職にあった。明治33年（1900）、中国に渡って抗日に投じ、事敗れて台湾に戻った。明治39年、台湾に戻ってまもなく、再び漢口に行き、医者を開業し、その後福建の天柱厳などに潜伏していた。大正元年（1912）、6人を連れて台湾に帰り、台中燕霧下堡の頼水の家に暫く住んだ。大正2年、人に紹介されて余清芳に会い、抗日のことをともに語りあった。当時、すでに相当の年だったが、精神、体力ともまだ盛んだった。大正4年6月、嘉義で捕まり、9月6日、死刑になった。**余清芳**、**噍吧哖事件**の項を参照のこと。

余清芳（1879～1915）　別名滄浪。屏東に生まれ、のち、高雄路竹に移り住んだ。初め雑貨店の店員となり、夜は公学校に通って日本語を学んだ。明治32年（1899）、台南庁警察補となり、阿公店（現在の高雄県岡山）、鳳山一帯で勤務した。明治35年、辞職し、台南、高雄一帯の齋堂（台湾の宗教・齋教の伝道所）で活動し、塩水港二十八齋総会に加入した。明治42年1月、日本警察によって台東の管理訓練所に送られた。大正2年（1913）、出獄後、台南市西来庵に出入りし、羅俊、江定と武装蜂起の謀議をした。大正4年5月25日、「大明慈悲国」の名で呼びかけをした。7月6日、余清芳、江定は噍吧哖（現在の台南県玉井郷）を攻め、甲仙埔、大丘園、六張犂、阿里関各地（現在の台南県玉井、高雄県甲仙一帯にある）の日本警察を襲撃し、虎頭山を占領した。総督・安東貞美は軍と警察に包囲討伐を命じた。余清芳は11人を率いて包囲を突破したが、蓬莱庄（現在の台南県玉井一帯にある）で、保正の陳瑞盛、邱通芳に密告された。この時、付近の村落の住民千人以上が虐殺されたといわれる。噍吧哖ではこの時の災難のあと、人口は著しく減少した。余清芳は暫時江定と袂を分かって危険を避けることにしたが、大正4年8月22日、台南、阿猴両庁の境界の渓谷で村民におびき出されて捕まり、警察に突き出された。9月23日、死刑に処せられた。

下村宏（1875～1957）　号は海南。和歌山の士族。明治31年（1898）、東京帝大法科を卒業後、逓信（郵政）省に入り、後にドイツに留学した。大正4年（1915）、第6代総督・安東貞美によって台湾に招かれ、民政長官となった。彼は、この職務を5年9ヵ月務め、安東貞美、明石元二郎、田健次郎の3代の総督に仕えたが、彼の仕事ぶりには非常に自由の気風があった。彼は台湾人をすこぶる尊重し、任期内に人権に反する「罰金及び笞刑処分令」を廃止し、小学校教員の佩剣の制度も廃止し、日月潭水力発電計画を企画した。このほか、高等学校の創設も彼の任期内に実現したものである。大正9年、台湾の地方制度に大規模な改変が行われたが、彼は多くの妥当でない文字（下品な字、筆画の多い字、滅多に用いられない字などを含む）を棄て、現地の歴史、風土、物産などからヒントを得て、で

1916	大正5年	4月16日、噍吧哖事件の主犯の1人、**江定**を逮捕、9月13日、処刑。
1918	大正7年	6月6日、陸軍中将明石元二郎、第7代総督に就任、7月22日、着任。
1918	大正7年	夏、林献堂ら、東京で**六三法撤廃運動**を始める。

きるだけ上品な地名に変えた。彼は台湾在任中に法学博士の学位を取った。行政官であるばかりでなく、彼は著作の多い学者であり、詩人でもあった。大正10年、台湾を離れたのち、新聞界に入り素晴らしい仕事をした。昭和12年（1937）、貴族院議員に就任した。太平洋戦争の末期、軍部の反対にも拘わらず、当時内閣情報局総裁だった下村の働きで、天皇の無条件降伏を告げる録音レコードをうまく皇居から持ち出し、放送することができた。下村宏の著作は63冊と多く、特に有名なものには『終戦記』、『終戦秘史』などがある。

江定（1866～1916）　台南庁楠梓仙渓里竹頭崎庄（現在の台南県南化郷にある）の出身。区長を2年あまり務めた。明治32年（1899）、公務によって庄民の張擁司を撃ち殺したが、噍吧哖（現在の台南県玉井郷にある）の日本の憲兵に逮捕され、殺人罪に問われた。後に隙を見て逃走し、山中に隠れた。明治33年、嘉義大埔一帯に出没し、翌年、呉壁寮山に逃げ込み、甲仙埔や六甲方面の反日分子数十人と結んで、機会をうかがっては行動を起こした。大正4年（1915）、余清芳、羅俊らと抗日のため蜂起し、噍吧哖を攻撃したが敗れ、まもなく余清芳らと散り散りになり、阿猴、台南の山中に逃げ込んだ。翌年、山からおびき出されて捕らえられ、裁判の結果、9月に処刑された。**余清芳**、**噍吧哖事件**の項を参照のこと。

六三法撤廃運動　「六三法」（実際は「三一法」）を廃止し、台湾を日本帝国憲法の体系の中に組み入れさせようという運動。六三法の規範の下で、台湾は日本の法律を完全には適用しておらず、このため台湾総督は各種の特別法を制定し、単独で台湾に適用させることができた。例えば、「台湾住民刑罰令」、「台湾住民治罪令」、「犯罪即決令」、「違警令」、「浮浪者取締規則」などである。すでに明治40年（1907）に「六三法」は廃止され、「三一法」がそれに代わって施行されていたが、両者の間には実質的内容に大きな差異はなかった。このため、この時になっても、おおざっぱに「六三法」という言い方をしていた。大正7年（1918）夏、林献堂は東京で「六三法撤廃期成同盟」を作ったが、まだ正式に活動を始めないうちに、今度は「啓発会」が結成された。六三法廃止運動の主な趣旨は総督の特別立法制を取り消すことだったが、一部の日本人が主張する「内地延長主義」に似ており、この運動は苦境に立たされることになった。このため、林呈禄らの主張に従って、大正10年以後は次第に「台湾議会設置請願運動」へと転換していった。

1918	大正7年	東京の台湾留学生、「**啓発会**」を組織。
1919	大正8年	1月4日、「**台湾教育令**」を公布。
1919	大正8年	3月15日、**林熊徴**らが「華南銀行」を設立。
1919	大正8年	4月19日、**農林専門学校**創立。

啓発会 1910年代後期から、日本の東京にいる台湾人留学生は次第に結集して力をもつようになり、結社を作り、種々の思想的交流活動を行なうようになった。啓発会はその中で最も早く結成された団体である。この会は大正7年（1918）に成立し、主なメンバーには羅萬俥、王敏川、黄呈聡、呉三連、荘垂勝及び林攀龍らがいた。当時、東京の台湾人留学生が関心を持っていたのは「六三法廃止運動」で、啓発会はこの運動を契機として作られたと言える。しかし、成立間もない翌年には、人事をめぐるごたごたと経費の不足などが原因で解散した。だが、翌年に成立する「新民会」のための基礎にはなった。

台湾教育令 大正8年（1919）、総督府が公布施行した台湾の教育制度を規定した法令。台湾人が就学する学校としては、公学校の上に、4年制の高等普通学校1ヵ所、3年制女子高等普通学校2ヵ所、5年制師範学校2ヵ所、3年制工業、商業、農林学校各1ヵ所、6年制農林及び商業専門学校各1ヵ所、8年制医学専門学校1ヵ所を設立した。台湾在住の日本人については、小学校以上は日本内地の学制を適用、台湾人、日本人を分離して入学させる政策を維持した。「台湾教育令」公布後まもなく、台湾統治政策は「内地延長主義」を採るように改められたので、総督府は大正11年、新しい台湾教育令を公布した。新教育令の最大の変化は、日、台「共学」の方針を採用したことで、台湾の中等以上の学校は全て日本内地の学制にならった。各地に中学校、高等女学校、実業学校を増設したほか、7年制高等学校1ヵ所を新たに作り、もとの各実業学校は3年制の高等農林、商業及び工業専門学校に改められた。ほかに、4年制の医学専門学校もあった。昭和3年（1928）、台北帝国大学が設立された。

林熊徴（1889～1946） 板橋林本源家の長男・林維譲の一番上の孫。日本時代中期に林家の家長になり、台湾総督府の砂糖、塩生産の奨励策のもと、「林本源製糖株式会社」を創立したほか、その主要な事業である「華南銀行」を自力で創立し、林家と総督府がともに認める代表的な人物になった。大正10年（1921）、台湾総督府は評議会を設置したが、林熊徴は少数の台湾籍の評議員の一人だった。板橋林家と日本政府の間の関係は大変親しく友好的で、林熊徴の一族の林熊光、林熊祥は相次いで総督府の評議員になり、また、日本の皇族が学ぶ「学習院」に入ることができた。戦後、国民党は引き続き林家の財力をあてにし、林熊徴を台湾省党支部の経済事業委員会主任委員に据え、名目上、党の活動資金集めの責任を負わせた。民国35年（1946）11月死去、享年59歳。林熊徴は清末の大経済官僚・盛宣懐の5女盛関頤を妻にし、姻戚関係もまた非常に華々しかった。

農林専門学校 大正8年（1919）年4月19日の創立。校舎は現在の台湾大学公館校総区にあり、「林業科」と「農業科」があった。本校予科とそのほか

1919	大正8年	8月1日、台湾電力株式会社創立。高木友枝が第1代社長に就任。
1919	大正8年	8月19日、「**台湾軍**司令部条例」を制定。明石総督、第1代台湾軍司令官を兼任。

の高等普通学校の卒業生を対象に募集し、台湾人の子弟が対象だった。総督府はまた現在の東勢林場と新化林場を学校の実験林にあてた。大正11年、「総督府高等農林学校」と改称し、台湾籍、日本籍の学生をあわせて受け入れた。昭和2年（1927）、再び「総督府台北高等農林学校」と改称した。翌年、台北帝大の創立に際し、キャンパスを台北帝大に提供し、台北帝大の「付属農林専門部」に改組された。

台湾軍　日本は台湾統治の始めから軍隊を台湾に派遣し、各地の武装反抗を鎮圧した。全島の治安がおおむね定まったのち、台湾の常駐の軍隊は明治40年（1907）に2個連隊（一個連隊編成の兵士は3,200名）に削減された。これらの台湾守備の軍隊は台湾総督が統括した。大正8年（1919）、総督を文人とする必要からであろう、「台湾軍司令官」の職を設け、その統轄下にある軍隊を「台湾軍」とし、もともと総督に属していた指揮権を台湾軍司令官に移譲した。第1代司令官は当時の総督・明石元二郎が兼任した。台湾軍が「第10方面軍」に改められるまで、19名の司令官がいた。大正8年、台湾軍司令官が置かれたからといって、台湾軍の編成がそれとともに拡大されるということはなく、もと通り2個連隊と基隆、澎湖の要塞守備隊がいるだけだった。兵員の数が少ないだけでなく、組織も日本内地の軍隊とは異なっていた。台湾軍は司令部の下に臨戦編成の「台湾守備隊」を設置し、その下部の台北第1連隊と台南第2連隊を統括した。第1連隊の一部は台中の防備を分担し、第2連隊の一部は高雄と花蓮の防備を分担した。このほか、台湾憲兵隊、飛行第8連隊などがあり、司令部に直接隷属した。昭和16年、太平洋戦争が勃発するや、台湾軍は急速に拡張され、昭和19年（1944）には「第10方面軍」に改変され廃止された。

日本時代

1919	大正8年	10月29日、**田健治郎**が最初の文官総督に就任、「**内地延長主義**」の政策を掲げる。
1920	大正9年	1月11日、東京の台湾留学生が「**新民会**」を結成。
1920	大正9年	7月16日、『**台湾青年**』創刊。
1920	大正9年	7月27日、地方行政制度を変更、全島を5州、2庁に分け、その下に3市、47郡を置く。

田健治郎（1855～1930）　兵庫県人。東京帝国大学を卒業後、神奈川県警部長、埼玉県警部長、逓信省書記官などを歴任した。その後通信局長に転任した。当時はまさに日本の台湾統治の開始時期に当り、内閣に「台湾事務局」が設置され、田健治郎は通信局長のまま「台湾事務局」の交通部委員を兼任した。このように田は元々台湾とは関係があった。明治34年（1901）、彼は故郷で衆議院議員に当選し、まもなく逓信次官になった。大正7年（1918）、政友会の原敬が組閣をし、翌年、台湾総督・明石二郎が病没したのを機会に、日本政府は文人を台湾総督とする政策を実現することにした。そこで原敬と個人的に深い親交のあった田健治郎が台湾の最初の文人総督に任命された。彼は大正12年、農商務大臣兼司法大臣に任命され、総督の職を去った。任期中、彼は「一視同仁」、「内地延長主義」などの政策を標榜し、地方行政制度の大改革、「三一法」の「法三号」への変更、新「台湾教育令」の実施などの重大な改革を実行した。

内地延長主義　第一次世界大戦の終結後、世界には民族自決と民主主義の潮流が広がり、日本も例外ではなかった。最初の文官総督・田健治郎は民族自決の風潮に応えるために、漸進的な「内地延長主義」を提起し、「日台融合」、「一視同仁」などの方針を唱えた。「内地延長主義」の精神のもとに次のような施策を実施した。大正9年（1920）、地方制度の改革を実施し、州、市、街、庄の官選協議会を創設。大正10年2月、台湾総督府の評議会を設置。大正11年1月、「三一法」を「法三号」に改め、原則的に日本本土の法律を台湾に適用。大正12年1月、「治安警察法」を台湾に施行。このほか、台湾人官吏特別任用令を公布し、台湾人、日本人の「共学」を許し、さらに台湾人と日本人の結婚を認めた。

新民会　大正8年（1919）、「啓発会」の解散後、林呈禄は新たな団体を作る必要をあらためて痛感した。大正9年1月11日、林献堂、蔡恵如と留学生の中堅分子は東京で「新民会」を成立させ、蔡恵如が中心になって組織の整備を図り、林献堂を会長に、蔡恵如を副会長に、黄呈聰と蔡式穀を幹事にそれぞれ推薦した。この会の主な目標は台湾の政治改革を推進し、島民を啓発し、機関紙を発行することだった。同年7月16日に創刊された『台湾青年』は台湾人の政治運動の最初の機関刊行物である。新民会は日本本土と台湾島内に散らばっている抗議勢力を団結させ、台湾議会設置の請願を主な柱とする政治運動を推し進めた。

台湾青年　大正9年（1920）に新民会によって創刊された在日台湾人学生を対象とする刊行物。これは台湾人による政治運動の最初の機関刊行物で、蔡恵如、辜顕栄、林熊徴、顔雲年らの賛助のもと、大正9年に創刊された。『台湾青年』の編集主任は蔡培火で、雑誌

1920　大正9年　　11月2日、警察飛行班の基地・屏東飛行場落成。
1920　大正9年　　**顏雲年**が「台陽鉱業株式会社」を設立。

社は東京麹町区飯田町に置かれた。在日の彭華英、王敏川、林呈禄、祭恵如らが共同で編集に当たった。これ以後、「新民会」は大正9年11月28日、六三法に反対する講演会を開いた以外はすべて「台湾青年会」の名前で活動した。『台湾青年』は大正11年4月1日、『台湾』に名称を変え、大正13年6月、停刊した。

顏雲年（1875～1923）　台北瑞芳の出身。幼少から漢学の教育を受け、科挙での成功を目指した。21歳の時、台湾は日本に割譲され、名を挙げる道は途絶えてしまった。当時、彼の叔父が匪徒と誣告され、日本軍に逮捕された。顏雲年は叔父を救うため自ら日本軍の瑞芳守備隊に出向き、隊長と筆談して誤解を解いた。これが機縁となって、彼は日本人に引き止められて通訳となり、民間と当局との間の仲介者となった。顏雲年は機会を逃さず日本語の学習に努め、後に瑞芳警察署に職を得た。瑞芳の金鉱の採掘が盛んになるのに伴い、顏雲年も鉱業に足を踏み入れ、金鉱の採掘を請け負った。明治37年（1904）、彼は汐止人の蘇源泉と「雲泉商会」を作り、金鉱業界の大物藤田伝三郎と知りあった。大正3年（1914）から、藤田は台湾での事業を顏雲年に転売し始めた。大正9年、顏雲年は「台陽鉱業株式会社」を設立し、これを彼の事業の飛躍のための基礎とした。この会社は顏家の最も重要な事業であり、日本時代を経て現在まで継続している。顏家の投資は台陽鉱業を中心に行われている。会社設立の翌年、顏雲年は台湾総督府評議員に選ばれ、2年後に世を去った。一家の企業はその弟の顏国年によって受け継がれた。

1921	大正10年	1月30日、**林献堂**らが帝国議会に「台湾議会設置請願書」を提出、これより「**台湾議会設置請願運動**」が始る。
1921	大正10年	6月1日、「総督府評議会」が発足、24名の評議員を任命。
1921	大正10年	8月2日、総督府、「**中央研究所**」を設立。

林献堂（1881～1956）　台中霧峰の出身。名は大椿、号は灌園で、林文欽の長男である。20歳で父を喪った。27歳の時、日本に観光に行き、帰路、奈良で梁啓超に出会った。明治44年（1911）、梁啓超を台湾の遊覧に誘い、思想、学問の両面で彼から大きな影響を受けた。大正2年（1913）、板垣退助を知り、これによって日本の中央政界の重要人物と交際するようになった。翌年、募金によって台中中学校を創立することを提唱し、同年11月、板垣退助と台湾同化会を設立した。この間、彼はしばしば上京し、東京の台湾留学生との接触が次第に頻繁になっていった。大正9年1月、東京留学生は新民会を結成し、彼は推されて会長になり、翌年、台湾議会設立運動を指導した。大正10年、台湾文化協会が結成されると、またもや総理に推された。大正12年4月、『台湾民報』の初代の理事長に就任した。昭和2年（1927）、台湾文化協会は分裂し、彼と蔡培火、蔣渭水らは別に台湾民衆党を組織した。昭和5年、台湾地方自治連盟が結成され、彼は顧問に就任した。昭和12年、「祖国事件」に際し、東京に難を避けた。戦後、民国35年（1946）、丘念台の誘いに応じて「台湾光復致敬団」に参加し、南京の中山陵を参拝、蔣介石に会った。その後、西安に行き、黄陵を参拝した。台湾に帰ってのち、彰化銀行理事長、省政府委員、台湾省通志館館長などの職を歴任した。民国38年9月、日本に行き治療を受けた。民国45年9月8日、東京で死去した。

台湾議会設置請願運動　大正9年（1920）の年末に始まる台湾議会の設立を要求する政治運動。この運動の理論的基礎は、最初に、日本は立憲の法治国家であり、三権分立の原則を貫徹すべしとし、次いで、台湾は日本本土とは異なり、単独で「台湾議会」を設立し、台湾現地の特殊な要求にかなうようにしなければならないと主張した。この運動は大正10年1月30日に最初に日本帝国議会に請願を行ない、昭和9年（1934）1月30日に最後に郵便で貴族院に請願書を提出するまで、前後14年にわたり、あわせて15回の請願を行なった。毎回の請願は、通常まず台湾で署名運動を行ない、次いで宴会を開いて請願代表を送別し、代表団は東京へ出向いて帝国議会に請願するというやり方だった。この運動は、最初は文化協会が主導的役割を果たし、文化協会の分裂後は民衆党が引き続き後押しした。民衆党が禁止されてからは、台湾議会設置請願運動はたちどころに支えを失った。のちの「地方自治連盟」は多くの議会設置請願運動の闘将を網羅していたが、責任者の楊肇嘉はこの運動に熱心ではなく、運動は昭和9年に終わりを告げた。この運動は目標は達成しなかったが、台湾問題を日本の中央政界に持ち込み、さらに台湾民衆の政治、社会及び文化の意識を喚起したという点で、大きな貢献があった。

中央研究所　台湾は日本の領土の南端にあって半ば熱帯に属しており、産業と衛生面で日本本土とは大きな相違があり、専門的な調査研究を行なう必

1921　大正10年　　10月17日、**台湾文化協会**結成、**林献堂**が総理に就任。

要があった。このため、総督府は明治42年（1909）4月、「台湾総督府研究所」を設立した。これ以前に、台湾総督府は各行政部門の業務の必要から、それぞれ各地に「農事試験場」、「糖業試験場」、「茶樹栽培試験場」、「園芸試験場」、「種畜場」、「林業試験場」などを設けた。これらの試験場はそれぞれ専門の実験研究に従事するとともに、総督府研究所と併存していた。大正10年（1921）8月2日、総督府はこれらのさまざまな研究機関を統合し、「中央研究所」を設立した。中央研究所は各単位との連絡に責任を持ち、調査面の重複を避けるともに、それまでの各自がばらばらに業務を遂行するという欠点を改善した。中央研究所の本部は台北市に置かれ、農業部、林業部、工業部、衛生部、庶務課を統括した。このほかに、全島各地に11の支所を置いた。この研究所は主な業務として、農業、林業、工業、衛生について調査研究を行ない、実験結果を利用して種苗、種畜、細菌学に基づく予防治療品などを製造、販売した。

台湾文化協会　蔣渭水が提唱し、林献堂が先頭に立って青年学生を結集し、大正10年（1921）10月17日に発足した団体。本来の目的は文化的啓蒙で、政治運動にはなかった。台湾文化協会の最も影響力のあった活動は、大正12年（1923）から昭和2年（1927）まで行われた文化講演で、1年間に300回あまり開催され、聴衆は11万人以上にのぼった。このほか、大正13年から連続3年、台中霧峰の林家の莱園で夏季学校を開き、各種の科目の講習をし、討論会を行なった。総督府は講演と授業の内容が民族意識を刺激する恐れがあるとして、しばしば中止や解散の処分を行なった。台湾文化協会の提唱で、台湾の農民運動と労働運動の最初の扉が開かれた。このほか、台湾文化協会の台湾近代政治、社会運動史上の意義としては、政治運動のメンバーと基礎を拡大したという成果がある。しかし、この結果が昭和2年の「文化協会」の分裂をもたらす遠因ともなった。分裂後の「新」文化協会は左翼の人物が権力を掌握し、もとの文化協会が発行する『台湾民報』の不買運動を起こし、別に『大衆時報』を発刊するまでになった。その路線はもとの文化協会の路線とは全く異なるものになった。

1921	大正10年	11月12日、**連雅堂**が**『台湾通史』**を完成。
1921	大正10年	本年度**『番族調査報告書』**の全ての刊行が終了。
1922	大正11年	1月1日、「**法三号**」が発効し、同時に「三一法」を廃止。

連雅堂（1878～1936）　名は横、字は武公、号は雅堂、または剣花。台南市の出身。台湾が日本に割譲された時、彼は一時期大陸に避難した。しかし、まもなく台湾に戻り、『台南新報』の中国語欄の主筆となった。その間、厦門に行って『福建日日新聞』を創刊したが、厦門滞在の期間は短く、まもなく台湾に戻り新聞社の主筆となった。また趙雲石、謝籟軒らと詩社『南社』を作った。明治41年（1908）、彼は台中に移り、台中の『台湾新聞』社の漢文部に入り、また台中の「櫟社」の文人仲間と往来した。辛亥革命ののち、彼は大陸を遊歴し、この時期に清末の台湾省発足に関する文書に触れることができた。これは後日『台湾通史』を書く際の重要な資料となった。大正3年（1914）、台湾に戻り、昭和8年（1933）には上海に居を移したが、3年後に死去。明治41年から『台湾通史』の著作にかかり、上海に移るまでの25年間に、台湾の歴史に関する大作『台湾通史』、台湾の言語、文字に関する『台湾語典』、台湾の風土、民情、史跡を考証した『台湾贅談』、『台湾漫録』、『台湾古蹟誌』、『雅言』などを完成させた。このほか、台湾最初の文学史『台湾詩乗』を編集し、雑誌『台湾詩薈』などを発行した。彼は台湾の歴史、言語、文学を系統的に研究した台湾で最初の作家と言える。

台湾通史　作者の連雅堂は幼少のころから父親の啓発を受け、台湾の歴史、文物に触れるようになった。当時、台湾の歴史書に遺漏があるのを不満に思い、歴史書の著述を思い立った。彼は、最初は「地方志」の形式で「地理志」、「種族志」、「沿革志」、「政治志」、などを書く予定だったが、後には国史紀伝体の形式で、紀、志、伝に区分した。全書の内容は隋朝大業元年（605）に始まり、清光緒二十一年（1895）で終わっており、前後1290年に及ぶ。紀は「開闢紀」、「建国紀」、「経営紀」、「独立紀」（後に「過渡紀」に改める）」に分け、漢人の台湾開拓の経過、鄭氏3代の建国の事績、清代の経営開発、それに台湾民主国の抗日事跡などを叙述している。志は24種に分かれ、必要に応じて表をつけ、事物の累計で区分している。列伝は計8巻あり、第1巻は鄭氏時代の人物を記し、第2巻は清初康熙年間の人物、第3巻は雍正、乾隆年間を主とし、第4巻は嘉慶から光緒年間の人物、第5巻は戴潮春の乱の関係者、第6、第7は伝記の分類、最後の1巻は日本に隷属した際の抗日分子をそれぞれ記している。『台湾通史』の精神は、中国旧来の地方志の伝統によっているが、従来の地方志がそれぞれ独立し、互いに関連性を持たない単純な配列になっているのに対し、代わりに紀を以て年につなげ、志を以て事を記し、伝を以て人を叙する交差と重ねあわせの記述方式を採っている。構成のしっかり整った史学の著作と言える。

番族調査報告書　臨時台湾旧慣調査会が出版した台湾原住民についての調査報告書。旧慣調査の責任者の岡松参太郎は番族調査には人類学の価値があるだけで、法学の研究には益するところは小さいと考えていた。このため、こ

1922	大正11年	2月6日、「台湾教育令」を改正し、普通学校、公学校以外の全ての学校が日本内地の学制に依拠。
1922	大正11年	4月1日、日本人と台湾人の「**共学制**」始まる。

の調査計画は経済調査が中止されてから行われた。調査に携わった主要なメンバーには、河野喜六、佐山融吉、小島由道などがいた。その調査の成果は『番族調査報告書』8冊（1913～1922）と『番族慣習調査報告書』5巻8冊（1915～1922）として刊行された。調査会が大正8年（1819）に解散後、関係者が別に「番族調査会」を作り、引き続き上記の報告書を刊行したほか、森丑之助が調査した『台湾番族図譜』2巻及び『台湾番族志』第1巻を編纂した。このほか『台湾番族慣習研究』8巻も出版した。

法三号　正式名称は「台湾で施行する法令に関する法律（関於在台湾施行的法令之法律）」と言い、大正10年（1921）の第三号の法律に当たるので、略して「法三号」と言った。大正11年に正式に発効し、もとからあった「三一法」に取って代わった。この法律の主たる原則は、日本本土の法律を、「勅令」を発布する形式で、その全部あるいは一部を台湾に適用することを指定した。台湾総督が制定する「律令」は補助的地位に退いた。「律令」は台湾でのみ必要なだけで、本土にはこの種の法律はなかった。あるいは台湾の状況が特殊なため、本土の法律が台湾で適用できない場合は、「律令」を制定する方法が取られた。こうして、総督の法律を制定する権力は以前に比べ大いに弱まった。「法三号」は「台湾の法律の規範を定める法律」となり、日本が戦争に敗れ投降するまで一貫して施行された。

共学制　大正11年（1922）、総督・田健治郎が新しい「台湾教育令」を発布、同化主義の施政方針を確立し、「共学制」を実行に移した。新しい規定によれば、中等以上の教育機関（師範学校は除外）は台、日人の差別待遇と隔離教育をなくし、同一の教育法令の規範を遵守し、平等であることを示した。これ以後、台湾の中等以上の教育機関は日本国内の制度に照らして設立され、各地には中学校、高等女学校、職業学校、7年制高等学校、医学専門学校などが続々と作られた。初等教育の面では、依然として学童の日本語の能力によって小学校と公学校に分けたが、台湾人学童の日本語能力が低いため、台湾人の子弟で小学校に入る者は少なく、台、日共学の情況は普遍的ではなかった。昭和16年（1941）になって、日本の国内初等教育制度の改革にともない、台湾の小学校、公学校は「国民学校令」によってすべて「国民学校」に改称され、形式上は初等教育の一致が完成した。しかし、実質上は、カリキュラムの内容には依然として相違があった。

1922	大正11年	4月23日、**総督府高等学校**が開学式典、台湾最初の高等教育機関となる。
1922	大正11年	7月24日、総督府、史料編纂委員会を設置。
1922	大正11年	12月16日、**杜聡明**が京都帝国大学の医学博士の学位を取得、台湾人最初の博士となる。
1923	大正12年	1月30日、「台湾議会期成同盟会」成立。
1923	大正12年	1月、**勧業銀行**が台北支店を開店、台湾の金融界に進出。

総督府高等学校　大正11年（1922）に設立された7年制の高等学校。最初「尋常科」が設立され、修業年限は4年だった。大正14年から「高等科」を増設した。文、理の2組があり、修業年限は3年だった。学生は、卒業後台北帝国大学か日本国内の各大学に入学することができた。大正15年、「台北高等学校」に改称され、3年後には古亭町（現在の師範大学のキャンパス）の校舎が完成した。学校の台、日籍の学生の人数には大きな隔たりがあり、台湾籍の学生は極めて優秀な者だけに入学の望みがあった。昭和3年（1928）3月に卒業した第1期の学生は、ただちに台北帝国大学創立時の募集に応じた。昭和16年、台北帝大が「予科」を増設するまでは、この学校は台湾島内で大学に進学する唯一のパイプだった。

杜聡明（1893～1986）　号は思牧。台北淡水の出身。幼年期は漢学の教育を受け、11歳で公学校に入った。16歳で総督府医学校に合格し、在学中には総督府研究所の堀内次男の細菌学研究所に通い研究した。医学校を卒業ののち、研究所の雇員になった。大正4年（1915）、自費で日本に留学し、京都帝国大学に入り内科と薬物学を研鑽した。大正11年12月16日に卒業し、台湾人で最初の博士学位の取得者となった。台湾に戻ってからは総督府医学専門学校教授、台北帝大医学部教授などに就任し、アヘン、蛇毒、モルヒネなどの研究に積極的に取り組んだ。彼は漸進法でアヘンとモルヒネ患者の中毒を矯正し、尿を利用して中毒を検査する方法を発明し、また蛇毒から鎮痛剤を作るのに成功した。戦後は台北帝国大学医学院の接収に協力し、その後すぐに台湾大学医学院院長、熱帯医学研究所所長、台湾大学医院院長に任命された。民国42年（1953）、台湾大学を退職後、自ら「高雄医学院」を興し、前後12年の長きにわたって校長と教授を務めた。杜聡明は長期にわたって医療教学と医療行政の仕事に携わり、戦後台湾の医学教育界及び医療界の多くの人材は、みな彼の門下から出た者である。

勧業銀行　明治29年（1896）の創立。日本「勧業銀行法」に基づいて設立された特殊な金融機構。創立6年後に台湾で業務を始めたが、初期は台湾に支店を設立しておらず、台湾銀行に代理の窓口を開いた。大正12年（1923）、台北に支店（現在の台湾土地銀行総行、建物は古蹟に登録されている）を設立し、その後、台南、台中、高雄、新竹などにそれぞれ支店を設立した。勧業銀行の業務の特徴は、主として「現物によって信用を与える」というやり方で、つまり不動産を抵当にして金を貸すのを原則にしていた。その最大の顧客は「水利組合」だったため、間接的に土地改良事業を推進し、農業の生産力を増進

1923	大正12年	2月9日、顔雲年死去。**顔国年**が台陽鉱業会社を掌握。
1923	大正12年	4月15日、『台湾民報』、東京で発刊。
1923	大正12年	4月16日、東宮太子（後の昭和天皇）が台湾入り、12日間にわたって視察旅行。
1923	大正12年	9月1日、「関東大地震」。
1924	大正13年	3月1日、「治警事件」、蔣渭水、蔡培火ら14名が起訴される。

させた。昭和8年（1933）以後、日本の本土では「産業組合」が盛んになり、勧業銀行の多くのビジネスを奪った。これ以後、勧業銀行の業務は次第にさびれたが、台湾の支店だけは独り素晴らしい成績をあげ、依然として台湾農村の主要な金融業務を掌握していた。戦後、台湾省行政長官公署は勧業銀行の台北、新竹、台中、台南、高雄など五つの支店を接収し、民国35年（1946）9月1日、組織を再編して「台湾土地銀行」を作った。この銀行は政府が指定した不動産及び農業信用を取り扱う唯一の専業銀行で、1950年代の土地改革の時期には全力をあげて政策に対応し、農業金融などのサービスを提供した。この銀行は「7大省属金融機関」の一つとされ、所有している土地の正味価値は全島第一で、全台湾第一の大地主と言うにふさわしかった。

顔国年（1886～1937）　台北瑞芳の出身で、顔雲年の弟。幼少期に漢学の教育を受けた。10歳の時、台湾は日本に割譲され、のちに彼の叔父が庄長になったので、彼は庄役場の書記になった。彼の兄の顔雲年は瑞芳地区の金礦を一手に扱う大商人だった。大正3年（1914）、第1次世界大戦が勃発し、景気が低迷すると、顔雲年はその機に乗じて経営力のない中、小の炭鉱を買った。それ以後、顔家の企業は雲年が金を、国年が石炭を掌中に収め、両者が力をあわせて家族企業の鉱業王国を築いた。大正7年、顔氏と藤田組が合資して「台北炭鉱株式会社」を作ったが、まもなく「台陽鉱業株式会社」へと改組し、顔家の事業の中心的企業となった。大正8年、三井が主導的な役割を果たしている「基隆炭鉱株式会社」に投資した。大正12年、顔雲年が死に、国年が顔家の家族企業を引き継いだ。2年後、再び事業を拡張し、「海山炭鉱株式会社」を作った。顔家の企業は国年の経営のもと、鉱業のほかに南邦交通、基隆軽鉄、台北自動車、基隆商工信用組合などに投資し、多角化経営の大企業になった。このうち台北自動車会社は現在の「台北汽車客運公司」の前身である。顔国年が昭和12年（1937）にこの世を去ってからは、顔家支配下の各企業はそれぞれ2代目が取りしきるようになったが、その中心はやはり鉱業だった。

1924	大正13年	4月21日、**張我軍**が「台湾青年に与える手紙」を発表し、旧文学を弾劾。
1924	大正13年	8月18日、「**治警事件**」一審判決、被告全員に無罪。

張我軍（1902～1955）　原名は張清栄、台北板橋の出身。筆名には張我軍、一郎、迷生などがある。幼い時から徒弟、臨時雇いなどになった。青年期に新高銀行に入り、まもなく厦門支店へと換わった。大正12年（1923）、北京高等師範学校の補習班に入り、中国大陸の五四新文学運動の影響を受けた。翌年、「台湾青年に与える手紙」など一連の論文の発表を始め、中国の新文学運動の情況を紹介するとともに、台湾の旧文壇を弾劾し、台湾新文学運動の幕を開けた。大正14年（1925）から、台湾の作家に次々に魯迅、郭沫若、謝氷心、西諦、徐志摩らの作品を紹介し、新詩集『乱都之恋』を出版した。その後「売彩票」、「白太太之恋」、「誘惑」などの小説を発表した。昭和4年（1929）、北京師範大学を卒業後、北京で教鞭をとるかたわら、翻訳、創作に従事した。戦後、台湾に帰り、前後して台北茶商公会秘書、台湾合作金庫研究室主任などの職に就き、民国44年（1955）、病死した。張我軍は台湾の現代文学運動史上において、理論の紹介、思想的批判、あるいは小説、新詩の創作などどの一面をとっても重要な開拓者だったと言える。主要な作品は、子息の張光直が『張我軍文集』に編集し、出版した。

治警事件　大正12年（1923）の初め、日本は「治安警察法」を公布した。12月16日、総督府当局は「台湾議会期成同盟会」にはこの法律に違反する疑いがあるとして、会の中心的分子を逮捕し、各地の会員も警察の召喚と尋問を受けた。これが「治警事件」である。この事件で、拘留された者41名、捜査と尋問を受けた者11名、捜査を受けた者12名、尋問を受けた者35名で、合計は99名だった。このうち、大正13年3月1日に最終的に起訴されたのは18名だった。8月18日、一審判決は全員無罪だったが、検察官はこれを不服として控訴した。10月29日、二審判決が下り、蔣渭水、蔡培火の2人が懲役4ヵ月、蔡恵如ら5名が懲役3ヵ月の刑を言い渡され、ほかに6名が罰金100円を言い渡された。これらの人々が入獄する際には、民衆が道を挟んで歓送し、「治警事件」はかえって彼らの士気を高めた。期限が来て出獄したあと、彼らは引き続き議会設立の請願活動を推進した。

蔡培火（1889～1983）　号は峰山、雲林県北港鎮の出身。明治40年（1907）、総督府国語学校師範部に入り、卒業後、公学校の教師になった。大正3年（1914）、台湾同化会に参加し、ローマ字運動を提唱した。翌年、林献堂の資金援助を受けて日本に留学、日本東京高等師範学校理科に入学した。これは台湾人の日本の大学・専門学校入学の第1号だった。留学の間にキリスト教を信仰するようになった。大正9年、卒業して台湾に帰り、林献堂とともに私立台陽中学を作った。その後、六三法撤廃運動、台湾議会設置請願運動、台湾文化協会などに参加し、『台湾新民報』の創立に協力した。文化協会の中の左傾分子に比べると、蔡培火の態度は比較的保守的で、階級革命路線には賛同しなかった。戦後、彼は中国国民党に加わった。民国36年（1947）に

1924　大正13年　　10月29日、「治警事件」が結審。**蔡培火**、**蔣渭水**に4ヵ月の懲役刑、**林呈禄**、**陳逢源**〔→次頁〕、**蔡恵如**〔→次頁〕ら5名に3ヵ月の懲役刑の判決。

は政務委員に任命され、その後、15年の長きにわたって再任された。その後また、総統府国策顧問、国際赤十字会台湾分会長、中華民国献血協会理事長などに推された。著作には『告日本国民』、『亜東之子如斯想』などがある。

蔣渭水（1891～1931）　字は雪谷、宜蘭市の出身。幼い頃、宜蘭の老儒者・張茂才の教えを受け、民族思想の影響を強く受けた。明治43年（1910）、総督府医学専門学校に入り、大正4年（1915）に卒業した。翌年、台北大稲埕に大安医院を開業した。大正9年、台湾議会設置請願運動に参加し、大正10年、台湾文化協会の創立に参加した。大正13年、治警事件で懲役刑を科せられた。昭和2年（1927）、文協の左傾化後退会し、別に「台湾民衆党」を組織した。昭和6年、民衆党は解散に追い込まれ、半年後、蔣渭水は腸チフスで死亡した。彼は一生に検挙、拘留されること10度あまりにのぼった。彼は孫文の連ソ、容共、労農扶助の三大政策をまねることを主張し、階級闘争に反対し、階級調和論を提唱し、民族運動によって各階級の力を取り込もうとした。蔣渭水と当時の農民組合は連合戦線を組むこともできず、左派の王敏川、連温卿らとともに労働運動を指導することもできなかった。ただ民衆党の旗の下に労働運動を推進することができただけだったが、結果的にはその階級調和の主張も効果を生むことができなかった。昭和6年、41歳の若さで病没した。

林呈禄（1886～1968）　桃園竹圍の出身。明治37年（1904）、総督府国語学校を卒業した。台湾銀行に入り、明治43年、文官試験に合格し、台北地方法院書記官になった。大正3年（1914）、明治大学法科を卒業後、湖南省立政治研究所教授になった。大正8年、東京に戻り、「啓発会」幹事に就任、翌年『台湾青年』雑誌社の幹事となった。彼は台湾の完全自治を主張し、台湾文化協会と台湾議会設置請願運動に参加した。大正12年12月、治安警察法に違反する「治警事件」で逮捕され、懲役3ヵ月の判決を受けた。林呈禄は大正11年から雑誌『台湾』の中心人物となり、その後一貫して『台湾民報』、『台湾新民報』及び『興南新聞』の編集責任者を務めた。昭和16年（1941）、総督府評議員となり、翌年には皇民奉公会文化部長に就任した。第二次世界大戦が終わったあと、招かれて南京に行き投降式典に参加した。後に東方出版社を創立し、その後は閉門隠居した。民国57年（1968）、心臓病で亡くなった。

1924	大正13年	11月30日、宜蘭線鉄道竣工。
1925	大正14年	2月23日、原住民として初めて**花岡一郎**が台中師範学校の入試に合格。
1925	大正14年	3月11日、楊雲萍らが『人人雑誌』を出版。
1925	大正14年	4月22日、「治安維持法」を公布。5月12日から台湾地区で実施。

陳逢源（1893～1982）　経済学、政治学を得意とした。戦前は政治、文化運動に参加したが、戦後はビジネスに専念し、金融家、企業家として成功した。総督府国語学校を卒業したのち、三井会社に就職した。大正9年（1920）、辞職して当時の台湾文化協会と台湾議会設置請願運動に参加し、2度請願委員になった。大正12年末「治警事件」が起こり、彼は懲役3ヵ月に処せられた。大正15年、『台湾民報』紙上で許乃昌と「中国改造論争」を行い、その中で台湾社会の特質及び今後の改革運動の路線の方向を探求した。彼は激烈な社会革命に反対し、体制内の漸進的改革を主張、まず台湾自治を達成したのち、そのほかの問題を語るとした。昭和2年（1927）、文協の分裂後、文協からの退出を発表し、「台湾民衆党」に参加した。その後、彼は財政、経済問題の研究に専念し、『台湾新民報』、『興南新聞』の経済部長に就任した。台湾の金融政策に対してしばしば批判的な論文を書いた。戦後初期は省議員を2期務め、のちに転じて金融と商工の事業を経営し、「華南商業銀行」、「台北区合会儲蓄」、「台湾錬鉄」、「新台湾農業機械」などの会社の創立計画に参加した。このうち、「台北区合会儲蓄」は「台北中小企業銀行」の前身であり、陳峰源が最も力を注いだ企業である。彼は台湾の経済に関する研究の外、詩集もこの世に残した。著作には『外地米統制問題』、『新台湾経済論』、『渓山煙雨楼詩存』、『台湾経済と農業問題』、『台湾銀行券統一論』、『雨窗墨滴』などがある。

蔡恵如（？～1929）　字は鉄生、台中清水の出身。早くから櫟社に参加、のちに東京に留学、林献堂とともに「応声会」、「啓発会」、「台湾新民会」を提唱、組織して副会長になり、寄付金を募って『台湾青年』を創刊した。大正10年（1921）、台湾文化協会理事に当選し、北京、上海、広東、福建と東京など日本各地との連絡の責任者になった。翌年、雑誌『台湾』の理事となった。「治警事件」の際、逮捕されて入獄し、出獄後は引き続き政治運動に携わった。昭和4年（1929）5月、死亡。著作には『鉄生詩草』がある。

花岡一郎（？～1930）　日本時代、台湾で初めて高等教育を受けた原住民。タイヤル族霧社群荷歌社の出身。彼と同社の花岡二郎は義兄弟で、血縁関係はない。総督府が「共学制」を実施したのち、2人は埔里小学校に入り、日本の児童と一緒に勉強した。一郎は小学校を卒業後、台中師範学校に入り、卒業後は警察官（巡査）になった。二郎の方は小学校を卒業後、警手（巡査に比べ位階の低い警察官）になった。彼らはそれぞれ荷歌社の頭目の娘と、頭目の妹の娘を娶った。2人は日本化した原住民と言え、総督府が推進している原住民の風俗、生活改善政策の手本だった。昭和5年（1930）、彼らの故郷で霧社事件が起こったが、彼らが事前に

1925	大正14年	6月1日、台北橋竣工。
1925	大正14年	6月28日、**李応章**が「二林蔗農組合」を作る。台湾農民運動の嚆矢。
1925	大正14年	10月22日、甘蔗農民と**林本源製糖会社**が衝突、「**二林事件**」〔→次頁〕を誘発。

知っていたかどうかは、今では調べようがない。しかし、事件の勃発後、一郎夫婦と二郎はともに自殺した。彼らは遺書を残しており、事件は労役が過重なために起こったと説明しているが、自分の立場をはっきり説明していない。

李応章（1897～1954）　彰化二林の出身で、医者。大正14年（1925）6月28日、「二林蔗農組合」を組織し、甘蔗栽培農民を率いて「林本源製糖株式会社」に抵抗した。台湾農民運動の嚆矢である。昭和7年（1932）、厦門に潜入し鼓浪嶼で「神州医院」を開設した。昭和18年、上海のいわゆる日本租界に定住して李偉光と改名、「偉光医院」を開設した。ここで彼は密かに中国共産党と連絡を取り、施石青、郭星如らとともに「台湾開放連盟」を結成した。民国34年（1945）年、戦争の終結後、中共の地下工作員・張志忠、蔡孝乾らが台湾に渡るのを援護した。民国38年後、「台湾開放連盟」政協代表兼上海台湾同郷会会長に就任した。民国43年、中国の全国人民代表大会代表となったが、まもなく病死した。

林本源製糖会社　明治42年（1909）6月、板橋林本源の家族は総督府と台湾銀行から台湾の産業への投資を勧められた。総督府民政長官兼糖務局長の大島久萬次と台湾銀行理事長の柳生一義らは、製糖業が南から北へと次第に発展しつつある機会をとらえて、林家に行って説得した。林家では、そこで匯豊銀行の事業資金150万円を引き出し、6月15日、「林本源製糖合資会社」を設立した。社長は林鶴寿、副社長は林爾嘉と林熊徴だった。北斗支庁渓州庄（現在の彰化県渓州郷）に生産能力750トンの新式の分蜜製糖工場を建設し、明治43年12月、竣工した。創立当初の資本金額は200万円で、その多くの部分は台湾銀行と三井物産からの借金だった。製糖工場竣工後まもなく、明治43、44年に連続して大水害にあい、資金が調わず、台湾銀行の監督を受けることになり、株式会社に改組した。昭和2年（1927）3月、塩水港製糖会社に買収された。

1925	大正14年	11月15日、**簡吉**、黄石順らが「**鳳山農民組合**」を結成。
1925	大正14年	**荘垂勝**らが「中央書局」を創立。

二林事件　大正12年（1923）から、二林地区の甘蔗農民は「林本源製糖株式会社」の渓州製糖工場に甘蔗の価格を引き上げるよう要求を続けていたが、工場からの回答は得られなかった。そこで、甘蔗農民の力を結集するために、大正14年（1925）1月1日、李応章、詹奕候、劉崧甫、陳万勤らが中心になって「農民大会」を開き、6月28日、「二林蔗農組合」を正式に結成した。李応章が総理になり、会員は400名余りだった。これは台湾で最初の農民運動である。10月6日、李応章らは会社に対し、刈り入れ前に買い取り価格を明らかにすること、肥料は甘蔗農民が自由に選んで購入するようにすること、甘蔗を台秤にかける時には、双方が一緒に監視することなどの要求を提出し、何回か交渉が行われたが何ら得るところがなかった。10月22日、会社は甘蔗の刈り入れを強行し、衝突が起こった。その後、警察は大規模な逮捕に踏み切り、当時現場にいなかった蔗農組合の幹部も一緒に逮捕された。検挙者は93人に達し、多くが警察の虐待、拷問を受けた。これが「二林事件」と呼ばれるものである。事件後、日本労農党の2名の弁護士・布施辰治と麻生久が台中に駆けつけて声援し、文化協会の蔡式穀、鄭松筠も出廷して弁護した。昭和2年（1927）4月に結審し、李応章は懲役8ヵ月、劉崧甫、詹奕候はそれぞれ懲役6ヵ月の判決を受けた。

簡吉（1902～1950）　高雄の出身。台南師範卒業後、鳳山一帯で公学校の教師となった。大正15年（1926）6月6日、簡吉は大甲農民組合の結成を助けた。農民組合は趙港が指導者となり、退職した日本の官僚が大肚庄（現在の台中県大肚郷）の公有地を強引に占有した事件で暴力闘争を展開した。同年9月、簡吉は「台湾農民組合」中央常務委員長に就任し、農民運動を指導した。翌年2月、趙港とともに日本に行き、日本農民組合第6回大会に出席し、日本労農党と連絡を取った。昭和2年から3年にかけて（1927～1928）420件の農民争議を指導し、16ヵ所の支部を設けた。昭和3年4月、台湾共産党が上海で秘密裡に結成された。台湾共産党の重要メンバーの謝雪紅は台湾に戻って積極的に農民の支持を求め、8月末、台湾農民組合は台湾共産党支持の決議を採択した。昭和4年2月12日、簡吉はこの件で逮捕されたが、出獄後も相変わらず争議に関わり、昭和6年、再度逮捕されて懲役10年の判決を受けた。戦後、三青団高雄分団書記、新竹桃園水利協会理事、台湾革命先烈救援会総幹事などを歴任した。民国36年（1947）の二二八事変では、簡吉は張志忠とともに嘉義で「自治連軍」を組織した。民国38年、簡吉は中共台湾省工作委員会の「山地工作委員会」書記となり、原住民の省参議員・林瑞昌（楽信瓦旦）及び鄒族の湯守仁、高澤照（警務処の山地工作人員）らと連絡した。事件の発覚後、民国39年7月までに26人が逮捕され、簡吉もこの件で銃殺刑に処せられた。

鳳山農民組合　高雄の「陳中和物産会社」は鳳山街付近に700甲余りの土地を所有し、50名余りの小作農に賃貸ししていた。大正14年（1925）5月、陳中和が経営する「新興製糖会社」は甘蔗農園を拡大することになり、物産会社は小作農に土地を返還するように突然要求した。ことは農民の生計に関わることなので、烏石庄（現在の高雄県大寮郷にある）の黄石順は53名の小作農を招集して、5月23日に「小作人組合」を結成し、会社との何回かの交渉で、会社に土地の回収を1年間猶予させた。この事件をきっかけに黄石順と簡吉はその年の11月15日、「鳳山農民組合」を結成し、簡吉を組合長に推挙した。農民組合は農村を巡回して25回の講演会を行ない、農民に対して地主に対抗する隊列に加わるように呼びかけた。翌年3月、またもや大寮庄（現在の高雄県大寮にある）の土地争議が起こり、農民と会社が衝突した。簡吉は100人余りを動員してデモをし、警察に制止された。新興製糖会社は5月19日に土地を回収すると宣告し、333名の小作人に土地を返すか、代替え地を申請するかのどちらかを選ぶように通知した。この中、269人は会社側の申し出を拒否し、双方の訴訟争いは止まなかった。9月20日、簡吉らは大寮庄で集会を開く予定だったが、警察に強制的に解散させられた。その後、場所を変え、二夜連続で農民に演説し、二林事件の経過を宣伝し、新興製糖会社を攻撃した。9月23日、簡吉、黄石順ら7人が逮捕された。

荘垂勝（1897～1962）　号は負人、または徒然居士。彰化鹿港の出身で、父親は清朝前期の秀才。最初は大日本製糖株式会社に就職したが、のちに会社を辞めて林献堂の秘書になった。大正10年（1921）、明治大学政治経済学科に入学した。日本に留学中、「啓発会」、「新民会」、「台湾文化協会」等の団体に参加した。台湾に帰ってから、大正14年に中央書局を創立し、当時中国で出版された書物を販売した。戦後、省立台中図書館館長に就任し、図書の整理に当たったほか、市民座談会などを企画した。二二八事件（1947）ののち、台中地区二二八事件処理委員会主席となり、やがて逮捕された。のちに釈放されたが、一切の公職を奪われ、故郷に帰って大同農場を経営した。民国51年（1962）、肺病で死亡した。

1926	大正15年	1月、楊逵、**許乃昌**、蘇新らが東京で「台湾新文化学会」を設立。
1926	大正15年	3月27日、花東鉄道全線開通。
1926	大正15年	6月14日、総督・伊澤多喜男が「**蓬莱米**」の命名を行なう。

許乃昌（1907～1975）　彰化市の出身。大正11年（1922）、上海大学に入学し、陳独秀の推薦でモスクワ中山大学に留学した。大正12年、上海で蔡恵如、彭華英らと学生を集めて「上海台湾青年会」を組織した。大正15年1月、在日留学生の楊逵、蘇新らを組織して、東京で「台湾新文化学会」を結成し、9月に「東京台湾青年社会科学研究部」と名を改めた。この時彼は、陳逢源と中国改造問題で論争をした。許乃昌はプロレタリアによって中国を改造すると主張し、資本主義段階を飛び越えて一足飛びに社会主義に進むことはできないという陳逢源の発展論に反駁した。許乃昌は思想は左傾していたが、台湾共産党の活動に積極的に参加してはいなかった。昭和7年（1932）、『興南新聞』社に入り、昭和12年、昭和製紙の理事になった。昭和17年、台北市「集大産業」の支配人となった。民国34年（1945）年から東方出版社を主宰し、「台湾文化協進会」を創立した。民国34年から36年3月まで『民報』の編集長を務めた。著作には『中国新文学運動的過去、現在、未来』、『欧戦後的中国思想界』などがある。

蓬莱米　日本時代に改良に成功した米の新品種で、現在でも台湾の最も主要な食用米の品種である。蓬莱米は日本の品種に比較的似ており、台湾の「在来米」とは異なる。日本は緯度が高く、温度が低く、日照時間が短い。一方台湾の気候と地理的条件はこれとは全く逆である。日本で植えられている稲を台湾で植えることは一般的にとても難しかった。大正7年（1918）、台中農事試験場はついに革命的な新品種を生み出した。この新品種を使えば、日本種と、粒形、大きさ、食味ともほぼ同じ米を台湾で立派に栽培することができ、温度が比較的高い南部でも一年に2度収穫するという好成績をあげた。この新品種の米は元来「新高米」あるいは「新台米」と名付けられるはずだったが、大正15年に台北で開かれた日本米穀大会で、総督の伊澤多喜男が正式に「蓬莱米」と命名した。蓬莱米の生産量、価格とも在来米より高かったため、普及の効果は大だった。蓬莱米は経済作物だったから、主として日本に輸出され、農家の自家用米ではなかった。もともと台湾では経済作物としては甘蔗があるだけで、米は食糧とされ、経済作物ではなかった。蓬莱米の改良が成功してからは、甘蔗と蓬莱米は互いに対抗する経済作物となり、1930年代に入ると次第に「米糖相克」の情勢になった。戦後、米の海外市場は無くなり、蓬莱米は初めて台湾人の日常食用の主要な食糧となった。

米糖相克　台湾では従来南部の畑作地帯では甘蔗を、北部では米を主要作物としてきた。日本時代には総督府が特に糖業を奨励したので、明治40年代から甘蔗の生産地域が次第に北へと発展し、水田稲作と農地の取りあいになった。このほか、1920年代からは、日本の国内人口が増加し、食糧供

1926　大正15年　6月14日、「**曾文農民組合**」設立。

1926　大正15年　6月28日、簡吉、**趙港**、黄石順らが「**台湾農民組合**」〔→次頁〕の設立を呼びかけ。

給が緊迫化した。そこに台湾で蓬莱米の栽培が成功し、順調に日本市場に進出したので、台湾の米の栽培区域は急速に拡大し、北部から中部へと発展して、糖業の生産を圧迫するようになった。台湾の米と甘蔗の耕作地争いの問題はますます先鋭化し、さらには海を越えて日本本土の稲作まで圧迫するようになった。そこで、日本政府は日本の稲作農家を保護するため、台湾の米の生産を抑制し始めた。このほか、1925年から1930年代にかけて、米糖相克の情況が日ごとに厳しくなったので、製糖工場は甘蔗の価格の「米価比準法」を実施した。その方法は、甘蔗の価格と米価を連動し、米価の値上がりにあわせて甘蔗の値を上げ、これによって農民が米作に転じる意図を抑えようというものだった。一方、日本政府も積極的に稲作からの転作を奨励したので、それまで続いてきた甘蔗と米を重点とする単一作物生産体制が改まり、台湾の農業経営は次第に多角化へ向かった。

曾文農民組合　台南州曾文郡下営庄で雑貨店を営む張行と、同庄で農業を営む楊順利らは文化協会の影響を受け、明治製糖工場に反抗する農民運動に加わった際、農民団体を組織する必要を強く感じた。彼らは簡吉、黄石順らがすでに大正14年（1925）に鳳山農民組合を結成したことを知ると、簡吉を下営庄（現在の台南県下営郷）に招いて講演会を開き、それを機に「曾文農民組合」を結成した。農民のほかに下営で開業している医師の施貞祥、それに麻豆街の医師・黄信国らも積極的に参加し、組織は次第に拡大した。この年の9月、「台湾農民組合」が成立すると、「曾文農民組合」はその中で最も有力な支部となった。曾文農民組合の特色は、メンバーは農民に限らず、医師、商人、地主を含んでいたことである。**台湾農民組合**の項を参照のこと。

趙港　台中の出身。大正13年（1924）、台中一中を卒業後、木炭業を経営した。翌年、日本の退職官僚が大甲郡大肚の官有地84甲を強引に占有するという事件が起こり、農民の抵抗を招いた。趙港は農民を代表して抗争に立ち上がるとともに、「鳳山農民組合」の簡吉に支援を求め、「鳳山農民組合」が大いに力を貸したので、全島的な農民運動へと広がった。趙港はこれ以後も農民運動に献身し、台湾初期の最も重要な農民運動の指導者の一人となった。大正15年9月、「台湾農民組合」の結成後、中央常務委員に就任し、昭和4年（1929）12月、台湾共産党に入党した。昭和16年逮捕され、懲役12年の刑を受けた。戦後の1950年代初、国民党政府によって処刑された。

1926	大正15年	7月3日、**森丑之助**が基隆港で乗船後失踪。
1926	大正15年	8月14日、「総督府高等商業学校」が「**台北高等商業学校**」と改名。
1927	昭和2年	1月3日、文協が正式に分裂、**連温卿**が新綱領を提唱。

台湾農民組合　大正15年（1926）6月、簡吉、趙港らが提唱し、9月20日に鳳山で結成された。簡吉を中央常務委員長とし、黄信国、黄石順、趙港らが中央常務委員になり農民組合運動を展開した。彼らは取引の合理化を図ること、全台湾の農民組合を結成すること、台湾自治の訓練を促進すること、農村教育と農民文化を発展させることなどを主張した。昭和2年（1927）2月、趙港と簡吉は日本で日本農民組合第6回大会に出席し、日本労農党との接触を始めた。12月4日、台湾農民組合は台中で第1回全島代表大会を開き、特別活動隊を設置し、マルクス主義で労働者、農民の結合を促進し、プロレタリア階級の政治闘争を進めることを決議した。この大会で、簡吉、趙港、楊逵ら18人が中央委員に推された。このあと、台湾農民組合の指導下に2年間であわせて420件の抗争事件が起こった。昭和2年末までに、農民組合は17の支部と21,311名の会員を擁していた。昭和13年8月28日、台湾共産党員の謝雪紅は、農民組合に彼女の青年部、婦人部及び救援部の組織要綱を受け入れるよう働きかけ、簡吉、趙港らは密かに台湾共産党に加入した。一方、楊逵、謝財神らは共産党路線に賛同せず、合法的手段で社会民主主義の改革を実行することを主張した。昭和3年から4年にかけて、農民組合と台湾共産党はともに警察の取り締まりに遭い、昭和6年には次々に瓦解した。昭和7年、大湖（現在の苗栗県大湖郷）、永和山（現在の苗栗県三湾郷にある）支部が密かに計画した蜂起が失敗してからは、各地の活動はついに停止した。

森丑之助（1877～1926）　熊本中国語学校を卒業後、台湾に派遣され従軍翻訳官になった。明治33年（1900）、鳥居龍蔵とともに台湾で9ヵ月調査旅行をした。明治41年4月から43年9月まで旧慣会「嘱託」となり、その後台湾総督府博物館雇員となった。森丑之助は原住民調査の熱中の度が過ぎ、ある時は入山後2年間にもわたって行方知れずになり、主管者の不満を招いたという。大正13年（1924）、博物館を去った。彼は台湾の山林を縦横に歩き回った。彼は中央山脈を16回横断した記録を持ち、玉山連峰が独立の山塊で中央山脈に属しないことを発見し、台湾地理学上の論争にけりをつけた。彼は多くの高山植物を発見し、彼の名を取った植物は20種あまりに上っている。森丑之助の学術上の貢献は非常に大きかったが、学位がなかった上、性が剛直だったため、あくどい排斥と無視にあった。大正15年、船で日本に帰る際失踪した。恐らくは海に飛び込んで自殺したものと見られる。出版の予定だった『台湾番族志』はこのため完成させることができなかった。ほかに著作として『台湾番族図譜』がある。

台北高等商業学校　大正8年（1919）3月31日、創立。最初は「台湾総督府高等商業学校」と言い、日本人だけを受け入れた。校舎は現在の台湾大学法学院（台北市徐州路）にあった。教育の目標は生産技術の普及、生産力の向上、それに台湾、華南及び南洋の経済

1927	昭和2年	2月1日、総督府が「黒色青年連盟」を解散させ、44名の無政府主義者を逮捕。
1927	昭和2年	7月10日、**台湾民衆党**が成立。

の研究が主だった。大正15年8月14日、校名は「台北高等商業学校」、略称「台北高商」と改まり、修業年限は3年、本科（商科）及び研究科があり、学生の人数は約150人だった。大正8年の創立時に、台南では同時に「台南商業専門学校」（後に「台南高等商業学校」と改称）ができ、もっぱら本島人（台湾人）の勉学に供した。のち、昭和4年（1929）、台北高商に合併され、翌年廃校になった。台北高商は昭和11年、1年制の貿易専修科を増設し、昭和16年には東亜経済専修科を増設した。昭和19年、この学校も「台北経済専門学校」と改称され、戦後には「省立法商学院」に改組された。民国36年（1947）1月、台湾大学法学院に併合された。

連温卿（1895～1957）　台北市の出身。公学校卒業。大正2年（1913）、エスペラント語協会台湾支部に入会。大正8年『緑蔭』（Verda Ombro）編集長、大正12年、「社会問題研究会」、「台北青年会」を組織し、小学校の女教師・山口小静と知りあった。彼女の紹介で日本の社会主義者・山川均と知りあった。大正13年、日本に行き、台湾に戻ってから「将来的台湾話（将来の台湾語）」を発表した。また人に日本共産党の刊行物『無産者新聞』の購入を勧め、山川均の労農派共産主義思想を宣伝した。昭和2年（1927）、文化協会は分裂したが、彼は新文協の労農階級路線を中心となって推進するとともに、「1927年的台湾（1927年の台湾）」を発表して民主運動と階級運動を分析した。昭和13年、「台湾機械工会連合会」を組織し、文化協会の王敏川派と対立した。昭和4年11月の文化協会第3回大会で、台湾共産党系から批判され、除名された。戦争中は民俗の研究に没頭し、晩年は落ちぶれた生活を送った。民国46年（1957）、死去。

台湾民衆党　昭和2年（1927）1月、文化協会は台中市公会堂で臨時大会を開き、左右両派は正式に分裂した。左派の連温卿は奪権に成功し、元々文化協会の重要な幹部だった林献堂、蔡培火、蔣渭水といった人たちは中央委員の職を辞することを宣言した。旧幹部は次々に退会し、別に新たな政党を組織し、同年7月10日、「台湾民衆党」を結成した。この政党は前後3年7ヵ月続いたが、昭和6年2月18日、「民族自決」を主張し、「反母国」の先鋭な態度を取ったために、総督府によって強制的に解散させられた。民衆党はできたものの、政治路線をめぐっては穏健派の林献堂、蔡培火らと急進派の蔣渭水派の対立があった。前者は体制内改革を主張し、後者は体制の改革を主張した。民衆党が解散させられてからまもなく、中心人物の蔣渭水もこの世を去った。

1927	昭和2年	8月10日、**『台湾民報』**、台湾で正式に発行。
1927	昭和2年	10月27日、第1期台陽美展が開かれる。
1928	昭和3年	2月19日、**台湾工友総連盟**結成、29団体の6,367名が加盟。
1928	昭和3年	3月17日、**台北帝国大学**創立。

台湾民報　「新民会」の機関刊行物『台湾青年』は大正11年（1922）に『台湾』と改名したのち、『台湾』雑誌社の同人は大正12年4月、『台湾民報』を創刊した。最初は半月刊だったが、のちに旬刊に変わり、大正14年6月、週刊になった。昭和2年（1927）8月、総督府の許可を得て、台湾での印刷、発行に改まった。『台湾民報』は台湾の社会、政治、経済、文化を探求し、日本の台湾統治に批判を提出し、世界の情勢と思潮を紹介した。当局の立場を代表する『台湾日日新報』とは異なる立場だった。昭和4年、『台湾新民報』と改名し、発行を続けた。**台湾青年、台湾新民報**の項を参照のこと。

台湾工友総連盟　昭和3年（1928）2月19日の創立。半年前（1927年7月）の民衆党の成立後、党の左派の幹部・蔣渭水らは自ら全島各地を巡回し、講演会、座談会を催し、労働団体の設立を促した。大正14年（1925）以来、台湾の農民運動が盛んになり、加えて当時中国がまさに第一次国共合作の最中で、マルクス主義の労働者、農民運動の理論が非常に流行していたことから、民衆党の人々は強く影響を受け、中国と日本の労働者運動を参考にし、全島を一つにした労働組合を組織することを決定した。昭和3年2月19日、台北市蓬莱閣で「台湾工友総連盟」の創立大会を開いた。連盟の趣旨は労働者、店員の利益を求め、生活を改善することで、その任務はそのほかの労働者、店員団体の発達を促進、支援し、全島の労働運動を統一し、集中指導することだった。創立の当初、加盟団体は蘭陽総工会、基隆砂炭船友会など29団体だった。台湾の労働者運動はますます盛んになり、工友総連盟の創立から1年もたたないうちに、40余りの加盟団体を擁し、会員は1万人あまりの非常に大きな組織に発展した。蔣渭水に指導された「台湾工友総連盟」は、1年間に19件のストライキを発動したが、中でも高雄機械工友会が指導した「アサノセメント工場」ストライキ事件が最も有名である。昭和6年、民衆党が禁止され、蔣渭水が病死したのち、台湾工友総連盟も活力を失ない、次第に衰えた。

陳虛谷（1896～1965）　本名は陳満盈、筆名は一村、虚谷。彰化和美の出身。幼時、彰化公学校に学び、卒業後日本に渡り、明治大学に学んだ。台湾に戻って、台湾の新文学運動と台湾文化協会の活動に積極的に参加、『台湾民報』に寄稿し、頼和と良き友人になった。昭和7年（1932）以後、『台湾新民報』の学術部部員となり、頼和の影響を強く受けた作品を書いた。台湾新文学運動初期の重要な作家の1人である。戦後は台湾省通志館顧問委員になった。代表作には、「無処申寃」、「栄帰」、「她発財了」、「放砲」などがある。そのほかの著作には『虚谷詩集』と『海上唱和集』などがある。民国74年（1985）、『陳虚谷選集』が出版された。

台北帝国大学　大正14年（1925）、総督・

伊澤多喜男と幣原坦が台湾に大学を設立する計画を立てた。当時、一般人はこの大学の開設に大半は肯定的な態度だったが、中には反対する者もいた。反対者の意見というのは、台湾の初等教育、中等教育、師範教育もまだ完備していないのだから、総督府に余分な金があるなら、まず基礎教育を充実させるべきで、大学を作ることではないというものだった。昭和3年（1928）、台北帝国大学が正式に創立され、幣原坦が校長に就任した。このほか、理農学部（学院）の初代部長・大島金太郎も大学創立の鍵を握る人物だった。彼は元々は総督府中央研究所農業部部長と高等農林学校校長の2職を兼ねており、のちに台北帝大のキャンパスを中央研究所農事部農場（現在の舟山路、基隆路一帯の台大農場）に近い高等農林学校の敷地（現在の公館台大校区）に決めたのも、大島金太郎がいたおかげと言えるだろう。幣原坦は創立の説明書の中で、台北帝大の趣旨は、台湾の地理的な特殊条件を利用して、台湾を中心とする華南、南洋研究を発展させることを希望すると明確に指摘している。このため、台北帝大の学院組織は、台湾及び南洋、華南の人文を専門的に研究する「文政学部」と熱帯農学の研究を主とする「理農学部」に分かれていた。さらに、昭和11年1月には「医学部」、昭和18年1月には「工学部」をそれぞれ設立した。このほかに、「付属農林専門部」（昭和3年4月）、「付属医学専門部」（昭和11年4月）、「熱帯医学研究所」（昭和11年4月）と「予科」（昭和16年4月）があった。日本軍が南方での戦争に備える必要から、昭和18年3月、「南方人文研究所」と「南方資源研究所」を新設し、校内の関係する人力と資源を動員して、南洋各地の政治、経済、文化、天然資源の研究などに努めた。日本時代には、結局のところ、台湾にはこの一つの大学があるだけだった。民国34年（1945）11月15日、「国立台湾大学」に改組された。

1928	昭和3年	4月15日、**謝雪紅**らが上海で「**台湾共産党**」（日本共産党台湾民族支部）を結成。
1928	昭和3年	7月14日、建功**神社**が鎮座儀式を挙行。

謝雪紅（1901～1970）　本名は謝阿女、彰化の出身。幼時、生活は苦しかった。12歳の時父母は他界し、台中の洪という人の所に童養媳（息子の嫁にするため他家から引き取って育てる女の子）として売られた。17歳で家を離れ、台中の製糖工場の女工になった。縁あって、男友達の張樹敏と巡り会い、一緒に日本に行って商売をし、発憤して日本語と漢文の学習に努めた。大正10年（1921）、台湾文化協会による識字啓蒙と婦女啓発の各種の活動に参加した。大正13年、謝雪紅は上海に行き、翌年、中国国民党と中国共産党が合同で開校した上海大学に入学、のちにモスクワに行って東方大学で学んだ。昭和3年（1928）、上海で台湾共産党を組織したが、10日後に日本の警察に逮捕され、台湾に送られた。台湾に戻った後も相変わらず積極的に共産党の拡大に努めた。昭和6年、日本の警察は台湾全島で台湾共産党員を捜査、逮捕し、彼女は逮捕されて懲役9年の刑に服した。日本の敗戦後、彼女は捲土重来に出た。民国36年（1947）、二二八事件勃発後、3月2日、台中では市民大会が開かれ、謝雪紅は大会主席に推された。3月3日、「台中地区治安委員会作戦本部」が設置され、謝雪紅は「二七部隊」総指揮に就任した。3月9日、国民政府軍が上陸し、民間軍は山区に退却、謝雪紅は香港に逃げ、廖文毅とともに「台湾再解放同盟」を組織した。その後まもなく上海に移り、「台湾民主自治同盟」を結成、民国37年、同同盟主席の身分で中共の上層部に入った。民国46年から、彼女は中共の粛清に遭った。「文化大革命」の最中の民国57年、彼女は紅衛兵の批判闘争によって激しく殴打され、これがもとで肺炎合併症を起こした。民国59年11月、肺ガンで死去。

台湾共産党　昭和3年（1928）4月15日に上海で成立。出席者はわずかに9人で、その中には主要な提唱者の林木順、謝雪紅、及び中国と韓国の共産党が派遣した代表がいた。台湾共産党の組織大綱は日本共産党が起草し、中国共産党が承認したものだった。組織系統的には、「台湾民族論」に基づき、日本共産党台湾民族支部として発足し、コミンテルンの一部となった。政治大綱では、「台湾民族独立」、「台湾共和国を建設」などの激烈な主張を公然と提議していた。日本共産党内部の山川均と福本和夫の路線闘争は、新文化協会の指導者・連温卿と王敏川の派閥抗争にも影響を及ぼした。しかし、昭和3年3月15日、日本共産党は空前の大弾圧に遭い、台湾共産党と日本共産党の連絡も失われたので、台湾共産党は中国共産党とコミンテルン東方局と連絡をとるようになった。台湾共産党内の日共派と中共派の闘争も、昭和6年6月の台湾共産党大検挙をうけて終息した。

神社　日本神道の信仰の場。明治28年（1895）、日本は台湾統治後、伝統的神道信仰を台湾に移入した。最初に建立された神社は、明治30年（1897）に台南に作られた「開山神社」で、一方では台湾人が信仰する「開山聖王」・鄭成功を祀り、一方では鄭成功の日本の血筋を吹聴することによって、統治

1928　昭和3年　　9月12日、**伊能嘉矩**の『台湾文化志』を出版。

者と一般民衆の感情を近づけようとした。明治34年、「台湾神社」が竣工し、一般の神祇（天の神、地の神）を祀ったほか、特に台湾で死んだ能久親王をも本尊に加えた。その後、各地の大都市に神社が建てられたが、その数は10数ヵ所に過ぎなかった。昭和12年（1937）以後、皇民化運動に歩調をあわせて、神社を次々に建て、「1街庄1神社」を目標に、各地にみな神社を建て、台湾人が「神社に参拝する」習慣を養うことが望まれた。一般的な神社のほか、もっぱら「台湾統治のために殉職した警察官、軍人、及び一般大衆」を祀る「建功神社」と「護国神社」があった。昭和17年末の調査によると、全台湾の「神社」は計68ヵ所、「社」は116ヵ所、「攝・末社」が12ヵ所あったが、その大部分は昭和10年以後に建てられたものである。これらの多数の神社は、日本の統治の終結とともに、「台湾神社」は圓山大飯店に、「台南神社」は市立体育館に、「建功神社」は一旦は中央図書館（台北市植物園内にある）にそれぞれ改築され、「台湾護国神社」も大直忠烈祠に改築された。そのほかの各地の神社は、取り壊されるか忠烈祠に変えられた。現在、もとの姿を最も完全に留めているのは「桃園神社」（現在の桃園忠烈祠）で、古蹟に指定され保存されている。

伊能嘉矩（1867～1925）　著名な歴史学者、人類学者。字は朋卿、別号は梅陰、焦鹿夢。岩手県遠野市の出身。23歳で上京し、出版界で働いたが、人類学に興味を抱くようになった。明治26年（1893）、東京人類学会に入会し、坪井正五郎に人類学を学んだ。明治28年11月初、陸軍省雇員の名目で台湾に来、田代安定とともに直ちに「台湾人類学会」を発起、組織し、閩南語、タイヤル語などを学習した。明治29年から、伊能は数回台北近郊、宜蘭に行き、調査に従事した。とりわけ、明治30年には総督府の命令で、台湾全島の原住民に対して、前後192日にわたって調査を行なった。その調査の成果が『台湾番人事情』で、これは全島で最も早い全島民族誌である。原住民の調査研究のほか、伊能は台湾漢人の歴史にも興味を持つようになった。明治39年、総督府の命を受けて、『理番誌稿』の編纂を開始した。明治41年、年老いた祖父の世話をするという理由で12年間滞在した台湾を離れ、故郷に帰った。遠野に帰った後の伊能は台湾の研究を続けたほか、遠野の郷土の歴史と民俗研究にも熱心に取り組んだ。明治42年、『大日本地名辞書続編―台湾篇』を完成したが、これは「台湾土地開拓史」とも言うべき書物である。大正11年（1922）、総督府は「台湾総督府史料編纂委員会」を設立し、伊能嘉矩を招聘して清朝統治下の台湾の歴史を書いてもらった。これがのちの『台湾文化志』である。大正14年、持病が再発し死去。享年59歳。生涯、著書多数。

1929	昭和4年	3月29日、『台湾民報』が『**台湾新民報**』と改名。
1929	昭和4年	7月30日、石塚英蔵が総督に就任。
1929	昭和4年	10月10日、**矢内原忠雄**が『帝国主義下の台湾』を刊行。
1930	昭和5年	4月10日、**嘉南大圳**が竣工。

台湾新民報　昭和4年（1929）3月29日、『台湾民報』が『台湾新民報』に改名し、翌年から「大東信託」が発行を引き継いだ。昭和7年4月15日からは日刊となり、従業員は編集顧問の吉羅保三が日本人である以外は、台湾人がすべての業務を引き継ぎ、日本統治時代の台湾人の代弁者だった。昭和16年、『興南新聞』と改名した。昭和19年4月1日、総督府の新聞統一の政策によって、外の五つの日刊紙と合併して『台湾新報』となった。台湾民報の項を参照のこと。

矢内原忠雄（1893～1961）　東京帝国大学経済学部教授、植民政策の講座を持っていた。日本の台湾統治の実情を理解するため、昭和2年（1927）、台湾を視察、その間、台湾で収集した資料を分析、整理して『帝国主義下の台湾』を書き、昭和4年、岩波書店が出版した。しかし、総督府によって禁書とされ、台湾島内での発売は許されなかった。昭和12年、「七七事変」（日中戦争）の勃発後、矢内原は「国家の理想」という論文を書き、日本の中国侵略の不当を風刺し、また軍部の好戦的な政策を攻撃したが、このため教授の職を追われた。戦後、矢内原が堅持した反戦思想は人々に受け入れられるところとなり、東京大学の教授に復職し、さらに院長、総長を歴任した。昭和36年、胃ガンで亡くなった。享年68歳。主な著作には、『帝国主義下の台湾』、『植民及び植民政策』、『南洋群島の研究』などがある。

嘉南大圳　台湾で最大規模の農地水利施設。日本時代、嘉南平原地区には、潅漑設備のない農地、甘蔗農園がおよそ15万甲あり、常に日照り、豪雨、排水不良などの問題に苦しんでいた。潅漑問題を解決するため、総督府は曾文渓と濁水渓を水源として、「嘉南大圳」を作ることにした。大正9年（1920）9月に着工し10年をかけて昭和5年（1930）4月に竣工した。総経費は5,414万円に達し、そのうち2,674万円は総督府の補助金で、残りは水利組合の会員が自分で負担した。潅漑地区は現在の雲林、嘉義、台南の3県を含み、南北90km、東西20kmの広大な地域に及んだ。工事の中身は潅漑のほかに、排水、洪水防止、防潮などの施設もあわせて具えているが、その中でも最も重要な工事は烏山頭ダムの建設だった。このダムは現在の台南県官田郷と六甲郷に跨り、自然の地勢を利用して大きな堰を作り、官田渓をせき止めた。それから曾文渓の上流で流れをせき止め、4kmのトンネルで烏山山脈を打ち抜いて官田渓の上流に水を注ぎ込み、ダムの水源とした。嘉南大圳のもう一つの水源は濁水渓で、現在の雲林県林内郷で流れをせき止め、直接潅漑の幹線に引き込んだ。嘉南大圳の竣工後、耕地面積と水利潅漑面積は増え続け、多くの畑が水田に変わり、農作物の生産量も大幅に増加した。

台湾地方自治連盟　昭和5年（1930）、蔡培火、林献堂らは、台湾民衆党が日ごとに左傾化し、路線の異なる蔣渭水が掌握するところとなったため、別の団体を作る準備を始めた。同年6月、

1930	昭和5年	4月12日、総督府、「臨時産業調査会」を設立。
1930	昭和5年	8月17日、「**台湾地方自治連盟**」結成。
1930	昭和5年	9月9日、『**三六九小報**』創刊。

楊肇嘉は蔡培火らの招きに応えて台湾に戻り、「台湾地方自治連盟」結成の準備を行ない、8月17日、台中で結成した。会員は1,100名余り。この連盟は地方自治を推進するという単一の目標を強調していた。具体的な要求は、州市街庄の協議員を民選に改め、協議会を議決機関に改めることなどだった。地方自治連盟は趣旨の面では左傾の可能性を避け、そうすることによって実力の豊かな地主、資産家を吸収した。さらに目標を達成した後には解散すると声明した。自治連盟の成立後、多くの民衆党の党員が党の垣根を越えて加盟し、もともと派閥がはっきりしていた民衆党の内訌がさらに激しくなった。そこで民衆党中央は党員が党の垣根を越えて他党に加わるのを禁止したため、自治連盟は民衆党と正式に決裂した。地方自治連盟は台湾議会設置運動の多くの闘将を抱えていたが、「議会設置の請願」には決して積極的でなかった。昭和12年7月、日中戦争が勃発してから1週間後、自治連盟は自主的に解散した。

三六九小報　連雅堂を中心とする「南社」が、昭和5年(1930)9月9日、「春鶯吟社」と合同で出した刊行物。3、6、9日ごとに発行したので、『三六九小報』と称した。この新聞は連雅堂、趙雲石らが編集者となり、あわせて479号出版した。その趣旨は社会批判にあり、内容の多くは歴史、詩文が主で、白話文の作品は少なかった。詩や詞のほか、「雑俎」、「史遺」、「古香零拾」、「開心文苑」などのコラムを設けていた。『三六九小報』は、昭和5年9月から昭和10年10月まで、刊行の期間は5年に及び、その間2度停刊の憂き目にあった。

1930	昭和5年	10月27日、「**霧社事件**」勃発、馬赫坡社の頭目**莫那魯道**（モーナ・ルーダオ）が一族を率いて決起、霧社地方の日本人134名が殺害される。
1930	昭和5年	12月20日、**黄土水**、東京で死去。

霧社事件　昭和5年（1930）に勃発した原住民の抗日事件。この事件が起こった原因は非常に多い。例えば、日本の山林資源の開発によって原住民の狩猟の場が激減したこと、日本の警察の山地における権威が集落の指導者を上回り、原住民の社会組織に対して衝撃を与えたこと、などである。このほか、日本人は原住民を徴発して各種の建設作業に当たらせたが、これらの労役によって、彼らが粟を栽培し狩りをする時間を奪い、労賃も低すぎたといったこともある。しかも伐木の現場が原住民の伝説にある祖先の発祥の地にあったため、彼らの日本憎しの心理を一層強めた。霧社のタイヤル族は昭和5年10月27日、日本人が小学校で運動会を開いたのを機に、国旗掲揚と国家斉唱を合図に会場に突入し、日本人134人を殺害した。その後吊り橋と電話線を切断して外部との接触を遮断し、日本警察の銃と弾薬を奪った。この事件は全台湾を驚愕させた。弾圧が一段落するまで総督府は軍隊1,563人、警察1,231人、軍卒1,381人を動員し、このほかに親日の原住民延べ5,311人も動員した。最初に事件を起こした八つの社の中で、戦うことのできる壮丁はあわせて1,236人だった。最終的には644人が死亡し、老若婦女子もあわせて514人のみが投降し、霧社に集められて収容された。翌年4月25日、わずかに残った500人余りのうち、半数が敵対する部族に殺害され、わずかに298人だけが残された。彼らはすべて川中島（現在の南投献仁愛郷互助村清流部落）に移された。

莫那魯道（モーナ・ルーダオ　1882～1930）霧社事件の指導者、タイヤル族・馬赫坡社の頭目。体躯は大きく、勇敢で剽悍だった。彼と山地に駐在する日本の警察官との間はしっくりいかなかった。彼の妹は警察官に嫁いだが、のちに捨てられた。彼は以前2度反乱を計画したが、人に密告されて思いとどまった。昭和5年（1930）10月7日、莫那魯道の息子と警察官が衝突し、その後、彼は何度も和解を求めに行ったが、みな拒絶された。莫那魯道は処罰を受ければ頭目としての威信に影響するのではと心配した。それに加えて、一族の労役のきつさに対する不満も重なり、10月27日に攻撃をしかけ、日本人を殺すことに決めた。事件後、日本軍はそのほかの番社と連合して莫那魯道を包囲攻撃した。12月1日、彼は大勢がすでに決したと見て、まず家族を撃ち殺し、その後で自殺した。彼の遺体は完全には腐敗せず、半分ほどはミイラ化した。昭和9年に探し出されて台北帝大に送られ、人類学の標本となった。民国42年（1953）、霧社に送り返され、埋葬された。

黄土水（1895～1930）　著名な彫刻家。台北萬華の出身。明治44年（1911）に公学校を卒業後、国語学校師範科に入学。国語学校の卒業時に作品「観音大士」、「弥陀仏」を展覧、校長の推薦で東京美術学校彫塑科に留学し、高村光雲、朝倉文夫に師事した。大正9

1930　昭和5年　本年度、総督府が「**番地開発調査**」を開始。
1931　昭和6年　1月5日、**王敏川**が新文協中央委員長に当選。

年(1920)、2番の成績で卒業し、そのまま研究科に入学した。この年、彼は「山童吹笛」で初めて帝展に入選、その後「甘露水」、「擺姿勢的女人」、「郊外」で4回連続帝展に入選した。大正11年、研究科を卒業後、台湾に戻り水牛を研究した。彼は石膏で屠殺場の牛の頭、牛の足、牛の関節の型をとったほか、解剖図を製作し、また水牛が臼を挽く様子を見ながら動態観察を行なった。大正15年、萬華龍山寺が彼に仏祖神造の彫刻を依頼し、昭和2年(1927)、嫦娥の木彫と林熊徴の塑像を完成させた。翌年、昭和天皇の岳父母と許丙の母親のために塑像を作り、また「天鵝」、「帰途」等の作品を完成させた。彼の水牛に対する深い観察は最後の大作「南園」(また「水牛群像」とも言う)に結実している。作品が完成したその年、腹膜炎で病死、わずか36歳だった。彼の死後、「甘露水」は教育会館に公開陳列され、遺作の「南園」は夫人によって公会堂(現在の台北中山堂)に贈られ、公開展示された。

番地開発調査　昭和5年(1930)度から、総督府は警務局理番課の下に「番地調査係」を置き、岩城亀彦が期間5年の「番地開発調査」の計画に着手した。この調査は「番人調査」と「番人所要地調査」の二つの部分に分かれている。前者は各番社、番人の現有の状態を調査し、後者は警務職員が番人の生活に必要な土地を調査した。調査の目的は、精確な数字によって原住民集落の経済状況を把握し、原住民の生活が必要とする土地を見積もり、それによって原住民の保留地の計画を立て、転村を指導する根拠とすることだった。調査の結果、6冊、3,052ページの分厚い『高砂族調査書』及び『番地調査概要並びに高砂族所要地調査表』が出版された。

王敏川(1889～1940)　字は錫舟、彰化市の出身。若くして日本に留学、早稲田大学に入って法科に学び、この時から啓蒙運動と政治運動に積極的に参加した。『台湾青年』、『台湾』、『台湾民報』、『大衆時報』などの新聞、雑誌の記者や主任になった。このほか、大正10年(1921)から、彼は台湾文化協会で理事、中央常務委員となり、組織部、教育部の活動を主宰した。昭和2年(1927)、文協の分裂後、新文協の実際上の指導者となった。昭和3年以後、台湾共産党の影響下に、労働運動、農民運動に積極的に参加した。昭和6年1月、文化協会第4回代表大会で委員長に当選した。同年8月19日、簡吉が発起した「台湾赤色救援会」に参加した後検挙され、翌年逮捕された。王敏川はのちに有期懲役4年の判決を受け、未決の間に留置された2年を加えると、実際には6年間入牢し、昭和13年に出獄した。彼は獄中で健康情況が悪化し、出獄2年後に病死した。享年52歳。

1931	昭和6年	1月16日、台湾総督・**石塚英蔵**、霧社事件で引責辞任。
1931	昭和6年	2月18日、台湾民衆党、命令により解散。
1931	昭和6年	6月1日、張維賢、楊木元ら「民烽劇団」を創立。
1931	昭和6年	8月21日、台南州立嘉義農林学校が第17回全国中等学校優勝野球大会（甲子園大会）に初出場し決勝に進出するも、中京商業に0-4で敗れ準優勝に止まる。この嘉義農林の活躍ぶりが2014年に台湾で映画化された。タイトルは「KANO」。日本での上映タイトルは「KANO 1931 海の向こうの甲子園」。

石塚英蔵　第13代台湾総督、任期は昭和4年（1929）7月から昭和6年1月まで。福島（もと会津藩）の武士の子で、日本民政党の派閥に属した。石塚英蔵は東京に生まれ、東京帝国大学を卒業後、そのまま内閣法制局に入った。明治31年（1898）、勅任総督府参事官長の身分で児玉源太郎とともに台湾に赴任した。明治35年、彼は総督府警務局長を兼任し、翌年からは参事官長兼総務局長に就任した。その後、関東都督府（遼東半島南部）の民政長官、朝鮮総督府農商工部長官、及び日本の国策会社・東洋拓殖株式会社の総裁を歴任し、後に昭和4年7月、台湾総督に任命された。昭和5年、台中州霧社（現在の南投県霧社）で原住民が抗日に蜂起した「霧社事件」が起こり、石塚英蔵と総務長官・人見次郎はともに翌年1月16日、引責辞職した。

郭秋生（1904～1980）　台北新荘の出身。筆名は芥舟、秋生、芥秋生、TP生、KSなど。厦門の集美中学を卒業後、台湾に戻り、台北市江山楼の支配人となった。昭和6年（1931）、「南音社」の結成に参加し、『南音』（半月刊）を創刊した。昭和8年、黄得時、朱点人、林克夫、廖毓文、王詩琅、陳君玉、李献璋らと「台湾文芸協会」を組織し、幹事長に就任した。文芸雑誌『先発部隊』を発刊、第2期からは『第一線』と誌名を改めた。彼は台湾白話文（口語文）を積極的に提唱し、台湾語を民間に深く浸透させた。昭和6年、『台湾新聞』に「建設台湾白話文一提案（台湾白話文を築き上げるための一提案）」を発表し、論戦を巻き起こした。昭和9年、「台湾文芸連盟」に加入した。戦後は文学を捨てて商業に携わり、台北市大同区調停委員会主席を務めた。著名な作品には「王都郷」、「社会写真」、「街頭写真」などがある。

南音　郭秋生、頼和、葉栄鍾、荘垂勝、周定山、許文達、洪炎秋、陳逢源らは昭和6年（1931）秋、文学団体「南音社」を創立した。趣旨は啓蒙文学で、創作面では「迂回」の手法を取り、当局を直接批判することは避けた。このため読者からは喜ばれ、検閲者は対応に苦慮した。昭和7年1月1日、半月刊の文学雑誌『南音』を創刊した。『南音』に前後して発表された小説の佳作としては、頼和の「帰家」、「惹事」、一吼の「老成党」、赤子の「擦鞋匠」などがある。評論では従来の「台湾白話文」のテーマ、特に黄純青、郭秋生らの主張を引き続き取り上げた。『南音』はあわせて1巻12号を発行した後停刊したが、質、量ともそれまでの出版物に比べ進歩しており、台湾の文芸雑誌の中で先導的役割を果たした。

1932	昭和7年	1月1日、**郭秋生**ら『**南音**』を出版。
1932	昭和7年	3月20日、巫永福、張文環、**王白淵**ら東京で「台湾芸術研究会」を結成。
1932	昭和7年	10月26日、明治橋（現在の中山橋）の新築工事完了。
1932	昭和7年	11月28日、台湾最初の百貨店・菊元百貨店落成。
1932	昭和7年	**葉清耀**、明治大学で法学博士の学位を取得。台湾人で最初の法学博士。

王白淵（1901～1965）　彰化二水の出身。台北師範学校の卒業。大正14年（1925）から昭和3年（1928）年の間、東京美術学校に進学し、卒業後は盛岡女師で教えた。昭和6年、日本語の詩集『荊棘の道』を出版、昭和7年、台湾芸術研究会の創立に参加し、翌年『福爾摩沙』第1号に『唐吉訶徳与卡波涅（ドンキホーテとカポネ）』を発表し、当時の日本在住の台湾青年と台湾の文壇を奮起させるのに相当大きな役割を果たした。昭和10年、上海美専で教えたが、日本の警察に抗日の罪名で逮捕され、台湾に送り返されて入獄した。民国34年（1945）、『新生報』の編集主任に就任、二二八事件後逮捕されたが、まもなく釈放された。しかし、その後も3度入獄した。民国34年から38年の間、游彌堅、楊雲萍、陳紹馨、沈湘成、蘇新らと「台湾文化協進会」を創立、『台湾文化』を発行するとともに、絵画展、音楽会などを開催した。民国38年以後は公衆の前に出ることがなくなった。

葉清耀（1880～1942）　台中東勢の出身。東勢公学校を卒業後、台中師範学校の入試に合格。師範を卒業後公学校の教職に就いたが、後に辞職して日本に留学、明治大学法学科に合格した。大正7年（1918）、司法科高等試験に合格、弁護士の資格を取得した。大正10年、台北で正式に弁護士の業務を開始した。治警事件（1923）の勃発後、彼は被告の弁護士となった。昭和5年、「台湾地方自治連盟」が台中で成立し、葉清耀は理事に推薦された。昭和7年、明治大学法学博士の学位を獲得し、台湾人で最初の法学博士となった。翌年、朝鮮で地方制度の実施状況を視察したが、旅行の途中脳溢血になり、昭和17年、死去した。

1933	昭和8年	5月15日、台北帝大が『**新港文書**』を刊行。
1933	昭和8年	7月15日、雑誌『**福爾摩沙**』創刊。
1933	昭和8年	10月2日、**施乾**が「愛愛寮」を設立し乞食を収容。

新港文書　台湾の平埔族は文字を持たなかった。しかし台南一帯の番社ではオランダの宣教師に教えられて、ローマ字の表音で彼らの言葉を書き表すことができ、土地の売買契約書にもそれを用いた。この種の契約書は「新港文書」と呼ばれた。西暦1624年、オランダ人は大員を占領後、付近の平埔集落で宣教を始めた。1627年、最初のオランダ人牧師カンジジゥス（Georgius Candidius）が台湾に到着、まず新港社で現地の言葉を習い、伝道事業の推進に役立てた。オランダ人宣教師はローマ字による表音で西拉雅平埔族の言葉を記録し、さらにこの表音法で『聖書』などの宗教関係の書籍を翻訳した。書物の翻訳のほか、オランダ人は平埔族にこの表音文字を書くことによって生活面でいろいろ応用することを教えた。オランダ人が台湾を離れてから後も、台南付近の平埔族の人たちは相変わらずローマ字の表音を使用し続け、土地売買の契約もその例に洩れなかった。当時、漢人と平埔族が結んだ契約のうちいくつかはローマ字表音の西拉雅文を用い、あるいは中国語と西拉雅文の両方を突きあわせて用いた。漢人はこのような契約を「番仔契」と呼んだ。日本時代、台北帝国大学教授・村上直次郎は、100件余りのこの種の契約を集め、整理を加えた後、昭和8年（1933）に出版した。これらの契約の大部分は新港社と関係があるので、「新港文書」と総称されている。

福爾摩沙　昭和8年（1933）7月15日、日本の東京で創刊された台湾芸術研究会の機関誌。雑誌の発行母体の「台湾芸術研究会」は昭和7年3月、東京在住の巫永福、王白淵、張文環らが創立したもので、その趣旨は「台湾文学及び芸術の向上を図る」ことにあった。翌年、文芸雑誌『福爾摩沙』の刊行を始めた。しかし、会の本部は東京に置かれ、雑誌も東京で発行されたので、台湾に対する影響は小さかった。雑誌『福爾摩沙』は3期まで発行した後、昭和9年6月15日、停刊し、改めて『台湾文芸』と合併で発行された。

施乾（1899～1944）　台北淡水の出身。台北工業学校土木科を卒業し、総督府工業講習所で訓練を受けたのち、総督府商工課に配属された。在職中、艋舺（萬華）の貧民の生活状態を調査するうちに、自ずと彼らに哀れみの情を持つようになった。そこで、毎日退勤後に萬華に行き、乞食とおしゃべりをし、自腹を切って病気にかかった乞食を看護した。のちに、彼はあっさりと総督府の職を辞し、自分の全財産を売って金に換え、現在の大里街に乞食の収容所を建てた。昭和8年（1933）、財団法人「愛愛寮」を創立する許可を得た。施乾はつねづね街から乞食を連れて帰り、自ら彼らの体を洗い、理髪をし、彼らに無条件で宿所を提供していた。施乾は、彼らにすげ笠、わらじ、藤細工を編む技術を教え、後ろの空き地では豚を飼い、野菜を作って自給自足の能力をつけさせ、彼らに自力更生の力がついたのち、社会に戻してやった。当時、愛愛寮に収容したのは乞食のほか、アヘン中毒者、ハンセン病患者、精神病患者などにも及び、総合的な救済施設と言えた。施乾は昭和19年、

1934	昭和9年	5月6日、「**台湾文芸連盟**」台中で創立、**頼和**が委員長に就任。

高血圧によって早世した。しかし、愛愛寮は彼の妻の施照子によって引き継がれ、現在に至っている。

台湾文芸連盟 1930年代初期、『南音』、『福爾摩沙』、『先発部隊』、『第一線』などの文芸雑誌が相次いで創刊され、また「台湾芸術研究会」、「台湾文芸協会」などの団体も結成された。しかし、文芸界の人たちは互いに連携が欠けており、全島的な文芸団体を作る必要を感じていた。昭和9年（1934）5月6日、張深切、頼明弘が段取りして、台中市で文芸大会が開かれた。大会は黄純青が議長を務め、大会参加者は互いに共通の認識を深め、文芸団体を組織し、文芸雑誌を発行し、文芸の普及を図ることなどを決議し、「台湾文芸連盟」が正式に成立した。連盟は機関雑誌『台湾文芸』を発行するほか、不定期に文芸講演会、座談会を開き、画集などを発行した。また、嘉義、埔里、佳里、東京などに分会を置いた。昭和11年8月、『台湾文芸』は停刊になり、文芸連盟もそれにつれて姿を消した。

頼和（1894～1943） 原名は頼河、字は頼雲。彰化市の出身。筆名は頼雲、甫三、安都生、灰、走街先など。幼時に私塾で中国語教育を受け、明治42年（1909）、総督府医学学校に進学した。大正3年（1914）に卒業後、厦門の博愛医院で働いた。大正8年、台湾に戻って「頼和医院」を開設し、新文学の創作を始めた。大正12年、文化協会の活動に加わったため、「治警事件」で拘留された。「新旧文学論戦」では新文学を主張する闘将となった。大正14年、台湾文学史上最初の白話（口語）の散文「無題」を発表、15年1月1日、白話小説「闘鬧熱」を発表した。昭和9年（1934）5月6日、台湾最大の文学団体「台湾文芸連盟」が発足し、頼和は委員長に推された。昭和16年、再び逮捕されて入獄し、18年1月31日、病没した。50歳だった。その文学作品は写実主義の手法を採り、民族感情と人道主義に溢れ、「台湾文学の父」と称えられている。生涯の作品は李南衡の編集による『頼和先生全集』が出版されている。近年、後代によって「頼和記念館」が作られ、林瑞明の編集により全集が新たに出版された。

1934	昭和9年	6月3日、**日月潭発電所**が竣工。
1934	昭和9年	7月3日、**辜顕栄**、貴族院議員になる。
1934	昭和9年	7月16日、台湾自治連盟が日本の内閣に統治意見書を提出。
1934	昭和9年	8月5日、台湾銀行本店の新築工事の着工式。
1934	昭和9年	8月11日、東京台湾同郷会、「郷土訪問演奏会」を挙行。
1934	昭和9年	9月2日、林献堂ら30人が会談、「台湾議会設置請願運動」の停止を決定。

日月潭発電所　日本時代最大の発電施設。この発電所の構想は第一次大戦の時期に始まり、大正8年（1919）、着工された。しかし、世界的な経済恐慌の中で工事の進捗ははかばかしくなく、大正15年、工事は中止された。何度かの議論を経て、昭和3年（1928）、工事の続行を決定したが、工事の再開は昭和6年に資金が集まるまで延期され、やっと同年年末に再開された。昭和9年6月3日、「日月潭第一発電所」が完成、総工費は6,400万円余りだった。この発電計画の主な内容は、濁水渓の上流に大堰堤を築き、河の水をせき止めてトンネルに導き、日月潭に注ぎ込むというものである。貯水量を増やすために貯水池の周辺に第二の大堰堤を築き、日月潭の水面を上昇させた。最後には貯水池の水を「日月潭第一発電所」に引き、水位の落差を利用して発電した。最大発電量は10万kwだった。この発電所の規模は非常に大きく、その計画発電量は最初工事にとりかかった時（1919）には全台湾発電量の13倍だった。完成時の実際の発電量は全台湾の総発電量の2倍だった。その発電量は驚くべきものだったが、完成後のゆとりのある電力供給が産業界の電力消費を刺激し、全台湾の電力使用は激増した。そこで日月潭第一発電所の完成後1年を経て、ただちに第二発電所の建設に着工し、昭和12年8月31日に竣工した。

辜顕栄（1866～1937）　彰化鹿港の出身。明治28年（1895）、日本軍の上陸後、台湾民主国はあっという間に瓦解、台北はじきに無政府状態に陥り、治安は大いに乱れた。そこで、地方の有力者たちは相談し、日本軍に入城を請うことを決めた。代表に選ばれた辜顕栄は単身基隆港に行き、日本軍の台北入城を要請した。辜顕栄は日本軍を迎え入れてから半年後、保良局長に就任した。翌年には事業を始め、政府の食塩専売特許を獲得し、潤沢な利益を得た。こののち、彼は鹿港、台中及び濁水渓南岸の虎尾に土地を買い、埤圳を開削して荒れ地を潅漑し、農田を作った。彼の事業は塩の専売、アヘンの卸売りのほか、広く糖業、金融、建築、漁業にまで及び、10年を経ずして百万長者になった。辜顕栄は日本政府から勲六等を受けていたが、明治35年（1902）に勲五等、大正4年（1915）に勲四等を受けた。明治30年5月、紳章を授与され、明治42年、庁参事になった。大正10年、総督府評議員に選ばれ、昭和9年（1934）、日本帝国貴族院議員に選ばれた。日本時代に台湾人で貴族院議員になったのは4人だけだったが、彼が貴族院議員になったのはほかの3人より11年早かった。昭和12年、他界した。

張深切（1904～1965）　字は南翔、筆名

1934	昭和9年	台北練兵場で飛行機が墜落、楊清渓飛行士が死亡。
1934	昭和9年	11月5日、**張深切**らが雑誌『**台湾文芸**』を創刊。
1934	昭和9年	11月10日、台陽美術協会設立。
1934	昭和9年	12月17日、大日本製糖と新高製糖が合併協定に仮調印。
1934	昭和9年	**陳進**〔→次頁〕が帝展に入選、帝展入選の台湾最初の女流画家となる。

は楚女、者也など。南投草屯の出身。幼時から中国語を学習し、14歳で東京に勉学に赴き、20歳で台湾に帰った。まもなく中国に渡り、昭和2年(1927)、広州中山大学の法科の入試に合格した。同時に、台湾籍の青年・張月澄、郭徳欽らと「台湾革命青年団」を組織し、台湾の中国復帰のために積極的に努力した。彼はまた陳炯明平定の軍事行動に参加し、北伐にも参加した。その後、台湾に戻って学生運動を扇動し、中国の革命の状況を宣伝したため、逮捕され入獄した。出獄後、「台湾話劇研究社」を組織し、昭和9年、「台湾文芸連盟」の結成を図り、雑誌「台湾文芸」を主宰した。この雑誌は11年8月に停刊に追い込まれるまで、ほぼ3年間、15期まで発行した。彼は前後して、『東亜新報』の編集主任、『大阪朝日新聞』調査部記者、それに上海『江南正報』文芸部主任などの職に就いた。昭和11年末、福建省参議で大陸の著名な作家・郁達夫が台湾を訪問した際には、張深切は台湾の作家を代表して接待に当たった。昭和12年、日中戦争が勃発すると、張深切は北京に行き、北京国立芸術専科学校教授と訓導主任に就任、国立新民学院日本語教授を兼任し、『中国文芸』の編集責任と発行に当たったが、日本の特務に逮捕され、危うく殺害されるところだった。民国34年(1945)、日本の敗戦後、台湾に戻り、台中師範の教務主任に就任し、前後して喫茶店を開き、映画会社を経営した。代表作には、評論『対台湾新文学路線的一提案(台湾新文学路線に対する一提案)』、小説『鴨母』などがある。

台湾文芸　「台湾文芸連盟」発行の機関雑誌。昭和9年(1934)11月5日に創刊され、昭和11年8月28日に停刊になるまで、15期発行された。この雑誌は台中地区を中心に、全島各地の作家を網羅し、さらに東京の留学生とも密接な連携を保ち、台湾の新文学運動誕生の大きな推進力になった。

1934	昭和9年	**バークレイ**が台湾での半世紀にわたる伝道活動を終え、イギリスに戻る。
1934	昭和9年	台北帝大が「熱帯医学研究所」を増設、**熱帯医学研究**に力を注ぐ。
1935	昭和10年	1月、**呂赫若**が処女作「牛車」を発表。

陳進（1907～1998）　台湾の著名な女流画家。新竹香山の出身。台北第三高女で勉学中に、水彩画の教師・郷原古統は彼女に絵画の天分があることに気づき、彼女の父親を説得して日本に画の勉強に行かせた。大正14年（1925）、東京女子美術学院に入学し、昭和2年（1927）、「罌粟」、「朝」、「姿」の三つの作品で第1回台湾美術展覧会に入選し、郭雪湖、林玉山とともに「台展三少年」と称された。メディアの盛んな報道によって、陳進は一躍有名になった。2年後、彼女は日本の美人画の大家・鏑木清方を師と仰ぎ、もっぱら人物画に専念した。昭和9年、彼女が姉の陳新をモデルに描いた「合奏」が日本の第15回帝展に入選し、台湾でこの栄誉に浴した最初の女流画家となった。彼女はまた女性の画家は精巧な小さな画しか描けないという世俗の偏見を打ち破った。彼女の作品の「合奏」と「化妝（化粧）」はともに優に2mを超える超大型の作品である。民国35年（1946）、台湾に戻って定住し、47年、中山堂で最初の個展を開き、非常な好評を博した。晩年は人物画のほか仏画も描いた。最も代表的なものには10枚1組の「釈迦行誼図」がある。民国59年以後は、しばしばアメリカ、日本に写生に出かけ、大量の風景画を描いた。民国75年、台北市立美術館の招きに応じ、80歳回顧展を開いた。86年、行政院文化賞を受けた。87年3月27日、狭心症で死去した。

バークレイ（Thomas Barclay, 1849～1935）イギリス・スコットランド人。キリスト教徒の家庭に生まれた。16歳で伝道の誓いをたて、中国での伝道を願い出た。1869年、スコットランド自由教会神学院に入り、1874年12月、厦門に来て閩南語を学んだ。翌年6月、台湾に入り、最初は打狗（現在の高雄市）でリッチー（Huge Ritchie）牧師について学び、1876年、再び打狗から台南府に転じて教化を始めた。彼の伝道事業で最大の成果は、神学教育を推し進めたことである。彼は神学校（現在の台南神学院）を創立したほか、ローマ字の発音表記による白話（口語）字の書き写しを普及させ、この表音方式で聖書を翻訳した。このほか、最初にローマ白話字印字館を作り、『台湾府城教会報』などを発行した。1895年、日本軍が三方面から台南に迫り、劉永福が密かに台湾から逃れると、彼は台南の有力者を代表して日本軍を迎えた。1934年、台湾における半世紀あまりにわたる伝道活動を終え、退職してイギリスに帰った。翌年、脳溢血で病没、享年87歳。

熱帯医学研究　明治32年（1899）、台湾総督府は台湾伝染病、地方病調査委員会を初めて設置し、明治42年には専属の研究所を設置、大正10年（1921）、中央研究所衛生部所属に改めた。昭和3年（1928）、台北帝国大学が創立され、6年後には「熱帯医学研究所」を設立し、もっぱら熱帯医学研究に取り組んだ。熱帯医学研究所はマラリア研究室、昆虫研究室に分かれ、ほかに付設

1935	昭和10年	4月21日、台中州で大地震、被災者は35万人に達する。
1935	昭和10年	5月14日、「**熱帯産業調査会**」発足。
1935	昭和10年	10月10日、「**始政四十年記念博覧会**」〔→次頁〕始まる。11月28日、閉幕。
1935	昭和10年	11月22日、台湾最初の地方（市、街、庄）議員選挙行われる。

の施設としてマラリア治療実験室があった。1930年代には、熱帯医学研究は次第に成熟したものになった。主な成果としては台湾の風土病と熱病で、とりわけマラリアの研究に成果があった。1930年代末期、日本の南中国、南洋への拡張の可能性に呼応し、学者たちは正式に「熱帯医学」という言葉を提案し、台湾を中心とする熱帯医学研究の重要性を強調した。昭和15年（1940）、台北帝大医学部はさらに「南方医学研究会」を発足させ、台湾本島のマラリア研究に進展を見せたほか、日本の南洋、華南方面への進出のための実力を整え、帝国の拡張政策に必要な協力を行なった。

呂赫若（1914～1951）　本名呂石堆、台中潭子の出身。台中師範学校で勉学中に世界大恐慌に遭い、当時の左傾思想の影響を受けた。昭和9年（1934）、卒業後、公学校の教職に配属され、その当時から創作生活を始めた。昭和10年、日本の『文学評論』に処女作「牛車」を発表し、文学の天才と言われた。彼は「呂赫若」の筆名を用いたが、これには二つの意味があるという。第一には、彼が尊敬する2人の左翼作家、中国の郭沫「若」と朝鮮の張「赫」宙からそれぞれ1字を採った。第二には、彼は自分が「赫赫」たる有名人になることを望んだ。昭和14年、彼は東京へ行って音楽学校声楽科に学び、東宝劇団に参加して歌劇を演出した。戦後、民国35年（1946）には中国語で小説を書くようになっており、二二八事件（1947）の前に、「改姓名」、「一個奨」、「月光光」、「冬夜」の4編の中国語の小説を書いた。民国38年、台北一女中の音楽教師になり、中山堂で音楽歌唱会を開いたが、まもなく行方知れずになった。警備総部は、彼は共産党のスパイで「鹿窟事件」と関係ありとしたが、民間では、彼は鹿窟山上で毒蛇に噛まれて死んだと伝えられている。彼は生涯を通じて、封建主義に反対し、社会経済構造と家庭という組織の中の病的状態を告発することを中心に創作を続けた。主な作品には「牛車」、「暴風雨的故事」、「台湾女性」、「清秋」などがある。

熱帯産業調査会　日本の台湾統治の中期以後、総督府が台湾の工業化と南進政策に備えて作った調査組織。昭和10年（1935）から計画に着手し、同年5月14日、調査会規程を公布した。元の名は「南方経済調査会」と言い、のちに「熱帯産業調査会」と改められた。正副会長各1名を置き、台湾総督と総務長官がそれぞれ就任した。委員は50人で、総督府が任命した。調査会の任務は日本の台湾統治以来の台湾の産業、経済、文化などの情況及び台湾の南洋、華南に対する対策を研究し、それによって台湾と南洋、華南の貿易の発展を図ることにあった。総会の下に三つの特別委員会を設け、貿易と工業の振興、企業への助成と投資、交通施設と文化施設の改善などの問題をそれぞれ審議した。

1936	昭和11年	1月1日、雑誌『台湾新文学』創刊、**楊逵**、**楊守愚**らが編集に当たる。
1936	昭和11年	9月2日、**小林躋造**が第17代台湾総督に就任。
1936	昭和11年	12月5日、「**台湾拓殖株式会社**」が正式に開業。

始政四十年記念博覧会　総督府が台湾統治40年の政治実績を広く宣伝するため、百万円を費やして挙行した大型博覧会。台湾総督府が全面的に後援し、総督の中川健蔵が博覧会総裁に、総務長官の平塚広義が博覧会会長に就任した。昭和10年（1935）10月10日から11月28日まで、展覧の期間は50日だった。会場には台北市公会堂（現在の中山堂）、台北市公園（現在の二二八記念公園）、大稲埕分場、草山温泉（現在の陽明山温泉）などがあてられた。陳列会場の施設には産業館、林業館、交通土木館、南方館などの直営館と満州館、日本製鉄館、三井館、東京館、専売館などの特設館があった。戦後の初代行政長官になった陳儀も参観に訪れており、大変高い評価を与えていた。

楊逵（1905～1985）　本名は楊貴、筆名は楊逵、楊建人など。中学時代から文学、小説を好み、大正13年（1924）、思想面での行き詰まりを打開し、強制された結婚を逃れるため単身日本に渡り、日本大学文学部芸術科夜間部に入学した。この間、中国、台湾の新文学運動の影響を強く受け、台湾の留学生と共に「台湾文化研究会」、「演劇研究会」を組織し、労働運動や政治運動にしばしば参加した。昭和2年（1927）、楊逵は日本から台湾に戻り、農民運動と新文化運動に積極的に身を投じた。昭和9年、『台湾文芸連盟』に加入し、『台湾文芸』を編集した。昭和10年、「台湾新文学社」を創設し、雑誌『台湾新文学』を出版したが、12年、取締を受け停刊になった。民国36年（1947）の二二八事件後、「平和宣言」を発表し、二二八事件の逮捕者を釈放し、平和的方法で国共内戦を解決することを建議したため、逮捕されて入獄し、12年間獄中にあった。民国50年に出獄後、台中で「東海花園」を経営し、花を売って日を過ごした。代表作には「送報伕」、「鵝媽媽要出嫁」などがある。

楊守愚（1905～1959）　本名は楊松茂、彰化市の出身。筆名は守愚、洋、翔、Y生、村老、静香軒主人など。父は清代の秀才で、楊守愚は父の影響を受け、十分な漢学の基礎があった。彰化第一公学校を卒業、昭和4年（1929）に創作を開始し、昭和9年、台湾文芸連盟に参加、『台湾新文学』の編集業務に参加した。戦後、台湾省立工業職業学校の教職に就き、民国48年（1959）4月8日、この世を去った。享年55歳。楊守愚と頼和、陳虚谷、楊樹徳らとの交わりは極めて強かった。彼の作品は社会の下層の人物に対する同情と思いやりに満ちている。彼は台湾新文学運動の中では多作な作家の一人で、短編小説30編あまりと新詩数十首の作品がある。作品の題材の範囲は大変広く、芸術手法面では写実主義を堅持し、朴訥な風格がある。

小林躋造（1877～1962）　広島市出身。海軍兵学校、海軍大学卒業。卒業後、イギリス、アメリカに派遣され、ロンドン軍縮会議の時には海軍省次官だった。昭和6年（1931）、連合艦隊司令官に就任、8年、海軍大将に昇進した。昭和11年9月、第17代台湾総督に任

1937	昭和12年	7月15日、総督府、「台湾地方自治連盟」の解散を命令。
1937	昭和12年	9月10日、総督府、国民総動員本部を設立。
1937	昭和12年	9月27日、台湾人**軍夫**が初めて中国の戦場に送られる。

命され、在任期間は4年2ヵ月だった。彼の時から台湾総督はまた軍人が務めることになった。彼の就任1年後、日本は中国への戦争を発動した。彼は情勢の変化に対応するため、「皇民化、工業化、南進基地化」のスローガンを打ち出し、皇民化運動を推進し、台湾の工業水準を引き上げ、台湾を日本帝国の「南進」の基地にした。昭和15年11月、職務を解かれた。

台湾拓殖株式会社　略称「台拓」。日本の台湾統治後期の全台湾に跨る大規模な半官の企業。昭和11年(1936)12月5日の創立で、総督府が価格にして1,500万円、面積1万4千甲の公有地を提供し、さらに日本糖業連合会、三井・三菱などの財団が1,500万円を共同出資、総資本額は3千万円だった。総督府は全体の株の半分を保有しただけでなく、会社の人事及び利潤の分配を監督することができた。また、会社の主要な産業に対する独占的地位を通して、間接的に産業全体の発展方向をコントロールした。台拓の経営する事業は台湾島の内外に及んでいた。島内での主要な事業には河口や河川での新たな土地の開発、造林、採鉱、移民及び他企業への投資などがあった。台湾の外では、広東水道、海南島の開発などがあり、多く日本の軍事占領と並進、一体化した産業開発に従事した。台拓は政府の数々の統制を受けたが、極めて大きな特権も持っていた。まず、政府が出資した半分の株には、台拓は配当金を払う必要がなかった。次に、台拓は総資本額の3倍の公債を発行する権利があり、大量の民間資金を吸収することができた。戦争終結時には、台拓による他企業への投資は40社余りにのぼり、投資総額は5億円を超えていた。10年足らずの間に10倍余りに膨張していたのである。これらの投資の過半数は島内の重化学工業、つまり当時の主要な軍需工業に集中しており、当局の政策に協力した色彩が極めて鮮明である。

軍夫　昭和12年から20年(1937～1945)にかけて、雑役に従事するために日本の軍隊に加わった台湾人。正規の軍人ではなく、通訳、軍医、巡査補などが含まれていた。一般には総称して「台籍日本兵」と言った。軍夫の徴用は、一般的には台湾総督府が軍の請求を受け、庄役場の職員が現地の巡査とともに該当者の家に行って参加を説得した。軍夫の戦地での役目は主として、兵器砲弾などの重い物の運搬、塹壕掘り、宿営地の設営、食糧の運搬と炊事、架橋や道普請などの労務だった。平時には「人夫」(労働者)と呼ばれたが、軍隊では「軍夫」と言った。彼らは軍事訓練を受けておらず、銃器を扱うことはできなかったが、重労働のほか、守備や歩哨などの任務も負わなければならなかった。戦場では、日本軍に協力する役割を果たしたが、戦地での任務の厳しさや危険の程度から言えば、それは正規の軍人に劣るものではなかった。

1937	昭和12年	12月1日、台湾神職会が「正庁改善実施要項」を発表、「**正庁改善**」運動の主導と統一を企図。
1937	昭和12年	12月27日、「大屯」、「新高阿里山」、「次高」、「太魯閣」の4ヵ所が国立公園に指定される。
1937	昭和12年	台北州が「**国語家庭**」の普及を開始、各地がこれにならう。

正庁改善　昭和11年（1936）から始まり、台湾伝統の広間（庁堂）の配置や祖先を祀る習俗を変える運動。この運動は台湾総督府が主導したものではなく、地方政府が音頭をとったものだった。昭和11年12月5日、台南州東石郡鹿草庄（現在の嘉義県鹿草郷）の後堀、麻豆の二つの村落が「位牌焼却の儀式」を執り行ない、あわせて1,224枚の位牌を焼却場に積み上げ、僧侶が荘厳な焼却の儀式をあげた。これ以後、各地で次々にこれを見習い、祖先の位牌ばかりか、神像、仏像、掛け軸なども焼却の運命を免れることはできなかった。総督府はこうした行動にあいまいな傍観者的な立場をとっていた。しかし、各地の足並みが一致していなかったことから、過激な行為が民衆を刺激するのを避けるため、「台湾神職会」が表に出て、「正庁改善実施要項」を発表した。この要項は比較的穏やかな方法を採り、台湾の伝統的な家庭の広間（庁堂）の中央に「神棚」を安置し、「注連縄」を祀り、祖先の位牌を皇民が祖先を祀る「祖霊社」に取り替え、皇室の春秋の皇霊祭にあわせて神道式の祖霊の祭りを行なうように民衆を教え導くことを提案した。つまり広間（正庁）の配置を変え、さらに祭祀のあり方を改め、「注連縄」を台湾人の信仰の中心にし、皇室の祭祀と結びつけることによって、皇国に忠誠を尽くす「皇国民」精神を養うことを願ったのである。

国語家庭　皇民化運動の時代、台湾人が日本語を学び、使用するのを奨励するための制度。台北州は昭和12年（1937）、最も早く「国語家庭」普及の制度を始め、まもなく全台湾の各州、庁も次々にそれにならった。それは次のような方法によって行われた。いかなる家庭でも、その家族がみな家で日本語を話すのであれば、各級の政府が設けた国語家庭調査委員会に申請することができ、審査を通れば「国語家庭」になれる。「国語家庭」は通常、証書、褒賞と「国語家庭」の門標をもらえた。国語家庭の審査基準は総督府が統一して決めたものではなかったので、各州、庁で認定の幅が異なっていた。「国語家庭」は栄誉と見られただけでなく、同時に多くの優遇措置が与えられた。例えば、「国語家庭」の児童は比較的程度の高い「小学校」に入ることができ、また優先的に中等学校に入学できた。公の機関も優先的に国語家庭の家族を採用することになっており、各種の営業免許を申請する場合にも比較的容易に許可された。以上のような色々な優遇措置は台湾人の国語家庭申請の願いを刺激した。日本の敗戦前に承認された「国語家庭」がどれだけあったかは、統計数字が欠如しているため知ることができない。しかし、昭和17年（1942）4月の段階では、全台湾で9,604戸の「国語家庭」があり、総人数は77,679人で、当時の総人口の1.3％に当たった。

1938	昭和13年	4月2日、「台湾農業義勇団」の募集細目を公布。4月26日、上海に向け出発、軍用野菜の栽培に当たる。
1938	昭和13年	5月3日、総督府、台湾での「**国家総動員法**」の実施を公布。
1939	昭和14年	1月31日、総督府は各地方政府に、「**寺廟整理**」は慎重に行ない、民意を尊重すべきであると諭告。

国家総動員法　昭和13年(1938)、日本軍部は第73回国会に「国家総動員法」の法案を提出した。この法案はほとんど全会一致の同意を得て採択され、3月31日に公布、施行された。この法律は主として戦争遂行の必要に応えるため、資源、工場、資本、労働力、運輸、交通、通信など各部門の国家による統一管制について規定し、さらに政府が行なう国民の徴用、争議の制止及び思想言論の検閲などについても規定した。台湾総督府はその後すぐ「国家総動員法」を発表し、5月3日から台湾に適用した。戦況が次第に緊迫化するにつれて、総督府は多くの物資の流通に対して管制を実施し、また人民の勤労奉仕を発動し、半ば脅迫的な貯蓄などを普及させたが、これらはみな「国家総動員法」の規定した動員体制のもとで行われた。

寺廟整理　「民風作興運動」の普及が始まってから、地方では台湾の既存の宗教に対する多くの改革が行われた。例えば金銀紙を焼くのを禁止し、廟宇にあるそのための炉を取り壊す、寺廟の祭典は神道の儀式で行なう、多くの寺廟が共同で祭典を行なうといったことである。昭和13年(1938)年にはさらに「寺廟整理」運動が展開された。その企図するところは地方の古くからある寺廟と民間の信仰団体を整理、合併することによって、民間宗教を再編成する目的を達成しようとするものだった。具体的なやり方は、同一地方の同種の寺廟は合併するか合祀を行なう、神明会、祖公会などの宗教団体を解散させ、その財産をそのほかの教化団体に寄贈する、といったことだった。事は重大であり、台湾人の強い反対を避けるため、総督府は地方の官庁に「慎重に事を運ぶ」よう警告したが、台湾の寺廟の数は大いに減少してしまった。

1939	昭和14年	5月19日、総督府が皇民化、**工業化**、南進基地化の三大政策を布告。
1939	昭和14年	9月25日、新高港着工式典を梧棲で盛大に挙行。
1940	昭和15年	1月1日、**西川満**、黄得時らが雑誌『文芸台湾』を創刊。
1940	昭和15年	2月11日、総督府が戸口規則を改訂、台湾人の**改姓名**を許可。

工業化　昭和14年（1939）5月、総督・小林躋造は「皇民化、工業化、南進基地化」の3項目の政策を打ち出し、工業化の決意を明白に公表した。これ以前は、台湾の工業は農産加工業を中心とし、その中で最大のものは製糖業だった。昭和9年、日月潭水力発電所の工事が竣工した後、大量、廉価な電力の提供が可能になり、工業の発展を促した。新興の工業には、金属工業、化学工業、機械器具工業、窯業などがあり、元々盛んだった農産加工業にもアルコール、製麻などが加わった。昭和16年、太平洋戦争が勃発、初めのうち日本軍は連戦連勝で、日本政府は本土で使われなくなった民間工業の古い機械を台湾に運び込んで工場を作り生産を始めた。さらにその製品を東南アジアで販売し、同時に東南アジアの工業原料を台湾に運んで製品を生産した。昭和18年下半期以後、日本軍は守勢にまわり、海上輸送は途絶の危機に瀕し、外国の原料に頼った工業は停頓状態に陥った。統計数字から見ると、伝統的農産加工業の全工業生産に占める割合は、1930年代後期から明らかに下降し、1940年には61％まで落ちた。逆に化学工業と金属工業の割合は大幅に増え、両者の合計は約20％になった。つまるところ、いわゆる「工業化」は戦争目的のために推進されたもので、軍需工業に大きく偏重していた。例えば金属工業の中で最も高い比重を占めていたアルミニウム精錬は飛行機製造のためだったし、新興食品工業のアルコール製造は代用ガソリンとして役立てるためだった。

西川満（1908～1999）　若松市（現北九州市）出身。明治43年（1911）、父親について台湾に渡り、定住した。大正9年（1920）に台北一中に進んでから、文学の創作に熱心になった。大正12年、『台湾新聞』に投稿した「豬」が新年文芸投稿募集で一等賞になった。翌年、版画家の宮田弥太郎と文芸雑誌『桜草』を創刊した。昭和5年（1930）、早稲田大学法文科に入学、7年に田中澄子と結婚し、翌年台湾に戻った。昭和14年、日本人を主なメンバーとする『台湾文芸家協会』を中心になって創立し、翌年の元旦に『文芸台湾』を創刊した。彼はまた時局に応え「大東亜文学者大会」に参加した。これに不満な台湾人の作家（張文環ら）は、昭和16年、『台湾文学』を創刊したが、どちらの雑誌も昭和19年に「台湾文学奉公会」の機関誌『台湾文芸』に合併された。西川は民国35年（1946）、日本に送還された。彼の文学の風格は濃厚な植民意識に溢れ、ロマン、耽美の芸術至上主義を強調しており、日本人の「外地文学」の代表である。

改姓名　皇民化運動の中で、法定の手続きにより台湾人の中国式の姓名を日本式の姓名に改めさせる政策。昭和15年（1940）2月11日、台湾総督府は改姓名細目を公布し、台湾人が中国式の姓名を日本式に改めることを許可し

1940	昭和15年	5月27日、「瑞芳事件」が起こり、**李建興**らが逮捕される。
1940	昭和15年	8月10日、中元節を廃止。

た。その目的は植民地の人民を真の日本人に改造することにあった。台湾では改姓名は戸ごとに行われ、戸長が申請を提出した。改姓名は許可制で、強要するような性質ではなく、改姓名の許可には二つの条件があった。一つには、その家庭は国語（日本語）の常用家庭で、二つには、皇国民の素質がなければならなかった。姓名を選ぶ時には、歴代天皇の諱、歴史上の著名な人物の姓氏、元の姓氏と関連する屋号、地名などを用いてはならなかった。改姓名の運動の成果は予期したほどではなく、500万人余りの台湾人の中で、昭和16年末までに改姓名を申請した者はわずかに7万人余りで、昭和18年末になっても、やっと12万余りだった。これらの日本式姓名は日本の敗戦後全て中国式に戻された。原住民の改姓名は漢人といささか異なっていた。

李建興（1891～1981）　号は紹唐。台北平渓の出身。10年間私塾で教育を受け、18歳の時、十分寮で私塾を開き、地方の子弟を教育した。収入が多くなかったので、5年後には農業に従事し、最後は鉱業に従事した。大正7年(1918)、三井財閥の投資した「基隆炭鉱株式会社」が発足、李建興はその請負商人となり、経済情況は年ごとに好転した。昭和5年（1930)、一家をあげて瑞芳に移り住み、「義方商行」本店を開いた。4年後には「瑞三煤鉱」を創立し、台湾屈指の大炭鉱の一つになった。財産が不断に増えたため、彼は瑞芳街協議会員、信用組合長などに就任し、富も名望も兼ね備えた地方の指導者になった。昭和15年、李建興は彼と家族、従業員が反乱を企てたと誣告された。5月27日、警察は李建興の兄弟5人と従業員200人余りを同時に逮捕し、李建興は懲役12年の刑を言い渡された。これが「五二七瑞芳事件」で、70人余りが獄中死した。日本の敗戦後、李建興は出獄し、引き続き炭鉱を経営した。この間、「台湾光復致敬団」に加わり、大陸の各都市を訪問した。民国39年（1950）から「台湾省石炭調整委員会」の主任委員となり、石炭業の運営に全力を傾注した。彼の主な事業には「瑞三煤鉱」があり、この炭鉱の産炭量は台湾のトップで、全島第一の大炭鉱だった。

1940	昭和15年	9月27日、日、独、伊が「三国同盟」に調印。
1940	昭和15年	11月27日、**長谷川清**、第18代台湾総督に就任。
1941	昭和16年	4月1日、小学校、公学校を廃止し、一律に「国民学校」とする。
1941	昭和16年	4月19日、「**皇民奉公会**」が発足、台湾総督が総裁に就任し、「**皇民化運動**」を積極的に推進。

長谷川清（1883～1970）　福井県出身。明治33年（1900）、海軍兵学校に入学。数年後、中尉の時、日露戦争の日本海海戦に従軍した。昭和7年（1932）、海軍中将に昇進し、翌年、日本を代表してジュネーブの軍縮会議に出席した。昭和9年、海軍省次官に就任し、12年、艦隊司令官となり、2年後には海軍大将に昇任した。昭和15年11月、第18代台湾総督に任命された。翌年、太平洋戦争が始まり、日本陸軍が迅速に南洋を席巻する一方、海軍も東太平洋へと進出した。ミッドウェイ海戦の後、アメリカ軍は反攻に転じ、日本海軍は次々に敗退した。昭和19年末になると、局面は日本にとって極めて不利になり、台湾もアメリカ軍の脅威を受けるようになった。日本当局は、台湾総督が台湾軍の司令官に就任し、軍政、民政をあわせて統括するのがこの危機に対応するのに最も有効だと考えた。当局の示唆を受けて、長谷川清は昭和19年末、自発的に辞表を提出し、台湾総督の職を空席にした。これを受けて当時の第10方面軍（台湾軍の編成を拡充して作られた）の司令官・安藤利吉が後任になった。このおかげで長谷川は最後の総督にならずにすみ、天寿を全うした。昭和45年（1970）、87歳でこの世を去った。

皇民奉公会　昭和16年（1941）4月19日に発足、総督の長谷川清が総裁に就いた。この会は皇民奉公運動の主たる推進機構で、その具体的な任務は、台湾の青年男女を訓練し、産業奉公を展開し、後方を固め、前線の戦争と呼応する、というものだった。中央の本部の下に、州、庁、市、郡、街、庄などに順々に支部、分会、区分会、集落会、奉公班などが設けられ、各級組織のトップは各級行政系統のトップが兼任した。既往の行政系統と完全に組みあわされた組織と言える。さらに奉公会の外郭として、奉公団、商会奉公会、産業奉公会、奉公社丁団、核心クラブ、青年団、少年団などが置かれた。このように多種多様の名義で台湾の全ての民衆を組み込み、台湾の全人民が奉公会の会員と言えた。戦時活動の大部分も奉公会によって手配された。この組織は昭和20年、日本の敗戦とともに瓦解した。

皇民化運動　日本は台湾統治以後、日本語の教育を積極的に推進したが、同時に台湾古来の風俗習慣を尊重し、台湾人の生活、信仰の全面的な日本化を求めなかった。昭和12年（1937）、日中戦争の勃発後、戦争への動員の必要から、総督府は「皇民化運動」の推進を始めた。台湾人に対し日本の姓氏に改め、日本語を話すことを積極的に求めた。規準にあった家庭は「国語家庭」と呼ばれ、民衆の模範であるばかりでなく、実質生活面でも優遇措置を受けた。このほか、日本の神道の信仰の受け入れ、定期的な神社の参拝、「寺廟整理」と「正庁改善」運動の推進を奨励した。全島でどこででも「壮

1941	昭和16年	7月15日、『民俗台湾』発刊。
1941	昭和16年	10月27日、総督府が「臨時経済審議会」を招集し、「**農業は台湾、工業は日本**」という現状を改め、「農業は南洋、工業は台湾」の目標に向かって邁進することを決定。
1941	昭和16年	12月8日、日本軍が真珠湾を奇襲、太平洋戦争勃発。
1942	昭和17年	4月1日、最初の台湾陸軍志願兵が入隊。

丁団運動」と「部落振興運動」が繰り広げられ、集落（自然村）を単位に労働力を動員し、公共工事と軍事構築を完成させ、共同生産に従事し、自治管理の訓練を行なった。こうした過程を経て、政府の意図は確かに農村の最基層にまで浸透した。1930年代に始まり1945年の日本の敗戦まで続いた皇民化運動は、実際のところは多種多様な活動の総称と言えるものだった。それは明白な単一の運動の進展でもなく、また総督府の統一した指導があったわけでもなく、地方州、庁がそれぞれ独自に推進したものだった。

国分直一（1908～2005）　東京に生まれてからまもなく、両親とともに台湾に渡り、台湾南部で成長した。著名な考古学、民族学の専門家。彼は昭和8年（1933）、京都帝国大学史学科を卒業後、再び来台したが、この時から台湾の種族、文化に興味を抱き始めた。当時は、民族学の移川子之蔵教授、言語学の浅井恵倫教授、人類学の金関丈夫教授、それに彼の高校の先輩だった鹿野忠雄らが台北帝国大学で一連の研究を専心展開させていた初期に当たっていた。このような旺盛な研究活動の雰囲気の影響下で、彼は有史以前の考古学研究に強い興味を覚えた。原住民の習俗と物質文化に関心を寄せただけでなく、漢人の習俗および平埔族などの問題にも関心を持った。終戦前夜、彼と金関丈夫は卑南の巨石遺跡の発掘に取り組んでいたが、戦争の終結によって中断された。民国36年（1947）、台湾大学教授に招かれ、考古学を教えたほか、前台北帝大の考古標本の整理に当たった。民国38年、辞職して日本に戻り、東京教育大学、熊本大学、梅光女学院大学教授を歴任した。著作には『環中国海民族文化考』、『台湾の民族』、『台湾考古民族誌』、『台湾考古誌』などがある。

農業は台湾、工業は日本　日本時代の台湾と日本内地の経済の分業形態。日本政府は台湾の農業の発展に力を尽くし、日本本土の需要を満たそうとした。その一方で日本本土の工業産品を台湾に供給しようとしたのである。台湾の主要な農産品である米、砂糖などの生産を積極的に奨励し、同時に農業教育、農業人材の育成を図った。このほか、田畑の水利事業を進め、台湾をアジアの田畑で水利の最も発達した地区にした。日本本土の工業製品は台湾に売り込むということだったので、台湾は日本の産業の原料供給地であるとともに、海外市場だった。このような政策は、昭和14年（1939）5月、総督府が明確に「工業化」の決心を明らかにしたため、重大な転換を迎えた。**工業化**の項を参照のこと。

1942	昭和17年	5月8日、「大洋丸」がアメリカ軍の潜水艦に撃沈され、**八田与一**殉難。
1942	昭和17年	12月、西川満、**龍瑛宗**、**張文環**らが「大東亜文学者会議」に出席。

八田与一（1886～1942）　金沢出身。東京帝国大学工学部を卒業。大正9年（1920）、嘉南大圳建設事務所長に就任、後、勅任技師に昇進した。嘉南大圳の建設を遂行するために、彼は台湾のオランダ時代以来の既設の潅漑設備を調査し、また遠くアメリカにも出かけて潅漑水利工事を視察した。嘉南大圳の完成後、太平洋戦争の最中、八田は日本政府によってフィリピンに派遣された。赴任の途中、乗船していた大洋丸がアメリカ軍の潜水艦に撃沈された。八田も船とともに海底に沈んだ。享年57歳。その妻の八田外代樹はその後も烏山頭に暮らした。日本が敗れ投降した後、八田外代樹は夫が建設した烏山頭送水口に身を投げ自殺した。嘉南大圳は台湾最大の潅漑水利工事だったため、完成後は多くの農民がその恩恵を受けた。彼の温情をしのんで、嘉南農田水利会は特に烏山頭の大堰堤の上に、八田与一の等身大の銅像を立てた。この銅像は作業衣を着た八田が、堰堤の上に腰を下ろし、片手をかざして工事の進展について思案している様子をかたどっている。戦後、台湾各地の日本人の塑像はほとんど全て壊されたが、八田与一の銅像はその後も公開展示されている非常に珍しい例と言える。**嘉南大圳**の項を参照。

龍瑛宗（1912～2000）　本名は劉栄宗。新竹北埔の出身。13歳の時に、文学への目を開かせてくれた成松先生に出会った。17歳で台湾商工学校に入学した。19歳で、文学への手引きをしてくれたもう1人の先生、加藤先生に出会った。台湾商工学校を卒業後、銀行界に入り、66歳で退職した。昭和12年（1937）、処女作「植有木瓜樹的小鎮」で雑誌『改造』の小説佳作賞をとり、一躍文壇に登場した。昭和14年、西川満が起こした「台湾文芸家協会」に加わり、『文芸台湾』の編集委員になった。一度は銀行の仕事を止め、『台湾日日新聞』の編集者になった。昭和17年、西川満、張文環、濱田隼雄らと東京で開かれた第一回「大東亜文学者大会」に出席、戦争の時期最も活躍した作家の一人だった。戦後は『中華日報』日本語版の編集長になり、新文学再建運動に積極的に参加した。のちに、中国語による創作をする手段がなかったため、やむなく文壇から姿を消した。民国38年（1949）、銀行員の本業に戻り、民国65年に合作金庫を退職した後、再び文壇に戻った。その生涯を終えるまで、166編の小説と無数の雑文、評論を発表した。多作な作家だった。

鷲巣敦哉（1896～1943）　鹿児島県出身。大正6年（1917）、台湾に来て総督府警察練習所に入り、訓練を受けた。のちに霧社に派遣され巡査となった。大正8年、警部補に昇進し、その後、集集、南投、台中市、大甲、員林、東勢などで警察官、警務職員を務めたが、職務の異動が頻繁で、昇進は順調ではなかった。昭和7年（1932）、病気のため辞職し、半年間の養生の後、『総督府警察沿革誌』の編纂を引き受け、昭和15年この仕事が終わるとともに辞職した。3年後、病気のため他界した。

1942	昭和17年	**鷲巣敦哉**が編集責任を務めた『総督府警察沿革誌』が完成、出版。
1943	昭和18年	2月11日、西川満、濱田隼雄、**張文環**らが皇民奉公会文学賞を受賞。

鷲巣が心血を注いで完成させた『警察沿革誌』は、彼が生前に残した最大の成果である。本書については、総督府には早くも明治37年（1904）から編纂の構想があったが、数度の企画も実現せず、昭和7年になってやっと積極的に作業を始めたものである。最初の構想ではあわせて12～13冊、約1万5千ページの大規模なもので、記述の範囲は日本の台湾領有後から昭和7年以前までを含み、台湾警察のあらゆる部門を網羅する予定だった。のちにこの構想には大幅な変更が加えられ、最終的に出版された時には、第1編の『警察機関の構成』、第2編の『台湾領有以後の治安状況（上巻）』、『台湾領有以後の治安状況（中巻）―台湾社会運動史』、『刑事警察制度の変革』及び第3編の『警察事跡編』が出版された。『警察沿革史』の中の「台湾領有以後の治安状況」の部分は、戦後の反植民の風潮の中で、歴史学者が台湾の「武装抗日史」と「民族運動史」を研究する上で最も重要な史料の一つだった。

張文環（1909～1978）　嘉義梅山の出身で、商人の家庭に生まれた。昭和2年（1927）、日本の岡山中学に入学し、卒業後東洋大学で文学を学んだ。昭和7年3月、巫永福、王白淵ら台湾留学生と東京で「台湾芸術研究会」を発足させ、文芸雑誌『福爾摩沙』を発行した。昭和12年、台湾に戻り、『風月報』の編集長になった。15年、日本人作家・西川満が組織した「台湾文芸家協会」に加入し、『文芸台湾』の編集者になった。戦争の時期には西川満ら日本人作家の文学の質に不満を持ち、昭和16年、黄得時、王井泉らとともに「啓文社」を組織し、『台湾文学』を創刊して西川らと対峙した。昭和17年に東京で開かれた第一回「大東亜文学者大会」に出席、彼の小説「夜猿」は皇民奉公会第1回台湾文学賞を受賞した。戦後は台中県参議員に当選し、民国37年（1948）からは台湾通志館の編纂者となった。のちに事業家に転じた。著名な作品には『芸旦之家』、『夜猿』、『閹鶏』などがある。

1943	昭和18年	4月1日、六年制義務教育の実施始まる。
1943	昭和18年	4月12日、「台中高等農林学校」創設、翌年、「**台中農林専門学校**」に改称。
1943	昭和18年	5月12日、海軍志願兵制度を実施。7月末までに31万6千人が志願。
1943	昭和18年	11月27日、中、米、英が「**カイロ宣言**」を発表。
1944	昭和19年	4月1日、台湾のあらゆる新聞を合併して『台湾新報』が発足。
1944	昭和19年	4月17日、中国国民党が重慶で「**台湾調査委員会**」を作る。

台中農林専門学校　総督府は太平洋戦争の間、「南進」政策の必要から大勢の農林関係の専門家を育成する必要があった。総督府はそこで昭和18年(1943)、台北帝大「付属農林専門部」を独立させ、「台中高等農林学校」に改め、元の専門部の主任・野田幸豬教授を校長に任命した。そののちキャンパスは台中市南郊の橋子頭（現在の中興大学跡地）に移った。昭和19年、「戦時臨時動員令」により、学校は「台中農林専門学校」に改められ、校長は引き続き野田幸豬が務めた。戦後、長官公署は周進三（東京帝大農業経済学部卒業）を派遣して学校を接収し、校名を「省立台中農業専科学校」に改めた。民国35年（1946）9月、学校は昇格して「省立農学院」となった。民国50年、法商、理工学院に編入され「省立中興大学」となった。民国60年、中央へ所属替えになり、「国立中興大学」となった。

カイロ宣言　第二次大戦中の1943年11月27日、米、英、中の3国が発表した共同声明。声明は「満州、台湾、澎湖島のごとき日本国が中国人より盗取したる一切の地域を中華民国に返還する」と述べ、日本敗戦後の台湾の主権の帰属について明確な主張をしている。「カイロ宣言」の発表後も日本が投降しなかったので、同盟国は早期に戦争を終結させるため再度「ポツダム宣言」を発表し、「カイロ宣言」の主張を繰り返した。このため、中華民国、中華人民共和国の双方が「カイロ宣言」を根拠として台湾の主権を有していると主張しているのである。また「ポツダム宣言」も「カイロ宣言」の主張を承認しているが、戦争の終結後に正式に署名されたいかなる平和条約にも、台湾の主権を中国に「返還する」という条文はない。このため、台湾の「国際法上の主権問題」の論争を後世に残した。

台湾調査委員会　日中戦争の時期、台湾を回復する準備をするために作られた専門機構。1943年11月27日、中、米、英3国の指導者は「カイロ宣言」を発表し、日本が奪取しまたは占領した東北、台湾、澎湖などの中国の領土を中国に返還すると宣言した。このため、1944年4月17日、中国国民党は中央設計局の下に「台湾調査委員会」を設立し、当時の福建省主席の陳儀が主任委員に就任し、沈仲九、王芸生、銭宗起、夏濤声、周一鄂、丘念台、謝南光ら7人が委員になった。この委員会の主要な任務は台湾の各方面の情況を調査し、台湾を回復するための準備をすることにあった。即ち、日本の

1944	昭和19年	4月17日、重慶の国民政府の台湾調査委員会が「台湾接管計画綱要」草案を策定。その中で接収後の台湾では公文書、教科書、新聞は日本語の使用を禁ずると定める。同草案は翌年3月に正式に採択された。
1944	昭和19年	12月30日、**安藤利吉**、第19代台湾総督兼第十方面軍司令官に就任。
1945	昭和20年	4月から台湾で**徴兵制度**を全面実施。
1945	昭和20年	5月31日、台北市がアメリカ軍の空襲を受け、総督府にも影響が及ぶ。

投降後台湾を接収する計画を起草する、日本人が台湾で公布した法令を翻訳するといったことである。委員会の下に、行政区域研究会、土地問題研究会、公営事業研究会の三つの研究会を設けた。このほか、台湾行政幹部訓練班を開き、学生を募集し、幹部を養成した。戦後、この委員会は任務を全うしたとして解散した。

安藤利吉（1844～1946）　宮城県出身。陸軍士官学校、陸軍大学を卒業。昭和19年（1944）陸軍大将に昇進し、その年の年末に第19代台湾総督兼日本第十方面軍司令官に任じられ、12月30日に着任した。翌年8月、日本の投降後下野し、日本時代最後の総督だった。在任期間中、日本軍はすでに戦場から次々に敗退し、物資は極度に欠乏した。彼は台湾で統制経済を厳しく実行し、徴兵制を実施した。日本の敗戦後、彼は台湾の日本軍及び台湾総督府を代表して同盟軍に投降し、戦後の移行事務を処理した。また中国が派遣した行政長官・陳儀と密接に協力して台湾の各級政府を完全に移行したほか、日本の軍隊と人民の帰国事業も実施した。これらの仕事が一段落した後、彼は戦犯として逮捕され、1946年4月19日、獄中で自尽した。

徴兵制度　日本統治下の台湾人にはもともと兵役につく義務はなかった。昭和13年（1938）、日本はもう一つの植民地朝鮮で「陸軍特別志願兵制度」を実施し、兵員を拡充する便宜的な方策とした。昭和16年、台湾総督は台湾軍事司令官と共同声明を発表し、陸軍志願兵制度を翌年に台湾で実施すると発表した。制度の施行後、台湾では「血書志願」の風潮が巻き起こった。だが志願兵制度は依然として募兵制度であることに変わりはなかった。日本側は台湾の兵士が同種の漢民族と戦争を行なう際の忠誠度に疑念を抱いていた。このため、台湾は朝鮮に比べ15年早く日本に編入されたにもかかわらず、徴兵制の実施は4年も遅れ、昭和20年1月になって兵員の補充のため台湾で徴兵制を始めると発表した。日本は台湾全島で徴兵検査を行ない、同時に「皇民錬成所規則」を公布し、兵役年齢に達したあらゆる男子は、体格検査で不合格になった者を除き、必ず兵隊にならなければならないと規定した。しかし、台湾人の日本の軍隊の中での立場は、相変わらず軍属的な役目に終始した。

1945	昭和20年	5月、**呉濁流**が「アジアの孤児」を書く。
1945	昭和20年	7月26日、「**ポツダム宣言**」を発表。
1945	昭和20年	8月6日、アメリカ軍が広島に1発目の原爆を投下。
1945	昭和20年	8月8日、ソ連が対日宣戦。
1945	昭和20年	8月9日、アメリカ軍が長崎に2発目の原爆を投下。
1945	昭和20年	8月14日、日本政府、米、英などに「**ポツダム宣言**」の受諾を通告。
1945	昭和20年	8月15日、日本天皇が放送で戦争終結の詔書を公表。

呉濁流（1900～1976）　本名は呉建田、新竹新埔の出身。元来は公学校の教師で、漢詩を作っていたこともあった。37歳で初めて小説「水月」を書き、『台湾新文学』に発表した。続いて「泥沼中的金鯉魚」で『台湾新文学』のコンクールで一等賞を獲得し、小説創作への面白みを感じるようになった。その後、督学が同僚を辱めたことに抗議し、憤然として教職を去り、中国の南京に行って記者となった。台湾に帰ったあと「南京雑感」を発表した。戦争の時期に、彼は危険を冒して長編小説「アジアの孤児」（原名「胡太明」）を完成した。呉濁流はこの中で戦前における台湾人の厳しい中国体験を記録し、台湾の境遇を「アジアの孤児」に例えた。戦後、彼は「二二八事件」を目撃し、「黎明前的台湾」と「無花果」を書いた。白色テロの時代には「台湾連翹」を書いた。民国53年（1964)、彼は「台湾機器工業同業公会」を退職して得た退職金に家庭の余剰金を足して「呉濁流文学賞基金会」を作り、台湾本土の文学の発展を積極的に励ました。60年代から70年代にかけては、ほとんど全ての台湾本土の作家が直接、間接に『台湾文芸』あるいは「呉濁流賞」の存在によって、創作の場と励ましを受けた。

ポツダム宣言　中華民国当局が台湾に主権を有することを主張する主要な根拠。1945年7月17日から8月2日まで、米、英、ソ三国の指導者はベルリン西南のポツダムで会議を開き、対日作戦問題に関する「ポツダム宣言」を発表した。当時、ソ連はまだ正式に日本に対し宣戦を布告していなかったので、当初宣言には参加せず、中国の同意を得てから、「中、米、英が日本に降伏を勧告するポツダム宣言」として発表された。宣言のうち台湾の主権に関係のあるのは第8条で、「カイロ宣言の条項は履行せらるべく、又日本国の主権は本州、北海道、九州、四国並びに吾等の決定する諸小島に極限せらるべし」と述べている。日本の敗戦後、1945年9月2日、日本代表が署名した投降文書の冒頭では「ポツダム宣言の条項を受諾する」としている。これは投降の文書に過ぎず、正式に戦争を終結する平和条約ではない。正式の平和条約は「サンフランシスコ講和条約」で、1951年9月8日に連合国軍に参加した48ヵ国と日本の間で署名された。講和条約の第2条は、「日本国は、台湾及び澎湖諸島に対するすべての権利、権原及び請求権を放棄する」と述べ、日本は「台湾の主権を放棄する」とのみ声明し、台湾をいかなる国家に渡すかは指定していない。中国はこの合意に参加していなかった。翌年（1952）4月28日に日本と中華民国は日華平和条約を結んだ。その中の第2条

1945	民国34年	9月20日、国民政府が「**台湾省行政長官公署**組織条例」を公布。
1945	民国34年	10月25日　日中双方が台北市公会堂（現在の中山堂）で台湾投降受諾式典を挙行。

は「日本は台湾及び澎湖諸島並びに新南群島（南沙）及び西沙群島に対するすべての権利、権原及び請求権を放棄する」となっており、やはり台湾の主権が誰に渡されるかを述べていない。ただ法律面では、中華民国は1945年に台湾を接収した後、実質的に台湾を統治しており、「サンフランシスコ講和条約」と「日華平和条約」によっても、中華民国が台湾を統治している事実は変更されていない。

台湾省行政長官公署　日中戦争の終結後、重慶政府が台湾に設立した行政機構。民国34年（1945）8月、日本が敗戦、投降した後、9月20日、国民政府は「台湾省行政長官公署組織条例」を公布し、これに基いて中央政府が直接行政長官を任命し、長官は台湾の立法、行政、司法の大権を一手に握った。台湾省行政長官公署は10月25日に正式に発足し、陳儀が初代の行政長官に就任した。この機構は行政院に直属し、台湾省の政務を管理する全権を持っていた。例えば、必要があれば命令を公布し、台湾省単独の規程を制定することができ、台湾地区の法律を制定する権力を持っているに等しかった。公署の下に九つの処、三つの委員会、四つの局があり、各部門の業務を担当した。九つの処は教育、財政、農村、工鉱、交通、警務、民政、会計、秘書などである。委員会は法制、宣伝、設計審査の三つである。このほか、糧食、専売、貿易、気象の四つの局があった。公署は基本的にはすべて旧台湾総督府の焼き直しだった。このほか、陳儀は台湾省警備総司令を兼ね、直属の特務、通信部隊を統括するほか、台湾地区の陸、海、空軍を指揮する権力を持ち、その権限は日本時代の総督と比べてもなんら遜色がなかった。二二八事件後、陳儀は民国36年（1947）に免職になり、台湾省行政長官公署も台湾省政府に改組された。

1945	民国34年	10月25日、台湾省行政長官公署が正式に活動を開始、**陳儀**が第1代長官となる。
1945	民国34年	11月1日、台湾省行政長官公署が行政部門の接収を開始し、別に「接収委員会」を設けて産業の接収に当たらせた。
1945	民国34年	11月15日、台北帝大の接収を完了、「国立台湾大学」に改組。
1946	民国35年	1月、「**日産処理委員会**」を設立。
1946	民国35年	3月、**台湾省編訳館**が成立。

陳儀（1883～1950）　字は公侠、公洽、号は退素。浙江省紹興県の出身。浙江求是学堂を卒業後、日本に留学し、光緒三十三年（1907）、日本士官学校砲兵科、民国9年（1920）、日本陸軍大学をそれぞれ卒業、13年、孫伝芳の下で浙江師長を務め、やがて浙江省長となった。蔣介石の北伐の成功後、彼は兵工署署長となり、民国23年福建省主席に就任した。翌年、日本の台湾統治40周年に当たり、彼は団を率いて台湾を訪問し、「始政四十年記念博覧会」を参観した。民国26年、陸軍上将に昇任し、その後、行政院秘書長、陸軍大学校長などを歴任した。日中戦争の終結後、彼は福建との関係が密接だった関係から、台湾接収の責任者となることを命じられ、台湾省行政長官に就任した。在任期間中、台湾の政治は腐敗し、物価は急騰し、社会は動揺し、民国36年にはついに「二二八事件」を引き起こす結果となった。二二八事件後、陳儀は行政長官の職を解かれ、翌年台湾から大陸に戻ったが、何らの処罰を受けることもなかった。民国37年7月、浙江省主席に再任された。38年初め、共産党に投降しようと試みたが、事は露見して逮捕された。4月、台北に護送され、翌年6月6日、新店で銃殺された。

日産処理委員会　民国35年（1946）1月に設立された。台湾省行政長官公署接収委員会に直属し、在台日本人の私有財産の接収と処分に当たった。中国から言えば、日本は敗戦の敵国で、台湾の日本人産業は「敵産」と見なされ、接収すべきものだった。台湾総督府に所属した公有産業だけでなく、在台日本人の私有財産は「日産処理委員会」が接収の責任を負った。これらの財産は、公務機関の財産が593件、企業の財産が1,259件、個人の財産が48,968件、総額で台湾元110億元だった。没収された財産はすべて国有とされたが、このうち、少数の零細規模の財産は民間に転売された。このほか、日台合弁の企業で台湾資本が半分を超えるものは、原則的にみな売りに出された。以上の処分をした後、残った主要な企業は国営、省営、県市営などの形態で公有化された。これらの公営企業には、糖業、石油、電力、アルミ製造、肥料、セメント、銀行などが含まれており、全台湾の主要な産業と金融機構のほとんどを網羅していた。このほか、貿易、商業、交通運輸部門の重要な企業もすべて没収されて公有になった。再編の終了に伴って、この委員会は解散した。

台湾省編訳館　民国35年（1946）に成

1946	民国35年	4月2日、「**台湾省国語普及（推行）委員会**」成立。
1946	民国35年	4月、各地に分散した衛生機関以外の行政部門の接収を完了。
1946	民国35年	5月1日、「台湾省参議会」成立。
1946	民国35年	5月1日、日本の台湾における生産事業の接収を完了し、「中国石油公司高雄油廠」、「台湾金銅鉱」、「台湾アルミ廠」、「台湾糖業有限公司」、「台湾電力有限公司」、「台湾紙業有限公司」、「台湾肥料有限公司」、「台湾セメント有限公司」、「台湾機械造船有限公司」、「台湾製鹸有限公司」などに組織替え。

立し、許寿裳が初代館長に就任した。主な任務は戦後の台湾文化の復旧と再建を促進することだった。総館の下に四つの班がおかれた。教材班の仕事は初級中学（日本の中学に相当）、高級中学（日本の高校に相当）の教科書を編纂することだった。社会読み物班の仕事は各種の啓蒙的書籍を編集出版することだった。編訳班の仕事は世界の名著を出版することだった。台湾研究班の仕事は台湾の歴史文献を整理、研究することだった。この機構は後に台湾省編審委員会に改組された。

台湾省国語普及（推行）委員会　国民政府は民国34年（1945）10月に台湾を接収後、2ヵ月後に「台湾省国語普及委員会」設置の準備を始めた。委員会は民国35年4月2日、正式に成立した。まず標準の「国音」を発布し、同時に各県市に「国語普及所」、講習班を設立し、積極的に国語普及運動を推し広めた。ここで言う国語は日本時代の国語（日本語）とは異なり、中国の北京語である。それ以後、国語の普及推進は教育体制を通して行われ、たとえば民国40年7月、教育庁は各級の学校は国語によって教育すべきであると命令し、方言を厳禁した。また教員を招聘する時にはその国語の程度を考慮すべきだとした。その後も一連の行政命令と施行細則を発布し、強力に国語普及政策を推進するとともに「方言」の使用を禁止した。いわゆる「方言」とは、台湾本土の閩南語、客家語それに原住民の各種の言語を含んでいる。つまり、「国語の普及推進」は実際には「方言の使用禁止」と同時に進行したのである。

1946	民国35年	5月20日、**台湾銀行**の改組完了。
1946	民国35年	8月29日、林献堂が表敬団を率い南京へ。
1946	民国35年	9月、中学での日本語の使用を禁止。10月には新聞、雑誌での日本語に使用を禁止し、新聞の日本語版は廃止された。
1947	民国36年	1月1日、「中華民国憲法」を公布。

台湾銀行（戦後）　民国35年（1946）5月20日、日本時代の台湾銀行を接収し、組織替えして成立。台湾省政府に直属し、資本は全て政府株だった。その主旨は台湾省の金融を調整し、経済の建設を助け、生産事業を発展させることにあった。当時、中央銀行は台湾に分行を設立せず、その業務の大部分は台湾銀行が代行した。この時の台湾銀行は、元通り日本時代の貨幣を発行する権利をそのまま持ち続け、又各級政府の公庫を代行し、さながら台湾地区の「中央銀行」のようだった。中央銀行は民国38年に中華民国政府が台湾へ撤退するとともに台湾に移ったが、対外営業は行わず、一部の業務を引き続き台湾銀行に委託、代行させた。民国50年7月、中央銀行が正式に営業を始めたのち、台湾銀行は代理業務を次々に中央銀行に返還した。しかし、そのうちの最も重要な貨幣の発行業務は依然として台湾銀行が代行した。近年来、省所属の各銀行、金庫が次々に民営に変わったが、台湾銀行は業務の特殊性から、民営に開放するかどうかについて依然として結論が出ていない。台湾地区の貨幣は今も依然として台湾銀行が中央銀行に代わって発行しており、台湾人が使用する紙幣の表には相変わらず「台湾銀行」の文字が明記してあり、「台湾銀行董事長」と「台湾銀行総経理」の印が押してある。

二二八事件　民国36年（1947）2月27日の夕方、6名の台湾省専売局台北分局の取締官が台北市太平町（現在の延平北路）一帯で、闇タバコを販売していた中年女性・林江邁を取り押さえた。林江邁はしきりに哀願したが、取締官は聞かず、逆に銃把でなぐり、頭部から出血させた。この事件が通行人の怒りを買い、衝突が起こった。この衝突の際、民衆側の陳文渓がその場で銃弾に当たり死亡した。2月28日午前、抗議の群衆が省専売局台北分局に押し入り、分局長と3名の職員を殴って怪我をさせ、書類を焼いた。午後、民衆は行政長官公署の前に集結して示威したが、公署の屋上にいた憲兵の機銃掃射を受け、数十人が死傷した。台北全市が騒乱状態になり、工場は操業停止になり、学生はストに入った。3月1日、事件は全省に広がった。各大都市、郷や鎮で騒乱が起こり、民衆は官署や警察局を襲い、外省人を殴打した。これに対し軍、警察、憲兵は銃を発射して弾圧した。これが二二八事件の発端である。事件が拡大したのち、陳儀は台湾人の代表による「二二八事件処理委員会」を作ることに同意した。3月7日、処理委員会は善後策を提出したが、余りにも過激な内容だったため、陳儀を激怒させた。8日の夜、国民政府が派遣した「第21師」が基隆と高雄に分かれて上陸した。9日からの1週間に、軍隊は武力で各地の反抗行動を鎮圧し、事件に加わっていない各業界や社会の多くの有為の人物を銃殺刑に処するということまでした。そ

1947	民国36年	2月27日、台湾省専売局台北分局取締官の闇タバコ取締に端を発し民衆と当局が衝突、タバコ売りと民衆に死傷者が出る。
1947	民国36年	2月28日、闇タバコ取締事件が民衆のデモを引き起こし、事態は「**二二八事件**」へと拡大。

の中の比較的有名な人物としては、台湾大学文学院教授の林茂生、企業家の陳炘、画家の陳澄波、制憲国民大会代表の張七郎、林連宗、宜蘭医院院長の郭章垣、淡水中学校長の陳能通、省参議員の王添灯など多数にのぼる。事件全体の死亡者数は不明確で、数千人から数万人まで見方はまちまちである。3月17日、国防部長・白崇禧が国民政府を代表して鎮撫のため台湾に入り、鎮圧行動は緩やかになり始めた。20日から、長官公署は9ヵ月にわたる「清郷（農村粛清）」活動を開始し、各地でなお次々に逮捕者が出た。二二八事件の台湾政治に対する影響は極めて深刻である。台湾人の政治に対する無関心と恐怖、及び多年にわたって解消されていない省籍コンプレックスはみな二二八事件に関連があると考えている人が少なくない。長い間、二二八事件は政府から暴動、反乱事件と見なされ、事件の被害者にも多くの罪名がかぶせられた。民国76年、戒厳令が解除されてから、政治環境も次第に変わった。民国83年、立法院はついに事件の受難者に賠償をあたえることに同意し、当時の政府の過失を間接的に認めた。翌年2月28日、李登輝総統は二二八記念碑の落成式典で、国家元首の立場で、当時の政府の処置が当を失し、過ちを犯したと正式に詫びた。二二八事件から48年を経たのち、政府はついに過失を承認したのである。しかし、政府の文書の多くが公開されておらず、中には早い時期に故意に廃棄されたものさえある。半世紀余を隔て、二二八事件の真相は今に至るも依然として判然としていない。

1947	民国36年	3月2日、陳儀が「**二二八事件処理委員会**」の設置に同意。
1947	民国36年	3月7日、二二八事件処理委員会が処理大綱を陳儀に手交、陳儀は受け取りを拒否。
1947	民国36年	3月8日、台湾行政長官公署は二二八事件処理委員会を非合法組織と宣言、国軍の増援部隊が続々到着。
1947	民国36年	3月9日、警備総司令部が台湾の戒厳を宣言し、軍隊が大虐殺を開始。**林茂生**、**陳澄波**、陳炘、王添灯らが失踪あるいは殺害される。

二二八事件処理委員会　民国36年(1947)、二二八事件の勃発後の3月1日、国民参政員と省参議員などの民意代表は「タバコ取締流血事件」調査委員会を組織し、代表を陳儀のもとに派遣し、「二二八事件処理委員会」を組織することを提案した。陳儀は彼らの要求に応えて、当日放送を通して次のような約束をした。それは、戒厳令を解除する、逮捕された民衆を釈放する、軍や警察の発砲を禁止する、官民が共同で処理委員会を組織するなどだった。翌日、民意代表を主体とする「二二八事件処理委員会」が初めての会議を中山堂で開き、組織を変更し、民意代表と役人のほかに委員に商会、組合、学生などの代表を加えることを決めた。次の日、改組拡大された委員会が開かれ、軍隊は兵営に戻ること、地方の治安は憲兵、警察と学生が共同で維持することを要求すると決議した。3月4日、委員会は各地に分会を作ることを提唱し、翌日、各地に分会が次々に結成された。台北の本部は組織大綱を採択し、その主旨に「台湾省政の改革」を書き入れ、政治改革の企図をはっきりと示した。委員会はここまでの発展の過程で、単純に「流血事件を処理する」だけの目的から、「善後処理」を名目に省の政治に介入するまでになり、陳儀に非常な脅威を与えた。陳儀は一方では「私心を挟まず、誠意をもって対応する」と表明しながら、一方では政府に対し軍を送って弾圧するように要求した。3月5日になると各地の騒乱の情勢は次第に緩和に向かったが、南京の蔣介石はこの事件は武力によって弾圧を強行すべきであると判断し、「第21師」に台湾へ向かうよう命令した。3月7日、委員会は王添灯が起草した「処理大綱」を採択した。大綱は、台湾警備総司令部を廃止する、武装解除して武器は委員会が保管する、台湾地区の陸、海軍はみな台湾人を以て当てるなどの内容を含んでいた。陳儀はこの「処理大綱」に極めて不満で、受け取りを拒否した。8日夕、軍隊は基隆に上陸し、翌日台北に向かって進軍した。委員会は陳儀によって非合法組織と宣告され、軍隊の血なまぐさい弾圧の下に解散させられ、多くの委員が惨殺された。

林茂生(1887～1947)　字は維屏、号は耕南。台南の出身。父の林燕臣は清代の秀才。彼は長老教会中学を卒業後、明治36年(1903)、日本に留学し、大正5年(1916)、東京帝大哲学科を卒業、台湾で最初の文学士になった。昭和2年(1927)、総督府は公費を出して彼をアメリカに派遣し、更なる研鑽を積ませた。彼は昭和4年、コロンビア大学の博士の学位を獲得し、台湾で最初の文学博士になった。昭和5年、台湾に帰ったのち、台南高等工業学校に招か

1947	民国36年	3月12日、「**二七部隊**」が中部山間地域に退却。
1947	民国36年	3月27日、国防部長白崇禧が、台湾から全国にラジオで台湾の事件の経過を説明。
1947	民国36年	4月22日、陳儀が罷免され、魏道明が省主席に就任、台湾省政府成立。
1947	民国36年	9月、重慶の国民政府が台湾各学校での教職員及び学生に対し、学内での日本語使用禁止令を出す。12月にも同様の禁止令を出した。

れ、英語、ドイツ語科主任兼図書館長になった。日本の敗戦後、林茂生は一家を挙げて台北に移り、台湾大学先修班主任に就任、一時は文学院院長の職を代行した。彼はまた日本時代の『興南新聞社』の台湾籍の人たちを集めて『民報』を創刊し、社長を務めた。この新聞は汚職腐敗を明るみに出し、時の政治を批判したため、当局の不興を買った。二二八事件の勃発後、1947年3月4日、彼は「二二八事件処理委員会」で意見を述べたが、3月9日に失踪し、行方が分からなくなった。後に家族と関係者の調査によると、林茂生は逮捕されたあと直ちに処刑され、遺体は麻袋に入れられ、淡水河に捨てられたと言われる。

陳澄波（1895～1947）　嘉義市の出身。父親は清代の秀才。公学校を卒業後、国語学校師範科に合格し、卒業後は嘉義第一公学校、水上公学校などで教えた。6年間の奉仕的な教育活動を終えたのち、大正13年（1924）、勉学のため日本に行き、東京美術学校図画師範科に入学、3年生の時の作品「嘉義街外」で第7回帝展に入選し、彼の画は以後連続4回帝展に入選を果たした。昭和4年（1929）、陳澄波は東京での学業を終え、台湾に帰った。しばらくの間台湾に留まったのち、次は上海に行き、新華芸専西洋画科主任となった。昭和6年、彼は「清流」という作品を持って中華民国を代表してシカゴの世界博覧会に参加した。昭和8年、上海を離れ、台湾に戻った。翌年、「台湾美術協会」の準備会に参加し、創立会員の一人となった。民国34年（1945）、日本が投降し、陳澄波は国民政府歓迎準備委員会に参加し、副会長になった。翌年、第1期嘉義市参議会参議となった。二二八事件勃発後、彼は「二二八事件処理委員会」の代表として嘉義水上飛行場に行き、国軍と協議したが、最後は国軍に銃殺された。53歳だった。

二七部隊　二二八事件の際の人民武装部隊。民国36年（1947）、二二八事件勃発後、民意代表（議員）は「二二八事件処理委員会」を立ち上げ、事件の悪化を阻止しようとした。しかし、一部の左よりの人物は協議に賛同せず、武装革命の態度を堅持した。そこで、一部の労働者、学生らは「二七部隊」を結成し、武装抗争を続けた。その後、国軍はこの部隊を包囲攻撃したが、二七部隊は3月12日、台中から南投埔里に退き、国軍の部隊を盛んに攻撃した。この部隊は1ヵ月あまり頑強に武装抗争を続けたが、国軍とは実力に大きな開きがあった。このため部隊を分散させて山間地区に入ったが、まもなく瓦解した。

1947	民国36年	10月25日、**李万居**が『公論報』を創刊。
1947	民国36年	12月25日、中華民国憲法が発効し、憲政を開始。
1948	民国37年	5月20日、**蔣介石**、李宗仁が第1代中華民国総統、副総統にそれぞれ就任。

李万居（1902～1966）　字は孟南、別号は魯莽書生。雲林口湖の出身。22歳の時、勉学のため上海に行き、27歳になって引き続きフランスのパリ大学に入り研究を深めた。卒業後上海に帰り、教職に就くかたわら、翻訳に従事した。戦後台湾に戻り、新聞事業を引き受け「半山分子」（日本の統治時期に大陸に渡り、戦後国民党政府とともに台湾に戻った台湾人）の一人となった。彼は初代の省参議会副議長で、『台湾新生報』の初代社長である。民国36年、『台湾新生報』が改組された後、李万居は退社し、別に『公論報』を起こし、新聞は政治的立場を超越するという中立的立場を堅持した。李万居は国民党員ではなく、青年党の党員だった。民国46年、彼は第3期省議員に再任され、同期に当選した呉山連、郭国基、郭雨新、李源桟らとともに議会の五勇将と言われた。民国49年、雷震、高玉樹らと「中国民主党」の結成を計画したが、これがもとで雷震は逮捕投獄された。その後、家産を傾けて創刊した『公論報』も悪意のある人物の計略にはまり、経営権を失った。晩年になっても、李万居には悪運がつきまとった。まず不審火によって家が焼かれ、その後は政治的問題が絡んだブラックメールによって脅迫された。民国55年、病没した。享年65歳。

蔣介石（1887～1975）　原名は瑞元、後に中正と改名した。介石は字。浙江省奉化県の出身。光緒三十三年（1907）、保定軍官学校を卒業し、のち日本に留学、同盟会に加わった。民国12年、孫文の下に身を寄せ、広東軍政府大本営参謀長となり、翌年、ソ連に行って軍事を視察した。帰国後、国民党が設立した黄埔軍官学校の校長に就任した。民国15年の「中山艦事件」後、国民党内での地位を高め、国民革命軍総司令に就任した。翌年、「清党」を発動し、党内の共産分子を排除し、第一次国共合作の決裂を招いた。民国17年、「北伐」の完成後、南京政府軍事委員会委員長となり、党、政の要職を兼ね、中国の実質上の指導者になった。日中戦争の終結後、主導して制憲国民大会を開き、民国37年4月、中華民国の憲政移行後初代の総統に当選し、5月20日就任した。しかし、この時彼が指導する政府は、国共内戦で次第に劣勢に陥り、民国38年、世論の非難の中「下野」を宣言、副総統の李宗仁が職務を代行した。しかし、蔣介石は依然背後で政局をコントロールしていた。同年、中華民国政府は大陸の領土を失ない、台湾に退いた。彼は民国39年3月1日、総統に復帰し、次いで国民党の「改造」を行ない、独裁体制を築いた。これ以後、彼は国民党総裁の地位を離さず、4期続けて中華民国総統の職にあった。蔣介石は、台湾で25年間政治を主宰し、民国64年4月病死した。死後の政権は彼の長男の蔣経国が継いだ。著作には『中国之命運』、『蘇俄在中国』などがある。

米援会　正式名称は「米援運用委員会」（Council on U.S. Aid）。民国37年（1948）7月1日に設立された行政院に直属する組織。行政院長が主任委員を

1948　民国37年　　7月1日、**米援会**成立。
1948　民国37年　　10月1日、**農復会**が成立。

兼ね、外交、国防、経済、財政、交通などの各省のトップ及び台湾銀行理事長などが委員に招聘された。「米援会」はアメリカの援助の運用計画、アメリカ援助物資の発注、受理、保管及び分配、アメリカの援助資金の査定、アメリカの援助計画の監督などを管掌した。「米援会」は行政院長が主任委員を兼ねていたとはいえ、会務を実際に握っているのは副主任だった。このため、米援会の副主任は台湾で最も実権を有する技術官僚となった。例えば、尹仲容、厳家淦のような人たちである。民国52年、アメリカの援助の停止を前に、委員会は改組され「国際経済合作発展委員会」(略称：「経合会」)となった。

農復会　正式名称は「中国農村復興連合会」(Sino-American Joint Commission on Rural Reconstruction) と言い、米中の連合機構。アメリカ大統領が2名、中国の総統が3名をそれぞれ委員に任命し、共同で政策決定に責任を負う委員会を作った。行政単位のほか、別に植物生産組、水利工程組、畜牧生産組、土地組、郷村衛生組、農民組織組、食糧肥料組、農業経済組、森林組及び農業普及組などを設立した。農復会の経費はアメリカの援助により、農業関係のアメリカの援助はアメリカが直接計画を立て実施した。民国40年～52年(1951～1963) の間、農業関連の支出はアメリカの援助総額の24％を、台湾の農業総投資の59％を占め、これらの経費の使用についてみな農復会が責任を負っていた。物資の補助と農業投資のほかに、農復会は農業技術を普及し、農業を発展させることの重要性の意識を宣伝した。のちにはアメリカの援助の停止に加え経済全体の中での農業の地位の低下もあって、農復会の権力と資金力も年を追って減少し、民国68年3月16日に行政院「農業発展委員会」に改組された。

1949	民国38年	1月5日、**陳誠**が省主席に就任。
1949	民国38年	2月4日、台湾省が「**三七五減租**」の実施を発表、「**土地改革**」に着手。

陳誠（1897～1965）　字は辞修、浙江省青田県の出身。民国11年（1922）、保定軍官学校を卒業後、東征、北伐に参加した。日中戦争勃発後、湖北省主席兼第9戦区司令長官に就任した。彼は湖北省主席の任期内に土地報告制、現物買い上げ、「二五減租」などの政策を推進し、自作農を育成した。これらの政策は、彼が後日台湾で実施することになる施策のひな形である。民国37年秋、彼は胃病を患い、台湾で休養し、翌年1月、台湾省主席になった。民国39年、蔣介石が総統に復帰し、彼は行政院長になった。民国43年、蔣介石が総統に再任され、彼は行政院長を辞職して副総統になった。民国47年、彼は副総統の身分で再度組閣を行なった。52年、健康悪化のために辞職した。国民党内では、彼は民国39年に中央改造委員に就任し、2年後には中央常務委員となり、46年には副総裁に当選した。台湾の土地改革を実質上主導したのは彼で、このほか地方自治を推進し、経済を復興させるなど、蔣介石に次ぐナンバー2の人物と言えた。しかし、彼は健康状態が一貫してすぐれず、民国52年に辞職してからまもなく、54年に死去した。

三七五減租　民国38年（1949）4月14日から施行された。この政策は、小作農が地主に納める小作料は、最高でも主要作物の年間収穫量の37.5％を超えてはならないとしており、この数字をとって「三七五減租」と言われた。元来の小作料がこの基準より高い場合は、37.5％に減らさなければならず、もともとこの基準より低い場合は増やしてはならないとした。このほか、地主は小作農から小作料や保証金を収穫前に受け取ってはならず、風水害に遭った場合は、災害の情況によって減免の措置をとらなければならないとした。小作農の農地の借り受けの権利については、小作に出す期間は6年以上でなければならず、満期以前は法定の事故が起こった場合を除いて、契約を終了させてはならない、契約の満期以後は、地主が回収して自分で耕作する場合以外は、それまで通りもとの小作農に貸すべきであると規定している。地主が土地を売る場合には、もとの小作農が優先的に買い上げることができるとも規定している。いわゆる農地の「主要作物」とは米、甘藷などを指しており、その収穫量は民国36年と37年の平均値をもとに計算し、1年ごとに37.5％をかけ直して小作料を計算するのではない。台湾省が「三七五減租」政策を推進してから2年後の40年5月、立法院は「耕地三七五減租条例」を立法化し、同年6月7日に発効した。三七五減租の実行の成果は以下の通りである。統計によれば受益農家は29万6,043戸で、農家総数の44.5％。契約面積は25万6,557haで、全耕地面積の31.4％に達した。小作料率は50％から70％だったのが37.5％に低下し、小作農の収益は大幅に増え、生活面でも顕著な改善が見られた。

土地改革　戦後初期に政府が推進した土地改革には「三七五減租」、「公地放領」（接収した日本人所有地の分配）、「耕す者に土地を」などの施策が含まれる。これらの改革は主として「農地」

1949	民国38年	4月6日、「四六事件」が起こり、師範学校の学生200人余りが学園紛争の下準備をしたとして逮捕される。
1949	民国38年	5月20日、陳誠が台湾地区に**戒厳令**を発令。

の問題に集中しており、その結果、地主の社会的経済的地位の変化をもたらし、多くの自作農を生み出した。あわせて7万2千甲の公有農地が14万戸の農家に売り渡されたほか、政府はまた16万戸の地主から14万3千甲の土地を買い、19万5千戸の小作農に売り渡した。政府は地主から土地を買い上げるに当たり、その買値の30％は台湾セメント、台湾紙業、台湾農林、台湾工鉱の四大公司の株券で支払った。多くの地主は株券を得たのち商工業者に変わったが、さらに多くの地主は安値で株券を投げ売りして没落した。土地改革と同時に、政府はまた強制的に「米と肥料のバーター交換」制を実施し、農民が生産した米を安い代価で肥料と交換した。この施策により一方で膨大な人数の軍人、公務員、教員の食糧を提供する一方、地主が経営する米穀取引の利潤をつみ取った。土地を獲得した農民の生産意欲は大いに上がり、それに加え農政担当機関の技術指導もあって、農村に余剰労働力を生じる結果となり、その後の工業の飛躍的発展のために好条件を作り出した。

戒厳令　「戒厳法」は民国23年（1934）に公布、施行されたが、中国の内戦と抗日戦争があったにもかかわらず、戒厳令が発せられたことはなかった。民国37年12月10日に蔣介石は全国に戒厳令を発したが、台湾、新疆、チベットなどは除外された。民国38年1月24日、李宗仁は命令を発し全国の戒厳を解いたが、同年5月20日、台湾省警備総司令部は台湾地区に戒厳令を発した。「戒厳法」第11条により、戒厳地区内の最高司令官には次のような権限が与えられた。一、集会、結社及びデモ行進、請願を停止し、言論、学術講演、新聞雑誌を取り締まること。二、集会、結社デモ、請願を解散させること。三、商人のストライキ、労働者のストライキ、学生の授業ボイコット、及びそのほかのサボタージュを禁止し、強制的に現状を回復させること。四、郵便、電報を開封閲覧し、あるいは差し押さえ、没収すること。五、交通機関と旅客を検査すること。六、宗教活動を制限又は禁止すること。七、やむを得ない場合には、人民の不動産を破壊すること。八、民間の食糧及び資源を検査し、搬出を禁止し、収用すること。台湾が戒厳状態に入って半年後、中華民国政府は全面的に台湾に撤退した。その後、立法院は「戒厳時期」という言葉のついたいかなる法律も制定しておらず、戒厳時期における政府による人民の権利に対する制限は、主として台湾省警備司令部、台湾省保安司令部、国防部などの行政機関が公布する行政命令によって行われた。このように台湾では、法律の基礎はないものの、人民の基本的権利と自由を制限し、剥奪するのには十分な力を持つ命令によって、38年の長きにわたる戒厳が施行された。戒厳が解かれたのは、民国76年7月15日零時だった。

1949	民国38年	5月31日、「生産事業管理委員会」が発足し、「**資源委員会**」の業務を代行。
1949	民国38年	6月15日、幣制を改革、旧台幣4万元を新台幣1元と兌換。
1949	民国38年	6月21日、「懲治反乱条例」及び「粛清匪諜条例」を実施、共産スパイの粛清を名目に「**白色テロ**」を拡大。

資源委員会　前身は「国防設計委員会」と言い、民国21年（1932）11月、参謀部の下に設立され、国防経済に関する調査研究に当たった。24年、「資源委員会」と名を改め、軍事委員会の所属に変わった。27年には経済部の管轄になり、35年からは行政院の直属になった。資源委員会は、日中戦争の間、国防建設を理由に民間の企業及び各省の公営企業を吸収合併し、重工業の大部分を支配した。日本の敗戦後、長官公署は台湾のあらゆる日本資本の企業を接収した。長官公署はもともとこれらの接収企業を省営企業に変えるつもりだったが、資源委員会は民国35年2月、台湾の企業は国有化にすべきだと表明した。長官公署と資源委員会の両者は4月に合意事項にサインし、石油、金銅鉱、アルミ業の三つは資源委員会の単独経営とし、糖業、電力、紙業、肥料、セメント、機械、アルカリ製造など七つは長官公署と資源委員会の合弁とした。5月1日、長官公署が接収した企業は、中国石油公司高雄煉油廠、台湾金銅鉱、台湾アルミ廠、台湾糖業有限公司、台湾電力有限公司、台湾紙業有限公司、台湾肥料有限公司、台湾セメント有限公司、台湾機械造船有限公司、台湾製鹸有限公司など10の国営企業に改組された。これらの公司は日本の所有財産に属していた同業種の会社が合併してできたものだったので、すべて独占企業に変わった。民国38年6月、この委員会の台湾における業務は「台湾区生産事業管理委員会」に取って代わられ、41年、正式に廃止された。

白色テロ　民国38年（1949）6月21日、政府は「懲治反乱条例」と「粛清匪諜条例」の施行を開始したが、その中の多くの条文は規程が相当にあいまいで、しかも刑罰は極めて重く、ややもすれば「死刑only」ということになりかねなかった。「共産党恐し」のおびえの下で、情報治安部門はやたらに民衆を捕らえ、政府は「懲治反乱条例」と「粛清匪諜条例」のあいまいな規程を利用して民衆を無実の罪に陥れた。1950年代の「白色テロ」はむやみな逮捕、むやみな処刑と無数の冤罪事件から成り立っている。これらの白色テロのもとでは通常「共産党のスパイを消滅させる」ことを口実に、法律による明確な授権もない非公開の司法の尋問のもと、拷問で無実の罪を認めさせられた者が極めて多かった。裁判の粗雑さと刑の執行の厳しさは信じがたいものがあった。理由もない失踪や冤罪事件が頻繁に起こるため、多くの民衆は「夜も安眠できない」状態だった。社会の各界には秘密の監視組織が張り巡らされ、友人、学友の間ですら「密告」が横行し、それによって職業を失うばかりか政治犯になることすらあった。人民は実際上政治に参加する権利と勇気を完全に失った。このため、不合理な社会現象に対して敢えて抗議をし、あるいは法律で解決しようとする

1949	民国38年	8月5日、アメリカ国務省が「中国白書」を発表、蔣介石政権の腐敗、無能をとがめる。
1949	民国38年	10月1日、中華人民共和国建国。
1949	民国38年	10月24～28日、金門島古寧頭の戦いで国民党軍が人民解放軍に大勝。
1949	民国38年	11月20日、雑誌『**自由中国**』創刊。

こともしなくなり、家族の平安だけを求めるようになった。「白色テロ」のもと、情報治安部門は「1千人を誤って殺すとも1人も逃すな」という方針を実行し、少なくとも4千人あまりが銃殺され、8千人余りが捕らえられ入獄したと言われる。しかし、確実な数字は永遠に立証されないだろう。このほか「五〇年代政治案件処理委員会」の統計によれば、死亡名簿に記載されているのは1,017人だけで、そのうち、本省籍が3分の2、外省籍が3分の1となっている。この数字はおそらくひどく少な過ぎる。これらの「容疑者」は銃殺された者のほかは、まず「軍法局」に呼び出され、それから新店の軍人監獄、台東の泰源監獄に入れられ、最後には緑島に送られて管理され訓練を受けた。刑期が満了して、幸いにも無事（無病、五体満足）に社会に復帰したとしても、社会の排斥に耐えなければならず、仕事を探し生計を求めることすら非常に困難だった。戒厳が解除され、動員反乱鎮定時期が終結した後でも、これらの受難者は今に至るも受けて当然の賠償を受け取ることができないでいる。

自由中国　胡適、雷震、王世杰、杭立武らが民国38年（1949）11月20日に創刊した雑誌。創刊の頃は国民党の支持を受け、軍隊でも購読しており、国際社会への宣伝の役割を持っていた。しかし、朝鮮戦争の勃発後、中華民国の国際関係は好転し、『自由中国』による宣伝はあまり必要でなくなった。国民党の雑誌に対する支持も前ほどではなくなった。民国40年6月の第4巻11期の社説が政府を批判したのち、軍は購読をとり止めた。民国44年正月の第12巻1期が救国団の体制は非合法だと非難する読者の投書を載せたところ、雷震と国民党の関係はさらに悪化し、雷震は党籍を剥奪された。民国45年、蔣介石70歳の古稀に当たり、「祝寿専号」（70歳誕生日祝賀特集号）を出し、蔣介石に内閣制を確立し、軍隊の国家化を実施するように提案した。これに対し、軍、中央日報、中華日報、国防部総政戦部などは次々に『自由中国』を包囲攻撃した。民国49年9月に『自由中国』の第23巻第5期が出て数日後の9月4日、雷震は「共産分子をかくまった」、「共産分子のために宣伝した」という罪名で逮捕され、10年の懲役に処された。10月8日、雑誌社は差し押さえられ、それ以後停刊した。

1949	民国38年	12月7日、中華民国政府、台北への遷都を決定。12月8日、総統府、行政院の役人が成都から台北に到着。12月10日、蔣介石が台北に到着。
1949	民国38年	12月21日、呉国楨が台湾省主席兼保安総司令に就任。
1949	民国38年	**楽信瓦旦**（林瑞昌）が原住民ただ1人の省参議員になる。
1950	民国39年	2月6日、**呉三連**が台北市長に就任、前市長の游彌堅は罷免。

楽信瓦旦（ロシン・ワタン、1899～1954）　タイヤル族大豹社の出身。父は大豹社の頭目で、日本の軍警の圧迫にあい、明治39年（1906）、一族を率いて角板山一帯に退いた。翌年、また一族を率いて前山、後山、馬武督などの社と連合して大規模な抗日事件を引き起こした。この事件で、楽信瓦旦の父は日本の文明と軍事力には抗しきれないと悟り、投降すると同時に、彼の子供に日本人と同等の教育を受けさせるように要求した。明治41年、楽信瓦旦は「渡井三郎」と改名し、ほかの一族の者に連れられて「角板山番児童教育所」に入所した。明治43年、「桃園尋常高等小学校」に転入、大正5年（1916）、総督府医学校に入学し、10年3月に卒業した。研究科で引き続き半年間勉学したのち、集落に戻り、尖石秀巒村の療養所に就職させられた。大正12年、正式に「公医」になり、高岡（現在の桃園県復興郷三光）、角板山（現在の桃園県復興郷台地村）、象鼻（現在の苗栗県泰安郷象鼻部落）、尖石（現在の新竹県尖石郷）などの地を転任し、集落の公共衛生と医療活動に従事した。在職中には、総督府の政策に協力して、番人に銃の引き渡しを勧め、対立する番社の和解を促し、番人を調整して居所を移し、農耕のやり方を学ばせた。昭和20年（1945）には総督府評議員に任命された。昭和4年、日本の女性・日野氏と結婚し、「日野三郎」と改名した。戦後は再び中国名の「林瑞昌」に改名した。民国36年（1947）、二二八事件勃発の際は、彼は各山地の郷長と連絡を取って軽挙妄動しないことを誓約し、軽率に騒ぎに加わらなかった。このため、事件後政府から表彰された。民国38年、台湾でただ1人の原住民の省参議員に当選し、2年後には省議員に当選した。民国41年、「高山族匪諜案」（高山族共産スパイ事件）で逮捕投獄され、43年、銃殺された。

呉三連（1899～1988）　台南学甲の出身。大工の子に生まれ、大正8年（1919）、国語学校を卒業、林本源奨学金を受けて日本の東京商科大学経済学部に入学した。在日中、留学生運動に参加し、雑誌『台湾青年』の編集に参加した。大正14年、大学を卒業して大阪毎日新聞社に入った。昭和7年（1932）、台湾に帰り、台湾新民報社総務及び論説委員となり、翌年同紙の東京支区長に転任した。昭和13年1月、当局の台湾米穀輸出管理案に反対したため、東京警視庁に21日間拘禁された。昭和16年、中国に行き、日本人の経営する大冶会社（天津）に就職、民国35（1946）、台湾に帰った。翌年第1期国民代表大会に当選し、民国39年、省府委員兼台北市長に就任、翌年、正式に台北市長に当選した。民国43年、臨時省議員になり、翌年、台南紡織理事長に就任した。民国48年、『自立晩報』発行人となり、翌年、環球セメントを創立

1950	民国39年	3月1日、蔣介石が台湾で総統に復職。
1950	民国39年	6月25日、**朝鮮戦争**が勃発、6月27日、トルーマン「台湾海峡中立化」宣言を発表、アメリカ軍**第七艦隊**に台湾海峡の巡回警戒を命令。

した。民国63年、総統府国策顧問に招請され、77年12月29日に病死した。呉三連は晩年、政治を棄ててビジネスに従事、「台南グループ」の創始者の1人となった。

朝鮮戦争　1950年6月25日の夜明け、北朝鮮軍が北緯36度線を越えて南に攻撃をかけ、南北朝鮮は全面戦争状態に入った。これを「朝鮮戦争」という。同日午後、国連安全保障理事会は北朝鮮を侵略者と決議し、加盟国に韓国を援助し北朝鮮の武力攻撃を撃退するように求め、アメリカが国連軍を指揮し、マッカーサーが国連軍の最高司令官になることを決定した。アメリカの朝鮮戦争介入後、中国も派兵して北朝鮮を援助することを決定した。朝鮮戦争勃発後、アメリカ大統領トルーマンは直ちに「台湾海峡中立化」の声明を発表し、第七艦隊を派遣して台湾海峡を巡回警戒させ、中国の台湾に対する攻撃を阻止するとともに、中華民国が大陸に反攻するのを阻止した。中華民国外交部は原則的にアメリカの対台湾防衛協定を受け入れたが、なお兵3万を派遣し韓国を援助したいと希望した。アメリカ側は台湾がこれを機に大陸に反攻するおそれがあるとして、台湾が朝鮮戦争に加わるのを拒否した。朝鮮戦争によって共産世界が拡張を継続する企図が明らかになり、アメリカは西太平洋の防衛を強化することを迫られたが、台湾は間接的に中国によって占領される運命を免れることになった。一方、アメリカは第七艦隊の武力によって台湾を援助したほか、援助の名目で台湾の各種のプロジェクトの建設に協力し、台湾の国防と経済の復興に大きな貢献をした。

第七艦隊　フルネームは「第七特殊混合艦隊」で、アメリカ太平洋艦隊の一つ。1950年、朝鮮戦争勃発の2日後、すなわち6月27日、「台湾共同防衛」の名目で台湾海峡に進駐して両岸の敵対的武力行動に干渉、アメリカの極東の利益を確保した。1958年当時には、第七艦隊は7隻の航空母艦、40隻の駆逐艦、3隻の重巡洋艦それに旗艦の「イエロービー号」を擁していた。第七艦隊は70年代初め台湾海峡を離れたが、なお台湾海峡はそのパトロール範囲に入っていた。両岸の緊張が高まるごとに、第七艦隊は台湾海峡に接近し、常に両岸の軍事行動を監視している。

1950	民国39年	9月15日、**尹仲容**が生産事業管理委員会副主任委員に就任。
1950	民国39年	地方自治を実施、全台湾を5市16県に区分し、各種の地方公職選挙を実施。
1950	民国39年	**楊肇嘉**、省民政庁長に就任。
1951	民国40年	1月、アメリカが対台湾軍事援助を再開。
1951	民国40年	5月1日、「**米軍顧問団**」が成立、アメリカ陸軍少将チェイスが第1代団長に就任。

尹仲容（1903～1963）　湖南省の出身。南洋大学電気機械学部を卒業し、アメリカのウエストハウス社の電子技師になった。民国39～43年（1950～1954）の間「台湾区生産事業管理委員会」副主任委員、「外貨貿易審議小組」委員となった。その後、「中央信託局」局長、「経安会」副主任委員、「米援会」副主任委員、台湾銀行総裁などを歴任した。これらの機関はアメリカの援助を手助けする機関かアメリカの援助の運用に関連した部門だった。特に民国47年からは52年に病死するまで、外貨貿易審議委員会主任委員、米援会副主任委員、台湾銀行理事長の3職を兼任し、外貨の統制、アメリカの援助、金融などの大権を一身に集めた。

楊嘉肇（1892～1976）　台中清水の出身。牛罵頭公学校を卒業後、日本に留学し、東京京華商業学校に入った。卒業後帰郷し、牛罵頭公学校で教えた。大正9年（1920）、第1代の清水街長に就任し、海線鉄道が清水、沙鹿を通るように積極的に活動した。大正14年、台湾議会設置請願運動に参加し、代表に推されて東京に請願に行った。同年秋、街長を辞職した。翌年、日本に行き、早稲田大学政治経済学科に入って学問を深め、昭和2年（1927）、台湾民衆党駐日代表になった。昭和4年、早稲田大学を卒業後、『台湾新民報』監事に就任し、翌年「台湾地方自治連盟」の発足を準備、同連盟の常務理事に選ばれ、常に各地を講演して回った。昭和11年、一家を挙げて東京に移り、16年には上海で商売を営んだ。民国34年（1945）、第二次世界大戦が終わり、彼は上海で「台湾旅滬同窓会」、「台湾重建協会上海分会」などを組織した。二二八事件後、南京に出かけて中央政府に公正に善後処理を行なうよう請願したが、要領を得なかった。民国37年、家族こぞって清水に戻り、翌年、省主席・呉国楨に招かれ省府委員になった。民国39年、民政庁長を兼任したが、42年、民政庁長を辞任、51年には省府委員も辞任した。その後まもなく総統府国策顧問に招聘された。民国65年、病死。

米軍顧問団　アメリカが台湾に設立した軍事援助の執行に責任を持つ機構。民国40年（1951）5月1日に成立、英文のフルネームはU.S. Military Assistance Advisory Groupと言い、略称はMAAG。初代の団長はアメリカ陸軍少将チェイス（W. C. Chase）で、初期の主な任務は国軍の実情を視察し、以後の軍事援助計画の参考とすることにあった。軍事援助の装備が確実に国軍の基層連隊に渡るようにし、また彼らの有効な使用を指導するため、米軍顧問団は不断に膨張した。最初は33人で出発したが、やがて360人になり、民国44年には2,347人にまで膨れ

1951	民国40年	5月25日、立法院が「三七五減租条例」を採択、6月7日、施行。
1951	民国40年	5月30日、立法院が**公地放領**規則を採択。
1951	民国40年	11月30日、**李友邦**が共産スパイ事件で逮捕され、翌年銃殺される。

あがり、国軍のほとんどの大隊に米軍顧問グループがいるありさまだった。民国44年、孫立人事件が起こるとアメリカはチェイスを転任させ、顧問団の編成も次第に縮小され、民国53年には842人を残すのみになった。民国64年のベトナム戦争の終結後、顧問団は60人まで減らされた。その主な仕事は中華民国政府に協力して戦略物資を選択購入することで、アメリカの台湾における武器販売の代理人に過ぎなかった。民国67年、アメリカは中国との関係正常化を宣言し、顧問団は翌年4月30日に解散した。

公地放領　民国40年（1951）6月、「台湾省放領公有地扶植自耕農実施規則」を公布し、公有地及び公営事業が所有する土地を実際に耕作に当たる農民に下げ渡す（放領）ことにした。これが「公地放領」である。土地下げ渡しの価格は毎年の収穫物の2.5倍を基準とし、10年間に分けて支払う。各年の償還金額と小作料は総計で収穫物の価格の37.5%を超えてはならなかった。公地放領は「土地改革」の一環で、理論上はあらゆる公有地と公営事業の所有地はすべて下げ渡さなければならなかった。しかし、事実はそうではなかった。例えば、台糖公司、台湾農林、台湾鳳梨（パイナップル）などの日本時代からのものを接収した大型の農産企業は、依然大面積の土地を保留し、下げ渡しは行われなかった。

李友邦（1906～1952）　原名は李肇基で、台北蘆州の出身。台北師範学校で勉学中に台湾文化協会に参加した。大正13年（1924）、退学させられ、台湾を離れ、同年、広州の「黄埔軍官学校」に入学した。卒業後「台湾地区工作委員会」を主宰した。李友邦は国民党内の左派に属し、右派の蔣介石が清党（党内粛清）を発動すると、一度は捕らえられて入獄した。民国26年（1937）に出獄し、「台湾義勇隊」の組織化に着手し、翌年成立した。戦後の民国34年、彼は台湾義勇隊を率いて台湾に渡ったが、まもなく政府の命令で解散させられた。その後、「三民主義青年団」台湾地区責任者に就任した。民国38年、陳誠に強く勧められて、国民党台湾省党部副主席に就任し、まもなく主任委員になった。1年後、彼の妻の厳秀峰は「共産組織に参加」したとして告発され、懲役15年の刑に処せられた。民国40年11月30日、李友邦は「共産グループに参加し、共産スパイを匿い、不法に政府の転覆を意図した」という理由で逮捕され、2年後に銃殺された。李友邦は彼の政治生命がまさに頂点の時に突然逮捕されて銃殺され、当時多くの人が極めて意外に思った。名目上の「共産スパイ」の罪名のほかに、別に真の原因があるのかは不明である。

1951	民国40年	12月10日、「**臨時省議会**」成立。**半山**出身の**黄朝琴**、林頂立が正、副議長に当選。
1952	民国41年	4月28日、「**日華平和条約**」調印。

臨時省議会　民国35年（1946）に成立した「台湾省参議会」は、二二八事件を経て、民国40年には第1期の議員はとっくに任期を越えており、また欠員も多かった。それに加えて、台湾の省県市の行政区域の調整が行われ、新たに設立された宜蘭、桃園、苗栗、南投、彰化、雲林、屏東などの県には議員がおらず、第1期の議員の任期を引き続き延長することは不可能だった。一方、憲法の定めにより、正式な「省県自治通則」を制定しない限り「省議会」を成立させることもできなかった。このため、行政院は民国40年8月29日、「臨時」の省議会組織と議員選挙罷免規則を決議、採択し、11月18日に選挙を行なった。全省の5市16県の議会は間接選挙で55人の臨時省議員を選出した。12月10日、台北市で「臨時省議会」が正式に成立し、議長に黄朝琴、副議長に林頂立を選出した。民国48年6月24日の「台湾省議会」の成立と同時に、「臨時省議会」は廃止された。

半山　日本時代に大陸に行き、第二次世界大戦の終結後、中華民国政府と共に台湾に戻った台湾人は「半山」と呼ばれた。台湾人はもともと大陸を「唐山」と、大陸人を「阿山」と呼んでおり、それで半分は台湾人で半分は大陸人の人間は自然「半山」になるというわけだ。戦後、これらの人たちは台湾に戻るといち早く頭角を顕し、各所の民意選挙で多くの議席を獲得した。二二八事件の後、台湾本土の英才が致命的打撃を受けると、彼らの抜けた穴は半山分子に取って代わられた。民国40年（1951）の臨時の省議会選挙では半山分子はなんと55議席中50議席を獲得した。しかし、その後、これらの人々の政治的地位は中央政権からの打撃を受け始め、民国39年、台北市長・游弥堅が罷免されてからは、劉啓光、林頂立、李万居らは急速に勢いを失った。その後も引き続き政界に残った半山分子は、国民党や政府の英才と関係のよかった黄朝琴、連震東、謝東閔らだけになった。

黄朝琴（1897～1972）　台湾塩水の出身。前後して日本の早稲田大学、アメリカのイリノイ州立大学に留学、民国17年（1928）、中華民国外交部に入り、駐ロサンゼルス総領事などを歴任した。民国33年、「台湾調査委員会」に参加し、台湾接収の準備活動を行なった。戦後、陳儀と共に台湾に来て、台北市接収の責任者となり、のちに第一代の台北市長に就任した。民国35年、市長を辞任し、省参議員選挙に出馬して当選、議長にも選ばれた。台湾省が地方自治を実施して以後も引き続き省議会で活躍した。民国40年の省議会議長選挙では、行政院長・陳誠の支持を受け、同じく「半山」の対立候補・林頂立を破った。その後52年まで、連続12年議長を務めた。退職後は投資に転じ、「国賓飯店」を建て、国民外交と観光事業につくした。2年後に陳誠が世を去り、黄朝琴は政治舞台で急速に影が薄くなった。民国61年死去。

日華平和条約　正式名称は「日本国と中華民国との間の平和条約」と言い、民国41年（1952）4月28日、台北で調印された。中華民国側の代表は葉公

1952	民国41年	10月31日、**蔣経国**が「**救国団**」〔→次頁〕を結成。
1952	民国41年	農復会が農村で「四Hクラブ」の農村組織と教育方法を推進。

超、日本側の代表は河田烈だった。同年8月9日、蔣介石、陳誠、葉公超の3人が署名して公布された。全文は14条からなり、その要点は次の通りである。一、両国間の戦争状態を終了する。二、「サンフランシスコ講和条約」第2条に基き、日本は台湾及び澎湖諸島、南沙群島、西沙群島に対する一切の権利を放棄する。三、双方は貿易、海運などの商業に関する条約にすみやかに調印する。道理から言えば、第二次世界大戦の終結後、日本と中国は平和条約に調印すべきだった。しかし、平和条約の調印以前に中国はすでに二つの政府に分裂しており、双方はそれぞれ「中華民国」と「中華人民共和国」を作っていた。民国61年以前は、日本と「中華民国」の間に外交関係があり、日本は「中華民国」が「中国」を代表していることを承認し、台湾と「日華平和条約」を調印したのである。民国61年9月29日、日本と中華人民共和国が外交関係を結び、「日華平和条約」は同時に失効した。日華平和条約の調印後、日本語教育、日本語使用の禁止は徐々に解除された。

蔣経国（1910～1988）　幼名は建豊、号は経国。浙江省奉化県の出身。彼は蔣介石の長男で、民国11年（1922）、勉学のため上海に行ったのち、14年、モスクワに行った。ソ連では、前後して孫逸仙大学、紅軍軍政学校に学び、また共産党と共産主義青年団にも加わった。ソ連の軍隊、大学、工場、農村などで生活し、女工のファーニャ（中国名は蔣方良）と結婚した。民国26年3月、中国に帰り、江西省府専員、経済管制委員会督導などの職を歴任した。民国38年、台湾に入り、蔣介石の独裁統治のもとで最も有力な後継者候補になった。41年、「中国青年反共救国団」を創立、46年、「国軍退除役官兵補導委員会」主任に就任、48年6月には行政院副院長、53年には国防部副部長となり、まもなく国防部長に昇任した。61年5月には行政院院長に就任。64年4月、蔣介石の死後、総統代理となった厳家淦は任期の満了前に勇退し、これによって蔣経国は順当に第6代総統になった。その後、77年に病死するまで再任を重ねた。蔣経国は総統就任後台湾籍の官員を大量に登用し、政治手法は次第に開放的になった。晩年には、蔣家の人物が政権を継承することはあり得ないとまで公言し、台湾籍の李登輝を副総統に抜擢するなど、台湾のその後の政局に極めて大きな影響を与えた。

1953	民国42年	1月1日、政府が第一次**四ヵ年経済建設計画**を実施に移す。
1953	民国42年	1月26日、「**実施耕者有其田**（耕す者に土地を）**条例**」を公布、施行。

救国団　正式名称は「中国青年反共救国団」と言い、民国41年（1952）10月に作られた。蒋経国の主導の下に青年、学生を動員、コントロールできるようにするとともに、蒋経国の個人的勢力を拡大する道具とすることも目的だった。救国団創立の初期は国防部と教育部の委託を受け、それらに代わって軍事訓練教育を行ない、全国のあらゆる中学生、大学生を動員することができた。蒋経国の政治的地位が上がるにつれて、救国団の組織も拡大した。蒋経国の権力と地位が強固になったのちには、その役割は次第に小さくなった。1960年代になると、救国団は単なる青年学生のレジャー奨励機関に変わり、高級中学の軍事訓練教育は教育部の管轄に戻された。この時期には、救国団は青年学生の念頭では、「団体の体育健康」と「行事中心（センター）」のレジャー機構に変わってしまい、これが青年学生の国民党に対する好感をつなぎ止める役割を果たした。救国団は全台湾青年学生のレジャー活動をほとんど独占し、しかも観光の目玉の景勝地にはどこにも大規模な宿泊施設—「青年活動センター」を持ち、さらにラジオ局、出版社も持ち、まるで観光、文化産業集団のようだった。蒋経国の死後、救国団の国民党色、政府色は次第に薄くなったが、依然として膨大な観光レジャー資源を持っている。

四ヵ年経済建設計画　政府が主導して行なった計画経済。民国42年（1953）から実施され、毎期は4年であわせて6期行われ、民国64年に完成した。第1、2期の重点は、基本的な公共施設を拡張し、物価を安定させ、外貨制度を改革し、生産を拡大し、輸入代替工業を発展させることなどだった。第3期から5期までの重点は投資を増やし、輸出工業を加速的に発展させ、経済構造を改善することなどだった。第6期の重点は重工業の発展を促進することだった。この23年間に、台湾の年平均経済成長率は9.07％、生産額総額は8.74培、工業の成長は16.37倍、農業の成長は3.57倍、対外貿易の成長は37.17倍にそれぞれ達した。第6期経済建設計画の間に国際経済の衰退の影響を受けたため、一年早く計画を切り上げ、「六ヵ年経済建設計画」を推進することにした。総体的には、六ヵ年経済建設計画の期間に、台湾は次第にアメリカの援助に対する依存から抜け出し、工業化の程度を引き上げた。また、インフレの圧力を抑制し、高度経済成長の目標を達成した。

実施耕者有其田（耕す者に土地を）**条例**
民国42年1月20日、立法院は「実施耕者有其田条例」を採択、総統府は26日、これを公布、施行した。4月24日、省政府はこの条例の「台湾省施行細則」を公布し、全面的に条例の実施に入った。いわゆる「耕者有其田」は、文字を見ればすぐ分かるように、耕作者が自分の耕作する土地を所有するということで、また地主の手中にある土地を小作農に分配するということでもある。その方法は以下の通りである。一、地主に田3甲とそのほかの耕地6甲の保留を許可する。二、地主の

1953	民国42年	4月10日、**呉国楨**が省主席の職務を辞任。5月24日、アメリカに亡命。

保留地以外の土地は全て政府が買い上げ、実際の耕作者である小作農に分配する。三、地主から買い上げる土地の価格は、1年間の収穫物の2.5倍を基準とする。四、地主に支払う代金は、7割は実物の債券を10年間の分割払いとし、3割は公営事業の株券で払う。五、土地の分配を受けて自作農になった農民は、食用米などの実物で、10年分割で政府に代金を払う。「耕者有其田」条例が実施されてから数回小幅な改正が行われた。民国76年7月31日には、自作農を育成する目標はすでに達成され、台湾全体の産業の情況も変わったとして、省議会は「耕者有其田」実施規則の廃止を採択した。民国80年4月10日には経建会が「実施耕者有其田条例」の全面廃止を決定した。

呉国楨（1903～1984） 湖北省建始の出身。清華大学を卒業後、アメリカに留学、民国15年（1926）、プリンストン大学で博士の学位を獲得した。民国17年から、国民政府外交部秘書、湖北酒タバコ税務局長、漢口市長、外交部政務次長などの職を歴任した。民国38年、台湾に来たのち、「総裁事務室」設計委員に就任した。当時、台湾の国際的地位は低落していたが、蔣介石はアメリカを味方に引き入れるため、アメリカに留学した経歴を持つ呉国楨に目をつけ、その年の12月15日、彼を台湾省主席に任命したほか、行政院政務委員と台湾省保安司令などの職を兼任させた。当時の保安司令部副司令の彭孟緝は、特務活動では蔣経国の指揮を受け、呉国楨の指示に従わず、しばしば令状無しで人を逮捕し、呉国楨と蔣経国の衝突を引き起こした。このため民国42年3月、呉国楨は健康の不良を口実に辞表を提出し、アメリカのシカゴへ病気療養に行った。呉国楨は離職ののち、同年年末には公金持ち逃げの罪を着せられた。翌年2月、彼はアメリカで記者会見を行ない、蔣介石政府はあまりにも独断専行だと公然と批判した。3月17日、蔣介石は、呉国楨は「国家に反逆した」と宣言し、免職の上、司法機関に引き渡して処罰するように命令した。その後、呉国楨はそのままアメリカに留まり、教育と著述に従事した。民国73年6月、病死。

1953	民国42年	4月24日、台湾省政府が「**耕者有其田**」の実施規則を公布。
1953	民国42年	7月27日、朝鮮戦争停戦。
1953	民国42年	『南瀛文献』創刊、**呉新栄**が編集長に就任。
1954	民国43年	3月1日、台湾セメント、台湾農林、台湾工鉱、台湾紙業の4大会社の株上場。

耕者有其田（耕す者に土地を）　戦後台湾の一連の土地改革の中では影響が最も大きく、かつ19世紀末以来の台湾の各種の土地（所有権）改革では最後の壮挙だったと言える。台湾の土地（農地）は20世紀初めの「大租権整理」を経て「一田多主」をなくす目標を達成したが、土地は依然として比較的少数の地主の手中に集中し、絶対多数の農民は農地を借りて初めて耕作ができるというありさまだった。「耕者有其田」の措置は、強大な政治力で地主に土地の所有権を差し出すように迫り、その後小作農に分配して、農地の所有者と耕作者が一致するという理想を達成した。地主には土地を売るか売らないかを選択する自由はなく、しかも譲り渡した土地とそれによって得た補償とは釣りあいがとれなかった。とりわけ地価の3割を占めた台湾セメント、台湾紙業、台湾農林、台湾工鉱の4大会社の株券の額面価格は、放出前に政府が操作して実勢より高値に設定しており、さらに放出後多くの人が同時に株券を投げ売りしたため、株価は暴落し、地主は膨大な損失をこうむった。台湾の当時の知識分子は大部分が地主の階層の出身で、経済力が衰えたため、彼らは政治的な抵抗の放棄へと追い込まれた。一方で、土地を獲得した小作農は自作農に変身し、彼らに対する政府の求心力は大いに高まった。彼らの生産意欲もかなり向上した。このように「耕者有其田」は単に土地改革であるばかりでなく、政治、社会構造の再編成にもきわめて大きな影響を与えた。

呉新栄（1907～1967）　号は史民、台南将軍の出身。日本の東京医専に留学中、中国大陸の五四新文学運動の影響を受け、雑誌『里門会志』、『南瀛』を創刊した。昭和7年（1932）、学成って台湾に戻り、台南佳里街に医院を開業した。1930年代の中期以後、台湾文芸連盟と台湾文芸家協会の委員に選ばれ、雑誌『台湾新文学』の編集者になった。まさに塩分地帯文学（台南県北門郡の台湾海峡よりの地帯に起こった文学運動）の牛耳を執ったと言えよう。彼の創作は詩と評論を主とした。戦後、民国34年（1945）、三民主義青年団台南分団北門区隊主任に就任した。35年、台湾省参議員と鎮長に落選。36年、二二八事件後警察に「更生」を申し出、1ヵ月拘禁された。彼は佳里で医業に従事すると同時に、台南県文献委員会編集班長に就任し、民国42年、『南瀛文献』を中心になって編集した。民国43年10月、李鹿事件によって再び4ヵ月入獄した。49年末、『台南県志稿』10巻13冊を完成させた。著作には『亡妻記』、『震瀛随想録』『震瀛回憶録』『震瀛詩集』がある。その後、張良澤がこれらを整理して、『呉新栄

1954	民国43年	3月14日、原住民9族の名称を内政部が正式に確定。それらはタイヤル、サイセット、ブヌン、ツオー、ルカイ、パイワン、ピウマ、アミ、ヤミの9族。
1954	民国43年	9月3日、中国、金門島を砲撃。
1954	民国43年	11月1日、「国民党軍退除役官兵指導委員会」成立。
1954	民国43年	12月3日、「**米華相互防衛条約**」調印。
1954	民国43年	今年度より大学、専門学校の統一入試を開始。
1955	民国44年	2月5日、国民党軍、大陳島を放棄。

全集』として編集、出版した。

米華相互防衛条約　1954年1月、朝鮮戦争の休戦後、アメリカは「恐怖のバランス」政策を採り、西太平洋海域で中国とソ連の拡張を阻止することを宣言した。同年、フランスはベトナムから撤退し、ベトナムは南北に正式に分かれた。9月には東南アジア集団防衛条約機構が成立し、アメリカの東アジアの防衛ラインがおおむね完成した。当時、台湾はアメリカと軍事協力関係を持っていたが、条約の範疇には入っていなかった。9月3日、中国は金門島に砲撃戦をしかけ、台湾（中華民国）は蔣介石の大陸反攻の呼びかけのもと、アメリカ軍事顧問団の説得を拒否して、東南沿海で全面的な反撃に出た。海峡両岸の戦争が拡大し、まさに完成しようとしている防衛ラインが破られることを懸念したアメリカは、台湾への軍事援助を停止するという脅しをかけ、台湾に台湾海峡の緊張を和らげるように迫った。この時の教訓から、アメリカは台湾との軍事協力を行い、条約によって制約を加え、類似の事件の再発を防がなければならないと考えた。これが「米華相互防衛条約」の由来である。この条約は26年間続き、米台国交断絶ののち廃止された。この間、台湾は「米華相互防衛条約」の制限を受けて「大陸反攻」は実行できなかったが、アメリカの軍事的約定によって中国も軽々しく台湾を攻めることができなかった。表面上は、この条約は台湾の生存を保証したが、実際はアメリカの西太平洋における強権的な利益を強固にした。

1955	民国44年	8月20日、**孫立人事件**。孫立人は罷免されたあと、33年間にわたって軟禁される。
1956	民国45年	12月1日、台湾省政府が中興新村に移り執務。
1956	民国45年	**鍾理和**、小説「笠山農場」を書き上げる。
1957	民国46年	アメリカ軍顧問団曹長・レイノルズが国民政府軍少佐・劉自然を射殺。判決は無罪。5月24日、怒った民衆がアメリカ大使館を襲撃。
1957	民国46年	5月30日、蒋経国が国軍退除役官兵補導委員会主任委員に就任。

孫立人事件　蔣介石は台湾で総統に復職後、軍隊の再編に着手し、アメリカ軍の軍制をまねて「将官定期交代」制を推進し、原則上は2年に一度交代させ、さらに退役を強制した。このような制度のもとで、かつては強い実力を持っていた軍隊のボス、閻錫山、白崇禧、胡宗南、何応欽などといった人たちは次第に重要な軍職を辞めていった。このほか、「党が軍を指導する」という考えのもとに、民国39年（1950）年3月22日、国防部の中に「総政治部」（後に「総政治作戦部」と改称）を設け、蔣経国が主任に就任した。同年11月、台北郊外に政工幹校（現在復興崗にある「政治作戦学校」）を設立し、軍の中の政治作戦幹部を育成することとした。このようなソ連式の党が軍に介入するやりかたには、アメリカ軍顧問団は非常に不満だった。親米の高級将校・孫立人もこれがもとで蔣経国と衝突した。孫立人はアメリカバージニア軍事学校を卒業し、中華民国政府が台湾に逃れる以前は鳳山で陸軍総司令兼訓練司令を務め、その後まもなく台湾防衛司令官を務めた。民国43年、総統府参軍長に移った。彼はしばしば政工系と摩擦を起こし、民国44年6月6日、「兵諫事件」に関与した。8月20日、今度は部下の郭廷亮共産スパイ事件に巻き込まれ、蔣介石に軟禁された。これが「孫立人」事件である。民国77年3月になって、孫立人は長期間の軟禁状態から解放され、行動の自由を取り戻した。

鍾理和（1915～1960）　台湾屏東の出身。原籍は広東梅県で、筆名は有江流、里禾など。生涯、小学高等科で学んだだけだった。17歳で美濃農場の助手になり、同姓の女工・鍾台妹と相思相愛になった。昭和13年（1938）、単身東北の瀋陽に渡り、満州自動車学校で自動車の運転を習った。2年後、台湾に戻り、台妹とともに東北に駆け落ちし夫婦になった。昭和16年、一家をあげて北京に転居し、日本人の華北経済調査所に入り通訳となったが、まもなく辞職した。民国36年（1947）、台湾に戻り初級中学の国文の教師となったが、肺病を患い、松山療養院で療養した。民国39年、退院後も病を抱えながら執筆を続けた。民国45年、長編小説「笠山農場」を脱稿し、中華文芸賞の二等賞になった。民国49年8月4日病没、45歳の若さだった。彼は日中戦争前夜に創作を始めたが、大部分の作品は戦後に書いたものである。その作品の多くは美濃を背景に農民の田園生活を描き、下層人民の生活を反映したものとなっている。彼の作品は1960年代以後の黄春明、王禎和、王拓らの作家に影響を与えた。民国65

1957	民国46年	6月15日、台湾最初のプラスチック原料工場となる台湾プラスチック工業公司高雄工場が操業開始の式典を挙行。
1957	民国46年	6月28日、「蓬莱米の父」**磯永吉**が省政府農林庁を退職し、47年ぶりに故国の日本に戻る。
1957	民国46年	8月1日、『自由中国』の社説が「大陸反攻」を批判。
1957	民国46年	10月8日、「戦士授田」政策を開始。
1957	民国46年	11月5日、『文星雑誌』創刊。

年、張良澤の編集によって『鍾理和全集』(全8巻)が出版された。

磯永吉 (1886～1972)　広島県の出身。明治44年(1911)、東北帝国大学農学科を卒業し、翌年、台湾に渡って台湾総督府農事試験場に就職した。大正3年(1914)、技師に昇進し、大正8年、欧米に留学して品種改良の技術を学んだ。大正14年、命により香港、マレーシア、インド、ジャワの各地を視察し、台湾に戻ってからは総督府中央研究所技師、台北帝国大学助教授になった。昭和3年(1928)、農学博士の学位をとり、5年、台北大学教授に昇格した。彼の専攻は品種改良で、新品種の「蓬莱米」の育成に成功したばかりでなく、栽培の普及にも力を尽くした。戦後、台湾在住の日本人のほとんど全部が日本に送り返されたが、磯永吉は少数の日本人とともに台湾に引き続き残ることを許され、台湾省農林庁技術顧問になった。稲の二期作後の休耕期対策として、磯永吉は間作の普及に努め、甘藷、大麦、小麦、亜麻、タバコ、各種の野菜、緑肥作物などの栽培を奨励し、農村に大きな収益増をもたらした。彼は農政機関に在職中に、あわせて57本の論文を発表したが、とりわけ英語で発表した「亜熱帯地区の水稲と輪作物」はもっとも権威のあるものとされる。民国46年(1957)6月28日、彼は72歳の高齢で退職し、47年ぶりに日本の故郷に帰ることにした。彼が台湾を離れ日本に帰るに当たり、政府は彼の功績に報いるために、彼がこの世を去るまでの三度の食事に足る蓬莱米を贈った。

1958	民国47年	5月15日、**台湾警備総司令部**が正式に成立、これにともない台北衛戍総部、台湾省防衛総部、台湾省保安司令部、民防司令部など4機関は廃止された。
1958	民国47年	8月23日、**八二三砲撃戦**。
1958	民国47年	9月1日、経安会が米援会に合併し、以後経済計画と米援計画は全て**米援**会の統一した計画立案となる。

台湾警備総司令部　民国47年（1958）5月15日、台湾省民防司令部、台湾省保安司令部、台北衛戍総部、台湾省防衛総部などの機関をあわせて編成され、もっぱら首都の警備、保安、民間防衛の任に当たった。戒厳令の初期、警備総司令部は戒厳の任務を実施する最大の権力を有する情報治安機関で、軍事管制を行なうほか、電話の傍受、特務検察、偵察防御、安全取締、郵便検査、文化関係の審査取締などの任務があった。戒厳令が解除され、動員反乱鎮定時期が終わったあと、政府は「海岸巡防署」を作ろうとしたが、財政部に受け入れる意志がなかったため、行政院は海防の仕事を警備総司令部に移して処理させた。民国81年8月1日に警備総司令部を廃止し、「海岸防衛司令部」に改編した。予備の軍人に招集、訓練の責任を残したほか、そのほかの業務は関連する機関に移した。改編後の「海岸防衛司令部」は海防を管掌したが、情報、治安機関との協調、連絡は維持された。事実上、海防部の成立から現在に至るまで、もとの警備総司令部が行っていたラジオ番組などのモニターと社会情勢の調査などの仕事を引き続き実施したが、偵察、取締の範囲は大幅に縮減された。

八二三砲撃戦　民国47年（1958）8月初めから、中国の海陸空軍が大量に福建に集結した。台湾（中華民国）の国防部はただちに台湾、澎湖、金門地区に緊急戦備状態に入るように命令した。その直後、中国空軍は馬祖の上空で騒ぎを起こし、（中華民国）国軍の海、空軍の3分の2は馬祖地区に引きつけられた。8月23日午後、中国軍の福建沿岸に駐在する砲兵部隊は突然金門に猛烈な砲撃を行なった。この砲撃は中国の彭徳懐国防相が1週間の停止を命じた10月5日まで続いた。この44日間の砲撃戦で、中国軍は面積わずかに148km²の金門諸島に対し、47万発の砲弾を浴びせ、1m²当たりの被弾は4発に達した。この砲撃で民衆に死亡80人、重傷85人、軽傷136人の被害を出した。また家屋の全壊は2,649軒、半壊は2,397軒に及んだ。10月25日からは、中国軍は「奇数日は砲撃、偶数日は休止」の政策を発表し、金門諸島に対して日常的に砲撃を続けた。砲撃は民国68年1月1日に停止された。

米援（アメリカの援助）　民国40年（1951）、アメリカ国会は「共同安全法案」を採択し、台湾に対し各種の経済援助の提供を開始した。54年（1965）6月までに前後15年の長きに渡り、資金総額は15億ドルに達し、「米援」と呼ばれた。この15年間、米援は台湾の輸入総額の約40％、台湾投資の約38％、国民生産の約6％をそれぞれ占めた。米援の台湾経済に対する巨大な貢献が分かろうというものである。これらの援助は全てが現金の形式によるものではなく、その中には援助物資も含まれていた。アメリカにとっては、援助物資の価格は常に高く見積もられ、

1958	民国47年	10月25日、中国、金門への砲撃について「奇数日は砲撃、偶数日は砲撃せず」と発表。
1959	民国48年	5月、中華開発信託公司成立。
1959	民国48年	8月7日、八七水害、台湾中南部の被害甚大。
1960	民国49年	3月8日、国民大会審査会、修正「**動員反乱鎮定時期臨時条項**」を採択。3月11日、総統が公布、施行。

しかも多くはアメリカでは使われなくなった老朽化した設備、あるいは生産過剰の農産物で、米援はアメリカ自身の経済にとっても肯定的な効果があった。このほか、アメリカは米援を通して、中華民国政府に対米依存を強めさせ、アメリカと台湾の間の軍事協力関係を確保した。中華民国政府からすれば、米援は軍事危機を解消し、財政の赤字を補填し、輸入規制の資源を提供し、行政の効率を向上させるのに役だった。これらの効能は、蔣介石政権が台湾での統治権力を強化することにつながった。米援の援助形態は多岐にわたるが、おおむね軍事援助、経済援助、財政補助、建設資金、公営事業に対する借款などに分類できる。この中では、軍隊が受け取った補助がもっとも多かった。「軍事援助」の項目は当然軍方面にまわされたが、そのほかにも「経済援助」の中の35％も事実上軍事面の用途にあてられており、米援の総額の74％は軍隊の支出に使われた。このほか、米援は主として電力、通信、道路、港湾など台湾のインフラの改善に用いられた。50年代全体を通して、電力の固定資本の5割は米援に頼り、交通運輸の固定資本の4割は米援に頼っていた。米援の台湾のインフラ建設面での重要性が見てとれる。

動員反乱鎮定時期臨時条項　蔣介石は中華民国の憲政移行後最初の総統に当選した際、国民大会が憲法を修正し、総統に緊急処分権を賦与するか、あるいは憲法を超越する臨時の法律を制定するかを要求し、これを就任の条件とした。その結果、国民大会は蔣介石の要求を受け入れ、「動員反乱鎮定時期臨時条項」を制定し、これは民国37年（1948）5月10日から実施された。この法律の有効期間は2年間と定められた。それはその時までに「反乱」は平定されているはずだという判断によるものだった。しかし事実を言えば、2年後の民国39年5月には台湾（中華民国）は「共匪の反乱」を平定していなかったばかりか、台湾に逃げ込んでいた。台湾の中華民国政府は「反乱」をまだ平定していないことを理由に、引き続き臨時条項の時効を引き延ばし、動員反乱鎮定をやめた民国80年5月まで43年間続いた。この間、政府は160もの「動員反乱鎮定」の特殊な法律と条令を制定した。しかも、「臨時条項」はしばしば修正され、総統に「緊急処分権」を賦与したばかりか、総統の再任は一度だけとする制限を削り、蔣介石が終身総統になることを可能にした。このほか、第1期の国会議員を終身職に変え、「万年国会」を作り出した。「動員反乱鎮定時期臨時条項」は「絶対的憲法」になったばかりか、元来の憲法体制を骨抜きにし、しかも独裁政体の法的根拠となった。

1960	民国49年	3月21日、蔣介石が第3期の総統に当選。3月22日、陳誠が副総統に当選。
1960	民国49年	4月26日、**中部横断自動車道**開通。
1960	民国49年	6月18日、アメリカのアイゼンハウアー大統領が台湾訪問。
1960	民国49年	9月4日、**雷震**、逮捕される。

中部横断自動車道　民国45年（1956）7月着工、花蓮、台中の2地点からそれぞれ中央に向かって工事が始まった。民国49年（1960）4月26日、全線が開通した。全工事には3年10ヵ月を要し、栄民（退役軍人）、工兵、原住民を動員した。この自動車道は幹線、支線、補給線の3本に分かれている。幹線は台中東勢を起点とし、大甲渓を遡り、梨山を経たのち南に方向を点じ、合歓山啞口（大禹嶺）を越え、今度は立霧河谷に沿って下り、天祥、太魯閣を経て蘇花自動車道につながる。全長は194kmで、現在の省道台8線である。支線は幹線の梨山で分かれ、東北に向かって環山、思源啞口を経てさらに南に四季を経て宜蘭に至る。全長は112kmで現在の省道台7甲線である。補給線は南投霧社と廬山の間を起点とし、合歓山啞口で幹線に合する。全長は44kmで、現在の省道台14甲線である。東西横断国道は台湾で初めて中央山脈を通り抜けた自動車道で、軍事上重要であるばかりでなく、沿道には大量の鉱産物、木材資源が眠っており、極めて経済的効果に富むと政府は考えている。横断自動車道の完成後、これらの鉱産物と森林にはまだ大規模な開発は行われていない。栄民（退役軍人）を定着させるため、沿線には多くの「退輔会農場」が開かれ、果樹などの経済作物を栽培している。このほか、この自動車道の東の部分は立霧渓河谷に沿って走っているが、沿道の峡谷の絶壁は非常に特異な景観を見せており、有名な遊覧地となっている。

雷震（1897～1978）　浙江省長興県の出身。若くして日本に留学し、京都帝国大学を卒業、その後、京都帝大の研究所に進んで憲法を専門に研究し、憲政の理論に対して相当深い理解を持っていた。帰国後、国民党の多くの党務を担当した。主な経歴には、南京市代表大会主席団主席、教育部総務局局長、国民参政会副秘書長、政治協商会秘書長、国民大会副秘書長、行政院政務委員などがある。また上海の金融の安定に協力、台湾に移ってからは総統府国策顧問を務め、国民党権力の核心的人物だったと言える。民国38年（1949）、雑誌『自由中国』の創刊時には、胡適が発行人になり、雷震が編集業務の責任者となった。民国42年、胡適は発行人の職を辞し、雷震が実質的な責任者となった。同年、「挽救教育危機（教育の危機を救え）」という論文を書いて、国民党の党籍を除籍された。これ以後、雷震と国民党の間は次第に疎遠になり、関係はますます悪化した。民国49年9月4日、雷震は「共産党員の存在を知りながら通報しなかった」罪と「共産党のために宣伝した」罪で逮捕され、懲役10年の刑に処せられた。『自由中国』もこれと同時に解散した。民国60年、刑期満了で出獄した時には、懐中に獄中で完成させた400万字の回顧録をしのばせていたが、探し出されて没収された。民国67年、他界

1960	民国49年	9月10日、「**投資奨励条例**」施行。
1960	民国49年	10月8日、『自由中国』が差し押さえにあい、「**中国民主党**」の結党失敗。
1960	民国49年	11月11日、李萬居が公論報の訴訟案件で敗訴、経営権の譲渡を迫られる。

した。

投資奨励条例　民国49年（1960）9月10日、公布、施行された。全文53条。行政院が「投資奨励条例」を施行した目的は、米援の停止後に租税の減免を主な手段として、外来商人の投資を台湾に引き寄せることにあった。投資の奨励の対象には公共事業、鉱業、製造業、運輸業、観光旅館業などが含まれていた。本来、有効期限は10年だったが、後に民国54、59、62年の3回修正が行われた。民国63年末に4度目の修正が行われ、有効期限は69年まで延ばされたが、期限が来て5度目の改正が行われた。民国49年の施行以来、台湾の経済は輸出主導で勢い盛んな発展を見たが、エネルギー危機や産業構造の転換とグレードアップの問題への直面など、国内外の経済環境の変化は非常に激しかった。この過程で、投資奨励条例の対象はますます一般化し、租税の減免の項目は増える一方だった。このため政府は税収面で莫大な損失をこうむった。政府は従来「投資奨励条例」の成果はめざましいと宣伝して来たが、租税の減免による税収の不足、課税の不公平、資源の分配の非効率などの現象も顕著だった。

中国民主党　民国46年（1957）の省議員選挙の終了後、当選した郭国基、呉三連、李源桟、郭雨新、李萬居、許世賢らは「選務総検討会」を招集、「中国地方自治研究会」という常設組織の設立を申請しようとした。当時の戒厳下という政治環境のもとでは、この申請は当然許可を得られなかった。雷震が編集に当たっている『自由中国』がしばしば反対党の結成を主張していたため、雷震もこの「選務総検討会」に参加し、その内容を全て『自由中国』に掲載した。この結果、「中国地方自治研究会」の構想は反対党結成の計画に合流していった。同年、胡適が海外から戻り中央研究院院長に就任したが、彼は雑誌『自由中国』主催のパーティーで講演し、言論の自由を勝ち取り、反対党を組織しなければならないとはっきりと表明した。民国49年の選挙の前、彼らは雷震、李萬居、高玉樹ら3人をスポークスマンにして、17名の世話人を推挙し、まもなく「中国民主党」を成立させると宣言した。7月から8月にかけて、前後して彰化、台中、嘉義、高雄、中壢などで選挙改進座談会を開き、同時に新たな政党は9月末に成立すると宣言した。ところが、9月初め、結党運動の首脳の雷震が「共産党員の存在を知りながら通報せず」、「共産党のために宣伝した」という罪をかぶせられ、憲兵と警察に逮捕され入獄した。雷震は後に懲役10年の判決を受け、「中国民主党」結成もこれとともに計画倒れに終わった。

1960	民国49年	この年より**農地再区画**を試行。
1962	民国51年	2月9日、証券交易所が正式に開業。
1962	民国51年	4月28日、台視（台湾テレビ）発足。
1962	民国51年	6月、『伝記文学』創刊。
1963	民国52年	9月1日、米援会を「経合会」に改組。
1964	民国53年	6月14日、**石門ダム**が竣工。

農地再区画　一種の総合的な土地改良方式。「農地再区画」はもともと農作業に適さない小さな農地を交換したり組みあわせたりして、再度、潅漑、排水、農道などの施設を案配し、近代化農業の生産方式に適応させようというものである。農村の土地再区画以前は、多くの田畑は直接水路に近接していなかったため、他人の田畑をまたいで潅漑排水をしなければならず、しばしば紛争を引き起こしていた。このほか、大部分の農地のそばには農道がなく、農具や農作物の運搬には全く不便で、機械化を妨げていた。農地の再区画以後は、ばらばらに分散していた農地は交換と組みあわせによって整然とした田畑に生まれかわり、それぞれの田畑が直接潅漑、排水ができるようになった。しかも、直接農道に面するようになって、機械化耕作に便利になり、生産高は大いに上がり、農村経済を改善した。「農地再区画」は民国49年（1960）に彰化、台中など八七水害（1959年8月7日から8日にかけての大水害）の被災地から試行が始まり、817haで計画を完成させた。民国50年には嘉義、雲林などの「模範地区」で3,362haの再区画を行なった。民国51年には各県、市であまねく実施し、60年には全て完成した。これによって再区画が実施された田畑の総面積は25万9千haあまりとなった。

石門ダム　民国43年（1954）5月、ダム工事の計画を担当する「石門ダム設計委員会」が発足した。民国44年、調査が完了し、アーチ式ダムを築き、潅漑、発電、公共的な給水及び洪水防止の役に立てることが決まった。翌年7月、「石門ダム建設委員会」が発足し、工事が始まった。施工の過程で設計の変更が行われ、アーチ式ダムの設計を取り消し、コンクリート重力ダムに変更した。全ての工事は民国53年6月に竣工し、「石門ダム管理局」が運営を引き継いだ。石門ダムは大漢渓の中流にあり、桃園県の龍潭と大渓の二つの郷鎮をまたぎ、8年の歳月を費やして完成した。大堰堤の高さは133mあり、洪水防止のため六つの水門を持ち、最大排水量は毎秒11,400m^{3}である。当時は東南アジア最大の水利工事と言われた。その潅漑地域は桃園、新竹、台北の3県の県域を含み、当初の計画では潅漑面積は53,661haだったが、近年は農地面積は減少し、36,500haまで減った。米や穀物の年平均生産高は25万トンである。ダムに貯水した水力を石門、義興の二つの発電所に供給して自家用の電力を供給しているほか、台湾電力に売る余剰の電力がある。水道水としての利用では、34万人への供給を計画していたが、現在では200万人あまりに増えた。洪水防止の面では、石門ダムは大漢渓

1965	民国54年	2月7日、アメリカ軍が北ベトナムに対する大規模爆撃を開始。
1965	民国54年	5月14日、台湾独立組織の大統領・**廖文毅**が台湾に帰る。
1965	民国54年	6月30日、アメリカの台湾に対する経済援助計画終了。
1966	民国55年	12月3日、台湾最初の**輸出加工区**が高雄に成立。
1967	民国56年	2月1日、国家安全会議、国家安全局成立。
1967	民国56年	7月1日、台北市を行政院直轄市とする。

上流の大水を調節し、台北地区の水害を軽減することができる。ダム管理局はまた依山閣資料館、渓洲公園、環湖道路、ヨットハーバー、森林遊歩道などを作り、ダム周辺の民間の観光地区と一体になって観光遊覧地帯を形成している。

廖文毅（1910～1986）　雲林西螺の出身。大正14年（1925）、淡水中学卒業前に日本に渡って京都の同志社大学中学部に学び、卒業後南京金陵大学機械学部に入学した。また前後してアメリカのミシガン大学、オハイオ州立大学に留学し、工学博士の学位を得た。昭和10年（1935）、招かれて浙江大学工学院で教鞭をとり、5年後に台湾に帰った。戦後、雑誌『前鋒』を創刊し、陳儀政府を批判した。民国35年（1946）、国民参政員選挙と国民大会代表選挙に立候補したがともに落選した。二二八事件の際、陳儀は彼の逮捕を命令したが、彼は一足早く香港に逃れた。その後、日本に隠れ、「台湾独立」運動を始め、台湾民主独立党を結成した。民国45年には「台湾共和国臨時政府」を組織し、自身は「大統領」に就任した。その後、調査局などの特務の身辺活動に耐えられずに、民国54年5月14日、突然台湾に戻り、台湾独立運動を放棄すると宣言した。このニュースは台湾全土を驚かせ、台湾独立運動に少なからぬ打撃を与えた。「台湾共和国臨時政府」もこれとともに瓦解し、消滅した。

輸出加工区　民国54年（1965）1月、立法院は「輸出加工区設置管理条例」を採択した。いわゆる「輸出加工区」は西側の「自由貿易区」をまねたもので、加工用の原材料を輸入して、台湾内の市場に入れないという条件のもとで関税を免除し、税関の役人による監督も受けずに再加工し商標をつけ、包装して輸出商品にすることができるというものである。輸出加工区を設けた目的は、一、外資を導入する、二、輸出を増やし、外貨収入を増やす、三、就職の機会を増やす、四、国外の先進的な生産技術を導入する、などだった。台湾最初の輸出加工区は高雄市の中島に設けられ、民国54年7月にメーカーの投資の受け入れを開始したが、2年もたたないうちに満杯となった。民国58年1月からは楠梓に2番目の輸出加工区を開いた。同年11月、「潭子工業区」を「台中輸出加工区」に改め、精密計器の組み立てを重点的に発展させた。これらの輸出加工区は外国の先進的な生産技術と管理モデルを吸収し、台湾の60年代後期から70年に至る「経済の飛躍」に顕著な功績をあげた。

1968	民国57年	1月、**許世賢**が嘉義市長に当選、最初の民選女性市長となる。
1968	民国57年	5月2日、行政院が「台湾地区家庭計画実施規則」を公布。
1968	民国57年	8月25日、**紅葉少年野球隊**が日本の和歌山少年野球チームを破る。
1968	民国57年	9月1日、**九年制国民義務教育**を開始。
1969	民国58年	8月6日、台北市の馬偕医院が「命の電話」を始める。
1969	民国58年	8月23日、金龍少年野球チームが初めて世界一になり、「野球ブーム」起こる。

許世賢（1908～1983）　台南の出身。台南第二高等女学校在学中は学科の成績が優秀だっただけでなく、体育の成績も大変優れていた。卒業後、日本に留学し、「東京女子医専」で学んだ。卒業後台湾に帰り、台南医院内科で働いた。26歳で結婚後、夫と共に再び日本に行って研究を深め、昭和14年（1939）6月、博士の学位を取った。台湾の女性で博士の学位を取ったのは彼女が最初である。2年後、夫と一緒に嘉義市に「順天堂」医院を開設した。戦後、嘉義女子中学の接収の仕事をまかされるとともに、校務を掌握し、台湾で最初の女性校長になった。第1期嘉義市参議員に当選後、政治生活に入った。民国43年（1954）、臨時省議会は初めて普通選挙によって議員を選挙し、許世賢は順当に当選した。その後4度選挙に立候補し、4度再選された。民国56年、嘉義市長に当選し、台湾で初の女性市長になった。その後、立法委員に就任し、民国70年、再度嘉義市長選に立候補し、8割以上の得票で圧倒的な勝利をおさめた。しかし、任期未満で病のため死亡し、補選の結果、彼女の娘の張博雅が後を継いだ。許世賢は初めは医術によって人を救い、政界に入ってからは民衆のために弁舌を振るい、「嘉義媽祖婆」という名誉ある名で呼ばれている。

紅葉少年野球隊　台湾のスポーツでは野球がもっとも永続きし、最も大きな魅力を持っている。野球が台湾に根を下ろしたのは、日本人の台湾統治の初期である。台湾統治が始まったばかりの殺伐とした世相の中、当時の日本人の銀行職員が明治30年（1897）ごろ台湾に野球を持ち込んだ。以後野球は台湾全土に普及し、戦後まで衰えることがなかった。民国57年（1968）、台東の紅葉少年野球隊が台湾遠征の日本の和歌山少年野球チームに7対0で大勝し、人心を大いに奮い立たせた。当時台湾の外交が行き詰まっている中で、民衆からは「国際的に大いに気を吐いた」大事件と受け取られた。しかし、試合後選手の年齢詐称と替え玉事件が発覚した。台東地方法院は、民国58年4月、文書偽造の罪で校長の胡学礼、監督の曾鎮東、コーチの邱慶成にそれぞれ懲役1年、執行猶予2年の判決を言い渡した。しかし、この事件も少年野球ブームにのめりこんでいた当時の多くの学校やコーチには少しの薬にもならず、相変わらず少年野球のブームが続いた。

九年制国民義務教育　「国家安全会議」は民国56年（1967）、義務教育の年限を6年から9年に引き延ばすことを決定し、8月17日、蔣介石が正式に命令を発した。教育部は命令を受け取った

1971	民国60年	4月13日、台湾に「保釣（釣魚島＝尖閣諸島を守れ）運動」出現。
1971	民国60年	6月15日、蔣介石が「荘敬自強、処変不驚、慎謀能断」（厳かに恭しい態度で自立・向上を求め、変事にあって慌てず、慎重に策をたて、かつ機を逃さずに断行する）というスローガンを提議。
1971	民国60年	10月26日、中華民国、**国連を脱退**。

のち、ただちに実施規則を起草した。翌年1月19日、立法院は「九年国民教育実施条例」を採択、1月27日、正式に公布された。この条例の規程により、国民教育は「国民小学」と「国民中学」の2段階に分かれ、前者は6年、後者は3年とされた。教材は9年一貫制の方式を採用した。「国民中学」はそれまでの「初中」に相当したが、入学試験は廃止し、すべての小学卒業生が入学できた。国民中学の学生の人数は以前の初中の学生に比べ余りにも多かったので、多くの地方では新しく学校を作るか、それまでの初中の規模を拡充するかしなければならなかった。このように、学校不足や教師の人材不足など各方面で厳しい情況が見られた。民国57年9月、全国の国民中学は予定通り始まった。「九年義務教育」は公布から実行までわずかに1年1ヵ月しかなく、実施をあまりにも急ぎすぎたため多くの弊害が現れた。例えば、資格のある教師が不足し、不適格な教師が紛れ込んだり、1クラスの学生の人数が多すぎ、教育のための資材が極端に不足するといった問題である。

国連脱退　中華民国は元来国連の創始国の一員だが、民国38年、蔣介石をトップとする中華民国政府が大陸の領土を喪失し、台湾に撤退してのちは、国連内の中国代表権の問題は複雑な国際問題となった。道理から言えば、1949年以後、中華民国政府は実質的に中国大陸を統治しておらず、国連内で大陸人民を代表して発言することはできない。一方、1949年10月1日の中華人民共和国の建国後、中国の外務省は北京の代表が蔣介石の代表に取って代わるべきだと国連に対し要求を提出した。1950年、朝鮮戦争が勃発し、国連は暫時「中国代表権」問題を棚上げにした。その後、アメリカの強力な運動のもとで、1951年から1970年まで中国代表権問題はたびたび棚上げにされ、北京政府はやはり国連に入ることができなかった。1970年から、アメリカは北京政府と関係改善を進める準備を始め、同時に国連の中国代表権問題を改めて検討した。1971年10月25日、国連総会は賛成76、反対35、棄権17で北京の中華人民共和国が台北の中華民国に代わって中国代表となることを議決した。中華民国外相の周書楷は決議案が採択される前に国連からの脱退を宣言した。中華民国は、「自ら撤退を宣言」したのであって、国連を「追い出された」のではないことを強調し、これによって最後に至ってもわずかにメンツを保とうとしたのである。この事件は、台湾では「国連脱退（退出）」と言い慣わされている。

1972	民国61年	2月27日、アメリカのニクソン大統領が中国大陸を訪問、「上海コミュニケ」を発表。
1972	民国61年	9月29日、**日台断交**。
1972	民国61年	12月4日、「台湾大学哲学学部事件」起こる。

日台断交　民国61年(1972)7月7日、田中角栄が日本の総理大臣に就任した。それからすぐの8月3日、田中は中国の周恩来総理の招きを受け入れ、9月25日に北京を訪問した。9月29日、中国と日本は北京で国交正常化の共同声明に調印した。国交正常化に当たって、日本政府は中華人民共和国を中国の唯一の合法政府と認め、中国の「台湾は中華人民共和国の領土の不可分の一部である」という主張に対しては「十分に理解し尊重する」という立場を表明した。日本政府は同時に台湾との外交関係を停止し、「日台平和条約」は終了したと宣言した。日台断交後、台湾の多くの団体は日本製品を買わず、日本の飛行機に搭乗せず、日本の映画を見ず、日本の歌曲を聞かず、日本の商人と交流しない運動を呼びかけたが長続きしなかった。戦後の台湾は日本の統治を離れたとはいえ、経済的には日本との関係は依然として密接だった。1950年代初期、台湾の日本への輸出産品はセメントのほかは、砂糖、米、バナナ、パイナップルなどの農産物か農産加工品、日本からの輸入は機械設備と中間原料で、台湾はかなりの程度日本との貿易に依存していた。民国45年から、台湾の対日貿易は黒字から赤字に転じ、それ以後、対日輸出は年ごとに増えたものの、対日赤字の情況はさらに深刻の度を加えた。民国61年9月、日台は断交し、台湾の駐日大使館は閉鎖された。双方の各種の交流と経済関係の事務を継続させるため、台湾は「亜東関係協会」を、日本は「財団法人交流協会」をそれぞれ作り、協議の窓口とした。駐日機関の地位を上げるため、亜東関係協会は日本側の同意を得た上で、民国81年5月20日、駐日事務所の名称を「台北駐日経済文化代表処」と改名した。

肥料籾米交換　この制度は民国37年(1948)9月から実施された。戦後の民国34年10月、台湾省食糧局が発足し、35年の二期作の稲作の収穫から穀物(現金でなく)で小作料を納めると規定し、翌年7月からは政府が強制的に籾を買い入れ、37年からはさらに「肥料を穀物と交換する」政策を始めた。当時、農業に必要な化学肥料は、二つのルートから入って来るだけだった。一つは公営の「台湾肥料公司」が独占的に生産するもので、もう一つは行政院の「中央信託局」が独占して輸入を請け負うものだった。このため、全台湾の化学肥料の供給はみな政府にコントロールされていた。この結果農民は肥料を得るためには政府が規定した「1kg対1kg」の基準で、米と化学肥料を交換しなければならなかった。これがいわゆる「肥料籾米交換」制度である。同じ重さの籾米の単価は肥料よりも高いから、政府はこれによって大いに利益を上げ、農民は農産物の収益の損失をこうむらざるを得なかった。民国41年を例にとれば、市価で1kg 1.9元の米は、1kg 0.9元の化学肥料としか交換できなかった。49年になると、4.1元の米は1.5元の化学肥料としか

1973	民国62年	1月9日、台湾省食糧局は**肥料籾米交換**細則の廃止を公布。
1973	民国62年	10月、中東戦争が**第一次石油危機**を誘発。
1973	民国62年	12月16日、蔣経国が5年以内に「**十大建設**」を完成させると発表。

交換できなかった。農業生産と経済構造の転換にともない、稲作による収益は以前に比べ全く上がらなくなり、肥料籾米交換制度は民国62年1月9日に廃止された。政府は同時に米の「買い入れ最低価格保障」制度を実施し、生産過剰で、市価の暴落した米でも最低限の収益をあげられるようにした。このような施策をとっても、農業の不況にはなお好転が見られず、政府はついに民国67年、米から雑穀への作付け転換を推進し、米の減産政策をとりはじめた。こうして米は農業経済の主役の座を完全に失った。

第一次石油危機　民国62年（1973）10月6日、エジプトとシリアの軍隊はイスラエルに進攻し、第四次中東戦争が勃発した。アメリカなどのイスラエル支持を阻止するため、10月17日、ペルシア湾6ヵ国は原油の価格を21%引き上げると宣言した。12月23日にはさらに翌年元旦から原油価格を3倍に引き上げると宣言した。わずか2ヵ月の間に、石油の価格は3倍以上に暴騰し、全地球規模の原油価格の高騰とそれにともなう石油パニックを引き起こした。これを「第一次石油危機」という（第二次石油危機は1979年と80年にイラン革命の影響で起こった）。石油危機は全世界的な経済恐慌を引き起こしたが、台湾は原油のほとんど全てを輸入に依存し、経済の仕組みも貿易主導型なので、石油危機から受けた衝撃は大きかった。すでに20年間も安定していた物価が突然上昇した。民国63年1年間の卸売物価は40.5%上昇し、消費者物価は47.5%値上がりした。インフレを抑えるために、政府は信用を引き締め、エネルギー節約の措置をいろいろと推進した。全地球規模での経済の衰退によって、台湾の輸出は挫折し、台湾の経済成長は停頓した。石油危機は概ね民国64年には緩和に向かい、地球規模の経済もそれにつれてよみがえった。

十大建設　民国62年（1973）12月16日、蔣経国は5年内に10項目の重要な建設を完成させると提起した。この10項目の重要な建設とは、南北高速道路、桃園国際空港、台中港、鉄道の電化、北回り鉄道、蘇澳港、製鋼所、造船所、石油化学工業、それに原子力発電所で、これらはひっくるめて「十大建設」と言われた。この10項目の建設のうち、前の六つは交通建設で、「インフラ」関連の投資である。後ろの四つは工業及び工業の発展に資するエネルギー建設である。インフラの投資としては、十大建設は戦後の台湾で最初の大規模な基本建設だった。十大建設を推進する目的は、当時深刻だったインフラ不足を解決するとともに、経済活動の効率を引き上げることにあった。インフラのほかに、工業に対する投資は重工業に集中していた。過去の台湾の工業は労働力集約型を主とし、労賃が不断に上がるという圧力を受けていたため、産業構造を調整し、技術と資本の集約型へと進まなければならなかったのである。

1975	民国64年	4月5日、**蔣介石死去**、**厳家淦**が総統職を継ぐ。
1975	民国64年	6月、楊弦が民間歌謡の発表会を開催。「**キャンパスソング**」の幕開けとなる。
1975	民国64年	8月、『台湾政論』創刊。12月27日、停刊。

蔣介石死去　蔣介石は中華民国が台湾に退いて以後の独裁的指導者で、第1代から第5代まで引き続き総統職にあり、台湾では「英明な指導者」というイメージが作られている。民国64年(1975) 4月5日の夜、突発性の心臓病により台北栄民総医院で死去した。翌日、副総統の厳家淦が法の規定により総統を継ぎ、ただちに倪文亜らに命じて葬儀委員会を組織させ、全国は「国葬」期間に入った。全台湾のあらゆる軍人、公務員、教員は1ヵ月間喪章をつけなければならず、全台湾の各部隊、機関、学校は半旗を1ヵ月間掲げ、各要塞部隊及び軍艦は日中は30分おきに礼砲を鳴らし、各娯楽施設は営業を1ヵ月間停止した。このほか、すべての新聞は白黒の印刷に変え、三つのテレビ局は白黒の映画を流し、学生も黒い喪章をつけた。台湾省、台北市の肉類同業組合は屠殺を禁止し、2日間営業を停止することを決定した。4月9日からは、蔣介石の遺体は栄民総医院から台北市の国府記念館前に移され、わずか4日間にのべ200万人が遺容を拝んだ。4月16日、遺体は桃園慈湖に移されたが、沿道では頭を地につけ敬意を表する者が10万人に達した。蔣介石の遺体は埋葬されず、政府は「大陸反攻」成功ののちに、遺体を故郷の浙江省に送り埋葬する、それ以前は暫時慈湖に「安置」すると発表した。

厳家淦(1905～1992)　字は静波、江蘇省呉県の出身。上海の聖ヨハネ大学理論化学部を卒業、福建省政府の財政、経済部門に就職した。戦後、陳儀とともに台湾に渡り、行政長官公署交通局長に就任、以後、省財政庁長、台湾銀行理事長、中国石油公司理事長を歴任した。民国38年(1949)、幣制改革を指導し、大陸の金融危機の影響が台湾に及ぶのを阻止した。民国39年から52年までの間、経済部長、財政部長、省政府主席などの職に就き、行政院「米援会」主任委員、副主任委員などを兼務した。彼は財政部長の任期内に、予算制度を制定し、各種の税制を整頓し、外国為替制度の改革を推進した。省政府主席に在職中に、「農業で工業を育て、工業で農業を発展させる」というスローガンを提起した。民国52年、行政院長に就任し、55年、陳誠のあとを継いで副総統になり、同時に行政院長を兼任した。民国61年、副総統に再任したが、行政院長の職は辞し、蔣経国に席を譲った。64年、蔣介石の死去にともない総統となった。任期が満了するや、自ら進んで蔣経国を第6代総統の候補者に推し、政界を退いた。蔣介石時代から蔣経国時代への過渡期に、彼は政治権力移行の仲介者としての役割を果たした。

キャンパスソング　1970～1980年代に、台湾のキャンパスを風靡した流行歌。その起源は楊弦、胡徳夫、李双澤らが民国64年(1975)に始めた現代民歌運動に遡る。有名な歌曲としては「橄欖樹」、「風中的早晨」、「抓泥鰍」などがある。これらの歌曲は内容が平易で、メロディーが簡単で歌いやすく、大衆の間に起こった大衆中心の流

1976　民国65年　　10月31日、**台中港**が正式に通航を開始。

行と映画メディアの結びつきにより、あっという間に旋風を巻き起こした。当時、台湾は70年代の抑圧体制下にあり、経済生産力は大幅に向上したとはいえ、政治の民主化は停滞したままで、社会の開放への歩みは遅かった。それに加えて80年代の外交面での行き詰まりが、文化界の多くのエリートや青年学生たちに台湾文化の本質というものをあれこれと考えさせるようになった。例えば、郷土文学論戦、林懐民の雲門舞踊集団、楊弦、李双澤らの現代歌曲はみな強烈な民族主義の精神を表現していた。だが、この時期の民族文化の本質は、90年代に勃興した台湾意識とは異なり、基本的には、依然として中華民族としての共通認識を持つことの重要性と、その台湾における連続性を擁護することの必要性を強調するものだった。

台中港　民国55年(1966)、政府は台湾の輸出入の貨物が急速に増加し、既設の港湾施設では需要に追いつかなくなったため、中部の梧棲海岸に国際港を作ることを決定した。これが「台中港」である。台中港の淵源は日本時代まで遡ることができる。昭和13年(1938)、総督府は新高港及びそれに付属する工業都市を建設する計画を明らかにしたが、戦争の影響で日本の敗戦まで完成することはなかった。戦後、港の建設計画は中止され、すでに工事が終わっていた部分もすぐに大量の流砂に埋もれた。民国60年、港湾工事を再開し、十大建設の一つとした。民国65年10月、第1期工事が完了し、台中港は正式に開港した。引き続き、第2期工事と第3期工事に次々に着工し、民国71年10月に全て完成した。台中港は完成したのち、予期した通りの営業目標を達成できないでいる。積み卸しや倉庫業は民営に開放したものの、業務の多くは北埠頭区に集中し、第3期に完成した中埠頭区は全く不振で、国際運輸が基隆と高雄の両港に偏重するという情況はいまだに改善されていない。

1977	民国66年	8月17日、作家の彭歌が『聯合報』の学術欄で郷土文学を批判し、「**郷土文学論戦**」の火ぶたを切る。
1977	民国66年	11月19日、「**中壢事件**」が起こる。
1978	民国67年	5月20日、蔣経国、**謝東閔**が第6代総統、副総統に就任。

郷土文学論戦　1970年代の初めから、台湾農村の素朴な生活と心情を描写し、社会の下層の民衆の苦難と願望を表現する文学が現れた。これらの文学は「郷土文学」と言われた。郷土文学のおもな作家としては、再評価された呉濁流、鍾理和、鍾肇政、それに60年代後半に出現した黄春明、王禎和、王拓、楊青矗らがいる。これらの作家が頭角を現すと同時に、50～60年代に文壇を牛耳っていた大陸の文人は次第に落ちぶれていった。彭歌は民国66年（1977）8月17日から3日連続で、『聯合報』の文芸欄で郷土文学を批判し、20日には余光中が「狼が来た」という文章を発表し、「郷土文学」は中共の「労農兵文学」、「プロレタリア文学」であり、狭隘な「地方主義」の気味があるとほのめかした。「郷土文学」の作家は反撃し、「現代主義」文学は土地と人民を離れては魂のない抜け殻であると主張した。この論戦は単純な文芸理念の争いではなかった。なぜなら、国民党の機関新聞『中央日報』と軍の『青年戦士報』も論戦に加わり、民国66年8月には「第二次文芸座談会」、翌年1月には「国軍文芸大会」を開き、「郷土文学」派に圧力を加えることまでしたからである。この論戦は民国67年にようやく収まり、その後は「郷土への回帰」、「本土への思い」が一世を風靡する観を呈している。

中壢事件　民国66年（1977）11月、台湾は初めて5種類の地方公職者（首長、議員）の選挙を行なった。それは県・市長21人、県・市議会857議席、省議会77議席、台北市議会51議席、郷・鎮の市長313人を選ぶものだった。許信良は国民党から立候補者の指名を受けないまま、桃園県長選挙に立候補し、国民党から党籍を剥奪され、「党外」の一員となった。11月19日、投票の当日、桃園県中壢市の第213号投開票所選挙管理主任が票の操作を行なったという不正行為の疑いをかけられた。このニュースが伝わると、許信良を支持する1万名あまりの選挙民が憤慨して中壢警察分局を包囲し、警察の車を破壊し、警察分局を焼いた。これが「中壢事件」である。蔣経国は流血の衝突に発展するのを避けるため、警察に撤退を命じ、発砲を許可しなかった。その夜、全県の開票が終了し、許信良は22万票を獲得、国民党の候補の欧憲瑜は13万票に過ぎなかった。しかも、この5種の地方公職選挙で、「党外」は県・市長に4名、省議員に21名、台北市議に8名、県・市議員に146名、郷鎮市長に21名の当選者を出した。これは党外にとってまれに見る好成績と言えた。

謝東閔（1907～2001）　字は求生。彰化二水の出身。台中一中卒業後、中国大陸に行き、広東中山大学を卒業した。抗日戦争中、福建省の国民党台湾党支部の設立に参加し、重慶の「台湾党務訓練班」で訓練を受けた。戦後台湾に帰り、高雄州の接収委員会主任に就任、のち高雄県長になった。その後省政府に入り、秘書長、民政庁長などを歴任した。民国41年（1952）、『台湾新

1978	民国67年	10月31日、**南北高速道路**が全線開通。全長373km。
1978	民国67年	12月16日、アメリカが中華人民共和国との国交樹立の見通しを宣言。蔣経国が緊急命令を発布、台湾地区立法委員と国民大会代表の選挙を停止。

生報』の発行者となった。この間、蔣経国の信任を得、救国団主任を兼任した。民国46年、省議会議員に身分を変え、黄朝琴の下で副議長を務め、後、黄朝琴の後を継いで議長になった。民国61年、省主席に就任し、67年、蔣経国の総統の就任時に、謝東閔は副総統になった。73年、任期を終えた。

南北高速道路　民国60年（1971）8月14日、南北高速道路が着工された。工事は栄工局が請け負い、高速道路施工局を設けたほか、11の施工所を設けた。工事には2千人余りの退役軍人が投入された。この工事が始まった時は、まさに第一次石油危機の時に当たり、各界から多くの批判を受けた。経費と技術の二重の困難のもと、まず三重から中壢間がわずか3年内に、つまり民国63年7月29日に開通した。67年10月31日、濁水渓をまたぐ中沙大橋の使用が始まり、高速道路は正式に全線開通した。この南北高速道路は、正式の名称は「中山高速公路」で、整理番号は「国道第一号」である。この高速道路は縦貫省道に代わって台湾西部回廊の重要な幹線道路となった。高速道路が開通したのち、鉄道の旅客は大幅に減少し、台湾西部回廊の運輸形態は半世紀あまりで最大の変化に直面した。このほか、高速道路の開通は自家用乗用車と不法な旅客運輸（野鶏車）のブームの到来を間接的に刺激した。開通後、車の走行量は急速に増加し、80年代後半期には次第に飽和状態になった。もっとも厳しい時には、交通のピークの時間帯及び長期間の休日の特別運輸期間には、高速道路の平均車速は20km以下に下がり、空から見下ろすと高速道路は300km余りの長大な「駐車場」の観を呈した。高速道路の通行量を緩和するため、政府は緊急に3本の国道（北二高、中二高、南二高）を建設し、また中山高速道路の拡幅工事を行なった。

1979	民国68年	1月1日、**米台国交断絶**。
1979	民国68年	1月9日、外国への観光を開放。
1979	民国68年	1月21日、高雄の**地方派閥**黒派の首脳・余登発がスパイ罪で逮捕される。この事件が党外人士の反発を招き、橋頭で戒厳以来最初の政治的デモ行進が行われる。

米台国交断絶　アメリカは民国60年（1971）から中華人民共和国との関係改善の可能性を探り始めた。民国67年12月16日、アメリカのカーター大統領は翌年の元旦から台湾（中華民国）との外交関係を断絶し、「米台相互防衛条約」を破棄し、中華人民共和国と国交を結ぶと突然宣言した。蔣経国総統はこの知らせを聞くと、ただちにアメリカに抗議するとともに、緊急処理令を宣言し、軍隊に警戒の強化を命令するとともに、進行中の中央民意代表の選挙を中止し、一切の選挙活動を中止するようにと命令した。米台国交断絶のニュースはたちどころに大衆の憤激を引き起こした。16日午後、数千人の民衆がアメリカ大使館の前に抗議に集まり、石やガラス瓶を投げた。27日、アメリカの国務副長官が代表団を率いて台湾を訪れ、米台断交後の新たな関係について交渉を行なった。1ヵ月半の折衝を経て、民国68年2月15日、ワシントンと台北にそれぞれ「北米事務協調委員会」と「アメリカ在台湾協会」を設置し、国交がない下で、両国の間の一切の事務を処理することになった。米台断交後、アメリカ議会は「台湾関係法」を採択したが、その中には台湾の安全保障の条文が含まれている。「台湾関係法」は民国68年4月10日、正式に発効した。

地方派閥　戦後の地方選挙から発展した政治同盟。大部分は戦後第1回の県長選挙に由来する。地方派閥は「非正式」な集団で、しっかりした組織はなく、一つあるいは数個の「人脈のネットワーク」を通して集団化したものである。地方派閥は通常その創始者である指導者の姓で呼ばれる。例えば「黄派」、「林派」といった具合である。また発足時の選挙で用いた旗の色で区別される場合もある。例えば「紅派」、「白派」といった具合である。派閥の指導者の継承者は、通常創始者の子供、姻戚、あるいは重要な幹部によって当てられる。台北県、南投県、雲林県、澎湖県以外は、各地に「県」あるいは「省直轄市」規模の地方派閥ができた。各県、市には通常2から3の派閥があり、互いに対立していた。選挙を例にとると、もし甲の側が県長の座を射止めると、県議長は通常乙の側が就任した。選挙で勝った側の派閥は、公職を利用して自己の勢力を拡張することになり、相手側に打撃を与えることすらある。一方、選挙で失敗した派閥は自己保存を図り、次回の選挙での勝利を準備するため、既存の団体を維持しなければならなかった。中央で政権を握る国民党は徹底的に地方を支配するため、派閥間の競争に参加し、互いに依存しあった。各地の有名な派閥には、台中県の林（紅）と陳（黒）派、苗栗県の黄派と劉派、台南県の海派と山派、屏東県の林派と張派、高雄県の紅白黒の3派、嘉義県の林派と黄派などがあった。県、市規模の派閥のほか、多くの郷、鎮にも比較的小さな派閥があった。地方の派閥は正式な団体でなく、互いの勢力に消長があるた

1979	民国68年	2月26日、桃園中正国際空港が正式に運用開始。
1979	民国68年	3月16日、農復会を行政院の「農業発展委員会」に改組。
1979	民国68年	4月10日、アメリカの「**台湾関係法**」が発効。
1979	民国68年	4月30日、アメリカ軍事顧問団解散。

め、その正確な数を統計的に出すことはできない。派閥内の運営方式、物資や金銭の分配などは、外部の人間にはほとんど分からない。派閥は現在でも地方政治で重要な役割を演じている。

台湾関係法　米台断交ののち、台湾（中華民国）とアメリカの関係を律するアメリカの法律で、国際条約ではなく、アメリカの国内法である。1979年4月10日、アメリカ大統領が施行を宣言した。「台湾関係法」では、アメリカは台湾の安全を保障するとは約束していないが、「西太平洋地区」の平和と安定はアメリカの利益に関わり、平和を破壊するいかなる手段にも、アメリカは重大な「関心」を持つと表明している。このほか、「台湾関係法」は台湾海峡の両岸に武力の対立があることを認め、台湾に十分な防御性の武器を提供し、台湾に十分な自衛能力を維持させると表明している。「台湾関係法」は確かに台湾海峡の両岸に平和と安定の構造をもたらした。とりわけ「米台相互防衛条約」が終了したのちも「台湾関係法」はアメリカの国内法の形式で、国交がない台湾とアメリカの間が実質的な交流を保持することを保障している。「台湾関係法」は弾力性が強く、台湾海峡の情勢が緊張する度に、アメリカはその時々の情況に照らして常に両岸の間に最大限バランスが取れるような工夫をしている。例えば民国71年（1982）、アメリカと中国が「八一七コミュニケ」に署名した時には、レーガン政府は同時に台湾に「六項目の保証」を伝達し、タイミングよく台湾側の懸念を減らした。民国85年の台湾海峡の危機に際しては、クリントン政府は航空母艦を派遣して台湾海峡の情勢を監視しコントロールしようとした。表面的には中国が台湾に攻撃をかけるのを阻止する意味があったが、事後にただちに台湾に対する「三不支持」を口頭で宣言し、両岸の間でバランスを取ろうとした。「台湾関係法」の曖昧性は、アメリカ政府が両岸の問題を処理するのに弾力性を与えているが、だが別の一面では、この法律の曖昧性がかえって失敗を招き、両岸にアメリカが伝えようとしているサインを誤解させかねない。例えば、台湾の多くの民衆はアメリカは何事も顧みず台湾に協力して中国に対抗すると考えており、「台湾関係法」の精神がアメリカの国家利益を前提にしていることを見落としている。まして、「台湾関係法」に基づき、アメリカは台湾の安全と台湾の未来に関心を寄せてはいるが、台湾が「法理上の独立」を求めることを絶対に奨励せず、また中国が台湾に対して統一を強要することも許さないのである。

1979	民国68年	6月、康寧祥らが月刊誌『**八十年代**』を創刊。
1979	民国68年	7月1日、高雄市が政府直轄市に昇格。
1979	民国68年	7月1日、**鉄道電化**が完成。
1979	民国68年	8月、黄信介らが雑誌『**美麗島**』を創刊。

八十年代　戦後、台湾の報道メディアは長期にわたって国民党政府に独占され、在野勢力は自力で雑誌を創刊して少数者に意見を知らせることができるに過ぎなかった。50年代には半月刊の『自由中国』がもっとも注目された。70年代後半になると、まず月刊誌『台湾政論』が現れ、次いで『八十年代』と『美麗島』が出た。民国64年(1975)8月、『台湾政論』が創刊され、黄信介が発行人になり、康寧祥が社長、張俊宏が編集長となった。『台湾政論』は、『自由中国』と『大学雑誌』が与党・政府の要人を批判した伝統を継承し、民間与論の発言の場とすると宣言した。12月には、陳鼓応の「早日解除戒厳(早期に戒厳を解除せよ)」と邱垂亮の「両種心向(二種類の想い)」などの文章を発表した。12月27日、当局は「二種類の想い」には「内乱扇動」の嫌疑があるとして『台湾政論』に停刊を命じた。民国68年の夏、「党外」の二つの異なる路線を主張する人々がそれぞれ刊行物を創刊した。体制内の改革を主張する康寧祥らは6月に月刊誌『八十年代』を創刊、康寧祥が社長に、江春男(筆名は司馬文武)が編集長になった。8月、「街頭闘争」を主張する黄信介らが雑誌『美麗島』を創刊、黄信介が発行人になり、許信良が社長に、呂秀蓮、黄天福が副社長に、張俊宏が編集長になり、社務委員は当時の「党外」の有名人を網羅していた。これらの雑誌は美麗島事件のあと、いずれも停刊に追い込まれた。

鉄道電化　台湾の鉄道は従来蒸気とディーゼルを主な動力にしていた。第二次大戦以後、エネルギーの効率化を図り、列車のスピードを上げるために、世界の各国はみな鉄道の動力の電気化の推進に努めた。台湾の鉄道の電化計画は、早くも1950年代に立てられたが、実施に移されることはなかった。民国60年には、縦貫鉄道の設備と効率はもはや社会と経済環境の変化に対応できなくなり、8月26日、行政院は鉄道電化の工事資金貸し付け案を採択した。それによると、3年後に着工し、工期は3年となっていた。鉄道電化の計画は台鉄西部縦貫線に限られ、そのほかの路線は含まれていなかった。この計画はまもなく政府の「十大建設」の一つとなった。総工費は240億元、縦貫鉄道の山線、海線を含み、全長は406kmで、5年の歳月をかけて民国68年7月1日完成した。縦貫線の電化に次いで電気機関車を導入し、縦貫線の運輸能力と効率は大幅に向上した。しかし、電化の施工と同時に縦貫線は依然通常通りに運転しなければならず、工事の巻き添えで運輸の効能が低下し、列車の遅れの情況が悪化した。同時に、南北の高速道路も一部分ずつ開通し、鉄道の運輸能力の悪化によって行き場を失った旅客と貨物をうまいぐあいに吸収した。電化が完成しても、縦貫線は西部回廊の運輸の主役の座をすでに失っており、工事にともなう膨大な債務は鉄道局の財政悪化を招いた。

美麗島　**八十年代**の項を参照のこと。

美麗島事件　「高雄事件」とも。民国

1979	民国68年	11月、台湾で最初の原子力発電所が竣工。
1979	民国68年	12月10日、**美麗島事件**（高雄事件）起こる。

68年（1979）、美麗島雑誌社は12月10日に高雄で「人権大会」を開くという申請を警備総部に提出した。12月9日、南区警備司令部は翌日から「冬防演習」を行なうので一切の集会を厳禁すると突然発表した。しかし、かなり以前から準備済みの集会やデモを急に取りやめるのは難しかった。12月10日夕、民衆が行進を始めると、治安当局は警戒区域を縮小し強力な警察力で大衆の行く手を阻み、緊張が急激に高まった。ついには百人以上が負傷するという警察と民衆の衝突事件に発展した。これが「美麗島事件」である。翌日から各マスメディアは「美麗島事件」に対して共同戦線をはって包囲攻撃し、デモ行進の民衆は「暴徒」で、憲兵や警察は「被害者」だというイメージを作りあげた。12月13日、警備総部は美麗島雑誌社を差し押さえ、林義雄、張俊宏、姚嘉文らの党外人士を逮捕した。政府はこの事件をきっかけに党外の指導者の一斉逮捕を始めたが、政治的意図が過剰だったため、国際社会からの干渉を招いた。アメリカの圧力の下で、蔣経国は比較的開明的なやり方で「美麗島事件」を処理することにした。逮捕又は自首した150人のうち2年後の2月1日までには91人が釈放された。このほか、元来は「反乱罪」に問われた53人についても、その適応は大幅に減らされ、黄信介、施明徳、姚嘉文、張俊宏、林義雄、呂秀蓮、陳菊ら8人を残すだけになった。裁判は例によって軍事法廷で行われたが、前例を破って公開の形式で行われ、記者と家族の傍聴を許可し、しかもマスコミが被告の陳述と弁護士の弁論を報道するのを許可した。結審後、黄信介らは入獄し、党外勢力は大きな打撃を受けた。裁判中の1980年2月28日白昼、公安当局の監視下にあった被告・林義雄の家族が惨殺され、政府の公正性は完全に失われ、多くの民衆は党外に同情を示すようになった。このほか、マスメディアによる裁判の過程の報道を通して、党外人士の陳述と弁護士の弁論が公開されたが、これは党外の政見の宣伝を助けることに等しかった。美麗島事件の受刑者に対する釈放は戒厳解除の前後から始まり、民国79年5月の特赦後に全て出獄した。これらの人々はほとんど全てが党外の指導者の中堅となった。このほか、尤清、江鵬堅、陳水扁、謝長廷、蘇貞昌らこの事件の弁護士たちも次第に頭角を現し、党外の重要人物になった。

1980	民国69年	2月1日、**北回り鉄道**が開通。
1980	民国69年	12月15日、**新竹科学工業園区**が操業開始。
1981	民国70年	3月、国民党第12回大会が「**三民主義による中国統一**」案を採択。

北回り鉄道　台湾の鉄道路線は1920年代に規格化されて以後、西部と東部の二つの独立した系統に区分された。従って「北回り」と「南回り」の路線を建設することによって初めて島を周回する鉄道を建設するという目標を実現することができる。工事に際しての技術面の困難とコストの高騰のために、北回りの鉄道については日本時代にすでに建設計画があったものの、正式に着工されたのは民国62年（1973）になってからだった。工事の起点は宜蘭線の南聖湖駅（後に蘇澳新駅に改名）で、終点は花東鉄道の田浦駅（花蓮駅と吉安駅の途中にあり、竣工後廃止された）で、既設の宜蘭線と花東線鉄道をつなぎ、総延長は81.6kmだった。最大の難工事はトンネルで、全部で16あった。中でも「観音トンネル」は7km余りで、当時の台湾では最長のトンネルだった。これらのトンネルは劣悪な地質を掘り進んだため、工事中の事故が絶えず、多くの人命が失われた。全線は民国69年2月1日に完工、開通し、台湾の東西間の最も重要な交通幹線になった。

新竹科学工業園区　民国69年（1980）12月、高科学技術産業を育成するために設けられた工業区。これ以前、政府は長期間にわたって加工輸出を主とする経済政策を推進して来たが、1970年代の末期には労賃の上昇、石油危機、労働力不足、環境汚染などの問題が連続して起こった。このような中で、政府は経済の高度成長を維持するため産業政策の転換を決定、「生産効果が大であること、潜在市場が大であること、技術集約型であること、付加価値が高いこと、省エネであること、汚染が少ないこと」などの原則に基づき、情報産業、精密機械、農業機械、自動車部品、電気器具などの業種を選定し、政府はこれらの業種に対して政策面で奨励策をとり、土地や周辺施設を提供、企業を誘致した。これが新竹の「科学工業園区」の由来である。

三民主義による中国統一　中華民国政府は民国38年（1949）年に大陸での内戦に敗れたのち台湾に移り、当時の東西冷戦に結びつけて、「大陸反攻」、「反共復国」などのスローガンを打ち出した。しかし、1960年代には経済の発展と社会の変化につれて、台湾の「大陸反攻」熱は次第に薄れ、代わって「三民主義を実行し、台湾復興基地を建設する」というスローガンが出てきた。これは、台湾の経済、社会建設の成果によって、「三民主義」が「共産主義」に勝利することを証明しようとするものだった。民国60年10月、中華民国は国連を脱退したが、その後日本との断交、アメリカとの断交という外交上の重大な挫折を味わい、台湾の中国の「正統政府」という地位はもはや国際社会の共通認識とはならなくなった。民国70年3月、国民党第12回大会は「三民主義による中国統一を貫徹する」という決議を行ない、これ以後「三民主義による中国統一」が統一的な大陸政策のスローガンになった。

1981	民国70年	9月30日、中国の**葉剣英全国人民代表大会常務委員長が台湾統一に関する九項目の提案**。
1982	民国71年	7月、蔣経国が対中国「**三不政策**」を提起。
1984	民国73年	5月20日、蔣経国、李登輝が台湾（中華民国）の正、副総統に就任。

葉剣英九項目提案　中国が提案した初めての台湾統一に関する具体的提案。中国国慶節の前夜及び70回目の辛亥革命記念日（10月10日＝台湾の双十節）を前にして行われた。その主な内容は①対等な立場での第三次国共合作、②いわゆる三通（郵便物交換、通商、航路開設）の促進、③統一実現後は台湾を特別行政区にする、④台湾の現行社会、経済制度は不変（一国二制度）、など以後の香港、マカオ返還及び台湾統一のために用意された一国二制度などの基本的構想がすでに盛り込まれている。台湾は即日拒否。

三不政策　民国68年（1979）元旦、アメリカと中華人民共和国の国交樹立後、中国（大陸）は、それまでの武力で「台湾を解放する」という主張を「平和方式による台湾問題の解決」に改めると発表した。民国71年7月、台湾（中華民国）の蔣経国総統は声明を発表し、台湾政府はいかなる情況のもとでも、絶対に中共政権と交渉せず、大陸復帰を果たして同胞を救出するという神聖な任務は絶対に変更しないと強調した。このような「接触せず、交渉せず、妥協しない」の「三つのノー（不）」は台湾政府と中国大陸の関係をしばる基本政策となり、一般人はこれを「三不政策」と呼んだ。事実を見れば、両岸の水面下の経済交流は次第に活発化しており、民国74年7月、政府のスポークスマンは、台湾と中国大陸との間の間接貿易に対しては、「取り締まらず」「黙認する」とした「間接貿易三原則」を明らかにした。のちには、間接的に大陸から輸入する大陸の物品の項目を広げ、台湾の事業家は続々と大陸に渡って投資し、工場を建設し、現在では双方の経済貿易関係は非常に密接になっている。

1984	民国73年	10月15日、「**江南事件**」起こる。
1985	民国74年	2月8日、「十信事件」起こる。
1985	民国74年	7月19日、立法院が「**動員反乱平定時期流氓検挙粛清条例**」を制定。
1986	民国75年	4月1日、新規の営業税の実施始まる。税率は5%。

江南事件　政治的暗殺の疑惑のある事件。「江南」は作家の劉宜良の筆名。彼はアメリカ籍の華人で、アメリカでやや批判的な色合いのある『蔣経国伝』を出版したが、その後まもなくの民国73年10月15日、サンフランシスコ郊外の自宅の玄関で殺害された。調査の結果、犯人は台湾の暴力団「竹聯幇」の陳啓礼らで、江南殺害の目的のために台湾からアメリカに行き凶行に及んだこと、その背後で陳らを指図していたのは台湾の国防部情報局長・汪希苓であることが判明した。この台湾の官吏が殺人犯をアメリカ国内に派遣し、アメリカ国民を殺害した事件は、ただちにアメリカ議会と世論の強い反発を引き起こし、アメリカ下院は決議を採択し、台湾当局に犯人を引き渡すように要求した。蔣経国は時機を逃さず即断し、民国74年5月、汪希苓、陳啓礼らを起訴し、すみやかにこの事件の幕を引いた。この事件は台湾の国際的イメージに打撃を与えたばかりか、蔣孝武（蔣経国の次男）がこの事件と関係があるというデマも流れ、蔣経国の威信を間接的に損なった。このため、蔣経国はこの年2度にわたって「蔣家が権力を継承することはない」と明示し、翌年2月には蔣孝武をシンガポール商務副代表に任命した。

動員反乱平定時期流氓検挙粛清条例
民国44年（1955）10月24日、行政院は「台湾省戒厳時期流氓取締規則」を公布、施行した。これは一つの行政命令に過ぎないが、「刑法」の規程を超え、人民に対し不法な逮捕、拘禁、処罰を直接行なうことができた。民国50年、監察院は行政院に是正案を提出し、この行政命令は違憲かつ違法であると指摘した。しかし、行政院は取り合わず、引き続き24年間の長きにわたってこの行政命令を引きのばし、実施した。74年、政府が「一清専安」（暴力団取締り）を実施する中、7月19日に立法措置をとってこの違憲の行政命令を法律に変え、引き続き違憲の内容を施行しつづけた。これが即ち「動員反乱平定時期流氓検挙粛正条例」である。この条例により、警察機関は人民が「チンピラ」と通報しさえすれば、何らの犯罪事実も必要でなく、「管（理）訓（練）」を強制執行することができ、しかも「管訓」の名のもとに行われた処罰の凶暴さは一般の監獄の懲役の程度をはるかに超えていた。動員平定時期の停止後、民国81年7月28日、立法院は「動員平定時期」の文字を取り去ったが、違憲の内容を残したまま、「流氓検挙粛清条例」に改めた。民国84年7月28日、司法院はこの条例の違憲を宣告するとともに失効条項を設け、この法は85年末に失効すると定めた。しかし、立法院は失効の前夜の85年12月30日、この法の修正案を採択し、条文を少し改めただけで、再度公布、施行し、現在に至るも有効のままである。

反デュポン　民国75年（1986）5月、ア

1986	民国75年	6月24日、鹿港で「**反デュポン**」デモ、民間の環境保護に関する抗議運動の始まり。
1986	民国75年	9月28日、**民主進歩党**が成立、政府は承認せず、取り締まらずの態度。
1987	民国76年	1月13日、内政部が一貫道の布教を禁止する命令の取り消しを発表。

メリカのデュポン社は「二酸化チタン」工場の建設計画を発表、政府がこれに同意したことに対し鹿港住民は強く抗議し、空前の反公害運動を展開した。当時、台湾はまだ戒厳を解いていなかったので、このような政府に公然と反抗する行為は社会を震撼させた。まもなく大学生の団体も鹿港住民の仲間に加わり、世論も次第に「反デュポン」支持に傾いた。政府はついに妥協し、デュポン社の工場建設計画を撤回した。これは台湾における「違法」な抗議行動の最初の勝利で、76年の高雄後勁住民の「第五ナフサ分解プラント建設反対運動」、宜蘭五結住民の「第六ナフサプラント建設反対運動」などのそれ以後の反公害運動に大きな励ましを与えた。

民主進歩党　中華民国政府が台湾に移って後、蔣介石はただちに国民党の改造を行ない、また台湾で党禁を実施して新しい政党の成立を禁止するとともに、台湾で「党による政治の指導（以党領政）」の政治を実施した。国民党一党のみが発展しただけでなく、「党外に党無く、党内に派無し」と称し、政局を完全にコントロールした。台湾では、いわゆる「党」とは「国民党」を指し、少数の国民党に属さない政治家は、「党外」と総称された。民国70年の地方選挙では、立法委員の康寧祥、費希平らによる運動の推進で、党外は各県市で「党外候補者推薦会」を開催し、反対党結党のひな形となった。民国72年3月から、謝長廷らによる運動が進み、9月18日には「党外中央後援会」が正式に成立して、年末の選挙に向け勢いをつけた。翌年5月11日、党外人士はさらに「党外公職人員公共政策シンポジウム」（略称「公政会」）を組織し、費希平が理事長、林正杰が秘書長にそれぞれ就任した。公政会は政府から非合法組織と指定され、一度は取り締まりにあった。民国75年3月、公政会は各地に分会を作る動きを始めたが、これは「地方党組織」に似たもので、党外が政党を組織しようとする情況が非常にはっきりとしてきた。同年9月28日、「党外中央後援会」が台北の円山飯店で候補者推薦会を開き、その場で突然「民主進歩党」の成立を宣言し、党外の候補者を党の発起人とした。11月10日、第1回全国代表大会を開き、党規約、党綱領を採択、江鵬堅を第1代党主席に選んだ。当時党禁はまだ解除されておらず、民進党の結党行動は政府に対する公然たる挑戦だった。政府は蔣経国の主導下に、「承認もしないが、取締りもしない」という態度を取り、民進党成立の事実を黙認した。ここに至って、戦後の台湾はついに名実ともに備わった反対政党を持つことになった。

1987	民国76年	7月15日、台湾、澎湖地区の**戒厳を解除**。
1987	民国76年	7月15日、40年近く実施された「外貨統制」を大幅に緩和。
1987	民国76年	7月15日、台湾地区の人口総数が2千万の大台を突破。
1987	民国76年	**大陸の親族訪問を開放**、11月2日から申請の受理を開始。

戒厳を解除　台湾は民国38年（1949）5月20日から38年の長きにわたる戒厳を実施したが、これは「天下に希に見る」ものだった。戒厳の間、人民の権利と自由は大きな制限を受けた。憲法には明文をもって人民の権利と自由を保障しており、憲法体制下に制定された刑法、民法などの法律は憲法を超越し、人民の権利と自由を制限することはできない。ましてや、戒厳の時期に立法院は「戒厳時期」という見出しのついた法律を制定したことはなく、一切これまで通り普通の法律の規定に依っていた。戒厳の時期に人民の権利、自由が剥奪された所以は、「戒厳法」の第8条の規定から出ている。この条文は憲法に定められた「人民、非現役の軍人は軍事法廷によって裁判されてはならない」という規定を超越し、戒厳の条件の下に一般人民に対して多くの軍事裁判を行えるとしている。特に「反乱処罰条例」に触れる政治犯罪は、ほとんど全て軍事法廷での秘密裁判によって判決が下され処刑が行われた。軍事法廷の裁判が粗雑で苛酷だったことから、「戒厳法」ではまた戒厳時期の判決はすべて戒厳の解除後法によって上訴することができると規定しており、名誉回復の余地を残していた。しかし、台湾は38年という長い戒厳の歳月を経ており、軍事法廷で判決を受けた案件は、万の単位で数えられるほど多かった。戒厳後、人民が上訴をするとなると、法院はその重荷に耐えられないという情況だった。このため、戒厳の解除の間際に、立法院は「動員平定反乱時期国家安全法」の中に、戒厳の解除後も上訴をしてはならないという規定を付け加えたのだった。このため、戒厳時期に不法あるいは不当な判決を受けた案件は、戒厳の解除後も依然として名誉回復をすることができなかった。民国76年7月15日零時から台湾、澎湖地区の戒厳は解除されたが、それは戒厳状態に「終止符」が打たれただけで、戒厳時期の政府の不当な措置に対して、人民は名誉回復や補償を得る機会は全くなかった。今日まで38年の長きにわたった戒厳の期間に、いったい何人の人民が横暴にも軍事裁判で裁かれたか、ましてや何人の人民が何のいわれもなく生命や財産を奪われたか、一つの統計数字すら見ることができないのである。

大陸の親族訪問を開放　民国76年（1987）7月の戒厳の解除後、国民党の中央常任委員会は10月14日、台湾人民が大陸に行って親族を訪問することを許可する決定を行ない、11月2日から実施に移された。開放の対象は現役の軍人、公務員以外の一般人民で、年齢に制限はなく、大陸に三等親以内の親族がいる者は親族訪問ができた。ただし、回数は一年に1回に限られた。民国38年以後、台湾と中国大陸は分断され、両岸の人民は往来ができなかった。台湾に移って来た多くの外省人はみな大陸に親族がいるが、数十年来、相見ることができなかった。だが、大陸の親族訪問の開放以前に、毎年香港、日本を経由して大陸に行った台湾（中華民国）人民が数万人の多きにのぼ

1988	民国77年	1月1日、**報禁を解除**。
1988	民国77年	1月10日、国際金融会議が「**アジア四小龍**」に対し、為替レートを再評価し、貿易の出超を抑えるように圧力を加えることを決定。

ることは、公然の秘密になっていた。人道的立場からも、また事実上徹底的に禁止、根絶することもできないということも考慮して、政府は追認という形で、人民の大陸の親族訪問を開放したのである。

報禁を解除　民国77年(1988)1月1日、報禁が解除された。いわゆる報禁とは、過去40年間にわたって新たな新聞社を設立してはならず、現在発行している新聞も紙面を増やしてはならないとして来た禁令である。報禁は民国37年8月に公布された「台湾省新聞雑誌資本制限規則」から始まった。その後次々に10数件の法令が公布され、新たに発行する際の規定、発行ページ数、印刷工場の設置場所、販売価格など多くの制限を課した。このうち、新たな発行の制限に関しては、民国49年以後、政府は新たな新聞社の設立を許さず、それ以後台湾の新聞社は31社に制限された。新聞を発行しようとする人は既存の新聞社に申し出てその新聞社の登記証を買い取るほかなく、報禁解除の前夜には1枚の登記証は新台湾ドルで数億元の値がした。このほか、新聞のページ数も制限を受け、最終的には1日3大判、つまり12紙面に固定され、社会経済の急速な発展に全く対応できなかった。報禁解除の当日、各紙は大幅に紙面を増やし、発行量も急速に拡大した。過去に主流の地位を占めていた国民党の機関新聞『中央日報』と軍の『青年日報』の発行量は急速に減少した。報禁解除後の数年間、新たな新聞社は数百社にまで激増したが、市場競争の結果、現在定期的に発行されている新聞は100紙以内に減少した。

アジア四小龍　アジア「新興工業経済地域」(NIES、Newly Industrializing Economies)の愛称。1970年代から、台湾、韓国、香港、シンガポールは「アジア四小龍」と呼ばれた。この4地域は輸出先導政策を採り、積極的に輸出工業を育成し、各種の奨励措置によって輸出を奨励するとともに、外資を導入した。こうした政策によって経済の急成長という目標を達成したのである。当初は低廉な労力という元手があり、また世界経済は地域経済発展の趨勢にあったので、東南アジア各国は互いに協力してその経済発展を加速させ、アジア四小龍の競争力は世界のトップに立った。この地域は、天然資源は不足していたが、優秀で勤勉な労働者と政府の支持という優位性があり、急速な経済発展を維持するという結果を生み出すことができた。例えば、アジア四小龍は60年代には輸出先導の工業を発展させ、平均の経済成長率は8～13%を保持した。70年代以後は、先進国は石油危機のために経済成長は鈍り、平均成長率は2～3%の水準に止まった。しかし、アジア四小龍ではシンガポールが9.4%、韓国が24.8%、香港が19.3%、台湾も18%の成長率を示した。80年代に入っても、依然として6～19%の間を保持し、その成長率の高さは驚異的だった。

1988	民国77年	1月13日、蒋経国死去、**李登輝**が後継総統に。
1988	民国77年	5月20日、中南部農民が台北街頭で請願デモ、警察との衝突で流血。いわゆる「五二〇事件」。
1989	民国78年	4月7日、週刊誌『自由時代』の鄭南榕社長が焼身自殺。
1990	民国79年	1月3日、戦士授田預かり証処理条例草案を立法院が採択、翌年から預かり証補償交付作業を開始。
1990	民国79年	3月、「野百合三月学生運動」。大学専門学校学生が中正記念堂に座り込み絶食、「法統」国会の廃止を要求。
1990	民国79年	5月20日、李登輝が第8代総統に就任。
1990	民国79年	10月23日、アジア太平洋経済協力会議（APEC）が中国、香港、台湾（中華台北）の同時加入を決定。

李登輝（1923～）　台北三芝の出身。京都帝国大学在学中に日本の敗戦に遭い、台湾大学農業経済学部に転校した。卒業後、台湾大学助手、助教授に就任し、民国46年（1957）、台湾省合作金庫研究員となった。50年、農復会経済組組長になり、4年後にはアメリカに留学した。57年、コーネル大学農業経済学博士の学位を取り、その学位論文はアメリカ農業経済学会優秀論文賞を獲得した。67年、官選の台北市長に就任し、70年には台湾省政府主席に就任した。73年、台湾籍人士起用の政策のもとで、蒋経国によって副総統に指名された。77年1月、蒋経国の死去により総統職を継いだ。79年、第8代総統に当選した。6年の任期満了の後、民国85年（1996）台湾では有史以来初の住民による総統直接選挙が行われ、李登輝は第9代総統に当選した。89年、任期満了。

大陸委員会　香港及びマカオを含む中国に関する業務全般を担当する政府機関。具体的には大陸に関する政策の研究と立案、情報の収集と分析、中台間の往来に関する法律案件の処理、関連組織の指導などを行う。閣僚である政府各部門のトップと学識者によって構成され、主任委員は閣僚である。1988年8月にできた閣僚連絡会議の「大陸工作会報」が前身。その後、年を追って関連案件が急速に増加したことや事務処理能力の向上を図る必要から独立した機関の設立が検討され1991年1月28日、政府直属の機関として成立した。中国の対応する機関は国務院（政府）台湾事務弁公室。

海基会　正式名称は「財団法人海峡交流基金会」と言い、行政院大陸委員会から権限を授けられ、両岸交流の事務を処理する仲介機構である。民国80年（1991）2月8日に成立し、ただちに大陸委員会と委託契約を結んだ。契約は14条にわたり、委託事項は28項目にのぼる。この基金会は国家統一綱領の中の「両岸交流の秩序を打ち立て、交流の規則を制定し、仲介機構を設立し、両岸人民の権益を守る」という規定により設立された。その主要な任務は実務的な態度で、両岸交流にかかわる「技術的」、「事務的」問題を処理することである。業務の範囲は教育、文化、芸術、経済貿易の交流及び法律相談、親族訪問旅行、情報収集、出版業務などである。この基金会の組織規約により、基金は政府、民間の双方から寄せられ、このうち政府の出資額は5.2億元である。初代理事長は辜振甫、

1991	民国80年	1月28日、**大陸委員会**を設立。
1991	民国80年	2月8日、**海基会**が成立。
1991	民国80年	2月23日、国家統一委員会が「**国家統一綱領**」を採択。
1991	民国80年	5月1日、「動員平定反乱時期」の終止を宣言。
1991	民国80年	5月17日、立法院が「反乱処罰条例」の廃止を採択。
1991	民国80年	5月20日、「五二〇デモ」、刑法第100条の廃棄を要求。
		9月21日、「100行動連盟」が正式に成立。
1991	民国80年	7月1日、「国家建設六カ年計画」の実施始まる。
1991	民国80年	10月13日、民進党が綱領に**台独条項**を盛り込む。
1991	民国80年	12月6日、中国に**海峡両岸関係協会（海協会）**が発足。

名誉理事長は孫運璿である。

国家統一綱領　台湾側が提示した両岸関係を規定し、国家の統一を推進する最高原則である。民国80年（1991）2月23日、国家統一委員会の第3回総会が決定した。中国統一の時期と方式については、「台湾地区人民の権益、安全、福利を考慮し、理性、平和、対等、互恵の原則の下、段階的に完成」すべきであるとしている。全体を要約すれば、国家統一綱領は「一、二、三、四」で説明できる。即ち「一国、二区、三段階、四原則」である。「一国」は一個の統一した中国を言う。「二区」は両岸には目下二つの政治実体が存在していることを言う。「三段階」は短期、中期、長期を含んでいる。短期は「交流、互恵の段階」で、相互の敵意の解消を促進し、相手側が相対的な政治実体であることを否認せず、良好な関係を打ち立てる。中期は「相互信頼、協力の段階」で、当局の交流のルートを確立し、直接の三通（通信、通商、通航）を行ない、両岸の高いレベルの党、政の人員が相互訪問を行なう。長期は「協議、統一の段階」で、両岸統一協商会議を設立し、統一の大業について対話を進める。「四原則」は理性、平和、対等、互恵である。

台独条項　いわゆる「台独（台湾独立）条項」は10月13日に開かれた民進党の全国党員大会で綱領を修正し盛り込まれた。修正綱領では独立を主張する趣旨として「台湾の主権は独立して中華人民共和国には属さず、かつ台湾の主権も大陸に及ばないことはすでに歴史的事実であり、また現実の状態であり、同時に国際社会の共通認識である。台湾はこの主権独立の事実に基づいて憲法を制定、建国すれば、台湾社会共同体及び特に国民の尊厳・安全を保障することができる」とした上で三項目の主張を述べている。そのうち第三項では「国民主権の原理に基づき、主権、自主、独立の台湾共和国を建立し新憲法を制定する主張は、台湾全体住民の公民投票方式により決定を選択すべきである」と台湾独立を主張している。

海峡両岸関係協会（海協会）　中台の民間交流機関として、台湾の海峡交流基金会におよそ10ヵ月遅れて発足した。規約では海協会の目的として、海峡両岸（中国と台湾）の交流を促進する、中台の関係を促進する、祖国の平和統一を実現する、の三点を掲げている。初代会長は汪道涵元上海市長。

1991	民国80年	12月31日、**老国代**、**老立委**、老監委がすべて退職し、「**万年国会**」を解消。
1992	民国81年	11月3日、中国と台湾の交流機関が「**九二共識**（合意・コンセンサス）」で合意。

老国代　第1回国民大会代表の愛称。民国37年（1948）元旦、憲法が正式に発効した後、同年、2千名あまりの国代が第1期国民大会を構成した。第1期国民大会代表は理論上は民国43年に任期満了となるはずだが、当時、中華民国はすでに大陸の領土を失っており、蔣介石は民国42年9月、憲法の「臨時条項」による権力を行使して、第1期国民代表は「引き続き職権を行使し」、「将来、情勢が許すのを」待って改選することを承認した。こうして、本来1期6年の国民大会代表は、なんと40年以上にわたって職権を行使し、終身職と化した。これが「老国代」である。国民大会代表は次第に高齢化し、自ずから死亡者の数もますます多くなった。このため、民国58年以後、台湾では何度も「国代増員」の補選が行われた。国民大会の全面改選前には、増員の国民大会代表はわずか78名で、しかも彼らには6年ごとに改選があり、終身職の「老国代」とは扱いが異なった。民国80年12月、老国代はついに全面的に退職し、40年あまりの長きにわたり、「万年国会」と呼ばれた第1期国民大会に終止符を打った。

老立委　第1期立法委員の愛称。立法院は中華民国の最高の立法機関で、第1期立法委員は合わせて773人だった。任期は本来民国40年（1951）までのはずだったが、当時中華民国はすでに大陸の国土を失ない、大陸地区で改選を行なうことができなかった。政府は「法統を守る」という名目で、蔣介石総統が二度にわたって任期を延長し、民国43年にはさらに大法官会議が決議して、第2期立法委員の選出までは「当然」第1期委員が引き続き職権を行使すると宣言した。当時、政府とともに台湾に渡った第1期立法委員は545人いたが、後には何人かが老齢で死亡し、多くの欠員が出た。そこで政府は民国58年以後「立法委員の増員」の補選を行なった。補選で選出された立法委員は本来の委員とは異なり、3年に一度改選しなければならなかった。補選は前後7回行われたが、当選者は最も多い時で86名に過ぎず、全立法院の中では少数の立場で、大部分の委員は終身職の「老立委」だった。民国80年12月31日、老立委はついに全て退職し、第2期の立法委員が職権を行使することになり、立法院は初めて真の民選代表で構成された。

万年国会　中華民国憲法が民国37年（1948）元旦に正式に発効した後、同年中国各地から選出された国民大会代表、立法委員によって第1期の国会が構成された。第1期の民意代表の任期が満了しないうちに、中華民国政府は全中国大陸の領土を失ない、台湾を保有するだけとなった。民国43年、大法官会議は決議を行ない、「大陸反攻、失地の回復」までは第1期民意代表は改選に及ばず、引き続き職権を行使するとした。大陸反攻の希望がますます見通せなくなる中で、これらの民意代表は事実上「終身職」となり、永遠に改選の必要のない国会は「万年国会」とあざけられた。民国80年になって

1993　民国82年　4月27日、シンガポールで第1回「**辜汪会談**」。
1994　民国83年　1月31日～2月5日、**台湾・海基会の副理事長と中国・海協会の副会長が北京で会談**。

このようなでたらめな現象は打ち切られ、第2期の民意代表の選挙が行われた。**老国代、老立委**の項を参照のこと。

九二共識（合意・コンセンサス）　中国と台湾の実務処理機関である海峡両岸関係協会（中国）と海峡交流基金会（台湾）は、民国81年（1992）10月28日から30日まで実務的交渉の進め方について香港で協議した。この協議の中で「一つの中国」の原則についてどう合意するかが問題になった。台湾側の海峡交流基金会は「海峡両岸は国家の統一を追求する努力の過程において、双方は共に一つの中国の原則を堅持するが、一つの中国の含意については、それぞれの認識と理解が異なる」と口頭で提案した。台湾側によると、協議終了後の電話や書簡によるやりとりの結果中台双方は「中台双方は一つの中国の原則を堅持するが、その政治的含意についてはそれぞれが口頭で言明（表述）する」ということになったという。これが「九二共識（合意・コンセンサス）」である。台湾の大陸委員会によれば、一つの中国の意味するところは、中国側は「一つの中国は即ち中華人民共和国であり、統一後は、台湾は中国中央政府直轄の特別行政区になる」ということであり、台湾側は「一つの中国とは即ち1912年に成立し現在に至る中華民国であり、その主権は全中国に及ぶが、目下の統治権は台湾、澎湖、金門、馬祖に限られている。台湾はもとより中国の一部分であり、大陸も又中国の一部である」ということになる。しかし、2008年に発足した台湾の馬英九政権と中国側の間の交渉では、こうした理解の相違を表に出さず、「九二共識」＝「一つの中国」という原則をもとに関係改善が進められている。

辜汪会談　民国82年（1993）4月27日と28日、台湾の海峡交流基金会の辜振甫理事長と大陸の海峡両岸関係協会の汪道涵会長はシンガポールで2日間の会談を行なった。この会談は、民国81年8月、汪道涵が正式に辜振甫を招請し、その後半年あまりの予備的折衝を経て確定したものである。双方は若干の議題について異なった考えはあったものの、会談後「共同合意書」に署名するとともに、意思疎通のルートを制度化し、両岸対峙の情勢を緩和するのに役だった。台湾からすれば、会談の結果、双方の制度化された接触のルートを打ち立て、国際社会の台湾の現状に対する認識と支持を勝ち取ったということになる。中国からすれば、両岸民間のハイレベルの会談の方式を実現したことによって、両岸の当局は「互いに接触しない」という制限を突破したということになる。

海基会の副理事長と海協会の副会長が会談　台湾・海基会の焦仁和副理事長と中国・海協会の唐樹備副会長が1月31日から2月5日にかけて北京で会談した。両氏は8月4日から8月7日にかけて再び台北で会談、この2度の会談を踏まえ双方は8月24日、双方の関係人員が往来するに当たっての弁法を取り決めた。

1994	民国83年	7月29日、「**省県自治法**」、「**直轄市自治法**」を公布、施行。
1994	民国83年	10月5日、立法院が大学、専門学校の統一試験で「**三民主義**」の科目を廃止する決議を採択。12月29日、考試院が次年度から国家試験で「国父遺教」、「三民主義」の科目を廃止すると発表。
1994	民国83年	12月3日、省長、政府直轄市長の最初の直接選挙が行われる。

省県自治法　省と県の自治を律する法律。民国83年（1994）7月、立法院は「省県自治法」、「直轄市自治法」を採択し、同月から施行した。これ以後、台湾の地方自治は以前の行政命令による規範を脱し、正式に法治化の時代に入った。しかし、これらの法律の大部分は過去の行政命令を踏襲しており、また過去の実行上の欠点を改善していなかった。このため、法律の施行後、中央と地方の間で権限の区分がはっきりしない、財政資源の分配が不合理だ、制度化に際しての意思疎通のルートが制度化されていないなど論争が絶えなかった。理論上は、地方と中央の事務の区分の根拠は憲法111条の次のような規定によっている。「事務は全国的性質のものは中央に属し、全省一致の性質のものは省に属し、一県の性質のものは県に属する」。だが、この規定は抽象的に過ぎ、しかも「省県自治法」の中にも相変わらずさらにはっきりした規定がなかった。このため、長期にわたって政治権力は過度に中央機関に集中し、地方が自主発展を欠くという弊害は改善されなかった。民国88年3月30日、「地方自治法」の発効後、「省県自治法」と「直轄市自治法」は同時に廃止された。

直轄市自治法　直轄市の自治を律する法律。民国83年（1994）7月から実施された。88年3月30日に廃止され、「地方自治法」がこれに取って代わった。**省県自治法**の項を参照のこと。

三民主義　孫文が提起した「中国を救う道」で、「民族主義」、「民権主義」、「民生主義」をその内容としており、あわせて「三民主義」と言う。中華民国憲法は冒頭で全体の主旨を明らかにし、この憲法は「三民主義」を基盤とすると規定している。中華民国政府はしばしば「三民主義を実施し」、それによって「共産主義に対抗しなければならない」と公言してきた。だが三民主義を基盤とする憲法は、「臨時条項」によって凍結され、完全に励行されたことがなかった。事実上、何が「三民主義」であるかは、民国初期の孫文の学説を根拠にしてはおらず、政府の解釈によっている。このため、スローガン及び政策の提示としての「三民主義」の中味は実質的内容を大きく超えたものになっていた。このほか、「三民主義」は学校教育の科目の一つとされ、入学試験の共通必須科目であり、各種の国家試験でさえ「三民主義」の試験をしなければならなかった。教科書の中の「三民主義」では、孫文の学説、主張はごく一部しか書かれておらず、そのほかは煩瑣で、全くロジックにあわない解釈ばかりで、難解で味も素っ気もなかった。しかし、受験の必要から学生は丸暗記するしかなかった。この憲法に書き込まれ、政府が不断に強調し、人民1人1人が暗記した「三民主義」は、事実上ほとんど何の

1995	民国84年	1月5日、台湾行政院(政府)が**アジア太平洋オペレーション・センター計画**を採択。
1995	民国84年	1月30日、中国・**江沢民国家主席が八項目の対台湾政策(江八点)**を発表。
1995	民国84年	2月28日、「**二二八事件**」の記念碑の除幕式が台北市の新公園で行われ、**李登輝総統**(国民党主席)**が公式に謝罪**の意を表明。

効果を表すこともなく、戦後台湾の奇異な現象と言える。民国83年10月5日、立法院は大学専門学校の共通試験では「三民主義」の試験を廃止するという決議を採択し、12月29日、考試院は国家試験では次年度から「国父遺教」、「三民主義」などの科目の試験を廃止すると発表した。

アジア太平洋オペレーション・センター計画　台湾行政院(政府)は、台湾経済がガット加入の段階に入り、国際経済情勢もアジア太平洋地域において急速な成長と相互依存の新たな局面に入ったとして、1995年1月5日、アジア太平洋オペレーション・センター計画を採択、発表した。この計画は台湾の21世紀にまたがる経済建設の青写真であるとし、台湾を東アジア市場への投資と運営の根拠地とし、この地域経済の中心的な役割を果たせるようにすることを目標に掲げている。中でも大陸市場との連結を最重要視しているのが注目される。計画は、膨大、詳細にわたっているが、その中では高雄港が中心的な国際港として位置づけられている。

江沢民の八項目対台湾政策(江八点)　中国の江沢民国家主席は、1995年1月30日に北京で開かれた新春茶話会で「祖国統一の大業達成促進のために引き続き奮闘しよう」と題する演説を行ない、その中で台湾との統一実現のための八項目の提案を行なった。この中で、江沢民は、中国人同士は戦わないとし、中国は武力行使の放棄を約束していないが、それは台湾同胞に対してではなく、外国勢力の中国統一への干渉と台湾独立の企みに対するものであると強調した。江沢民国家主席はさらに、中華民族5千年の文化は平和的統一を実現させる重要な基礎であるとし、台湾当局の指導者の大陸訪問を歓迎、自身も台湾側の招きがあれば訪台を望むと述べた。

二二八事件で李登輝総統が謝罪　1947年2月28日、台湾の住民が国民党の支配に対して決起した「二二八事件」の犠牲者は5千人とも2万人とも、あるいはそれ以上とも言われる。この事件について、李登輝総統は1995年2月28日に行われた記念碑の除幕式に出席した約200人の犠牲者の遺族を前に、「国家元首として、政府が犯した罪について事件の犠牲者と遺族に対して深く謝罪する」と初めて公式に謝罪の意を表明した。李登輝総統はさらに「私も被害者の一人だが、今後は共に手を携え、歴史的悲劇を明るい未来への原動力にしよう」と述べた。「二二八事件」への言及は国民党の施政下で長い間タブー視されて来たが、民主化の進展につれ事件の研究や資料の公表、出版が進んでいる。

1995	民国84年	4月8日、**李登輝総統**が江八点に対して**六項目の対中国政策（李六条）**を発表。
1995	民国84年	4月、下関条約100周年、台湾各地で独立要求デモ。
1995	民国84年	**李登輝が非公式に訪米**、6月9日、コーネル大学で講演。
1995	民国84年	7月21日、中国が東シナ海の公海上（台湾周辺）でミサイル発射演習開始。断続的に11月まで継続。
1995	民国84年	12月、マカオ空港が開港し、事実上の中台直行便が開設される。
1995	民国84年	12月2日、**立法委員選挙**で国民党辛勝、新党が躍進。民進党は伸張の気配を示す。
1996	民国85年	3月8日、台湾の総統選に向け中国が陸空海三軍合同演習を台湾周辺で開始。

李登輝の六項目対中国政策（李六条）
台湾の李登輝総統は1995年4月8日、国家統一委員会の会議で「江沢民の八項目対台湾政策」に答える6項目の提案を行なった。この中で李登輝総統は、大陸側は中華民国が84年間存在している事実を直視せず、国際間における台湾のあるべき地位と発展を否定していると不満を述べた。その上で、広汎な文化の領域で交流の幅と深みを強化すべきだ、大陸の経済発展は台湾を鑑とすべきである、中台双方の指導者が国際会議の場で自然な形で会うのがよい、中国が正式に武力行使の放棄を宣言すれば、敵対状態終結交渉について予備会談を行なう、などの諸点を提案した。**江沢民の八項目対台湾政策（江八点）**の項を参照のこと。

李登輝が非公式訪米　李登輝総統はかつて留学した母校コーネル大学の卒業式に出席するためとして、1995年6月7日から11日までアメリカを非公式訪問した。6月9日にはコーネル大学で、「民の欲するところ、常に我が心にあり」と題して講演し、「民意に基づいた政策は中国の経済自由化と政治の民主化に役立つ」と述べ、中国の指導者が参考にするように呼びかけた。さらに具体的に自分の誠意と善意を表明するため、国際会議などの際に中国の江沢民国家主席と会う可能性も排除しないと、江沢民国家主席との会談の可能性について初めて触れた。李党輝総統の訪米について、中国側はアメリカ、台湾双方に対し強い反発を示した。国営通信の新華社は、この問題について一連の論評を発表し、先生という尊称をつけずに「李党輝」は「両岸関係を破壊する罪人」であると決めつけた。さらに7月に予定されていた中台交流の窓口である海峡交流基金会（台湾側）と海峡両岸関係協会（大陸側）の間の2回目になるトップ会談を延期し、7月には東シナ海の公海上でミサイル発射演習を始めた。中台関係はここに来て一気に冷え込んだ。中国は、李登輝総統の訪米を許可したアメリカのクリントン政権に対しても、国防相の訪米延期、ミサイル関連技術輸出規制に関する専門家協議など事務レベルの協議の中止、そして駐米大使の召還など一連の強硬な報復的措置を取った。

立法委員選挙　1995年12月2日、立法委員（国会議員）選挙が行われ、与党国民党は議席を減らしながらも辛うじて第一党の地位を守った。選挙結果は全

1996	民国85年	3月23日、**台湾初の総統直接選挙**。李登輝、連戦が正副総統に当選。
1996	民国85年	5月20日、李登輝が中華民国第9代総統に就任。
1996	民国85年	10月6日、急進的独立派の「建国党」が成立。
1996	民国85年	12月27日、南アフリカ・マンデラ大統領が97年末に台湾と断交し、98年1月に中国と国交を樹立と言明。
1996	民国85年	12月28日、「国家発展会議」が次期台湾省長ならびに省議会議員の選挙凍結で合意。
1997	民国86年	3月18日、経済部、規定違反の対大陸投資に対し罰金を科すと発表。
1997	民国86年	3月18日、チベットの精神的指導者・ダライラマが台湾を訪問。李登輝総統らと会談。

164議席のうち、国民党は改選前の議席を7減らして85となり、得票率では46%と過半数を割った。台湾の自主独立を主張する野党第一党の民主進歩党は4議席増やして54に勢力を増やした。一方、大陸との統一を強硬に主張する新党が7議席から21議席へと3倍増に躍進し、注目された。この後、対大陸政策で正反対の立場を取る民進党と新党が「大連合政府構想」で合意した。

台湾初の総統直接選挙　台湾の総統直接選挙は1987年の戒厳令廃止後から進められた民主化の総仕上げとしての意味を持つ。総統の選出は従来国民大会代表による間接選挙だったが、94年7月の憲法改正で直接選挙に変更され、任期は6年から4年に短縮された。投票の結果は与党国民党の李登輝総統が過半数の54%の得票率で当選した。最大野党民主進歩党の彭明敏候補は21%の得票率だった。中国はこの選挙に際して、李党輝は事実上の台湾独立派であるとして、選挙前から台湾周辺で陸海空の合同演習を実施し、圧力をかけたが逆効果の結果に終わった。アメリカは中国の軍事圧力に対して台湾海峡に空母を派遣し、米中国防相会談を延期するなど、米中間にも緊張が走った。一方、総統選挙と同時に実施された憲法改正機関の国民大会代表選挙では国民党が大幅に議席を減らし、民進党が躍進した。

1997	民国86年	4月、台湾の李慶平海峡交流基金会副秘書長が訪中。中国の唐樹備・海峡両岸関係協会副会長と会談。
1997	民国86年	4月19日、福建省厦門を出航した貨物船が台湾の高雄港に入港、約半世紀ぶりの事実上の**中台直航**。
1997	民国86年	4月28日　タレント白氷氷の娘・白暁燕が誘拐され、死体で発見される。
1997	民国86年	7月1日、イギリス領香港が中国に返還され、特別行政区となる。1999年12月20日にはポルトガル領マカオも中国に返還された。**葉剣英九項目提案**を参照のこと。
1997	民国86年	7月16日、大陸からハイジャック機で台湾に入った2名を大陸に送還。ハイジャック犯の台湾から大陸への送還はこれが最初。
1997	民国86年	7月28日、第3期国民大会第2回臨時大会で憲法を改正。**台湾省を事実上廃止**の方針を決定。

中台直航　中国の厦門輪船総公司所有の貨物船「盛達輪」が1997年4月19日未明、中国福建省厦門を出航、同日夜、台湾高雄港のコンテナ埠頭に入港した。国共内戦以来およそ50年ぶりの事実上の中台直航の開始となった。中国と台湾は1997年1月に香港で海運当局と業界代表による会合を開き、台湾の高雄と福建省の厦門、福州の両港に限定し、コンテナの積み替えだけを行ない、積み荷を台湾に輸出しないなどの条件で船舶往来に合意していた。

台湾省を事実上廃止　台湾の国民大会は1997年7月28日、憲法の追加修正を行ない、台湾省議会議員と台湾省長の任期は1998年12月20日までとし、以後選挙の実施を停止することを決定した。この憲法修正により、台湾省は事実上廃止された。それ以後は、台湾省主席、省諮議会委員などは行政院院長の提案に基づき、総統が任命することとなった。この憲法改正は国民党と民主進歩党の与野党第一党の協力によって実現した。1994年12月の最初の省長直接選挙で第1代の民選省長に当選した宋楚瑜はこれに激しく反発し、のちに新政党・親民党を結成する契機となった。

認識台湾　台湾の李登輝総統は、1996年に初の民選総統になって以来、教育の本土化（台湾化）を基本方針とする教育改革を積極的に提言して来た。この提言を受けて、1997年9月の新学年から中学の1年次に毎週1時間の「認識台湾」（台湾を知る）の科目が新たに開設され、台湾史、台湾の地理、社会が教えられることになった。「認識台湾」の台湾史の教科書では全114ページのうち、「日本統治時期」には28ページが、「台湾における中華民国」には24ページが割かれ、近現代史に大きな比重が置かれているのが特徴である。日本の統治については、日本の罪業をのみを書くのではなく、台湾の近代発展に貢献した一面も紹介している。台湾の政治環境と関連する歴史では、旧教科書が「中華民族の悠久の歴史」を強調していたのとは異なり、「先人の台湾開発の史実を通して愛国心を培わせる」ことに重点が置かれている。中華思想に対する否定的見解も注目点である。

1997	民国86年	8月、中国の海峡両岸関係協会副秘書長・劉剛奇が訪台。
1997	民国86年	8月21日、治安悪化の責任をとり連戦内閣が総辞職。新行政院院長（首相）には、9月1日付けで蕭万長が就任。
1997	民国86年	9月、台湾中心の歴史を教える「**認識台湾**」（台湾を知る）の過程を中学に導入。
1997	民国86年	11月29日　統一地方首長選挙で民進党が23ポストのうち12ポストを獲得、国民党の8ポストを上回る。
1997	民国86年	12月31日、南アフリカが台湾と断交、中国と国交樹立。
1998	民国87年	6月30日、**クリントン米大統領**が訪中し、台湾不支持の「**三つのノー**」政策を明言。
1998	民国87年	10月14日、台湾の**辜振甫**・海峡交流基金協会会長が訪中。上海で中国の**汪道涵**・両岸関係協会会長と**第2回トップ会談**を行なう。

クリントンの「三つのノー」　中国を訪問したアメリカのクリントン大統領は、1998年6月27日に北京で江沢民国家主席と会談したのち上海を訪問、地域指導者を招いて開かれた対話フォーラムに出席した。クリントン大統領は参加者の質問に答える形で、アメリカの「一つの中国」政策は明白だと前置きし、①「二つの中国」「一つの中国、一つの台湾」を認めない、②主権国家であることを条件とした台湾の国際機関への加盟を認めない、③台湾独立を認めない—の「三つのノー」の政策に言及した。「三つのノー」の政策については、1997年秋、江沢民国家主席が訪米したおりにクリントン大統領が口頭で表明したことがあり、今回の訪中でも江沢民国家主席との会談でも触れていた。しかし、非公式な集会の場とはいえ、大統領自身が「三つのノー」の政策を確認したことは台湾にとって大きな打撃となった。

辜汪第2回トップ会談　中台間の民間交流機関である中国の海峡両岸関係協会と台湾の海峡交流基金会のトップ会談が1998年10月14日、上海で行われた。1993年4月にシンガポールで開かれて以来5年半ぶり、2度目のトップ会談である。中国側の汪道涵会長と台湾側の辜振甫理事長はこの会談で、①汪道涵会長の台湾訪問、②93年4月の汪辜会談で合意した実務協議再開に向け対話を強化する、③中台両機関の交流を強化する、④市民の生命や財産にかかわる事件処理での協力を強化する—の4点で合意した。しかし、辜理事長が政治的見解の相違を留保し、中国に投資している台湾企業の権益保護などの実務的問題から優先的に解決すべきだと主張したのに対し、汪会長は「一つの中国」の原則のもとで敵対状態終結とその後の平和統一に向けた政治協議の進め方をめぐる対話を呼びかけ、対立面も浮き彫りになった。辜理事長は、10月18日には北京で江沢民国家主席と会談し、双方は中台間の関係修復に向け対話を強化する方針を確認した。辜理事長は中国の統一問題担当の銭其琛副首相とも会談した。

1998	民国87年	10月以降、日本マスコミの台北支局開設相次ぐ。
1998	民国87年	12月5日、**立法委員選挙**で国民党が圧勝。台北市長選挙でも国民党の馬英九が民進党の陳水扁を破りポストを奪回。
1998	民国87年	12月21日、「台湾省政府暫行組織規程」が正式に発効。台湾省長、省議会を廃止。
1998	民国87年	12月29日、李登輝総統、中国の民主活動家・魏京生と会見。
1999	民国88年	3月30日、「地方自治法」施行開始。
1999	民国88年	5月8日、民進党が**台湾前途決議文**を採択。
1999	民国88年	7月9日、李登輝総統が「**二国論**」を提起。中国が猛反発。

立法委員選挙　台湾の立法委員、台北・高雄両市長、台北・高雄市議のトリプル選挙が1998年12月5日に行われた。このうち、立法委員選挙では与党国民党が全225議席のうち過半数を大きく上まわる123議席を獲得し大勝した。野党第一党の民主進歩党も70議席と善戦したが、国民党を過半数割れに追い込むという目論見は果たせなかった。一方、新党は大きく後退し、前回選挙の約半数の11議席に止まった。台北市長選挙では、国民党の馬英九・元法務相が民進党の現職・陳水扁を破り、台北市長の座を奪回した。高雄市長選挙では逆に国民党の現職・呉敦義が民進党の謝長廷候補に敗れた。

台湾前途決議文　民進党は1998年末のいわゆるトリプル選挙（立法委員選挙、台北と高雄の市長選挙、台北と高雄の市議選挙）で敗北したあと、敗北の一因は台湾独立の主張にあるという分析が出され、党綱領の中の台独条項を修正すべきかどうかの議論が行われた。その結果、台独条項は修正せずに新たな解釈を加えるということで党内の意見がまとまり、1999年5月8日の党員大会で「台湾前途決議文」が採択された。決議文は前言で、「1992年の立法院の全面改選や1996年の総統直接選挙などを経て、台湾は事実上の民主独立国家となった」とした上で、「台湾は一つの主権国家であり、独立の現状のいかなる変更も台湾住民の投票の方式によって決定されなければならない」と主張している。さらに説明の部分では「台湾は一つの主権独立国家であり……もとより目下の憲法では中華民国と称している」と国名としての中華民国の呼称を容認している。決議文の住民投票の位置づけは、綱領の台独条項が住民投票は「独立の共和国を建立し、新憲法を制定するためのものである」という主張とは大きな違いを見せている。**台独条項**の項を参照のこと。

二国論　1999年7月9日、台湾の李登輝総統はドイツの「ドイチェ・ウェレ」放送とのインタビューで、いわゆる「二国論」を展開した。この中で、李登輝総統は「1991年の中華民国の憲法改正によって憲法の及ぶ地理的範囲は台湾に限定された。また1992年の憲法改正では総統と副総統は台湾住民の直接選挙になり、それによって組織された国家機関は台湾住民のみを代表するものであり、国家権力の正当性もまた台湾住民の意思に基づくものであり、大陸住民とは全く無関係のものである」と述べた。その上で、1991

1999	民国88年	7月19日、台湾の新聞『中国時報』が、1988年4月から92年6月にかけて中国と台湾の間で7度にわたり秘密接触が行われたと暴露。秘密接触は香港、台北を舞台に行われ、そのうち1度は李登輝総統も中国側の人物と極秘に会談したという。
1999	民国88年	9月21日早朝1時47分、規模7.3級の大地震発生、震源地は台湾中部の南投県・集集付近。台中、南投地区の被害が甚大で、全島の死亡者は2千人以上。
2000	民国89年	2月21日、中国が**『台湾白書』**を発表。
2000	民国89年	3月18日、総統選挙で野党・民進党候補の**陳水扁が第10代総統に当選**。戦後の国民党一党執政の政治状況を打破。

年の憲法改正以後は、両岸関係の位置づけは国家と国家、少なくとも特殊な国と国の関係となっていると主張した。これがいわゆる「二国論」である。この発言に対して中国側は強く反発し、中国外務省の章啓月副局長は「李登輝はすでに祖国分裂の道を遠くへ行ってしまった。これは必ず両岸関係の改善、台湾海峡の安定に重大な影響を与え、国家の平和的統一に危害を及ぼすだろう」と述べた。中国の武力行使の可能性も取りざたされるなど、中台関係に緊張をもたらした。

台湾白書　2000年2月21日、中国国務院台湾事務弁公室と新聞弁公室が発表した「一つの中国の原則と台湾問題」を指す。台湾の総統選挙（同年3月）を直前にして発表された。白書は統一問題について縷々述べた中で、台湾に対して武力を行使する条件として新たに次の一項を付け加えた。即ち「もしも、台湾当局が交渉による両岸統一問題の平和解決を無期限に拒否した場合、中国政府はやむなく武力行使を含むあらゆる可能な断然たる措置をとって、中国の主権と領土保全を守り、中国統一の大業を完遂するしかない」というものである。以前からある武力行使のほかの条件は、台湾が中国から分割されるという重大な事態の発生、外国が台湾を侵略・占領した場合の二つ。このあと中国政府と軍の首脳の間からは台湾に対して強硬な発言が相次ぎ、中国社会科学院台湾研究所の研究員からは「陳水扁が当選すれば、両岸関係には永遠に平穏な日はないだろう」という発言まで出た。

陳水扁が第10代総統に当選　台湾の総統選挙が2000年3月18日に行われ、最大野党民主進歩党の陳水扁候補が国民党を除名された無所属の宋楚瑜候補、国民党公認の連戦候補を破って初当選した。陳水扁は国民党が宋、連両陣営に分かれ、事実上の分裂選挙になった機会を捉えて当選を果たした。また、投票直前に台湾各界で尊敬されているノーベル化学賞受賞者の李遠哲・中央研究院院長の支持をとりつけたのも勝因の一つだった。陳水扁の得票率は39.30％、宋楚瑜は36.84％、連戦は23.10％の接戦だった。陳水扁は李登輝総統に続く台湾生まれ、台湾育ちの「本省人」総統で、所属する民進党は綱領にいわゆる台湾独立条項を持っている。国民党はこれまで半世紀にわたり台湾で政権を維持してきたが、史上初めて平和的に政権移行が行われた。

2000	民国89年	3月21日、立法院が離島地区での「三通」承認の条例可決。
2000	民国89年	3月24日、李登輝が国民党主席を辞任、連戦が主席代行に就任。
2000	民国89年	3月31日、宋楚瑜が親民党を結成。
2000	民国89年	5月20日　**陳水扁**総統就任演説。中国に向け「**五つのノー**」を約束。
2000	民国89年	10月27日、張俊雄行政院院長、第4原発の建設中止を発表。
2000	民国89年	11月10日、台湾が中国記者に台湾取材を開放と発表。

陳水扁の「五つのノー」　陳水扁新総統は2000年5月20日の総統就任演説で新政権の両岸統一問題についての政策を明らかにし、善意と和解の証しとして、中国が武力を発動する意図がない限りにおいてという前提条件のもとで、以下のいわゆる「五つのノー」を明らかにした。それは在任中に①独立を宣言せず、②国名を変更せず、③二国論を憲法に盛り込まず、④統一か独立かといった現状の変更に関する住民投票は行わず、⑤国家統一綱領や国家統一委員会を廃止することもない、というものである。これに対し、中国の中共中央台湾工作弁公室と国務院（政府）は声明を発表し、「台湾の新指導者は『一つの中国』を受け入れるというキーポイントの問題では回避的で曖昧な態度を取っている。明らかに彼の『善意』と『和解』は誠意を欠いたものである」と非難した。

陳水扁（1951～）　1951年2月、台南県官田郷の小作農家の長男に生まれた。通称は阿扁、自身も選挙運動の際にはこの呼称を好んで使った。台湾大学法学部在学中に国家司法試験に合格し、最年少の弁護士になった。1975年、呉淑珍夫人と結婚。1979年の美麗島事件では逮捕された民主運動指導者の弁護にあたり、これが政界進出のきっかけとなった。1986年、主宰する民主派の雑誌『蓬莱島』の記事で誹謗罪に問われ、8ヵ月間入獄した。1987年、前年に結成された民主進歩党に入党し、中央常務委員に就任した。民主進歩党は1991年に綱領を修正し、いわゆる台湾独立条項を設けた。その中では「国民主権の原理に基づき、主権、自主、独立の台湾共和国を建立し、新憲法を制定する主張は、台湾全体住民の公民投票方式により選択すべきである」と述べている。陳水扁は1994年の台北市長選挙（最初の直接選挙）に当選したが、2期目の1998年の選挙では国民党候補の馬英九に敗れた。2000年3月の総統選挙に民主進歩党から出馬して当選し、半世紀あまりの国民党支配を終わらせた。2004年の総統選挙でも再選されたが、その後は自身と身内のスキャンダルにまみれ、2008年、陳夫妻は民進党を離党した。同年11月、マネーロンダリングなど5つの罪名で台湾最高検に逮捕された。**美麗島事件**の項を参照のこと。

小三通解禁　台湾海峡を挟んで台湾、大陸間の人と物の往来が増加する中で、台湾は2001年1月1日から、台湾の金門、馬祖両島と中国福建省の間に限っての小三通（通商、通航、通信の直接開放）を解禁した。これは、陳水扁総

2000	民国89年	11月23日、台湾の国民党副主席・呉伯雄が中国共産党政治局員・銭其琛と会談。
2001	民国90年	1月1日、台湾の金門、馬祖と福建省厦門、福州間の**小三通解禁**。
2001	民国90年	1月31日、立法院が第四原発の建設再開決議。2月14日、閣議も建設再開を決定。
2001	民国90年	3月23日、銭其琛・中国副首相が**大陸と台湾はともに一つの中国に属する**と述べる。
2001	民国90年	12月1日、立法委員選挙で**民主進歩党が勝利、議会第一党に**。

統の総統就任時の善意の具体的表れと見られた。解禁を受け、2日午前、両島から直航第一船が出航した。金門島からは陳永在・金門県長の率いる194人の県代表団が2隻に分乗し、正午前厦門に到着した。1949年の中台分断以来、公的には初の直航の実現となった。台湾側はこれを足がかりに本格的な「大三通」を進めたいという意向を表明した。一方中国側では、銭其琛副首相が1月6日、「三通を人為的に制限することは台湾の人心に背くものだ」とした上で、中国としては当面、政治課題と切り離した形で、三通の全面的実現に向けた実務的協議を進めていく方針を明らかにした。

大陸と台湾はともに一つの中国に属する　中国の銭其琛副首相は、2001年3月23日、訪問先のアメリカで対中国関係者との会合に出席した際、挨拶で次のように述べた。「世界にただ一つの中国しかなく、大陸と台湾はともに一つの中国に属し、中国の主権と領土の保全は切り離すことはできない」。台湾の国家統一綱領でも「大陸と台湾はともに中国の領土である」という文言が記されており、銭副首相のこの発言は中国の台湾に対する柔軟姿勢を示すものとして注目された。銭其琛副首相はこの「大陸と台湾はともに一つの中国に属する」という表現をその後も再三用いており、さらに同年の中国共産党第16回全国代表大会（党大会）、2007年の第17回党大会の政治報告などでもこの表現はそのまま踏襲されている。

民主進歩党が勝利、議会第一党に　民進党の陳水扁政権の誕生後最初の中央レベルの選挙である立法委員選挙（国会議員、定数225）が2001年12月1日行われ、民主進歩党（民進党）が前回選挙より22議席増やして87の議席を獲得、第一党となった。国民党から除名された宋楚瑜が結成した親民党は最初の選挙で46人を当選させた。国民党は110から68へと大きく議席を減らし第一党から第二党に転落した。台湾の本土意識を強く打ち出した台湾団結連盟がこれまた最初の選挙で13議席を獲得した。中国との統一を主張する新党は1議席に止まり、党の存亡が問われる状況に追い込まれた。

2002	民国91年	1月1日、台湾、**世界貿易機関（WTO）に加盟**。
2002	民国91年	1月28日、中国の銭其琛副首相が**民進党に対話を呼びかけ**。
2002	民国91年	3月、台湾の湯曜明・国防相が訪米。中国、アメリカに抗議。
2002	民国91年	7月21日、陳水扁総統が民主進歩党主席に就任。
2002	民国91年	8月3日、陳水扁総統が「**一辺一国**（それぞれ一つの国）」を主張。
2002	民国91年	9月1日、台湾が国交のないモンゴルに代表部を開設。モンゴルは2003年2月25日に台北に代表部を開設。
2002	民国91年	9月10日、台湾の康寧祥・国防部次官が米国防総省を訪問。ウルフォウイッツ副長官らと会談。
2002	民国91年	10月22日、台湾立法院、中国に沿岸部の台湾向けミサイル撤去と話し合いを求める決議案を採択。

世界貿易機関（WTO）に加盟　2001年11月、カタールのドーハで開かれた世界貿易機関（WTO）の閣僚会議で、台湾は2002年1月1日からWTOに正式加盟することが決まった。張俊雄・行政院院長は1月1日、談話を発表し、「これ以後、台湾は国際経済システムに組み込まれ、その枠組みのもとで全ての加盟国と経済関係を発展させることができるようになる。世界経済における地位も大幅に向上するだろう」と語った。また、呂秀蓮副総統は「台湾は世界の孤児から世界の寵児となり、中国大陸と対等の立場に立てる」と述べた。なお、中国は台湾より一足先に2001年12月に加盟した。

民進党に対話を呼びかけ　中国の銭其琛副首相は2002年1月28日、江沢民国家主席の対台湾8項目呼びかけ7周年記念座談会の席上演説し、次のようにのべた。「我々はこれまで、世界にただ一つの中国しかなく、大陸と台湾はともに一つの中国に属する、中国の主権と領土は分割することができない、と何度も繰り返して来た。これは海峡両岸が一つの中国の原則を堅持する共通の基準である。台湾当局の指導者が勇気を出して、現実を直視し、台湾社会の発展と安定のために九二共識を承認する問題で真剣かつ積極的で実際的な段取りをとることを希望する。双方がこの基礎の上に対話と交渉を再開すれば、両岸関係の安定と発展に有利であり、両岸同胞の利益と期待に合致するだけでなく、アジア太平洋地区の平和と発展にも有益である」「我々は、広範な民進党のメンバーとごく少数の頑固な台湾独立分子とを区別して考えている。我々は彼らが適当な身分で参観、訪問し、理解を深めることを歓迎する」。台湾当局の指導者という言葉を使ってではあるが、中国側が民進党に対話を呼びかけたのはこれが初めてである。この銭其琛発言に対して、台湾の陳水扁総統は「（民進党が第一党になった2001年12月の立法委員）選挙の結果を重視し、台湾の政治的現実を尊重、認知したのは良いことで、期待と観察に値する」と評価した。**九二共識**（合意・コンセンサス）の項を参照のこと。

一辺一国　台湾の陳水扁総統は2002年8月3日、東京で開かれた世界台湾

2002	民国91年	11月23日、台北市内で農漁民による史上最大規模のデモ。
2002	民国91年	12月7日、直轄市の台北、高雄両市の市長選挙が行われ、台北では国民党の馬英九、高雄では民進党の謝長廷がそれぞれ再選された。
2003	民国92年	1月26日、春節（旧正月）に台湾に帰省するビジネスマンのための**台湾の旅客機が上海に乗り入れ**。
2003	民国92年	3月25日、台湾外務省、新型肺炎（SARS）の流行に関連し世界保健機関（WHO）への加盟を求める公開書簡発表。
2003	民国92年	4月14日付けの台湾各紙によると、台湾の宜蘭県政府は内政省の指示を受け、尖閣諸島を同県の行政管轄区域として土地台帳に登記。
2003	民国92年	4月26日、香港から帰省した56歳の男性をSARSによる初の死亡者と確認。SARSによる台湾での死者は37人。

同郷連合会の年次総会にインターネットを通じて参加し、「台湾は我々の国家であり、ほかの国の一部分ではなく、ほかの国の地方自治体でもなく、ほかの国の一省でもない。台湾は第二の香港やマカオになることはできない。なぜなら、台湾は対岸の中国とは『一辺一国』（それぞれ一つの国）であり、明確に分けなければならない」と述べた。さらに台湾の前途は台湾人の住民投票によらなければならないとも述べた。これに対して中共中央台湾工作弁公室と国務院台湾事務弁公室は5日、陳水扁総統の発言は「『台湾独立』の立場を堅持する本性を暴露した」と強く非難し、「中台関係に深刻な破壊をもたらすのは必至だ」と警告した。また中国軍幹部は陳水扁総統が台湾独立に向けた動きを始めれば、「北京が武力行使によって台湾問題の解決を図る可能性が高まるだろう」と述べた。陳水扁総統は中国からの批判を受け、6日、「私としては『主権対等』論の方が趣旨に沿うと思う」と述べ、事態の沈静化につとめた。

台湾旅客機が上海乗り入れ　台湾の中華航空のチャーター機が2003年1月26日、香港経由で上海に乗り入れた。台湾の旅客機の中国大陸への乗り入れは1949年の中台分断以来初めてで、間接的な「直行便」にあたる。チャーター機は中国で働く台湾人の旧正月（春節）の帰省客とその家族ら242人を乗せて、その日のうちに香港経由で台湾に戻った。今回のチャーター便は、2月1日の旧正月を挟んで台湾の航空会社6社が上海と台北、高雄の間を香港あるいはマカオの経由で計8便を飛ばした。

2003	民国92年	5月19日、台湾の**世界保健機関（WHO）への参加**認められず。
2003	民国92年	5月21日、世界保健機関（WHO）が新型肺炎（SARS）の感染拡大で台湾への渡航延期勧告。6月17日に解除。
2003	民国92年	8月21日、台湾とパナマが自由貿易協定（FTA）を締結。
2003	民国92年	9月1日、台湾外交部（外務省）が表紙に「TAIWAN」と記入した**新旅券を発行**。
2003	民国92年	9月6日、台湾独立支持派が**「国名」変更要求デモ**。
2003	民国92年	9月28日、陳水扁総統が民主進歩党の結党17周年大会で、2006年に台湾の新憲法を創出すると表明。
2003	民国92年	10月15日、陳水扁総統、2008年に新憲法施行の意向を表明。
2003	民国92年	10月17日、高さ508mの世界一の超高層ビル「台北101」が完成。
2003	民国92年	10月23日、台湾の故蒋介石夫人の宋美齢女史がニューヨークの自宅で死去。105歳。

台湾の世界保健機関（WHO）参加問題
世界保健機関（WHO）の総会が2003年5月19日、本部を置くジュネーブで開かれた。総会と並行して開かれた総務委員会ではパラオなどが提案した台湾のオブザーバー参加問題が討議されたが、中国の呉儀副首相兼衛生相らが「二つの中国」につながるとして強く反対し、総会の議題とならなかった。総務委員会では日本やアメリカ、中南米、太平洋地域諸国などが賛成票を投じたが、大差で否決された。日本が賛成票を投じたことに対し中国は日本に抗議した。世界保健機関への台湾のオブザーバー参加問題を議題とするかどうかの採決が行われたのは1997年以来7年ぶり。

新旅券を発行　台湾外務省は2003年9月1日、表紙に「TAIWAN」と記した新しい旅券を発行した。中国語の「中華民国」と英語の「REPUBLIC OF CHINA」の表記は変えず、「国章」の下に「TAIWAN」の表記を加えた。外務省は新旅券の発行の理由を「中華民国」とだけ書かれた旅券は中国の旅券と混同され不便と説明している。中国は「段階的独立の動き」と反発した。

「国名」変更要求デモ　台湾独立支持派の10万人余りが、2003年9月6日、「中華民国」から「台湾」への国名変更を求めて台北でデモ行進した。デモには李登輝前総統も参加し、「1971年に中国が国連で議席を得た時点で中華民国は消滅した。現在の中華民国は正常な国家ではない。国土はなく、国名が台湾に残っているだけだ。いつの日か我々の国家の本当の名は『台湾』であると叫べるようにしよう」と演説した。デモを主宰した「台湾正名（名前を正す）運動連盟」は、①台湾として国連に加盟申請、②政府の在外代表所の名称に台湾を使うよう外務省に要求、③2004年の総統選挙の当選者に国名を台湾とするよう要求、などの声明を発表した。

住民投票法案　およそ半年に渡って審議が続けられてきた住民（国民）投票法案が2003年11月27日、立法院（国

2003	民国92年	10月31日、陳水扁総統が訪米。国際人権連盟の人権賞授与式で演説。
2003	民国92年	11月27日、立法院が**住民投票法案**を可決。
2003	民国92年	11月29日、陳水扁総統が2004年3月の総統選と同時に住民投票を実施する意向を表明。
2003	民国92年	12月5日、陳水扁総統、中国にミサイル撤去を求める住民投票の実施を言明。
2003	民国92年	12月9日、米・ブッシュ大統領、中国の温家宝首相との会談後、「台湾独立」につながる住民投票に反対を表明。
2004	民国93年	2月13日、陳水扁総統、総統に再選されても台湾独立を宣言しないなどの「五つのノー」の原則を守ると表明。
2004	民国93年	2月28日、国民党政権が台湾住民を弾圧した「二二八事件」にあわせ「人間の鎖」デモ。陳水扁総統と住民ら約200万人が参加。
2004	民国93年	3月20日、総統選挙。民進党の**陳水扁総統が僅差で再選**される。

会）を通過した。審議は野党側優勢のうちに進められ、台湾団結連盟と政権党の民主進歩党の一部が提示していた国旗、国名、領土の変更は適用範囲に含まれないこととなった。適用範囲は全国的なものと地方的なものに分けられ、全国的なものとしては、法律案の審査、法案ガイドラインの決定、重大な公共政策に対する賛否、憲法修正案に対する審査などが含まれる。住民投票の発動権については、立法院と国民のみが発動権を有するとする野党案が可決され、行政院も住民投票を主導することができるとした与党案は否決された。

総統選挙で陳水扁再選　台湾の総統選挙が2004年3月20日に行われ、陳水扁総統が僅差で再選された。今回の総統選挙では陳水扁総統と呂秀蓮副総統を正副総統候補とする民主進歩党に対して、野党側は統一候補として、連戦・国民党主席と宋楚瑜・親民党主席が正副総統候補となり、激しい選挙戦を繰り広げた。投票日前日の3月19日には、陳水扁と呂秀蓮が台南市での選挙運動中に何者かに狙撃され、2人とも負傷するという事件も起こった。選挙の結果は陳水扁陣営の得票率は50.11％に上り、4年前の前回の得票率39.3％を大きく上回り勝利した。陳水扁総統の勝利はいわゆる台湾人意識の高まりを反映したものと見られた。しかし、連戦陣営との差は得票率で0.22％、得票数で3万票足らずできわどい勝負だった。また33万7千票の無効票が発生した。連戦陣営は、無効票が前回の総統選挙の際の3倍にも上った、銃撃事件に関する政府側の説明は納得できない、などの理由をあげ、選挙に不正があったとして提訴、票の再集計も行われたが選挙結果は覆らなかった。

2004	民国93年	3月20日、総統選挙と同時に行われた**住民投票が不成立**。
2004	民国93年	5月17日、中国が「台湾独立」の活動停止を求める声明。
2004	民国93年	5月20日、**陳水扁が第11代総統に就任**。
2004	民国93年	5月24日、中国・台湾事務弁公室、陳水扁総統の総統就任演説は独立路線を放棄していないと批判。
2004	民国93年	8月23日、台湾立法院、**憲法改正案**を可決。
2004	民国93年	10月10日、陳水扁総統、92年の合意をもとに中国との話し合いを進める意向を表明。
2004	民国93年	12月11日、**立法委員選挙で民進党など与党連合が敗北**。
2004	民国93年	12月17日、李登輝前総統が観光目的で訪日。
2005	民国94年	1月3日、台湾・海峡交流基金会の辜振甫理事長が死去。
2005	民国94年	1月15日、中台の航空当局が春節（旧正月）中の直航チャーター機の相互乗り入れで合意。

住民投票が不成立　2004年3月20日の総統選挙に会わせて陳水扁総統の念願だった住民投票も実施された。住民投票は、①中国のミサイルに対して自主防衛能力を強化すべきか、②中国と交渉を進め、平和・安定の枠組みを築くべきか、の2点について行われた。結果はいずれの設問に対しても投票総数が全有権者の半数に達しなかったため、住民投票は不成立に終わった。実際に投票された票のうち、①に対しては87.37％が、②に対しては84.89％が賛成票を投じた。

陳水扁が第11代総統に就任　2004年5月20日、陳水扁総統は2期目の就任演説を行ない、2008年までに台湾のニーズに合致した新憲法を制定する方針を表明した。陳水扁総統は新憲法の中味については、国家の主権や領土にかかわる問題、統一か独立かの問題は台湾社会では絶対多数のコンセンサスを得ていないとして、これらの問題は憲法改革の範囲には含まないと述べた。陳水扁総統は、これまで2006年に新憲法草案について住民投票を行なうとしていたが、就任演説ではこの点については触れなかった。しかし、新憲法の中に住民投票を入れるとも述べた。今回の就任演説では、前回の就任演説で述べられた「台湾独立を宣言しない」などの「五つのノー」については直接言及しなかったが、「4年前の就任演説に掲げた原則と公約は過去4年間に変化はしておらず、これからの4年間も変わらない」と述べた。

憲法改正案　立法院は2004年8月23日、立法委員の定数半減、小選挙区2票制の導入、国民代表大会の廃止、住民投票による憲法改正などを盛り込んだ憲法改正案を可決した。台湾の憲法改正はこれが7回目だが、立法院が実質的に処理をしたのは今回が初めてのことである。最も注目されていた国会改革に関しては、第7期（2008年2月）から、立法院の定数を現行の225議席から半数の113議席に減らし、任期を3年から4年にすることとなった。この改正案は現行の憲法改正手続きに従い、2005年6月に非常設の国民大会で再度決議され、最終的に成立した。

立法委員選挙で民進党など与党連合敗北　2004年12月11日、第6期立法委員選挙が行われた。この選挙では台湾化路線を進める民主進歩党、台湾団結

2005	民国94年	1月27日、台湾高速鉄道（新幹線）の試運転開始。
2005	民国94年	1月29日～2月20日、**中台直航チャーター便の相互乗り入れ**実施。
2005	民国94年	2月19日、日米安全保障協議委員会（2＋2）で「共通戦略目標」に「台湾海峡問題の平和的解決」を明記。
2005	民国94年	3月14日、中国・全国人民代表大会、**反国家分裂法**〔→次頁〕を採択。26日、台北で100万人の抗議デモ。
2005	民国94年	3月28日、国民党の江丙坤副主席が訪中。
2005	民国94年	4月4日、台湾団結連盟の蘇進強主席が靖国神社を参拝。
2005	民国94年	4月8日、陳水扁総統、ローマ法王ヨハネ・パウロ2世の葬儀に参列。

連盟が過半数を制することができるかどうかが焦点だったが、結果は国民党、親民党、新党の野党陣営が過半数の114議席（全225議席）を獲得し、勝利した。各党別の獲得議席数は、民進党89（現有80）、国民党79（現有66）、親民党34（現有44）、台湾団結連盟12（現有12）、新党1（現有1）、そのほか14。選挙前、陳水扁総統は、①在外代表部の名称に「台湾」を付ける、②中国の企業と混同されやすい公営企業名を2年で変更、などの目標を掲げ、「台湾人意識」を刺激して選挙の勝利を図った。しかし、中台関係の安定を望む有権者、特に中間層の支持を得られず、また過激な台湾化路線を望まないアメリカの支持も得られなかった。陳水扁総統は選挙敗北の責任をとって兼任していた民進党主席を辞任した。遊錫堃内閣も人心一新を図るためとして総辞職した。

中台直行チャーター便の相互乗り入れ

2005年2月9日の春節（旧正月）前後に、中国から台湾に帰省する台湾のビジネスマンと家族らの便宜を図るための中台直航のチャーター便の第1便が、1月29日、中国、台湾の双方からそれぞれ就航した。春節の中台間チャーター便は2003年以来、台湾の航空会社によって行われてきた。今回は中台の航空会社6社が初めて相互に乗り入れたもので、しかも香港など第三地点を経由しない、ノンストップ「直行便」となった。また中国側発着地には北京と広州が新たに加えられた。相互乗り入れ直行便は2月20日まで大陸と台湾の間を計48往復した。中国と台湾のメディアはともに、1949年の中台分断以来初めてとなる相互直航チャーター便の乗り入れを「歴史的一日」と華々しく報道した。

2005	民国94年	4月26日、**連戦・国民党主席が訪中**。29日、胡錦濤・中国共産党総書記と60年ぶりの国共トップ会談。
2005	民国94年	5月3日、中国国務院台湾事務弁公室・王在希副主任、陳水扁総統が台湾独立をかかげた民主進歩党の綱領を破棄すれば対話は可能と。
2005	民国94年	5月3日、中国国務院台湾事務弁公室・陳雲林主任、台湾にパンダ1つがいを贈ると表明。
2005	民国94年	5月5日、宋楚瑜・親民党主席が訪中。12日、胡錦濤・中国共産党総書記と会談。
2005	民国94年	5月10日、台湾国防省、台湾の軍事機密を中国に売り渡したとして国防省通信部門の少佐ら2人を逮捕。
2005	民国94年	5月14日、国民大会代表選挙で民進党が勝利。
2005	民国94年	6月7日、国民大会、**憲法改正案を採択**。

反国家分裂法　中国の全国人民代表大会は、2005年3月14日、台湾に対する武力行使に法的根拠を与える「反国家分裂法」を採択した。「反国家分裂法」は第1条で、同法の目的は「台湾独立」を掲げる分裂勢力による国家の分裂について反対、抑制することにあるとしている。その上で、第8条では、「台湾独立を掲げる分裂勢力がいかなる名目、いかなる形であれ台湾を中国から分裂させるという事実、または台湾の中国からの分裂を引き起こす可能性のある重大な事変、または平和統一の可能性が完全に失われた場合、国は非平和的手段やそのほかの必要な措置を取る」、と述べている。非平和的手段即ち武力行使に訴えるための条件がここに示された。「反国家分裂法」が採択された3月14日、台湾の行政院大陸委員会は声明を発表し、「中華民国の主権は台湾2,300万の国民に属するもので、中国当局がいかなる手段によって侵犯を進めようとも断じて容認しない。一方的に現状を変更しようとする意図を持った『非平和的手段』の立法化は、台湾海峡水域の平和と安定に脅威を与えるものである」と非難した。

連戦・国民党主席が訪中　台湾の連戦・中国国民党主席が2005年4月26日から5月3日まで中国を訪問し、4月29日に中国共産党の胡錦濤総書記（国家主席）とトップ会談を行なった。国民党主席の訪中は1949年の中台分断後初めてで、国共両党のトップ会談は60年ぶり。中国側は国賓並の待遇で連戦主席を迎えた。トップ会談後発表された中国共産党と国民党の新聞コミュニケによると、両党は「台湾独立」に反対し、①両岸がすみやかに対話を再開する、②敵対状態を終結させ、平和協定への調印を促進する、③両岸が全面的な経済交流を進める、④台湾民衆が関心を持つ国際活動への参加問題の協議を促進する、⑤両党間の定期交流の枠組みを作る、などの点で合意した。平和協定については「軍事面での相互信頼メカニズムを作り、軍事衝突を避けることを含む」とし、経済交流の分野では、中台間の三通（通信、通商、通航の直接開放）の実現、台湾農産物の対中輸出拡大と共同市場作りなどを盛り込んだ。台湾の国際活動については世界保健機関（WHO）へのオブザーバー参加を優先的に討論すると

2005	民国94年	6月21日、立法院院長、国防部長らが乗船した台湾の軍艦が尖閣諸島付近を航行。
2005	民国94年	7月19日、国民党主席に馬英九氏が就任。
2005	民国94年	8月18日、中露合同軍事演習「平和の使命2005」始まる。対台湾を想定か。
2005	民国94年	10月1日、台湾、金門、馬祖での台湾ドル、人民元間の両替認可。
2005	民国94年	10月16日、台湾・李登輝前総統、小泉首相の靖国参拝を評価。
2005	民国94年	10月25日、北京で「台湾光復60周年記念大会」。
2005	民国94年	12月3日、**統一地方選挙で野党国民党が大勝**。
2005	民国94年	12月24日、中国海峡両岸関係協会・汪道涵会長死去。

している。連戦主席の訪中について、与党の民主進歩党や台湾団結連盟は連戦氏は「台湾人の気持ちを伝えておらず、中国にへつらった。台湾の地位を守らず、台湾の生存を脅かした」などと非難した。このあと5月5日には台湾の第二野党親民党の宋楚瑜主席も中国を訪問し、胡錦濤総書記と会談した。7月には新党代表団が訪中した。

憲法改正案を採択　2005年5月14日の選挙で選ばれた国民大会は、6月7日、憲法改正案に対する再審議を行ない、規定の4分の3以上の同意を得てこれを採択した。改正の内容は、①立法院の定数を現行の225議席から113議席に半減し、任期を現在の3年から4年にのばし、小選挙区比例代表並列制を採用する。②立法院が憲法修正案または領土変更案を提出するには、立法委員全体の4分の1以上の提議と、4分の3以上の出席、及び出席委員の4分の3以上の決議を必要とする。③憲法改正には、住民投票による再審議を行ない、投票者数の過半数の同意を必要とする。④立法院が提出した総統、副総統の弾劾案は、司法院憲法法廷が審理する、などとなっている。今回の改正で国民大会は憲法改正の役割を終え、1948年の成立以来半世紀以上続いた歴史に幕を閉じた。

統一地方選挙で野党国民党が圧勝

2008年の総統選挙の前哨戦と目された台湾の統一地方選挙が2005年12月3日に行われ、最大野党の国民党が23の県・市長ポストのうち、これまでより6増の14ポストを獲得して大勝した。与党民主進歩党は4減の6ポストに止まって大敗し、2004年12月の立法委員選挙に続く敗戦となった。民進党は元総統府高官などの相次ぐ汚職、腐敗事件で従来のクリーンイメージを失った上に、景気回復や対中政策で目立った成果を挙げていないことが有権者の不満を招いた。これに対し、国民党は清廉な印象の若手の指導者・馬英九主席の人気もあって勝利を収めた。

2006	民国95年	1月1日、陳水扁総統が対中国経済貿易政策について「**積極管理、有効開放**」の新方針を提示。
2006	民国95年	1月20日、中国、台湾の航空会社相互乗り入れの直航チャーター便の運航始まる。
2006	民国95年	1月23日、統一地方選での民主進歩党敗北の責任を取り、謝長廷行政院院長が辞任。後任は蘇貞昌前民進党主席。
2006	民国95年	2月27日、**「国家統一綱領」と「国家統一委員会」を事実上廃止**。
2006	民国95年	3月31日、台湾農業委員会（農林省）が中国からのパンダの受け入れを拒否。
2006	民国95年	4月13日、連戦・国民党名誉主席、再訪中。16日、胡錦濤総書記と会談。
2006	民国95年	5月10日、陳水扁総統、中南米歴訪の帰途リビアを訪問。

積極管理、有効開放　陳水扁総統は2006年1月の元旦祝辞の中で、中台間の経済貿易関係について「積極管理、有効開放」の新たな方針をとることを明らかにした。これは従来の「積極開放、有効管理」政策からの転換を示すもので、転換の理由としては、経済貿易政策は個々のまたは企業自身の利益のみを追求すべきではないからだと述べた。また後には、過度に中国に傾斜することは慢性的な自殺であるとも述べている。

「国家統一綱領」と「国家統一委員会」を事実上廃止　陳水扁総統は2006年2月27日、国家安全会議上層会議を招集した。会議は中台統一を前提とした対中関係の諮問機関である国家統一委員会の運用を停止し、統一の道筋を規定した国家統一綱領の適用を終了することを決議した。これは事実上の廃止を意味する。陳水扁総統は春節（旧正月）の元旦にあたる1月29日にすでにこの方針を明らかにしていた。陳水扁総統は今回の決議について、「主権在民という民主の原則と、中国が日増しに軍事的脅威を強め「反国家分裂法」制定など非平和的手段で台湾海峡の現状を一方的に変更しようとしていることを考慮した」としている。その上で、今回の決定は台湾の現状を変更しようとするものではなく、今後の憲政改革では主権に関する議題は検討しないと述べ、「中華民国」の国名変更などを行なう意図のないことを示唆した。中国に対しては政府間協議と交渉を求めた。今回の決定に対し、中国の胡錦濤国家主席は翌28日、「台湾独立」に向けた危険な動きと強く非難した。

陳水扁総統の娘婿を拘束　台北地検は2006年5月25日、陳水扁総統の娘婿の医師・趙建銘容疑者を証券取引法違反（インサイダー取引）の容疑で拘束した。趙容疑者は2005年の夏、証券会社幹部から土地開発信託投資会社の株が値上がりするという内部情報を得て、家族名義で5千株を1,800万台湾元（約6,300万円）で購入し、不当な利益を得た疑いが持たれている。趙容疑者は否認しているが、インサイダー取引のほか、巨額の土地転がしに関与し

2006	民国95年	5月12日、世界保健機関（WHO）総務委員会が台湾のオブザーバー参加要求を総会の議題にせずと決定し、台湾の要求を門前払い。
2006	民国95年	5月25日、**陳水扁総統の娘婿を拘束**。
2006	民国95年	5月31日、**陳水扁総統、権限行使縮小**を宣言。
2006	民国95年	6月1日、国民党機関紙「中央日報」休刊。
2006	民国95年	6月14日、中国と台湾が直行便拡大で合意。
2006	民国95年	6月27日、台湾立法院、**陳水扁総統の罷免案を否決**。
2006	民国95年	8月7日、台湾検察当局が機密費流用疑惑で陳水扁総統から事情聴取。
2006	民国95年	8月12日、李登輝前総統が蘇貞昌行政院長（首相）の対中政策を中国との経済統合を進めるものだと批判。
2006	民国95年	8月12日、施明徳元民進党主席が陳水扁総統の退陣を求める100万人署名運動を開始。
2006	民国95年	9月6日、「中正国際空港」を「台湾桃園国際空港」に改称。

た可能性も指摘されている。台湾で第一家庭といわれる総統一家の金銭絡みの疑惑は2005年から野党議員らに批判されてきたが、強制捜査の対象となったのはこれが初めてである。2005年に発覚した元総統府副秘書長の汚職事件に続き身内のスキャンダルが相次いで明るみに出、陳水扁総統に対する支持率は急落した。「台湾日報」が2006年5月17日に報じた台湾団結連盟が行なった世論調査では、支持率は5.8％で、不支持は88％に上った。3月に与党民主進歩党が行なった調査でも支持率は18％に過ぎなかった。野党からは、陳水扁総統の辞任要求、罷免要求の声が強まり、陳水扁総統は窮地に立たされた。

陳水扁総統、権限行使縮小　陳水扁総統は2006年5月31日、蘇貞昌行政院長らを招き、今後は対中政策や防衛・外交問題以外については関わらないことを宣言した。娘婿の拘束などで支持率が落ち込む中、権限縮小を約束することで、罷免などの動きが拡大するのを阻もうとしたもの。台湾の総統は憲法上総統に認められている権限とされる対中政策や防衛以外でも、内政や大型選挙の候補者選定などに影響力を発揮してきた。陳水扁総統は、今後は行政院や民主進歩党に権力を徹底的に移譲すると約束した。

陳水扁総統の罷免案を否決　台湾の立法院（国会・定数225）は2006年6月27日、陳水扁総統に対する罷免案を採決したが、通過に必要な3分の2以上の賛成票を得られず否決された。採決は記名投票で行われ、賛成は119票で3分の2の150票に31票足りなかった。野党の国民党と親民党の委員は投票したが、政権与党の民主進歩党はボイコットし、台湾団結連盟は棄権にまわった。野党連合が提案した罷免案は、陳水扁総統の娘婿が株式のインサイダー取引容疑で拘束されたのを機に6月中旬から審議されていた。野党側は陳水扁総統の就任以来6年の無策と腐敗一掃を罷免の理由として挙げていた。

2006	民国95年	9月9日、施明徳元民進党主席が主導する腐敗反対、**陳水扁総統辞任要求の9万人集会**が台北市の総統府前で始まる。
2006	民国95年	10月10日、台湾の国慶節・双十節に、陳水扁総統の退陣を求め市民12万人あまりが総統府を包囲、デモ。陳総統は演説で辞任要求拒否を表明。
2006	民国95年	11月3日、台北地方検察庁が陳水扁総統の**呉淑珍夫人ら4人を起訴**。
2006	民国95年	11月24日、台湾の立法院（国会）がこの年3度目の陳水扁総統罷免案を否決。今回も採択に必要な3分の2の賛成票を得られなかった。

陳水扁総統辞任要求の9万人集会　台湾民主化の闘志とされる施明徳元民進党主席は2006年8月12日、「だめな総統に任期を全うさせることはできない。退陣させて初めて台湾の民主化は完成する」として、陳総統の退陣を求める100万人署名運動を始めた。施氏はこの署名が8月28日に100万人に達したことを受け、9月9日から台北市の総統府前で腐敗反対、陳水扁総統の退陣要求の座り込みを始めた。参加者は約9万人で一部はデモ行進もした。この座り込みとデモは1ヵ月以上続き、9月16日からは、台北駅前に会場を移して行われた。一方、9月16日には陳総統支持の集会が約10万人を集めて総統府前で開かれた。集会での演説では「台湾は台湾人のもの」、「総統辞任要求は中台統一をもくろむ勢力の陰謀」などの声が聞かれた。

呉淑珍・総統夫人ら4人を起訴　起訴されたのは呉淑珍夫人と総統府の馬永成元副秘書長それに総統府弁公室主任、総統府出納担当者の4人。起訴状によると、呉夫人らは2002年から2006年3月までの間、他人から譲り受けた領収書を使うなどして総統府機密費から総額で約1,480万台湾元をだまし取ったとされる。検察当局は陳水扁総統にも汚職と文書偽造の疑いがあるとしたものの、総統の刑事訴追免除特権に基づき起訴を見送った。検察側は陳総統の容疑については退任後に追求するとしている。与党民進党と与党連合を組んでいる台湾団結連盟の蘇進強主席は「陳総統は辞任すべきだ」との考えを示し、陳政権の成立に大きな役割を果たしたノーベル化学賞受賞者の李遠哲前中央研究院長も「総統は去就問題を真剣に考えるべきだ」と事実上の辞任勧告をした。野党国民党の馬英九主席は「陳総統は市民の信頼を失った」と批判し、立法院（国会）に総統罷免案を提出する考えを示した。

台北と高雄の市長選　台湾の2大都市、台北市と高雄市の市長選が2006年12月9日に行われ、台北市長選では国民党の郝柳斌元環境保護署長が、行政院長（首相）を務めたことのある民進党の謝長廷候補らを破って当選した。高雄市長選では民進党の陳菊元労工委員会主任委員（労相）が1,114票の僅差で国民党の黄俊英元副市長を破り当選した。民進党は陳水扁政権の金銭スキャンダルの逆風を受け、両市での敗北も予想されたが、辛うじて現有の高雄市長の座を守ることができた。第2野党・親民党の宋楚瑜主席は台北市長選

2006	民国95年	12月9日、台湾の2大都市・**台北と高雄の市長選**で国民党、民進党がそれぞれ現有を維持。
2006	民国95年	12月27日、陳水扁総統の娘婿・趙建銘にインサイダー取引などの罪で懲役6年の実刑判決。
2007	民国96年	1月5日、**台湾新幹線**が開業。
2007	民国96年	1月29日、**李登輝前総統**、週刊誌の取材に**「自分は台湾独立派ではない」と主張**。
2007	民国96年	2月12日、陳水扁政権が公営企業を**台湾名称に改称**。

挙に立候補したが、国民党、民進党の候補に惨敗し、政界からの引退を表明した。

台湾新幹線　日本の新幹線システムが初めて輸出された台湾高速鉄道（台湾新幹線）が2007年1月5日開業し、台北郊外の板橋駅から高雄に向け出発した。台湾交通の新紀元と言われた。台湾新幹線は台湾の2大都市・台北と高雄の間を最短で従来の3分の1の1時間半で結ぶもので、最高時速は300km。台湾の南北一体化をねらった高速鉄道計画は1997年、フランス、ドイツの欧州連合が優先交渉権を獲得したが、ドイツでの列車事故や1999年の台湾大地震を受け、事故が無く地震に強い日本の新幹線システムが採用されることになった。しかし、通信や信号などには欧州式のシステムが採用されており、いわば日欧混合システムでの出発になった。このほか、台湾人の運転士の養成も間に合わず、運転士の大半はフランス人という中での開業だった。

李登輝前総統、「自分は台湾独立派ではない」と主張　李登輝前総統は2007年1月29日、大手週刊誌『壹週間』の取材に対し、「台湾は事実上主権がすでに独立した国家だ」としながら、「この上独立を求めることは後退であると同時にアメリカや大陸と多くの問題を引き起こして危険である」と述べた。李前総統はさらに「私は台湾独立派ではない」と主張した。李前総統はこのほか、中国資本の台湾への投資や中国人観光客の台湾訪問の開放も必要だと述べた。

台湾名称に改称　台湾では2003年ごろから「台湾正名（名前を正す）運動」が繰り広げられており、国名を「中華民国」から「台湾」に改めるべきだなどの主張が行われてきた。その流れの中で、陳水扁政権は公営企業から中国や中華の名をはずし、「台湾」に置き換えることにしたもの。今回は、造船大手の「中国造船」を「台湾国際造船」に、石油大手の「中国石油」を「台湾石油」に、郵政事業を独占する「中華郵政」を「台湾郵政」にそれぞれ改称した。金銭スキャンダルによって威信を失墜した陳水扁総統の反転攻勢の動きでもある。これより先、2006年9月6日には蒋介石の名前の「中正」を冠した「中正国際空港」を「台湾桃園国際空港」に変更するなど、脱蒋介石の動きも進んでいた。

2007	民国96年	2月13日、台湾検察当局が**馬英九国民党主席を汚職（横領）罪で起訴**。馬氏は国民党主席を辞任。
2007	民国96年	3月4日、陳水扁総統が「台湾は独立が必要である」など**4つの「必要」と1つの「ない」**を発表。
2007	民国96年	3月11日、台湾が世界保健機関（WHO）に台湾名義での参加を申請、却下される。
2007	民国96年	4月7日、国民党が新しい党主席に呉伯雄前主席代行を選出。
2007	民国96年	4月26日、台湾オリンピック委員会が北京オリンピックの**聖火の台湾通過を拒否**。
2007	民国96年	5月6日、与党民進党が謝長廷前行政院長（首相）を次期総統選の公認候補に決定。
2007	民国96年	5月19日、「中正記念堂」を「台湾民主記念館」に改称。「台湾正名政策」の一環。
2007	民国96年	5月30日、李登輝前総統が日本を訪問。
2007	民国96年	6月24日、野党**国民党が馬英九前主席を次期総統選の候補に正式指名**。

馬英九国民党主席を汚職（横領）罪で起訴　台湾の検察当局は2007年2月13日、野党国民党の馬英九主席を台北市長時代に市長特別費（交際費）を私的に流用したとして汚職（横領）罪で起訴した。起訴状によると、馬主席は1998年からの8年間に約1,120万台湾元の市長特別費を自分や妻が運営する団体などへ献金するなど公的目的以外に使ったとされる。馬主席は責任を取って主席を辞任したが、支出はまったく法に従ったものであるとし、身の潔白を市民に問うために総統選挙に立候補すると表明した。今回の馬主席の起訴は与党民進党の告発を受けたもの。

4つの「必要」と1つの「ない」　陳水扁総統は2007年3月4日、台湾独立派の団体で演説し「台湾は中華人民共和国の外で主権が独立した国家で、独立は台湾住民の共通の理想であり、長期にわたる目標だ」と述べ、さらに「台湾は独立する必要がある」、「台湾は名を正す必要がある」、「台湾は新憲法が必要である」、「台湾は発展が必要である」という4つの「必要」と、「台湾にはいわゆる左右路線の対立はなく、統一か独立かの問題のみである」という1つの「ない」を表明した。これは2000年の総統就任時の「五つのノー」の約束に反するもので、世間からは「台湾独立」への公然たる路線変更とも受け取られた。また「1つのない」は李登輝前総統が1月に述べた「独立を追求する必要はない」という発言への反論と見られる。**陳水扁の「五つのノー」**および**李登輝前総統、「自分は台湾独立派ではない」と主張**の項を参照のこと。

聖火の台湾通過を拒否　2007年4月26日、台湾オリンピック委員会の蔡辰威主席は記者会見し、中国側が提示していた北京オリンピックの聖火リレーの経路について、「台湾から香港に抜ける経路については受け入れられない」と拒否することを明らかにした。聖火リレーの経路については、2月の中台

2007	民国96年	6月26日、陳水扁総統の娘婿に対し、台北高裁は1審より重い懲役7年の実刑判決。
2007	民国96年	7月19日、台湾が初めて**「台湾」名義での国連加盟申請書を提出**。
2007	民国96年	8月14日、台北地裁が公金横領の罪に問われていた国民党の次期総統選候補者・馬英九に無罪判決。
2007	民国96年	9月15日、与党民進党は「台湾」名義での国連加盟へ向けた住民投票の実施を目指し、高雄市で30万人デモ。野党国民党は中華民国名義を掲げ、台北で10万人集会。
2007	民国96年	9月19日、国連総会の議題を決める国連一般委員会が台湾の「台湾」名義での国連加盟申請を議題としないことを決定。
2007	民国96年	9月21日、台湾の最高検察署が呂秀蓮副総統と与党民進党の游錫堃主席ら11人を公費横領の罪で起訴。

オリンピック委員会の会談で、ホーチミン市―台北―香港―マカオ―中国本土というルートで一旦は合意していた。しかし台湾側は、北京オリンピック組織委員会が26日に聖火リレーの詳細を発表した後、聖火の出入り口が香港やマカオであれば「台湾が中国の一部であることを印象づけることになる」として拒否を表明したもの。

国民党が馬英九前主席を次期総統候選補に正式指名　国民党は2007年6月24日、全国代表大会を開き、総統選候補に馬英九前主席を副総統候補に蕭万長元行政院長を正式に指名した。また台北地検から台北市長時代に特別費の流用があったとして起訴されている馬氏を候補にするため、「起訴されれば候補者として公認しない」という党規約を、「判決が確定した場合、公認しない」に改めた。さらに台湾では「台湾人意識」が高まっているのを踏まえ、党規約に台湾主体の改正を行った。具体的には第2条に「台湾を以て主とし、人民にとって有利」という文言を加え、党規約に初めて「台湾」の2文字を書き加えた。また第8条の「国家の統一に力をつくす」を「国家の平和発展に力をつくす」に改めた。

「台湾」名義での国連加盟申請書を提出　台湾は2007年7月19日、台湾名義での国連加盟申請書を国連事務総長に提出した。台湾は一つの中国を掲げていた国民党政権の時代から2006年まで、14年連続で国連加盟を申請して来たが、今回は始めて台湾名義で新加盟国となる申請を行ったもの。

2007	民国96年	9月30日、与党民進党が党大会で**「正常国家決議文」**を採択。
2007	民国96年	10月15日、中国の**胡錦濤総書記が台湾に話し合いを呼びかけ**。
2007	民国96年	11月21日、野党国民党の馬英九次期総統選候補者が同志社大学で講演、対中国政策として「統一せず、独立せず、武力行使せず」の三つのノーを表明。
2007	民国96年	12月28日、福田首相が北京で、現状変更につながるような台湾の住民投票は支持できないと語る。
2008	民国97年	1月12日、台湾**立法院選挙で野党国民党が圧勝**。
2008	民国97年	1月14日、台湾、マラウイと断交。台湾と外交関係を持つ国は23カ国に。
2008	民国97年	3月22日、国民党の**馬英九候補が総統選挙に勝利**。住民投票は成立せず。
2008	民国97年	3月22日、中国政府が台湾総統選挙の結果を受け、「中台関係の平和的発展のために共に努力を」と呼びかけ。

「正常国家決議文」 与党民進党は2007年9月30日、党の中長期的な政策方針を定めた「正常国家決議文」を採択した。決議文では、台湾は中国の台湾に対する軍事、外交、経済、文化、政治的攻勢によって国家的生存が圧迫されている「国家関係の不正常」など5つの不正常な脅威にさらされているとし、決議文は台湾を正常な国家にすることを目的にしたものだとしている。具体的な主張としては、「適切な時期に国民投票を実施し、台湾が主権独立国家であることを明確にする」、「(中華民国歴を廃止して) 西暦を用いる」、「教育課程における教育の台湾化を確立する」など5項目を挙げており、台湾独立色の強い内容になっている。民進党の游錫堃主席は「正常国家決議文」の中に「国号を台湾に正名する」という修正案を盛り込むという主張が認められなかったため、主席を辞任した。

胡錦濤総書記が台湾に話し合いを呼びかけ 中国共産党の胡錦濤総書記は2007年10月15日に開かれた第17回党大会の政治報告の中で、「両岸は現在も統一されていないが、大陸と台湾が一つの中国に属している事実は変わっていない。両岸が一つの中国に属していることを認めさえすれば、我々は台湾のいかなる政党とも交流と対話、協議と交渉を進めたいと考えており、どんな問題も話し合ってよい」と述べ、中台関係の平和発展のため話し合いによって新たな局面を切り開くように呼びかけた。2008年3月5日に開かれた第11期全国人民代表大会では、温家宝首相が政府活動報告の中で「中台間の交渉の早急な再開を目指す」と述べた。

立法院選挙で野党国民党が圧勝 台湾の立法院（国会）選挙が2008年1月12日に行われ、野党国民党が70％を越える議席を獲得し圧勝した。立法院の議席数は2005年の憲法改正で定数が半減し、今回の選挙からは113議席となった。開票の結果、最大野党の国民党が81議席と定数の70％を越える議

2008	民国97年	3月22日、アメリカのブッシュ大統領が「台湾の総統選挙の結果は中台双方に新たな歩み寄りと関与の機会を与えると信じる」と声明。
2008	民国97年	3月26日、中国の胡錦濤国家主席はアメリカのブッシュ大統領と電話会談。「九二共識」の基礎の上に中台間の協議と交渉を回復させるというのが中国側の一貫した立場と表明。**九二共識**（合意・コンセンサス）の項を参照のこと。
2008	民国97年	4月12日、中国の**胡錦濤国家主席と**台湾の**蕭万長次期副総統が**海南島で**会談**〔→次頁〕。
2008	民国97年	4月24日、台湾最高裁が検察の上告を棄却、馬英九次期総統の無罪確定。
2008	民国97年	4月29日、中共の胡錦濤総書記が国民党の連戦名誉主席と北京で会見。
2008	民国97年	5月15日、台湾の中華航空が中国四川省の大地震被害に対する救援物資を載せた「人道的直行便」を成都に向け飛ばす。

席を獲得し圧勝した。与党民進党は27議席にとどまり、「歴史的敗北」となった。李登輝前総統が指導者になっている与党の台湾団結連盟は議席を失った。第二野党の親民党は国民党との選挙協力で自党候補が国民党候補として立候補したこともあり、これまた議席を失った。国民党、民進党とも今回の選挙を3月の総統選挙の前哨戦として総力をあげて戦った。国民党は民進党政権の腐敗や経済政策の失政を攻撃し、親民党との選挙協力も成功して大勝した。民進党は台湾人意識や台湾の独自性を主張し、中国との融和政策をとる国民党との違いを際立たせようとしたが空振りに終わった。民進党の主席を兼ねる陳水扁総統は敗北の責任をとって主席を辞任した。

馬英九候補が総統選挙に勝利　台湾の総統選挙は2008年3月22日に行われ、対中国融和政策や経済重視の政策を主張した野党国民党の馬英九候補が、中国脅威論を唱えた与党民進党の謝長廷候補を大差で破り当選した。国民党にとっては2000年の総統選挙で民進党に敗北して以来8年ぶりの政権奪還である。得票数は馬氏が765万8724（58.45%）、謝氏が544万5,239（41.55%）で220万票あまりの大差だった。勝利した馬氏は記者会見で、台湾経済の活性化のため、中国観光客を受け入れる週末直行チャーター便の運行について中国側と交渉に入る考えを明らかにした。国民党は選挙協力を行った親民党との合併を発表した。一方、総統選挙と同時に行われた民進党が推進していた「台湾」名義での国連加盟の賛否を問う住民投票と国民党が推進していた「中華民国」の名義で国連復帰の賛否を問う住民投票は、いずれも投票者が有権者の過半数に達せず成立しなかった。

2008	民国97年	5月18日、民進党が新しい主席に行政院大陸委員会主任委員や行政院副院長（副首相）を歴任した蔡英文を選出。初の女性党首。
2008	民国97年	5月20日、**馬英九が台湾の第12代総統に就任。**
2008	民国97年	5月22日、中国、馬英九新総統の就任を歓迎。

胡錦濤国家主席と蕭万長次期副総統が会談 胡、蕭両氏の会談は、蕭氏が海南島の博鰲で開かれた中国主催の経済フォーラムに民間団体の理事長の身分で出席したことから実現した。会談で胡主席が「引き続き両岸の経済、文化の交流と協力を推進したい」など「四つの継続」の考えを述べた。これに対し、蕭次期副総統は5月20日の政権交代後に中台間の週末直行便の開始、中国人観光客の台湾への受け入れ、中台対話の再開などに早急に着手したいと述べた。会談では胡、蕭両氏とも経済交流の強化を重点的に取り上げ、政治問題抜きの内容となった。

馬英九氏が台湾の12代総統に就任
馬英九が台湾の第12代総統に就任し、就任演説で中台関係の改善に強い意欲を示した。馬英九氏は「人民の奮起、台湾の新生」というタイトルで就任演説を行い、台湾は世界が尊敬する民主主義国家になったが、これからはその民主主義の質を充実、向上させなければならないと述べた。注目の中台関係については、「我々は台湾の民意に最も符合した"統一せず、独立せず、武力を用いず"の理念をもって台湾海峡の現状を維持させる」、「九二共識（合意・コンセンサス）の基礎の上に一刻も早く大陸との協議を回復する」、「7月から始まる週末チャーター直行便の運行と大陸観光客の来台が両岸関係を斬新な時代に入らせるよう希望する」と述べた。馬新総統はさらに、大陸が国際の場で台湾に対する圧迫を止めてこそ、両岸関係が初めて安定して前向きに発展すると述べた。馬新総統は、中国の胡錦濤国家主席が3月26日のアメリカのブッシュ大統領との電話会談で「九二共識（合意・コンセンサス）」に言及したことを初めとする最近三回の両岸関係に関連した談話は、我々の理念とほぼ一致しているとして、中台が国際機関と関連する活動の場で互いに協力し、尊重しあうよう呼びかけた。**九二共識**（合意・コンセンサス）の項を参照のこと。

馬英九（1950～） 1950年7月、香港に生まれた。原籍は湖南省湘潭県で毛沢東に同じ。1歳で家族とともに台湾に移り住んだ。馬英九は一人息子で、ほかに4人の姉妹がいる。1972年、台湾大学法律学科を卒業、次いで1976年に米ニューヨーク大学法学修士、1981年に米ハーバード大学法学博士の学位を取得した。1981年に台湾に戻った馬英九は、総統府第一副局長、蔣経国総統の英語通訳および秘書、中国国民党中央委員会副秘書長などを務めた。1986年には、蔣経国総統の指示を受け、戒厳令解除、大陸への里帰り自由化、国会改革などについて研究した。1991年、行政院大陸委員会副主任委員に就任し、第2期国民大会の代表に当選した。1993年、法務部長（法相）に就任し、汚職取締、選挙違反取締、麻薬・覚醒剤取締、暴力団一掃などに手腕を発揮し、「馬青天」と評判をと

2008	民国97年	5月26日、経済官僚の大物、江丙坤国民党副主席が海峡交流基金会理事長に就任。
2008	民国97年	5月28日、**国共両党のトップ会談**が北京で行われる。
2008	民国97年	6月3日、中国国務院台湾事務弁公室主任に王毅筆頭外務次官（前駐日大使）。前任者の陳雲林は海峡両岸関係協会会長に。

った。1996年、無任所の行政院政務委員（閣僚）となったが、翌年、台湾では白暁燕の誘拐殺人事件など凶悪犯罪が頻発し、馬英九は治安監督の政務委員として責任をとって辞任し、いったん教職に就いた。1998年、台北市長選挙に立候補し、クリーンなイメージが支持されて民主進歩党の現職・陳水扁を破って当選、2002年には2期目の当選を果たした。2007年、馬英九は市長特別費の横領罪で起訴されたが、一貫して潔白を主張した（2008年4月、無罪確定）。2008年、馬英九は総統選挙に国民党候補として立候補して当選し、8年ぶりに民主進歩党から政権を奪還、第12代総統に就任した。総統としての馬英九は対中国融和姿勢をとり、陳水扁前政権とは鮮明な姿勢の違いを示した。

国共両党のトップ会談　中国共産党の胡錦濤総書記と国民党の呉伯雄主席のトップ会談が2008年5月28日、北京で行われた。国共内戦後、両党のトップが与党の立場で会談するのはこれが初めて。会談の冒頭で胡総書記が四川大地震に際しての台湾からの支援に感謝の意を表すると、呉主席は中華民族の緊密なつながりの表れと応じた。会談で、呉主席が「九二共識（合意・コンセンサス）」を基礎として争いを棚上げし、Win-Win（双方にとって有利）の関係を追求しようと述べたのに対し、胡総書記も台湾独立に反対し、「九二共識（合意・コンセンサス）」を堅持することが相互の信頼を確立する根本的基礎であると応じた。胡総書記は台湾の国際の場での活動に参加する問題については、台湾側の考えを理解できるとし、「まず世界衛生機関（WHO）に参加する問題から優先的に討議することにしたいと」述べた。会談では①中台対話の再開、②中台週末チャーター直行便の開始、③中国人に対する台湾観光の開放の3項目を早急に実現することで合意した。**九二共識**（合意・コンセンサス）の項を参照のこと。

2008	民国97年	6月12～13日、**中台民間交流機関のトップ会談**が北京で開かれる。
2008	民国97年	6月15日、尖閣沖で日本の巡視船と台湾の遊漁船が衝突。遊漁船が沈没した問題の処理を巡り、**台湾が駐日代表を召還**。

中台民間交流機関のトップ会談　台湾の海峡交流基金会の江丙坤理事長が2008年6月11日から北京を訪問し、12日と13日の両日、中国側のパートナーである海峡両岸関係協会の陳雲林会長と10年ぶりのトップ会談を行った。両民間交流機関のトップ会談は1993年と1998年に台湾・海基会の辜振甫理事長と中国・海協会の汪道涵会長の間で2度行われたが、その後台湾の総統選挙で中国と距離を置く李登輝、陳水扁が相次いで当選したことなどからトップ会談は開かれないままになっていた。しかし2008年に台湾で対中国融和政策を掲げる馬英九総統が就任したことから、今回のトップ会談開催の運びとなったもの。会談では13日、双方が中国と台湾を直接結ぶ週末チャーター便を運行することに合意し、議事録に調印した。議事録によると、週末チャーター直行便は①毎週金曜から翌週の月曜まで4日間運行し、7月4日から実施する、②運行に際して、大陸側はまず北京、上海（浦東）、広州、厦門、南京の5つの空港を開放し、続いて成都、重慶、杭州、大連、桂林、深圳およびそのほか市場のニーズのある空港を順次開放する。台湾側は桃園、高雄小港、台中清泉崗、台北松山、澎湖馬公、花蓮、金門、台東の八つの空港を開放する、③便数は、当初は双方それぞれ往復週18便、計36便を運行する、などとなっている。双方は「大陸住民の台湾観光に関する取り決め」にも調印した。「取り決め」の付属文書によると、大陸住民の台湾観光は7月18日から正式に始まるが、それに先立ち7月4日に最初の観光団が出発するとなっている。さらに、台湾側の受け入れ枠は1日3千人を限度とし、観光団は1団あたり10人以上40人以下、台湾滞在期間は10日を越えないなどとなっている。中共の胡錦濤総書記は13日、江丙坤理事長と会談し、江理事長の訪問の成果を高く評価した。

台湾が駐日代表を召還　2008年6月10日未明、尖閣諸島の沖合で日本の海上保安庁の巡視船と台湾の遊漁船が衝突し、遊漁船が沈没するという事件があった。この事件の処理をめぐり台湾側が駐日代表を召還するなど日台関係は一時緊張した。沈没した遊漁船に乗っていた16人は全員巡視船に救助され、船長ら乗組員3人を除く乗客13人はその日のうちに台湾側に引き渡された。この事件について、台湾総統府は12日、「我が国の領海で船を沈め、船長を拘留したことに抗議する。日本側は船長をただちに釈放し、賠償せよ」という内容の抗議声明を出した。第11区海上保安本部は6月14日、巡視船と遊漁船の船長をともに業務上過失往来危険などの疑いで書類送検した。これに対し、台湾の外務省は日本側の対応を不服として、台北駐日経済文化代表処の許世楷代表（大使に相当）を召還し、日台関係は緊張した。台湾側は尖閣海域に軍艦を派遣することを検討しているとも伝えられた。日本側はそ

2008	民国97年	6月30日、台湾が**大陸の地方メディアに駐台取材を開放**。
2008	民国97年	7月4日、中台間で初の週末チャーター直行便の運行始まる。**中台民間交流機関のトップ会談**の項を参照のこと。
2008	民国97年	7月、**蔣介石日記**の1946～1955年分を公開。

の後、遊漁船の船長を釈放するとともに、6月20日、遊漁船の船長に「衝突の際に日本側に主な過失があった」として「心よりのお詫び」を伝える第11区海上保安本部長の手紙を手渡し、日本側と船長の間で船の賠償に向けて話し合いを進めることになった。台湾の外務省も同20日、「日本側の善意の行動を歓迎する」と声明、事件は一応の決着を見た。台北駐日経済文化代表処の許世楷代表は、事故をめぐる交渉過程を説明した際、与党国民党の立法委員（国会議員）から、「日本寄りで台湾の裏切り者だ」と非難され、これに激怒して辞職を申し出た。

大陸の地方メディアに駐台取材を開放

台湾行政院（政府）大陸委員会は2008年6月30日、中国大陸の地方メディア5社に対し駐台取材を開放すると発表した。その理由として大陸委員会は、これまで台湾に駐在し取材をしてきた大陸のメディアはいずれも全国的規模のものであるため、その報道内容は大陸各地の異なる需要を反映させることができなかったからだとしている。大陸委員会によると、台湾の中華基金が主催した各種の特集取材にはこれまでも大陸の地方メディアが積極的に参加しており、湖北、福建、広東などのメディアも独自に取材団を派遣したことがあるという。大陸メディアの長期駐台取材は、2000年から新華社、人民日報、中央人民広播電台、中国中央テレビ、中国新聞社の5社に限り認められて来た。このうち、新華社と人民日報に対しては、台湾に不公平な報道を行ったとして2005年以来台湾での取材活動を認めていなかったが、行政院（政府）新聞局はこの2社に対しても7月19日以降からの取材再開を認めた。

蔣介石日記　中国、台湾の国民党政権で総統を務めた蔣介石は、1972年まで克明な日記をつけていた。蔣家から日記の管理と公開を委託されていたアメリカのスタンフォード大学フーバー研究所は、2008年7月から1946～1955年分の日記を公開した。朝日新聞の報道によれば、蔣介石は台湾への撤退について、実際に撤退するほぼ1年前の1948年11月には撤退の決意を固めていたことが公開された日記の中で明らかになった。それによれば共産党との内戦で戦局が不利に傾く中で書かれた1948年11月24日の日記に、蔣介石が長男の蔣経国に次のように語ったことが記されている。「現状を捨て去って別途単純な環境を選び、範囲を定め、根本的な改革で再起を図る。今の戦局の勝敗を気にしない」。蔣介石日記は2006、2007年にすでに1945年分までが公開されており、2009年には最後の1972年分までが公開される予定という。

2008	民国97年	8月1日、**「中華郵政」の名称回復**。
2008	民国97年	8月4日、馬英九総統が**活路外交**の理念を発表。
2008	民国97年	8月12日、**台湾共産党が合法政党に**。
2008	民国97年	8月12日、馬英九総統が就任後初の外遊として中南米歴訪に出発。
2008	民国97年	8月15日、**陳水扁前総統夫妻が民進党を離党**。
2008	民国97年	8月18日、検察当局が陳水扁総統夫妻、総統の長男夫妻、陳水扁夫人の兄の海外渡航を禁じる。
2008	民国97年	8月19日、次期駐日代表に馮寄台・元駐ドミニカ大使が内定。**台湾が駐日代表を召還**の項を参照のこと。

「中華郵政」の名称回復　陳水扁前政権のもとで進められた「台湾正名政策（名前を正す政策）」のもとで2007年2月、いくつかの公営企業の名前についていた中華や中国という語が「台湾」に置き換えられた。しかし、「台湾郵政公司」は2008年8月1日、役員会を開き、社名を元の「中華郵政股份公司」に戻すことを決めた。これは立法院（国会）の交通委員会が2008年4月16日、中華郵政の台湾郵政への改称を決めた手続きには不備があり合法的でなかったとして、元の中華郵政に戻すことを要求する決議を採択したのを受けたもの。**台湾名称に改称**の項を参照のこと。

活路外交　馬英九総統は2008年8月4日、外交部（外務省）を訪れ「活路外交」の理念と戦略を明らかにした。この中で馬総統は過去8年間の外交は「のろし外交」、「金銭外交」で実際の効果から見ると台湾にとって本当に利益があったかどうかは疑わしいと述べ、陳水扁前政権の外交姿勢を批判するとともに、今後の外交政策として「活路外交」を提唱した。それによると「活路外交」は過去に推進された「実務外交」と精神的には一致するもので、その基本構想は台湾が国際社会での活動で、常に中国大陸と対立や衝突をするのではなく、双方の協力や対話のモデルを見つけ出すものだとしている。馬総統は、台湾が両岸関係上で和解と休戦を始めれば、外交の場も拡大、延伸できると述べ、両岸間の闘争が60年を過ぎ、両岸関係はすでに異なる発展段階に入っている現在、それは可能だという認識を示した。その上で、双方の対外2国間関係で「和解休戦」「外交休戦」を成し遂げ、両岸双方が相手の国交国との間で悪性な競争を繰り広げ、相手の国交国を奪わないことにすると述べた。馬総統はそのためには両岸間で一定のコンセンサスを構築することが必要であり、双方が両岸関係を改善する意欲を示し、論争を棚上げし、相互信頼の構築と小異を残して大同に就くことにより、Win-Winの局面を迎えることができると強調した。

台湾共産党が合法政党に　台湾内政省は2008年8月12日、台湾共産党を141番目の合法政党として登記したと発表した。内政省の発表によると、台湾司法院は2008年6月20付けで、「人民団体が共産主義を主張することは、人民団体の認可を拒絶する要件としてはならない」という憲法解釈を行った。これを受けて台湾共産党は2008年7月20日に結成大会を開き、30日に内政省に政党登記申請を提出した。この申請に対して内政省は、登記申請の書類

2008	民国97年	8月19日、馬英九総統、在台日本メディアとの会見で、日本を「特別なパートナーシップ」と呼ぶ。
2008	民国97年	8月21日、**中正記念堂の名称が復活**。
2008	民国97年	10月1日、台湾の海外向け公共放送「中央ラジオ」の経営トップら幹部7人が、政権批判を控えるように行政院（政府）新聞局から圧力を受けたとして集団で辞任。
2008	民国97年	10月3日、**米国防総省が台湾に**対し約65億ドルの**武器売却**を決定。

は人民団体の関連法規に合致している上、司法院の憲法解釈もあり、これまで不認可としてきた理由がすでに存在しなくなったとして、2008年8月12日、台湾共産党を141番目の政党として登記したという。内政省によると、今回登記された台湾共産党は過去に台湾に存在した「台湾共産党」と同名だが、それとは無関係であり、中国大陸の「中国共産党」とも関係のない別政党であるという。

陳水扁前総統夫妻が民進党を離党　台湾の陳水扁前総統は2008年8月14日、記者会見を開き、過去4回の選挙における経費の申告の記載に誤りがあったと述べるとともに、呉淑珍夫人が選挙の余剰金の一部を海外に送金していたことを認め、島民に対し謝罪した。翌15日、陳前総統の事務所は「本日午後に陳前総統と呉夫人は民進党を離党する」と発表した。これを受けて蔡英文民進党主席は民進党を代表して社会と民進党の支持者に謝罪の意を表明し、その後に開かれた臨時常務執行委員会で陳前総統夫妻の離党が正式に発表された。

中正記念堂の名称が復活　台湾の馬英九政権は、陳水扁前政権が2007年5月に「中正記念堂」を「台湾民主記念館」に改称した決定を覆し、元の名称に戻すことを決めた。この記念堂は国民党の最高指導者だった蒋介石の業績を記念するために建てられたもの。陳前政権は「蒋介石は台湾民主主義を弾圧した独裁者」であると決めつけ、「台湾正名政策」の一環として「中正記念堂」の名前を「台湾民主記念館」に変更した。しかし、馬政権は、前政権のやり方には違法の嫌いがあり、法の制定もないまま実行されたものであったとして、2008年8月21日に開かれた閣議で「中正記念堂」の名称の復活を決めた。馬政権のもとでは陳前政権が推進した「台湾正名政策」の見直しが進んでいる。

米国防総省が台湾に武器売却　今回米国防総省が決定し、議会に通告した約65億ドルという大規模な武器売却の内容は、地対空誘導弾パトリオット3（PAC3）330基を初め、戦闘ヘリAH64D（アパッチ）30機、潜水艦発射型の対艦ミサイル「ハープーン」32基などとなっている。国防総省はこれらの武器売却は「台湾の安全保障を強化し、地域の政治的安定、軍事バランス、経済発展に寄与する」としている。中国はこの決定は「中国の安全に危害を与え、両岸関係の平和的発展に障害となる。中国の利益と中米関係を損なうものだ」と激しく反発した。

2008	民国97年	10月21日、台湾訪問中の**中国要人、民衆に襲われる**。
2008	民国97年	11月4日、中台**民間交流機関のトップ会談が初めて台湾で**開かれる。
2008	民国97年	11月6日　**馬英九総統と陳雲林会長が会談**。
2008	民国97年	11月9日、台湾で尖閣諸島の領有権を主張する団体「中華保釣（釣魚島＝尖閣諸島の中国名）協会」が設立される。
2008	民国97年	11月11日、台湾最高検、陳水扁前総統を逮捕。12日、マネーロンダリング防止法違反、収賄、文書偽造など5つの罪で起訴。
2008	民国97年	11月21日、**胡錦濤、連戦会談**が開かれ、金融問題での連携を確認。

中国要人、民衆に襲われる　襲われたのは中国の対台湾民間交流機関である海峡両岸関係協会の張銘清副会長。張副会長は学術団体の招きで私人として台湾を訪問中だったが、2008年10月21日、台南市の観光地で「台湾は中国の一部ではない」などと叫ぶ民衆や野党民進党の市議会議員らに突き倒されたり、こづかれたりした。台湾では有害物質メラミンの食品混入問題などで反中国感情が広がっていた。

民間交流機関のトップ会談が初めて台湾で　台湾で馬英九政権が発足してから2回目の中台民間交流機関のトップ会談は、大陸側の海峡両岸関係協会の陳雲林会長が台北を訪問し初めて台湾で開かれた。陳雲林会長と台湾側の海峡交流基金会の江丙坤理事長との協議では、航空直行便の運行、船舶直行便の運行、郵政業務の協力及び食品の安全の4項目で合意に達し、文書に署名した。今回の協議の内容については、40日以内に効力が生じるとされており、これに基づき海運、空運の直行及び郵便の両岸直接配送が12月15日から実行に移され、長年の懸案であった両岸間の「三通（通商、通航、通信の直接往来）」が全面的に実現の運びとなった。さらに今回のトップ会談で両岸間の民間交流機関のトップ会談が定期化されることになった。

馬英九総統と陳雲林会長が会談　台湾を訪問中の陳雲林海峡両岸関係協会会長が2008年11月6日、総統府に馬英九総統を訪問し、会談した。中国は台湾の主権を認めておらず、陳会長は馬総統に肩書きをつけず「あなた」と呼んだ。この会談で、中国から台湾にジャイアント・パンダの雌雄1組を、台湾からは希少種のタイワンカモシカとハナジカの各1組を中国に贈ることで合意した。陳会長の台湾訪問に対する野党民進党の抗議行動が激化したため会談は予定の時間を繰り上げて行われ、会談時間はわずか7分だった。予定されていた記者会見は激しいデモのためキャンセルされた。

胡錦濤、連戦会談　アジア太平洋経済協力会議（APEC）の首脳会議に出席するためペルーのリマを訪れた中国の胡錦濤国家主席と台湾の連戦元副総統（国民党名誉主席）が会談した。APECの台湾代表として経済担当閣僚や経済人以外、つまり政治家が出席するのはこれが初めてで中国側の容認があったものと思われる。新華社などによると、

2008	民国97年	12月15日、中台間の三通始まる。台北、上海間を80分で結ぶ新航空路も。**トップ会談が初めて台湾で**の項を参照のこと。
2008	民国97年	12月20日、台湾の国民党と中国共産党の「両岸経済文化フォーラム」が上海で。金融危機に共同で対応することで合意。フォーラムは2006年から始まったが、国民党が与党になってからは初めて。
2008	民国97年	12月23日、中国から台湾に送られたジャイアント・パンダの団団、圓圓が台湾に到着。
2008	民国97年	12月31日、中国の**胡錦濤国家主席**が両岸関係の平和的発展に関する**六項目提案**。
2009	民国98年	2月15日、**中国、台湾の故宮博物院長が初会談**。

会談の冒頭で胡錦濤国家主席は「両岸関係は良好な発展局面にある」と述べ、今後一層交流を深める考えを示した。胡錦濤国家主席はさらに金融危機に連携して取り組むことの必要性を述べ、連戦元副総統も「両岸は共同で世界経済の発展に貢献できる」と応じ、両者は金融危機に連携して取り組むことを確認した。

胡錦濤六項目提案　この提案は、1979年の元旦に全国人民代表大会常務委員会が「台湾同胞に告げる書」を発表してから30年になるのを記念して開かれた座談会で述べられた。「手を携えて両岸関係の平和的発展を促進し、心を合わせて中華民族の偉大な復興を実現しよう」と題された演説で、胡錦濤国家主席は①一つの中国を固く守り、政治面の相互信頼を増進する、②経済協力を進め共同の発展をはかる、③中華の文化を広く発揚し、精神的絆を強める、④人の往来を増やし、各界の交流を拡大する、⑤国家の主権を守り、渉外実務について協議する、⑥敵対状態を終わらせ、和平合意を目指す、以上の6項目を提案した。このうち②では総合的経済協力の取り決めを結ぶこと、③では郷土を愛する台湾人の台湾意識は「台湾独立」意識とは異なること、④では民進党が台湾独立を企てる分裂の立場を変えさえすれば、（対話などに）正面から対応する用意があること、⑤では台湾が国際機構の活動に参加する問題では、情理にかなった対応をすること、⑥では軍事的安全の相互信頼の枠組づくりを検討し、両岸の敵対状態を正式に終わらせること、などの点を具体的に示した。

中国、台湾の故宮博物院長が初会談
台湾故宮博物院の周功鑫院長が2009年2月15日、中国を訪問し、北京故宮博物院の鄭欣淼院長と故宮で会談した。中台故宮博物院長が公式に会談するのはこれが初めて。両院長は①10月の清朝・雍正帝の特別展に北京の故宮の展示品を貸与する、②両故宮博物院の副院長を窓口に対話を定例化する、③学術フォーラムを共同で開催する、などで合意した。

2009	民国98年	2月27日、台湾と中国が**「両岸経済協力枠組み協定（ECFA）」の締結交渉入りを決定**。
2009	民国98年	3月2日、**北京故宮博物院長、初の台湾訪問**。
2009	民国98年	3月13日、中国の温家宝首相が、台湾が求めている世界保健機関（WHO）などの国際機構への参加について「情理にかなう措置をとりたい」と述べる。
2009	民国98年	4月26日、**江・陳第3回会談**が南京で。金融協力など取り決め。
2009	民国98年	4月29日、馬英九総統が、5月中旬にジュネーブで開かれる世界保健機関（WHO）総会に台湾がオブザーバーとして参加することになったと発表。

「両岸経済協力枠組み協定（ECFA）」の締結交渉入りを決定　両岸経済協力枠組み協定は中国の胡錦濤国家主席が2008年末に提案した6項目の台湾政策の一つ。台湾側の説明では、両岸経済協力枠組み協定は広義の自由貿易協定で、関税の撤廃や投資保護、金融、保険などの分野での相互参入を認める内容になるということで、台湾側には不況対策の切り札としての期待がある。野党民進党は「中国による統一への第一歩だ」と批判しているが、馬総統は2009年2月27日にテレビ出演し、「今日やらなければ明日には後悔する」と述べた。**胡錦濤六項目提案**の項を参照のこと。

北京故宮博物院長、初の台湾訪問　中国の北京故宮博物院の鄭欣淼院長が2009年3月2日、台湾の台北故宮博物院を初めて訪問し、周功鑫院長と会談した。会談の結果、両故宮博物院は①毎年1～2人の専門家を相互に派遣する、②10月の台北故宮博物院の展覧会に北京故宮博物院から37点の美術品を貸与する、③11月に台北の故宮博物院で共同シンポジウムを行うなどの協力プロジェクトを実施することで合意した。両者は記者会見で「両故宮博物院には共通する伝統という精神的財産がある」と述べた。**中国、台湾の故宮博物院長が初会談**の項を参照のこと。

江・陳第3回会談　中台の民間交流機関である台湾の海峡交流基金会の江丙坤理事長と、中国の海峡両岸関係協会の陳雲林会長による3回目のトップ会談が2009年4月26日に南京で開かれ、「海峡両岸の金融協力取り決め」に調印した。取り決めでは、双方の金融機関の参入許可および業務展開について協議することで合意し、金融機関の相互乗り入れに道を開くことになった。双方はさらに、直行チャーター便の定期化と増便、犯罪捜査や情報提供などの司法協力などでも合意した。このほか、中国資本の台湾進出を認めることでも一致した。年内に開催される予定の4回目のトップ会談では、中台間の一種の自由貿易協定にあたる「両岸経済協力枠組協定」について協議することに合意した。

斎藤代表が「台湾の地位未定論」　日本の対台湾窓口機関である交流協会台北事務所の斎藤正樹代表（大使に相当）は2009年5月1日、台湾嘉義県の中正大学で講演した際、「サンフランシスコ対日講話条約と日華平和条約に基づき日本が台湾の主権を放棄した後、台湾の地位は未定」と発言。台湾の馬英

2009	民国98年	5月1日、交流協会台北事務所の**斎藤代表が「台湾の地位未定論」**。
2009	民国98年	5月19日、**世界保健機関(WHO)年次総会に台湾代表がオブザーバー参加**。
2009	民国98年	5月21日、台湾の野党民進党の陳菊高雄市長が2009年5月21日に北京を訪問し、鄭金竜北京市長と会談。民進党大物の訪中は異例。
2009	民国98年	5月26日、台湾の呉伯雄国民党主席と中国共産党の胡錦濤総書記が北京で会談、両岸経済協力枠組協定の年内協議入りで合意。
2009	民国98年	6月29日、**台湾の直轄市が5つに**。

九総統が2009年4月28日、台湾の主権は1952年の中日和約（日華平和条約）で中華民国に委譲されたとの見解を明らかにしたばかりであり、台湾の外交部は斎藤代表を呼んで抗議した。斎藤代表は発言を撤回し、台湾政府に迷惑をかけたと謝罪した。台湾の帰属について、日本は一切見解を示さないとの立場をとっている。一方、国民党の立法院議員団は政府に対し斎藤代表を「歓迎せざる人物」に指定させ、日本政府に召還を求めることを決議した。これに対し「地位未定論」を支持する野党民進党や台湾独立派からは発言を歓迎する声が聞かれた。中国も斎藤代表の発言に不満の意を表明した。

世界保健機関(WHO)年次総会に台湾代表がオブザーバー参加　台湾がオブザーバーながら国連機関の会合に参加するのは、1971年に国連を脱退してから初めてのことである。参加名称は「中華台北（チャイニーズ・タイペイ）」。国際的孤立が進む台湾にとって、WHOへの参加は対外関係の活動分野を拡大する上での悲願であり、台湾では今回の参加を歴史的な出来事と評価している。馬英九総統は参加決定の背景について「対中関係の改善がとても大きい」と指摘しており、これまで台湾の参加を拒否し続けてきた中国側の態度変更が実現に大きく影響したことは確実である。台湾のWHO総会参加には日本やアメリカ、EUもこれまで支持を表明していたが、中国の反対で実現していなかった。

台湾の直轄市が5つに　台湾の行政院（政府）は2009年6月29日に、台北県の単独直轄市昇格案および、台中県と台中市、台南県と台南市、高雄県と高雄直轄市のそれぞれの合併による直轄市昇格案を承認する裁定を行った。この結果、台北県が直轄市に昇格し、新北市と改称されたほか、この合併に伴い台中市、台南市、高雄市がそれぞれ直轄市となり、台湾ではすでに直轄市となっている台北市と合わせて直轄市が5つになった。

2009	民国98年	6月30日、**大陸資本による台湾への直接投資**が始まる。
2009	民国98年	7月11～12日、大陸の共産党と台湾の国民党との定期対話・「両岸経済貿易文化フォーラム」が湖南省の長沙で開催。文化が初めてメインテーマに。
2009	民国98年	7月21日、台湾外交部長（外相）・欧鴻錬、**中国との外交休戦**について。
2009	民国98年	7月26日、馬英九総統が国民党主席選に当選。
2009	民国98年	7月30日、台湾の灌漑水利の発展に寄与した八田与一を記念する八田与一記念公園の起工式が台南県官田郷で行われた。**八田与一**の項を参照のこと。

大陸資本による台湾への直接投資　大陸資本による台湾への直接投資については、2009年4月26日に開かれた第3回の陳雲林・海峡両岸関係協会会長と江丙坤・海峡交流基金会のトップ会談で合意されていた。この合意に基づき台湾側が法整備を進め、実施の運びになったもの。大陸側に開放される投資項目は製造業64項目、サービス業25項目、公共建設11項目のあわせて100項目となっている。ハイテク産業と通信分野については投資を認めず、技術流出を警戒した措置と見られる。軍事産業への投資も認めなかった。野党民進党は「中国は台湾に敵意も示している。投資の解禁は時期尚早だ」と批判した。

中国との外交休戦　台湾の欧鴻錬外交部長（外相）は2009年7月21日、朝日新聞とのインタビューで、馬英九総統の就任後、台湾と中国の間では、外交関係のある国を奪い合ってきた「外交戦」について「確かに休戦状態にある」という認識を明らかにした。台湾側の求めに中国側が応じた結果で、「中国も両岸関係の発展を重視している」表れであり、中台関係の改善が功を奏したという見方を示した。台湾と外交関係を持つ国はこの時点で23ヵ国。欧外交部長は2009年6月と7月にグアテマラやパナマなどを馬総統と共に歴訪した際、これらの国に、今後は中国と「外交戦」は行わず、従来の「金銭外交」を控えることになったと説明したという。**活路外交**の項を参照のこと。

台風8号が台湾を直撃　2009年8月7日から9日にかけての台風8号の襲来により主に南部で記録的な豪雨を記録し、各地で崖崩れ、土石流、鉄砲水、洪水、高潮などが発生し、甚大な被害をもたらした。特に高雄県甲山郷小林村では、土石流で村が消滅し、村民400人が生き埋めになった。行政院災害防救委員会中央災害対策センターの2009年9月8日の発表によると、台風8号による人的被害は死者619人、遺体の一部が見つかったもの74人、行方不明76人、被災者2万4,950人。このほか、水道、電気、電話、ガス、道路などのライフラインも大きな被害を被った。行政院農業委員会の8月27日の発表によると、農業関係の推定損失額は約492億円となっている。農業被害を含めた被害総額は2,900億円近くにのぼると推計されている。今回の台風被害に関しては軍の投入の遅れ、外交部が外国の援助を婉曲に拒否するよう指示する公電を在外公館に打った問題など、政府の救済対策のまずさや遅

2009	民国98年	8月7～9日、**台風8号が台湾を直撃**、南部を中心に大被害。
2009	民国98年	8月30日、台風8号の被災地慰問のため**ダライラマ14世が台湾訪問**。
2009	民国98年	9月10日　台風8号による水害対応の失敗の責任を取り、**台湾内閣が総辞職**。
2009	民国98年	9月11日、**陳水扁前総統と呉淑珍夫人に無期懲役の判決**。
2009	民国98年	10月7日、台湾の故宮博物院と中国の北京故宮博物院の収蔵品による特別展が台湾の故宮博物院で始まる。台湾、中国双方の故宮博物院の初めての協力によるもの。

れが強く批判され、馬英九総統は再三謝罪した。これに伴い政権への満足度は急速に下落した。これを受けて馬英九総統は10月10日の国慶節（双十節）の式典や10月下旬に予定していた南太平洋友好国サミットへの自身の参加を取りやめることを明らかにした。9月12日に予定されていた馬英九総統の国民党主席の就任も延期された。

ダライラマ14世が台湾訪問　チベット仏教の最高指導者・ダライラマ14世は台風8号の水害被災者の追悼のため2009年8月30日から台湾を訪問した。この訪問は野党民進党系の地方自治体首長の招きによるもの。馬英九政権は当初ダライラマ14世の訪台を認めない方針だったが、被災者の感情を配慮して訪台を認め、一方で訪台の条件として、中国を刺激し馬政権を困らせないことや政治問題を持ち出したりしないことを約束させた。一部報道によると、ダライラマ14世の訪台に当たって中国は台湾に対し、①記者会見なし、②国民党幹部とダライラマ14世の会談なし、③講演なしの「三つのノー」を約束させたと言われる。予定されていたダライラマ14世の一部の講演会や記者会見はキャンセルされた。

台湾内閣が総辞職　2009年9月10日、台風8号の救済対策のまずさの責任を取って内閣が総辞職、馬英九総統は同日、新行政院院長（首相）に呉敦義、副院長に朱立倫を指名し、新内閣が発足した。新内閣では水害対策の対応のまずさに直接関係した国防部長（国防相）、外交部長のほか、経済部長、経済建設委員会主任委員などが変わったが、3分の2以上の閣僚は留任となった。

陳水扁前総統と呉淑珍夫人に無期懲役の判決　台北地裁は台湾総統府機密費の不正流用事件で、収賄やマネーロンダリングなどの罪に問われた陳水扁前総統に対し、2009年9月11日、「改革を掲げながら私腹を肥やし、総統の職権を乱用した」として無期懲役と罰金2億台湾元（約5億5千万円）の判決を言い渡した。事件の主役とされた呉淑珍夫人にも無期懲役、罰金3億元の判決を言い渡した。共犯として起訴されていた12人のうち、機密費の不正流用に関わったとされた総統府の馬永成元副秘書長には懲役20年、陳前総統の長男・陳致中には懲役2年6月の刑が言い渡された。陳前総統の事務所は「証拠もなく違法な判決」という非難声明を発表した。

2009	民国98年	10月17日、馬英九総統が中国国民党主席に就任。馬総統は7月26日の主席選で当選していたが、台風8号の被害をめぐる対応の遅れが批判され、就任を延期していた。
2009	民国98年	10月19日、馬英九総統はロイター通信とのインタビューで、大陸との平和的話し合いには、台湾に向けられたミサイルの除去が必要と語る。
2009	民国98年	10月23日、台湾行政院が2010年初頭に北京に「台湾海峡両岸観光旅遊協会北京弁事処」を開設すると発表。大陸側も台北に同様の事務所を開設するという。大陸、台湾間で最初の準公的機関の相互設置。
2009	民国98年	10月28日、 台湾検察当局、台湾プロ野球リーグの八百長事件でラニューの張誌家投手（元西武）ら9人の現役選手から事情聴取。
2009	民国98年	11月16日、シンガポールで**胡錦濤国家主席と連戦元副総統が会談**。
2009	民国98年	11月19日　中国、台湾が銀行の支店開設を相互に認めるなどの金融の市場開放の覚書に署名。

胡錦濤国家主席と連戦元副総統が会談
アジア太平洋経済協力会議（APEC）首脳会議に出席のためシンガポールを訪れた両者が会談。両岸の経済および貿易関係の制度化を推進し、両岸の経済協力の枠組を確立するための両岸経済協力枠組み協定締結のための正式協議の年内開始と早期の締結を目指すことで一致した。台湾側では財界を中心に金融危機で深刻な状況にある台湾経済の浮上のため協定の実現を望む声が強いが、野党民進党や零細企業には台湾が中国に取り込まれる、中国側にシェアを奪われる、主権が損なわれる恐れがある、などの理由で警戒する声もある。会談では中国共産党、中国国民党の対話強化でも合意した。

県市長選挙　直轄市の台北、高雄両市と直轄市昇格が決まっている一部の県と市を除く県市長、県市の議員選挙、郷鎮市長選挙が12月5日に行われ、県市長選挙では国民党が12ポスト、民進党が4ポスト、無所属が1ポストをそれぞれ獲得した。民進党は獲得した首長のポスト数は少なかったが、最大の激戦区の宜蘭県で国民党から県長のポストを奪い、国民党の猛追を受けた嘉義県でも勝利した。得票率でも国民党の47.88％に対し民進党は45.32％と国民党に2.56％まで迫り、民進党の党勢回復を印象づけた。

江・陳第４回会談　台湾の江丙坤海峡交流基金会理事長と中国の陳雲林海峡両岸関係協会会長の4度目のトップ会談が12月22日、台湾の台中市で行われた。先の胡錦濤、連戦会談で年内開始が合意された両岸間の両岸経済協力枠組み協定の協議については、次回の会談における主要な協議テーマとすることになった。両岸間の両岸経済協力枠組み協定の協議の先送りは、馬英九政権のもとでの中国への急接近に警戒する台湾の一部世論に配慮したとも見られている。このほか、次回の会談では両岸の知的財産権の合法的権利を保護するため「知的財産の保護」につい

2009	民国98年	12月1日、台北駐日経済文化代表処札幌分処が開館。
2009	民国98年	12月5日、台湾の**県市長選挙**で民進党が得票率を伸ばす。
2009	民国98年	12月22日　**江・陳第４回会談**が台中市で。
2010	民国99年	1月5日、台湾立法院、**米国産牛肉輸入規制を再度強化**する食品衛生管理法改正案を可決。
2010	民国99年	1月9日、台湾立法院3議席の補欠選挙で、野党民進党が与党国民党を抑え、全議席とも勝利。
2010	民国99年	1月12日、立法院が行政院組織法を可決。2012年1月1日から行政院の組織は現行の37省庁から27省庁と2総処に簡素化される。
2010	民国99年	1月16日、台湾が大陸からの先物証券への投資を一部解禁。2009年11月の両岸協議の合意に基づくもの。航空、建設、放送、電信等の産業への投資は禁止。
2010	民国99年	1月26日、両岸経済協力枠組協議の第1回正式協議が北京で開かれる。
2010	民国99年	1月29日、米政府、**台湾への武器売却**決定。

ても協議のテーマとすることに合意した。今回の会談では「海峡両岸農産品検疫検査協力」など三つのテーマの合意文書に調印した。**胡錦濤国家主席と連戦元副総統が会談**の項を参照のこと。

米国産牛肉輸入規制を再度強化　台湾は米国内でBSE（牛海綿状脳症）が発見された後、2003年に米国産の牛肉の輸入を禁止したが、馬英九政権は2009年10月に生後30ヵ月以下の大半の部位の輸入を解禁することで米国と合意していた。しかし、台湾内では他国に比べ解禁の部位が多いことに不満が広がっており、これを受けて台湾の立法院は2010年1月5日、与野党一致で米国産の牛肉の内蔵など特定部位の輸入を禁じる食品衛生管理法改正案を可決し、馬英九政権の決定を覆した。

台湾への武器売却　アメリカ政府は2010年1月29日、台湾に約64億ドル（5,800億円）の武器を売却することを決定し、議会に正式に通告した。売却する武器の内容は地対空誘導弾パトリオット3（PAC3）114基、多目的ヘリ・ブラックホーク60機、対艦ミサイル・ハープーン12基、多機能情報伝達システム、オスプレー級機雷掃海艇2艇などとなっている。防御性の高い武器がほとんどである。台湾へのPAC3の売却はブッシュ前政権がすでに決定し、議会に通告していたもの。オバマ新政権のもとで実施が遅れていたが、売却方針に変更がないことはこれまでにも再三伝えられていた。台湾側は「台湾海峡の安定に役立つ」、「台湾は更に安全感と自信を得て大陸と交流を進めることができる」などと歓迎している。ただ台湾側が強く供与を求めていた新型のF16戦闘機の売却は見送られた。中国側は今回の決定に強く抗議し、報復措置として、予定されていた中米次官級の戦略安全対話開催の見送り、武器売却に関連した米企業への制裁などを発表した。

2010	民国99年	2月4日、行政院台風被災復興推進委員会、昨年8月の台風8号による死者は677人、行方不明者は22人と発表。
2010	民国99年	2月10日、台湾検察当局、台湾プロ野球リーグの八百長事件で「兄弟」の監督を務めていた元阪神の中込信元投手やかつて西武に所属していた張誌家投手を賭博罪と詐欺罪で起訴。
2010	民国99年	2月17日、台湾の**先住民人口総数は50万人余**。
2010	民国99年	2月27日、立法院補欠選挙で与党国民党が1勝3敗。国民党は2009年12月の統一地方選、2010年1月の立法院補欠選挙に次いで3連敗。
2010	民国99年	3月12日、**死刑反対の法務部長（法相）が辞任**。

先住民人口総数は50万人余　内政部統計局が2010年2月17日に発表したところによると、2009年末における先住民の人口総数は50万4,531人で、前年同期比2.1％の増だった。この増加率は総人口の増加率の6倍だが、統計局によるとこれは先住民として身分登録していなかった先住民が登録したため。部族別人口ではアミ族が18万3,799人で最も多く、次いでパイワン族の8万8,323人、タイヤル族の8万61人の順で、この3部族で先住民総人口の70％近くをしめている。先住民が多く住んでいる地域は花蓮県、台東県、桃園県などで、この3県で先住民総人口の45％を占めている。なお同時期の台湾の総人口はおよそ2,312万人で、先住民の人口はその約2.16％に当たる。

死刑反対の法務部長（法相）が辞任　かつて人権派の女性弁護士として知られた台湾の王清峰法務部長は、2010年3月9日、「理性と寛容―死刑執行の一次停止」と題する文章を発表し、その中で死刑反対の立場を明らかにするとともに、すでに死刑判決が確定している死刑囚の死刑執行に対しても執行の署名を行うべきではないという考えを示した。王部長はこの文章の中で、「死刑は最も危険な刑罰であり、裁いているのは『人』であり『神』ではない」とした上、1948年の世界人権宣言などを引いて死刑廃止は世界の人権の潮流であると主張した。その上で、死刑に代わる方式として、法務部が設立した段階的死刑廃止研究推進小委員会を通じて、終身刑、無期刑の仮釈放の基準の厳格化を検討すると述べた。このような王部長の主張に対し、総統府は2010年3月11日、「死刑制度廃止の是非に関する声明」を出し、すでに判決が確定している死刑案件について執行を一次停止する場合は法律に規定された理由に合致していなければならず、そうでない場合、法務部は法に基づいて適切に処理を行うべきであるとし、死刑廃止が世界の趨勢であることを認めながらも、現段階では王部長の見解に反対であることを示した。王部長の見解には殺人事件被害者の遺族らの反発、与野党や世論の批判が強まったため、王部長は呉敦義行政院長（首相）に辞表を提出し、2010年3月12日に承認された。なお、台湾では2005年12月以降、死刑は執行されていない。行政院は2010年3月19日、最高検察署（最高検）主任検察官の曽勇夫を後任の法務部長に任命した。

2010	民国99年	3月13日、**李登輝民主協会**が発足。
2010	民国99年	3月23日、日本交流協会台北事務所の世論調査で、台湾人が最も好きな国は日本。
2010	民国99年	4月2日、**台湾で少子化が進む**。
2010	民国99年	4月6日、韓正市長を団長とする**上海市代表団が訪台**。
2010	民国99年	4月18日、中国青海省地震の医療救援活動のため、台湾赤十字の医療チーム20人が青海省入り。
2010	民国99年	4月21日、東京に台北文化中心（台北文化センター）がオープン。ニューヨーク、パリに次ぎ世界で三番目の設置。
2010	民国99年	4月25日、両岸経済協力枠組協議をめぐり、馬英九総統と野党民進党の蔡英文主席がテレビ討論。

李登輝民主協会　台湾の民主政治の深化を目指すとして、2010年3月13日、「李登輝民主協会」の創立大会が台北市で開かれた。設立趣意書によると、李登輝民主協会は「李元総統の影響力を生かし台湾民主政治の初歩的な成果を打ち固め、日、米、欧など民主主義国家との交流強化に努める」ことを目的にしている。関係者によると既存の「台湾李登輝友の会」も将来的には民主協会に統合の予定だとされる。創立大会に主賓として招かれた李党輝元総統は党派対立に明け暮れる台湾政治の現状を批判し、「民主政治の成熟、深化、本土化に努めるべきだと」述べた。

台湾で少子化が進む　行政院（政府）統計署が2010年4月2日に発表した各種統計によると、台湾では少子化の傾向が顕著になっている。それによると、2009年末における12歳未満の児童数は280万8,000人で、2004年同期比17.7ポイントの減となっている。2009年末における12歳未満の児童数の総人口に占める割合は12.1％で、2004年同期比2.9ポイントの減となった。このほか、幼稚園児、託児所に入所している嬰児と幼児の2009年末の人数もともに2004年同期比20ポイント以上の減となっている。

上海市代表団が訪台　韓正市長を団長とする上海市の代表団が2010年4月6日から訪台した。中国の直轄市の市長が台湾を訪問するのは中台の分断後初めて。上海市代表団は台湾滞在中、台湾の産品を約18億元買い付けた。2010年に入り、上海市を初め、湖北省、福建省、山東省、四川省、甘粛省、河北省、浙江省、広西チワン族自治区、吉林省、湖南省、広東省、陝西省、北京市などから中国各地の首長、党委書記などを団長とする代表団が相次いで訪台し、台湾産品を多量に買い付けた。これらの代表団が2010年1年間に買い付けた台湾産品の総額は200億ドル（約1兆7千億円）以上に上るといわれ、中でも8月に訪台した広東省の代表団は電子工業品から果物まで70億ドルを買い付けたとされる。このような活発な訪台の動きは馬英九政権の対中接近、融和政策と中国側の統一戦線政策の相乗効果によるもので、2011年以降も続いた。一方、台湾側からも政財界、地方政府などから個人、代表団の中国訪問が相次ぎ、綱領に台湾独立を掲げる野党民進党の有力者の訪中も珍しくなくなった。

2010	民国99年	5月1日、日本の交流協会と台湾の亜東関係協会が台北で協力、交流強化に関する覚書に調印。
2010	民国99年	5月3日、**民進党の蔡英文主席が中国との対話に意欲**。
2010	民国99年	5月4日、中国と台湾が**相互に観光事務所を設置**。
2010	民国99年	5月16日、国家安全会議の蘇起前秘書長が、「李登輝、陳水扁政権時代に中台間に密使の往来があったことは半ば公然の秘密」と語る。
2010	民国99年	5月22日、中台航空部門の業務会議で、上海市（虹橋）、河北省石河市の2空港を旅客機に、南京、アモイ、福州、重慶の4空港を貨物機にそれぞれ新たに開放することで合意。
2010	民国99年	6月16日、台湾の作家3名が初めて中国作家協会会員に。
2010	民国99年	6月26日、民進党など野党勢力が台北で10万人を動員し「両岸経済協力枠組み協定」反対のデモ行進。デモには蔡英文主席を初め民進党の大多数の幹部、それに李登輝元総統も参加した。
2010	民国99年	6月29日、中台が「**両岸経済協力枠組み協定（ECFA）**」に調印。
2010	民国99年	7月8日、立法院の「中台経済協力枠組み協定」の審議で与野党が乱闘し、双方にけが人。国民党は早期の承認を主張し、一方民進党は条文ごとの審議や修正を要求し対立していた。

民進党の蔡英文主席が中国との対話に意欲　台湾の最大野党民主進歩党（民進党）の蔡英文主席は2010年5月3日、日本人記者団と会見し、中国との対話が必要だと述べた。蔡主席は中国との対話に応じる理由として、これまでの中国との対話はすべて与党の中国国民党を通じて行われており、台湾内の様々な声を中国側に正確に伝えるためには民進党との直接対話が重要であると強調した。ただ、蔡主席は「政治的条件をつけないという状況のもとで、中国と直接かつ実質的な対話を行うことを排除しない」と述べ、大陸側の求める「一つの中国」を前提とした対話には応じられないという見解を示した。**胡錦濤六項目提案**の項を参照のこと。

相互に観光事務所を設置　台湾の「台湾海峡両岸観光旅遊協会」の北京事務所が2010年5月4日オープンした。中国側の「海峡両岸旅遊交流協会」も2010年5月7日に台北事務所を開設した。両事務所とも当局が職員を派遣する準政府機関で、準政府機関の常駐事務所が相互に設置されるのは1949年の中台分断後初めて。

両岸経済協力枠組み協定（ECFA）　台湾・海基会の江丙坤理事長と中国・海協会の陳雲林会長が6月29日に重慶で5度目のトップ会談を行い、「両岸経済協力枠組み協定（ECFA）」に調印した。協定による製品貿易におけるアーリーハーベスト（早期の実施、解決項目）の製品は、中国側が石油化学製品や自動車部品、農漁産品など539品目、台

2010	民国99年	7月18日、司法トップの頼英照司法院長が高等法院裁判官の集団収賄事件について責任をとり辞任。後任には、頼浩敏中央選挙委員会主任が馬英九総統の指名と立法院の承認を経て、10月13日に就任した。
2010	民国99年	8月13日、中国国家旅遊局の邵琪偉局長を団長とする全省市自治区代表団の1,180人が訪台。邵局長は大陸から台湾への旅行者は今年延べ120万人に達し、3年後には300万人になると語る。
2010	民国99年	8月15日、内政省の統計によれば6月末現在、台湾島内の貧窮ライン以下の家庭は10万8,000戸、貧困人口は26万3,200人。
2010	民国99年	9月12日、中台間で「両岸経済協力枠組み協定」と「海峡両岸知的所有権保護協力協定」に関する交換公文の取り交わしが終わり、事実上発効。これ以後双方は中台経済協力委員会を設置し、半年以内に「投資保護協定」、「サービス貿易協定」など四項目について協議を開始する。
2010	民国99年	9月14日、台湾の保釣運動（尖閣諸島の主権を主張する運動）の活動家が尖閣諸島海域に入るも日本巡視船に追い返される。
2010	民国99年	9月16日、中台合同の初めての海上捜索救助演習をアモイ・金門海域で実施。

湾側が石油化学製品、機械、繊維製品、輸送用機器など267品目の合計806品目、貿易額で約167億ドル相当になる。これらの品目については2011年1月、2012年1月、2013年1月の3段階に分け関税の撤廃を実施するとしており、協定は中国、台湾間の事実上のFTA（自由貿易協定）と言える。台湾側は、協定により中国大陸市場に進出する競争相手国に対し優位に立てる、外国人の対台湾投資を誘引する、中国大陸に進出している台湾企業の台湾での調達及び産業競争力が強まるなどの利点を挙げている。一方、民進党など野党は「台湾が中国に呑み込まれる」、「農業や中小企業にダメージを与える」などと反対し、国民投票により締結の是非を決めるよう主張している。今回のトップ会談では「海峡両岸知的所有権保護協力協定」にも調印した。

2010	民国99年	10月19日、馬英九総統、対中国政策の原則として**先経後政**を表明。
2010	民国99年	11月1日、民進党の蔡英文主席が訪台した日本の安倍晋三前首相と会談。尖閣問題について「主権は台湾に属するが、この問題に中国と共同で当たることは考えていない」と語る。
2010	民国99年	11月6日、台湾で初の国際博覧会となる台北国際花博が開幕。会期は2011年4月25日まで171日間。
2010	民国99年	11月11日、**陳水扁前総統に初の刑確定判決**。
2010	民国99年	11月13日、横浜で開かれたAPEC（アジア太平洋経済協力会議）総会で中国の胡錦濤国家主席と国民党の連戦名誉主席が会談。胡錦濤国家主席は「台湾の民間組織が国際組織に参加する問題では、中台の意思疎通を図り、不必要な対立と不愉快な出来事を避けるべきで、幾つの問題は妥当に解決できる」と語る。
2010	民国99年	11月27日、台湾の5つの主要都市の市長選挙が行われ、国民党が台北、新北、台中の3都市で、民進党は高雄、台南で勝利。国民党3、民進党2の現状は変わらず。得票率では民進党の49.87％が国民党の44.54％を上回った。
2010	民国99年	12月17日、台湾の土地銀行、合庫銀行、第一銀行、彰化銀行、国泰世華銀行が中国内で支店を開設。
2010	民国99年	12月21日、**中台間の投資保護協定の締結見送り**。

先経後政　馬英九総統は2010年10月19日、海外の傑出した華人企業家訪台団と会見し、中国の胡錦濤国家主席との会談の見通しについて尋ねられたのに対し次のように答えた。「大陸にいる台湾のビジネスマンに有効な人身の安全保障がない、中台間の投資が多額に上っているのに投資の保障協定がないなど、まだやり遂げていない問題がある。そこで、先に経済に対処し、後から政治問題を話し合う、解決しやすい問題を先に、難しい問題はあとから、急ぎのものを先に、その他の問題はゆっくりやる（先経後政、先易後難、先急後緩）、このいくつかの原則をしっかりやり遂げる。これらのことをやり遂げていないうちに、胡錦濤国家主席と会ってどうするのか。会わないのにこしたことはないと人は言うだろう」。

陳水扁前総統に初の刑確定判決　収賄などの罪に問われていた陳水扁前総統に対する上告審で、台湾の最高裁は11月11日、用地買収の際に所有企業から収賄した事件で懲役11年、罰金1億5千万台湾ドル（約4億円）を言い渡した。また人事をめぐる収賄では懲役8年、罰金500万台湾ドル（約1,350万円）を言い渡した。陳前総統をめぐる一連の事件で刑が確定したのはこれが初めて。

中台間の投資保護協定の締結見送り
2010年12月21日、台湾・海基会の江丙坤理事長と中国・海協会の陳雲林会

2010	民国99年	12月23日、馬英九総統が「九二共識（合意・コンセンサス）」は中台関係の礎石であり、民進党の蔡英文主席がこれを認めなければ中台関係は不確定の状態に陥る」と語る。民進党は「九二共識」は「一中（一つの中国）共識」だと反発している。
2010	民国99年	12月25日、**5直轄市**体制がスタート。
2011	民国100年	1月1日、「両岸経済協力枠組み協定（ECFA）」正式発効。
2011	民国100年	1月2日、「世界華人保釣連盟が」成立。台湾の黄錫任中華保釣協会秘書長が会長に就任。
2011	民国100年	1月6日、台湾・海基会と中国・海協会が中台による経済協力委員会を設立と発表。2010年6月に締結された経済協力枠組み協定（ECFA）に基づくもので、双方の次官級がそれぞれ代表を務め、今後半年に一度ECFAに関わる事務レベルの協議を行うことに。
2011	民国100年	2月2日、外務省、フィリピンが国際詐欺グループに関与した台湾籍の犯罪容疑者14名を中国に移送したことに抗議。
2011	民国100年	2月8日、国防省が陸軍司令部情報システム担当の羅賢哲少将を中国に機密情報を提供していたとしてスパイ容疑で逮捕。中国相手の台湾軍人のスパイとしてはこれまでで最高位の容疑者。
2011	民国100年	2月28日、内務省の統計によれば、2010年の中国からの旅行者は前年比73万4,168人増の242万5,097人で外国からの台湾への旅行者の43.56％を占めた。

長が台北で会談し「医薬・衛生協力協定」に署名した。しかし締結が予定されていた「投資保護協定」は、台湾側がトラブルの解決を他の主権国家同士の場合と同様国際機関にゆだねる内容を協定に盛り込むことを主張していたのに対し、中国側は国内問題として処理することを主張、双方の主張が折り合わず締結には至らなかった。中国では台湾のビジネスマンが説明もなく拘束されたり、台湾企業が中国側に乗っ取られるといったケースが相次ぎ、台湾の経済界は紛争の解決や個人、企業の安全のため協定の締結を強く希望していた。

5直轄市　12月25日、新北市（台北県が昇格）、台中市（台中県と台中市が合併・昇格）、台南市（台南県と台南市が合併・昇格）、高雄市（高雄県と直轄市の高雄市が合併）の4つの直轄市が新たに誕生し、台北市と合わせて5つの直轄市体制がスタートした。5つの直轄市を合わせた人口は台湾の総人口のほぼ60％を占める。

2011	民国100年	3月6日、立法院議員の補欠選挙が台南、高雄の2選挙区で行われ、いずれも民進党候補が大差で勝利。
2011	民国100年	3月6日、台中市のパブ・傑克丹尼（ALA PUB）で午前1時頃火災が発生し、9人が死亡、12人が負傷。
2011	民国100年	3月11日、**東日本大震災に台湾から世界最多の義捐金**。
2011	民国100年	3月31日、外務省、日本の文部科学省が3月30日に公表した公民の教科書の検定結果で、尖閣諸島を日本の領土であるとしたことに抗議。
2011	民国100年	4月27日、阿里山森林鉄道で転覆事故。中国からの旅客5人が死亡、85人が怪我。
2011	民国100年	4月27日、民進党が2012年の総統選に蔡英文主席の擁立を決定。
2011	民国100年	4月30日、台湾各地で第四原子力発電所建設反対、既設3原子力発電所廃棄の核廃絶要求デモ。
2011	民国100年	5月1日　「労働争議処理法」、「団体協約法」、「労働組合法」の労働三法を施行。
2011	民国100年	5月8日、台湾・海基会によると、2010年の台湾の対中国輸出額は1,147億ドル、中国からの輸入額は375億ドルで台湾の771億ドルの出超となった。
2011	民国100年	5月8日、台南市の烏山頭ダム近くに造られた日本人土木技師・八田与一を記念する公園が開園。開園式には馬英九総統も出席した。**八田与一**の項を参照のこと。
2011	民国100年	5月27日、立法院で政党や社会団体について定めた「人民団体法」の改正が行われ、「共産主義や国土分裂を主張してはならない」という条項を削除。これらの主張は言論の自由の範囲内というのがその理由。

東日本大震災に台湾から世界最多の義捐金　台湾外務省は2011年3月11日、大地震に見舞われた日本に80万円余りの義捐金を送ることを表明、翌12日には2億8,000万円に増額した。馬英九総統は1999年9月の台湾中部大地震や2009年8月の南部台風災害で日本が援助の手を差し伸べたことに触れ、「我々も同様に積極的に支援する」と語った。3月17日と18日にはテレビ各局共催のチャリティー番組が放送され約24億3,000万円が集まった。4月15日には義捐金の総額は140億円を超えて世界最多となり、最終的には官民合わせて200億円を上回った。義捐金ばかりでなく救助隊の派遣や発電機、衣類、食料など560トン余りの物資の援助もあった。日本政府は4月11日、日本の駐台湾大使館に当たる交流協会を通し馬英九総統、呉敦義首相、楊進添外相に菅直人首相名義の感謝状を送った。又日本人有志による「ありがとう、台湾」という感謝のメッセージ広告が5月3日、聯合報と自由時報に掲載された。

富春山居図　「富春山居図」は元代四大画家の一人・黄公望による傑作。1650年、収蔵者が臨終の際自身とと

2011	民国100年	5月30日、馬英九総統、中台は「相互に相手の主権を認めず、しかし相手の統治権を否認しない」という関係であるべきで、「これが中台関係の現状についての最良の説明であり、現実を正視し、論争を棚上げし、平和を促進する優れた方策だ」と述べる。
2011	民国100年	6月1日、2分割され、台湾と中国で別個に保存されていた元代の名画「**富春山居図**」が台北故宮博物院で一堂に公開展示。
2011	民国100年	6月8日、台湾・海基会と中国・海協会が台北で協議し、中台間の直行便を370便から500便以上に増やし、中国からの台湾旅行を個人にも開放することで合意。
2011	民国100年	6月9日、台湾、中国、インドネシア、カンボジア、タイが共同で電信詐欺事件を捜査。詐欺犯の拠点16ヵ所を摘発し、容疑者598人を逮捕。逮捕者のうち410人は台湾住民。
2011	民国100年	6月15日、馬英九総統、公的機関のウェブサイトや配布文書から中国で使用されている簡体字を排除し、伝統的な繁体字に統一するよう通達を出す。
2011	民国100年	7月16日、台湾の在香港出先機関を「中華旅行社」から「台北経済文化弁事処」に格上げし、香港の出先機関を台湾に設置することに。台湾とマカオの間でも同様の処置がとられた。
2011	民国100年	7月19日、国防省が『**2011年軍事報告書**』を発表。

もに焼くよう遺言したため一旦火中に投じられたが、家人によって拾い出され焼失は免れた。その際焼け焦げができたため前後二つに切り離された。前半の「剰山図」は縦31.8cm×横51.4cmで中国の浙江省博物館に所蔵されている。後半の「無用師巻」は縦33cm×横636.9cmで台北の故宮博物院の所蔵になっている。今回はこの前後半の絵巻が台北故宮博物院で一堂に公開展示されたもので、「富春山居図」本来の姿がよみがえるのは360年ぶりのこととされる。

2011年軍事報告書　軍事報告書は初めて中台の軍事力を比較。それによると中国の総兵力は230万で台湾の9倍、軍事費は最大で台湾の21倍と分析した上で、「中国軍にはすでに台湾を封鎖し、離島を奪う能力があり、2020年までに台湾へ大規模作戦を展開できる能力を整備しようとしている」と分析。報告書は中台関係の転換に鑑み中国と軍備競争を行うことはないとも表明している。

2011	民国100年	7月20日、馬英九総統の司法改革の目玉である「廉政署」が発足。
2011	民国100年	7月29日、「小三通」方式による金門島、馬祖島、澎湖列島への福建省住民の個人旅行が正式に開放される。
2011	民国100年	8月23日、民進党が**新しい政策綱領**で中台関係の現状維持を表明。
2011	民国100年	9月2日、馬英九総統、「九二共識」と「台湾共識」について、「九二共識」は中台の共識（コンセンサス、合意）であり､「台湾共識」は憲法の枠組みの下で「統一せず」、「独立せず」、「戦わず」（の政策）を維持するもので、台湾を主とし人民に有利な内容であると説明。
2011	民国100年	9月9日、日本統治下の台湾で先住民族のタイヤル族が蜂起した「霧社事件」を扱った映画「セデック・バレ」が封切られブームに。**霧社事件**の項を参照のこと。
2011	民国100年	9月21日、財務省が外債をすべて返済と発表。

新しい政策綱領　民進党の蔡英文主席は8月23日の記者会見で、この先10年間の政策綱領となる「10年政綱」のうち対中政策の部分を明らかにし、「中台間の経済活動はグローバル経済の重要な一部となっており、世界と歩調を合わせて中国と交渉すべきだ。中国とは多層で多面的な交流と対話を進める。台湾で最大のコンセンサスは現状維持だ」と経済交流を初めとして中国と積極的な交流を進め、現状維持を図る意向を明らかにした。蔡主席は馬英九政権が中国と結んだ経済協力枠組み協定（ECFA）についても、これまでの民進党の主張のように正面から反対していない。2012年1月の総統選挙を見据えて現実路線を示したものと見られる。民進党系の地方の首長や政治指導者などはすでに2年ほど前から経済交流を求め訪中している。

台湾書院　書院は中国古代に淵源を持つ伝統的な私的人材養成機関で、台湾でも17世紀末から清末にかけて60ほどの書院が創建された。創建者は高級官僚を主とし資産家、学者など。馬英九総統はこの伝統的な由来のある「書院」に台湾の名を冠した「台湾書院」を世界各地に開設することを重要な施策とし準備を進めてきた。「台湾書院」は海外で「台湾と漢学の研究」、「中国と台湾の多様な文化の体験」、「中国語の教育、普及」などの活動を行い、文化交流センターとしての役割を担うとされている。ニューヨークの「台湾書院」の開設式典には馬総統夫人の周美青女史が出席した。

「中台和平協定」に関する「10大保証」　馬英九総統は2011年10月24日談話を発表し、「中台和平協定」を締結する条件として「1つの枠組み」、「2つの前提」、「3つの原則」、「4つの確保」からなる「10大保証」を提唱した。それによれば「1つの枠組み」とは「中華民国憲法の枠組み」の下

2011	民国100年	9月21日、アメリカ政府が台湾に対し、F16a、F16b合わせて145機を対象に改良部品や兵員の訓練、F16や輸送機の交換部品、アメリカ本土空軍基地での操縦士訓練の5年間延長など総額58億5,200万ドルの武器などの売却を議会に通告。中国が強く抗議していたF16戦闘機の新型機売却は見送り、検討継続とした。
2011	民国100年	10月15日、ニューヨーク、ヒューストン、ロサンゼルスに**台湾書院**が同時開設。
2011	民国100年	10月17日、馬英九総統が「国内世論の高い支持、国家が確実に必要としていること、国会の監督の三条件のもと、10年以内に中台和平協定を取り決めるかどうかを慎重に判断する」と語る。
2011	民国100年	10月20日、台湾・海基会の江丙坤理事長と中国・海協会の陳雲林会長による中台民間交流機関のトップ会談が天津で開かれ、「中台原子力発電安全協力協定」に署名。投資保護協定は署名に至らず。
2011	民国100年	10月24日、馬英九総統が**「中台和平協定」に関する「10大保証」**を発表。

で、台湾海峡の「統一せず」、「独立せず」、「武力行使せず」の現状を維持し、「九二共識」を基礎として中台の交流を推進することを指している。「2つの前提」とは、台湾の民意に高いコンセンサスがあり、中台の相互信頼が十分に蓄積されていることを和平協定締結交渉推進の前提であるとする。「3つの原則」とは「国家における必要性」、「国民の支持」、「国会による監督」の原則を満たして初めて協議が推進されることになるという。「4つの確保」とは、中華民国の主権の独立と領域の完全性を守り、台湾の安全と繁栄を守り、エスニックグループ（族群）の調和と中台間の平和を守り、持続可能な環境と公の正義がある社会を守っていくことだとしている。その上で、「中台和平協定」の締結交渉は統一のためのものではないと改めて釘をさした。

2011	民国100年	11月3日、馬英九総統がエネルギー政策を発表。2018年～25年にかけ40年の運転期間を終える3ヵ所の原発は延命を認めず、建設中の第4原発は5年以内に商業運転を目指すとしている。
2011	民国100年	11月5日、蕭万長副総統が経済建設委員会の推計をもとに「2017年の台湾の高齢者率は14％に達して高齢化社会に入り、2025年には20％に達し超高齢化社会に入る見通し」と語る。
2011	民国100年	12月30日、台湾と香港が航空運輸協定に調印。
2011	民国100年	12月30日、国防省と内政省が2012年1月1日より徴兵制を停止し、志願兵制に移行すると発表。
2012	民国101年	1月1日、台湾が大陸の都市住民に健康診断、美容整形などの目的での台湾訪問を開放。
2012	民国101年	1月9日、台湾観光関係当局によると、2011年に台湾を訪れた観光客は608万7,484人で前年比9.34％の増。うち中国からの訪台者は178万4,185人で全体の29.3％。
2012	民国101年	1月14日、総統選で**馬英九総統再選**。
2012	民国101年、	1月16日、台湾移民署が中国の商業関係者のマルチビザ取得の条件を緩和すると発表。それによれば招待（台湾）側の条件が事業所単位の年間営業額を従来の1億元以上から5,000万元以上に、招待を受ける大陸側の事業所の責任者あるいは社長の条件は年間営業額を500億元以上から100億元以上にそれぞれ引き下げる。
2012	民国101年	1月19日、立法院が「従業服務法修正案」を可決。それによれば外国人労働者の台湾での就業年限は9年間から12年に延長され、適用範囲は家庭内労働のほか漁業や重要な建設現場での労働などブルーカラーにも広げられた。
2012	民国101年	1月21日、大陸委員会の発表によると、2009年に中国資本の対台湾投資が開放されて以来、204の中国資本、企業が台湾で投資をし、あるいは会社を設立した。

馬英九総統再選　台湾の総統選挙が2011年1月14日に行われ、馬英九総統が約689万票（得票率51.6％）を獲得し、民進党の蔡英文主席の約609万票（得票率45.6％）に80万票の差をつけて再選された。新しい任期は5月20日から。この結果は馬総統の1期目4年間の経済中心の対中国融和政策、接近政策に信任が与えられたものと受け取られている。敗戦をうけ、蔡主席は主席を辞任する意向を明らかにした。一方同日同時に行われた立法院（国会）議員選挙では与党国民党が全113議席のうち過半数の64議席を獲得したが、現有の72議席からは8議席減らした。民進党は32議席から40議席に議席数を伸ばした。その他の政党の議席数は台湾団結聯盟が3、親民党が3、無党団結聯盟が2で、無党派が1となっている。

2012　民国101年	1月31日、1月14日の総統選挙で副総統に当選した呉敦義首相が辞任。次期首相には陳冲副首相が馬英九総統により任命された。
2012　民国101年	2月8日、台湾と中国の言葉の違いを比べることのできる辞典「中華語文知識庫」が台北と北京のネット上で同時発表。中台の専門家が協力して作成したもの。
2012　民国101年	2月10日、亜東関係協会の新会長に廖了以前国民党秘書長を選任。
2012　民国101年	2月28日、台北駐日文化経済代表処の新代表に沈斯淳外務次官。
2012　民国101年	2月29日、蔡英文氏が正式に民進党主席を辞任、陳菊高雄市長が主席代理に。
2012民国101年	3月14日、民進党の羅致政スポークスマンらが雲南で開かれる第10回中台関係フォーラムに出席するため訪中。民進党の役職者が公式に訪中するのは初めて。
2012　民国101年	4月1日、呉敦義次期副総統が博鰲アジアフォーラム2012年大会で中国の李克強副首相と会談。両者は経済面で協力関係を強めることで一致。
2012　民国101年	4月15日、中国の南方航空機の武漢、高雄間の定期便が正式に就航。中国の航空会社が華中地区と台湾南部の都市との間に定期便を運行するのはこれが初めて。
2012　民国101年	4月25日、教育省が2014年から12年義務教育を実施と発表。
2012　民国101年	4月26日、中台の経済協力枠組み協定（ECFA）に基づく協議機構・経済協力委員会が台北近郊で開かれ、貿易機関の出先事務所を相互に設置することで合意。
2012　民国101年	5月20日、**馬英九総統が２期目の就任演説**。

馬英九総統が２期目の就任演説　就任演説で馬英九総統は、我々の目標は、平和で公平、正義のある幸福な国を建設することであるとし、「経済成長のエネルギー強化」、「雇用の創出と社会における公平と正義の定着」、「低炭素とグリーンエネルギーの環境作り」、「文化的国力の構築」、「人材の積極的な育成と招聘」をこれからの発展の五本の柱にすると表明した。対中国政策については、「統一せず、独立せず、武力行使をせず」という台湾海峡の現状を維持し、「九二共識、一つの中国の解釈は各自が表明する」を基礎とし、これまでの4年間と同様、「急ぎのものを先にその他の問題はゆっくりと、解決しやすい問題を先に難しい問題は後からやり、先に経済に対処し後から政治問題を話し合う」の原則に則り進めると強調した。

2012	民国101年	5月21日、文化建設委員会を文化省に改編。初代文化相には文化建設委員会主任だった著名な作家・龍応台氏が就任。
2012	民国101年	5月24日、馬英九総統、**ドイツ統一のモデルは中台関係発展の参考**になり得ると述べる。
2012	民国101年	5月27日、民進党主席選挙で蘇貞昌元首相が当選。
2012	民国101年	6月10～15日、アメリカ産牛肉の輸入に反対する民進党議員が立法院の議長席を占拠。

ドイツ統一のモデルは中台関係発展の参考　馬英九総統のこの発言は国際比較法学会の年次総会での挨拶の中で述べられたもの。馬総統はこの中で、中台関係は大幅に改善しているとし、更に次のように述べた。「台湾は憲法を中台関係処理の最高原則にしている。互いに主権を承認せず、互いに統治権を否定しないという共通認識の下で安心して前進できる。ドイツ統一のモデルは中台関係発展の為の参考になり得るだろう」。

アメリカ産牛肉の輸入　2003年にアメリカで狂牛病が発症して以来、陳水扁政権と馬英九政権の１期目には健康被害の恐れなどを理由に基本的にアメリカ産牛肉の輸入を禁止していた。だが実際には2007年から2011年の間にすでに10万トンの高級赤肉がアメリカから輸入されていた。2期目に入った馬英九政権は以前からのアメリカからの強い要請の上に、アメリカとの自由貿易協定の締結、台湾人のアメリカへのノービザ入国、アメリカの台湾への武器供与のため有利な環境を作り出すことなどを理由にアメリカ産牛肉の輸入の実現を望んだ。2012年にアメリカで再度狂牛病が発生し、民進党など野党3党は4月、アメリカ産牛肉及びその製品の輸入を暫定的に停止するなど3項目の決議案を立法院に提出した。決議案は最終的に賛否同数で議長の反対票によりいずれも否決された。6月5日、野党3党はアメリカ産牛肉の輸入を禁止するなどの4項目の決議案を再び立法院に提出したが、輸入禁止の提案は否決され、次いで7月25日「食品衛生管理法」の修正案が可決されたことにより最終的にアメリカ産牛肉の輸入が認められることになった。

東シナ海平和イニシアチブ　馬英九総統は8月5日、台北で開かれた「中華民国と日本国との間の平和条約発効60周年記念展示及びシンポジウム」に出席し、「東シナ海平和イニシアチブ」を提唱した。馬総統はこの中で、尖閣諸島が台湾に附属する島嶼であることに何の疑いもないが、最近尖閣諸島を巡る論争が高まっていることに鑑み、「東シナ海平和イニシアチブ」を提起するとして次のように提案した。①対立行動をエスカレートさせないよう自制する、②論争を棚上げにし、対話を絶やさない、③国際法を遵守し、平和的手段で論争を処理する、④コンセンサスを求め、「東シナ海行動基準」を定める、⑤東シナ海の資源を共同開発するためのメカニズムを構築する。外務省は声明を発表し、「東シナ海平和イニシアチブ」を早期に実現し、東シナ海が「平和と連携の海」になるよう関係国が一致して努力するよう切望する、と述べた。

中台投資保護協定に調印　台湾・海基

2012	民国101年	6月27日、中国銀行が台北支店を開設。中国の銀行が台湾に支店を開くのはこれが初めて。
2012	民国101年	7月25日、**アメリカ産牛肉を輸入**へ。
2012	民国101年	8月5日、馬英九総統が「**東シナ海平和イニシアチブ**」を提唱。
2012	民国101年	8月9日、**中台投資保護協定に調印**。

会の江丙坤理事長と中国・海協会の陳雲林会長の第8回トップ会談が台北で開かれ、懸案の「中台投資保護協定」に調印した。協定では台湾側が要求していた国際仲裁機関による投資紛争解決は、中国側が台湾の主権を認めることになるとして反対し盛り込まれなかった。中国での台湾のビジネスマンの安全確保の問題では、協定とは別枠で「身柄の自由と安全保障についてのコンセンサス」に合意した。それによると双方は各自の規定に基づき、相手方の投資家及び関係者に対し身柄を拘束してから24時間以内に通知し、家族の面会及び弁護士の接見のための便宜を図ることを取り決めている。台湾側は理由が明らかにされないまま中国でビジネスマンが拘束される事件が後を絶たないとして、国際仲裁機関による紛争解決のような内容を協定本文の中に盛り込むことを要求していたが、中国側が難色を示し、結局別枠の合意文書を作成することで双方が妥協した。今回のトップ会談では「中台税関協力協定」にも調印した。

2012	民国101年	8月20日、楊進添外相が日本の国会議員らが19日に尖閣諸島の魚釣り島に上陸したことに抗議し、日本側のこの挑発は東シナ海海域の緊張を高めるものだとして、尖閣諸島の主権を侵害する行為を直ちに止めるよう日本政府に要求。
2012	民国101年	8月31日、中台の貨幣管理当局が「中台貨幣精算協力覚書」に調印。
2012	民国101年	9月7日、馬英九総統がヘリコプターで尖閣諸島に直近の彭佳嶼に上陸、日本が尖閣諸島を国有化しようと一切認めないと語る。
2012	民国101年	9月11日、日本が尖閣諸島を国有化。台湾で反発広がる。
2012	民国101年	9月13日、馬英九総統、「1895年以前に尖閣諸島が清朝の領土であったことは疑いの余地がない。日本が尖閣諸島を占領したことは国際法上無効だ。台湾は尖閣諸島の主権の問題では寸土といえども争う」と語る。
2012	民国101年	9月23日、台湾の民間の政治団体が「9・23保釣（釣魚島を守る）大デモ」を実施。日本交流協会の台北事務所に尖閣諸島国有化に対する抗議文を手渡す。
2012	民国101年	9月25日、75隻の台湾漁船が尖閣海域に侵入、日本の巡視船が放水で追い払おうとしたのに対し台湾の海巡署艦艇も放水で応酬。
2012	民国101年	9月27日、日本交流協会の今井正理事長が楊進添外相と会見し、台湾漁船が尖閣海域に侵入した事件で抗議。
2012	民国101年	9月27日、台湾・海基会の江丙坤理事長が辞任。後任は林中森国民党秘書長。

日台漁業取り決め（協定） 日本は1996年国連海洋法条約を批准したのにともない、周辺国と排他的経済水域における漁業に関する協定を結ぶ必要が生まれ、台湾との間でも漁業協議を開催していた。2012年8月には馬英九総統が「東シナ海平和イニシアチブ」を発表し、尖閣諸島を含む東シナ海での論争を棚上げにし、資源を共同開発することなどを提案した。又9月には同イニシアチブの推進綱領を発表し、二国間、多国間の漁業協力を含む交渉を進めるなどとする提案を行った。その後日本が尖閣諸島を国有化し海域に緊張が生まれたが、日本の玄葉光一郎外相は同年10月、「台湾の皆様へと」いうメッセージを発表し、3年9ヵ月ぶりの漁業交渉の再開を台湾に呼びかけた。この方針は同年末に発足した安倍内閣にも引き継がれた。漁業協定の締結は台湾側の尖閣諸島周辺での漁撈問題に対処する必要性とも合致し、交渉が再開された。この結果2013年4月10日、台北で交流協会の大橋光夫会長と亜東関係協会の廖了以会長の間で「日台漁業取り決め（協定）」が署名された。「取り決め」という名称は日本と台湾の間に国交がないため、協定ではなく民間の取り決めの形を取ったもの。「取り決め」による漁業水域は北

2012	民国101年	9月28日、大陸委員会の頼幸媛主任委員が国際貿易機関（WTO）の常任代表に転任。後任は馬英九事務室スポークスマン、国安会安全諮問委員などを歴任した王郁琦氏。正式な就任は10月4日。
2012	民国101年	10月6日、民進党主席や首相を歴任し総統選に立候補したこともある謝長廷氏が北京を訪問。台湾事務弁公室の王毅主任、戴秉国国務委員と相次いで会見。
2012	民国101年	11月6日、台湾海峡を跨ぎ、大陸と台湾を直接結ぶ最初の海底ケーブル「海峡光纜1号」の着工式が福州で行われた。
2012	民国101年	12月16日、税関の統計によれば2008年12月の三通実施以来、2012年12月までの中台貿易の総額は5,542.7億ドル。うち台湾の輸入額は1,158.7億ドル、輸出額は4,384億ドルで、台湾の3,225.3億ドルの出超。
2013	民国102年	2月1日、「中台投資保護協定」と「中台税関協力協定」が正式に発効。
2013	民国102年	2月1日、陳冲首相が体調不良を理由に辞任を表明。
2013	民国102年	2月18日、陳冲首相の辞任に伴い新首相に江宜樺副首相が昇格。
2013	民国102年	3月30日、台湾が尖閣諸島の情勢を重視し、新型の巡視船2隻を就役させる。
2013	民国102年	4月6日、宝塚歌劇団の台湾公演が台北で開幕。
2013	民国102年	4月10日、**日台漁業取り決め（協定）**締結。
2013	民国102年	5月9日、台湾の漁船が**フィリピンの艦船の機銃掃射を受け漁民一人が死亡**。

緯27度以南とされ、日本と台湾の漁船がこの水域に乗り入れ操業する。尖閣諸島周辺の日本の領海はこの取り決めの漁業域には含まれない。「取り決め」は漁獲高、操業ルールの取り決めがないまま5月10日に発効したが、日台双方の漁業関係者には不満が残り、以後漁業者間の紛争や拿捕が頻発する要因ともなった。

フィリピンの艦船の機銃掃射を受け漁民一人が死亡　2013年5月9日、台湾島南端約170海里の海上で操業中の台湾の漁船・広大興28号がフィリピンの艦船の機銃掃射を受け、漁民一人が死亡した。この事件に台湾側が抗議し、賠償と謝罪を要求するとともに、フィリピンからの労働者の受け入れの凍結、駐フィリピン台北経済文化事務所の代表の召還などの外交的制裁措置を取った。月末に至り双方が事件につき共同調査を行うことなどで決着。8月8日にフィリピンのアキノ大統領の特使が訪台し,漁民の家族に謝罪し賠償金を支払った。

2013	民国102年	5月24日、亜東関係協会の新会長に李嘉進氏を選出。李氏は馬英九政権で総統府直属の国家安全会議の諮問委員として対日問題を担当していた。
2013	民国102年	5月29日、民進党の蘇貞昌主席が「台湾はとっくに独立しており、現在最も重要なのは国家を建設することであり、台湾独立の道に戻ることではない。党主席としての中国政策の立場は台湾前途決議文である」と述べる。**台湾前途決議文**の項を参照のこと。
2013	民国102年	6月10日、国防省が金門島、馬祖島を初め島嶼における地雷除去を完了と発表。
2013	民国102年	6月21日、「**中台サービス貿易協定**」に調印。

中台サービス貿易協定　2013年6月21日、台湾・海基会の林中森理事長と中国・海協会の陳徳銘会長が上海でトップ会談。中台民間交流機関のトップ会談は9回目で、この二人の会談は初めて。この会談で「中台サービス貿易協定」が締結された。2010年に締結された「中台経済協力枠組み協定」では「サービス貿易協定」の締結が協議事項の一つと定められていた。これに基づき2011年2月から中台の交渉が始まり、今回のトップ会談で協定に署名された。協定は中国と台湾が互いのサービス産業の企業に市場参入を認める内容で、通信、建設、運輸、医療、美容、観光、娯楽、保険など幅広い分野で台湾側は64項目、中国側は80項目を開放するとしている。**中台経済協力枠組み協定**の項を参照のこと。

日拠　日本の植民統治時期をどう表現するかについて、台湾では「日拠」と「日治」のいずれかを取るかの議論が続いていた。この問題について政府は7月22日、公文書では統一して「日拠」を用いると表明、中央と地方の行政機関に対しこれに従うよう通達した。「日拠」を統一して使用することにした理由について、政府は国家の主権と民族の尊厳を守る立場からだとしている。教育省は、憲法は意見の表明の自由を保障しており、学術の自由及び教育の目的に合致させるため、教科書では「日拠」、「日治」のいずれを用いても良いと布告した。しかし、この問題をめぐっては「日拠」は一次的な軍事的占領を、「日治」は領土の転移をそれぞれ意味し、「日治」の方が適切な用語だとする意見や、「日拠」に統一するのは台湾史を中国史化し台湾化を阻もうとする陰謀だなどという異論がある。

王金平立法院長の党籍を剥奪　国民党は9月11日、同党所属の王金平立法院長の党籍を剥奪する処分を決定した。王氏をめぐっては、野党の立法委員の刑事訴訟に絡み口利きを依頼され司法に介入したとする捜査結果を先に検察当局が明らかにしていた。これについて馬英九国民党主席は「王氏は立法院長にふさわしくない」として処分を要求していた。王氏は口利きを否定し、党員資格があることの確認を求める訴訟を起こした。王氏は比例代表選出で党員資格を失えば立法院の議席を失うことになる。王氏は立法院長を14年間務める国民党の重鎮だが、世論の反発が強い案件では強硬裁決を避けるなど馬総統の政権運営には協力的でな

2013	民国102年	7月20日、国民党が党員の直接選挙で馬英九総統を国民党主席に再選。得票率92%。中国共産党の習近平総書記が祝電。
2013	民国102年	7月22日、日本の植民統治時期の呼び方について、政府が公文書では「**日拠**」を統一して使用すると表明。
2013	民国102年	8月14日、民進党が陳水扁前総統の復党を承認。陳前総統からは5月に復党願いが出ていた。
2013	民国102年	9月11日、国民党、**王金平立法院長（国会議長）の党籍剥奪**処分を決定。
2013	民国102年	10月15日、「白冷圳」を建設した**磯田謙雄**技師の銅像の除幕式。

く、馬総統との対立が取り沙汰されていた。王氏は又南部の高雄市出身の本省人で、南部に強い基盤を持つ野党民進党とも良好な関係を保っている。

磯田謙雄　磯田謙雄技師は烏山頭ダムを建設したことで知られる八田与一技師と同じ金沢市の出身。日本統治時代、台湾の製糖業拡大の必要からサトウキビの苗を育てる大南蔗苗養成所が作られ、総督府の技師だった磯田に灌漑設備の建設が命じられた。白冷圳は台中市新社区で1928年に着工され1932に完成した。白冷圳は逆サイフォンの原理を利用した農業用の水路で、新社、東勢、石岡など各地で生活用水や灌漑用水として利用され、人々に命の水をもたらすと讃えられ、磯田技師は「白冷圳の父」と呼ばれた。磯田技師の貢献を讃え、台中市水利局は台中市新社区にある白冷圳故事牆園区に磯田技師の銅像を建立し、10月15日に除幕式を挙行した。磯田技師の銅像は、石造りの椅子に座り東洋一のサイフォン装置と言われる「白冷圳」の施設を仰ぎ見る姿をとっている。除幕式には台中市の関係者や磯田技師の家族らが出席した。

2013	民国102年	10月22日、馬英九総統が中国との政治対話について「必要なら先に行う」と発言した。中国で開かれる中台貿易文化フォーラムに参加する台湾代表団との会見で述べたもの。馬相当はこれまで「経済から先に、政治は後で」を繰り返していた。
2013	民国102年	10月31日、対潜哨戒機P3Cの配備を開始。2015年までに12機を配備の予定。
2013	民国102年	11月1日、台湾地検が捜査情報を報告義務のない馬英九総統に伝えたとして、黄世銘検察総長を情報漏洩などの罪で起訴。
2013	民国102年	11月5日、日本と台湾が鉄道、薬事、電子商取引、知的財産、遭難航空機の海上救助の5分野で、実務の効率化や共通のルールづくりなどを目指す取り決めと覚書に調印。
2013	民国102年	11月10日、国民党大会が「総統に就任中は国民党主席を兼任する」という党規約改正案を採択。
2013	民国102年	11月25日、台湾海軍の艦艇2隻がフィリピンの台風被害救援の物資を積んでフィリピンへ。台湾の軍艦がフィリピンを訪問するのは14年ぶり。
2013	民国102年	11月25日、中国・海協会の陳徳銘会長が会長就任後初の訪台。

国家発展委員会　国家発展委員会は政府の経済建設委員会と研究発展考核委員会それに公共工程委員会の一部を統合、再編して設置された。経済建設を初め社会発展、人口構造、国土計画、政府ガバナンスなど幅広い政策を担当し、台湾の発展戦略策定の総本部、小行政院（小政府）などとも称される。

大陸委員会の王郁琦主任委員と台湾事務弁公室の張志軍主任が南京で会談

会談は王主任委員が初めて訪中し南京で行われた。中台の分断以来、相互が関係する問題を担当する閣僚が会談するのはこれが初めて。会談では大陸委員会と台湾事務弁公室の間で次官級など各レベルの恒常的な連絡体制を構築することで合意。台湾側は懸案となっている台湾・海基会と中国・海協会の事務所の相互設置や環太平洋パートナーシップ協定（TPP）や東アジア地域包括的経済連携への加盟問題を提起した。一方中国側は報道機関の常駐を求めた。王、張の両氏は13日に上海で非公式に会談し、中台首脳会談について話し合った。

中台関係について4点の意見　習近平総書記の4点の意見は次の通り。①中台同胞は同じ家族の親しい仲だ、誰も

2014	民国103年	1月9日、民進党が「中台の交渉は必然の流れで、党としても積極的に自信を持って参加する」、「地方都市間やシンクタンクの交流を積極的に行う」などとする新たな対中政策を発表。一方で、綱領の中の台湾独立条項や台湾前途決議文は維持するとした。
2014	民国103年	1月11日、馬英九総統、日本の安倍晋三首相の靖国参拝を批判。
2014	民国103年	1月17日、経済省、カナダから生後30ヵ月以下の骨付き牛肉の輸入を開放と発表。将来のTPP（環太平洋パートナーシップ協定）の参加に有利な環境作りのためとされる。
2014	民国103年	1月21日、国防省は2017年の開始を目標に2012年から段階的に進めている徴兵制から志願兵制への全面移行後の総兵力を、これまで目標に掲げていた21万5千人から17万～19万人に削減すると発表。2012年から始まった志願兵の応募者が予想より極めて少ないことを反映した措置と見られる。
2014	民国103年	1月22日、**国家発展委員会**が発足。
2014	民国103年	2月1日、大陸委員会によると、2013年の大陸からの訪台者は285万人を突破し、前年比10％の伸び。このうち個人の観光客は52万2,000人で、前年比1.7倍強。個人観光客が訪台者の主流になりつつある。
2014	民国103年	2月11日、**大陸委員会の王郁琦主任委員と台湾事務弁公室の張志軍主任が南京で会談**。
2014	民国103年	2月18日、中国共産党の習近平総書記と国民党の連戦名誉主席が北京で会談。習総書記が**中台関係について４点の意見**を発表。

我々の血脈を断つことはできない、②中台の同胞は命運を共にしており、解けないしこりはない、③中台の同胞は心を一つにして協力し、中台の平和的発展を持続して推進しなければならない、④中台の同胞は手を携え、心を一つにして中華民族の偉大な復興という中国の夢を共に実現しなければならない。

2014	民国103年	2月27日、台湾・海基会の林中森理事長と中国・海協会の陳徳銘会長による10度目のトップ会談が台北で行われ、「中台地震観測協力協定」と「中台気象協力協定」に調印。
2014	民国103年	3月8日、台湾全土で反原発デモ。約3万2,000人が参加。
2014	民国103年	3月18日、中台サービス貿易協定に反対する**学生が立法院（議会）の議場を占拠**。

学生が立法院の議場を占拠　中台サービス貿易協定の締結後、台湾では16回にわたり公聴会が開かれ、立法院では審議のあり方を巡って与野党の駆け引きが続けられた。協定について政府与党国民党や有力企業家などからは、中国が台湾に対し開放する項目は世界貿易機関（WTO）の定めより開放の程度が高く台湾に有利である、大陸の企業や企業家が台湾で活動すれば台湾の就業率を高め労働者の労働条件を向上させる、台湾のサービス業の良性な競争を呼び起こす、台湾のサービス業が中国に進出することによって自由貿易のチャンスが広がるなどとして協定に賛意を表している。一方野党民進党や学者、学生の間などでは、中台の経済規模の格差が大きい上に政治体制も異なり、政治的企図を持った中国企業が台湾のサービス業を席捲しかねない、特に資本の小さな美容理髪、倉庫、タクシー、印刷出版、レストラン、観光など中小企業には重大な影響がある、などとして反対の声を上げていた。また印刷出版の自由化によって言論の自由が脅かされるとの指摘もある。更に協定の交渉がブラックボックス、密室の中で行われたという強い批判が出ていた。こうした中で立法院では与野党の衝突で審議が難航し、3月17日、国民党側はすでに審議は3ヵ月間も行われたとして一方的に審議を打ち切った。野党側が再審議を要求する中、3月18日、サービス貿易協定に反対する学生や民間団体のデモが行われ、夜9時過ぎに300名を超える学生が立法院議場に進入しバリケードを築いた。立法院の周りには学生たちを支持する数千人規模の市民が集まった。学生たちは「ブラックボックスによるサービス貿易協定反対宣言」を発表し、協定の審議やり直しや馬英九総統との公開討論を求め、議場と議長席の占拠を続けた。20日には江宜樺首相が学生を訪ねたが、話し合いは決裂に終わった。24日夜には学生を支持する多数の市民が政府の敷地内に入り、警察の強制排除で61人が逮捕され、市民と警察の双方に100人余りのけが人が出た。30日には総統府の周辺で、学生や学生を支持する民衆など主催者発表で50万人が参加する抗議集会が開かれた。こうした中で4月4日、馬英九総統は学生側の要求に応じ、政府が中台間で結ぶ協定について、立法院などによる監視機能を定めた「両岸協議監督条例」を制定することを決定した。6日には王金平立法院長が「両岸協議監督条例」が法制化されるまで、サービス貿易協定の審議は行わないとする仲裁案を明らかにするとともに、学生側に立法院からの退去を呼びかけた。これを受けて学生側は「この段階での任務を達成した」として4月10日、24

2014	民国103年	3月19日、台北地裁、国民党から党籍剥奪処分を受けた王金平立法院長が自らに党員資格があることの確認を求めた訴訟で、王氏の主張を認める判決。
2014	民国103年	5月7日、中国共産党の習近平総書記が親民党の宋楚瑜主席との会談で、「台湾独立分子の分裂の策謀を制止する強固な意志は揺るがない」と語る。
2014	民国103年	5月13日～18日、**ベトナムで反中国デモ、台湾企業にも被害**。

日間に及んだ議場の占拠を打ち切り退去した。王院長の仲裁案によって協定の審議は先送りとなった。この学生たちの運動は一般に「ひまわり学生運動」と呼ばれる。ほかに「318公民運動」などとも。**中台経済協力枠組み協定**の項を参照のこと。

ベトナムで反中国デモ、台湾企業にも被害　ベトナムのビンズオン省、ハティン省、ドンナイ省、バリア＝ブンタウ省などで5月13日から反中国デモが暴徒化した。デモは中国とベトナムが領有権を争う南シナ海西沙諸島付近の海域で操業する中国石油総公司の石油掘削装置付近で、5月初めに中越両国の艦船の衝突が伝えられたことに起因する。5月13日にはホーチミン市近郊のビンズオン省でデモに参加していた労働者が暴徒化し、暴動はベトナム各地に広がった。このデモで中国企業だけでなく、漢字圏に属する台湾、香港、日本、韓国、シンガポールなどの企業も被害を受けた。中でも台湾プラスチックが北中部ハティン省で進めていた製鉄所建設現場付近では14日、大規模な暴動が発生した。一連の暴動で20人以上が死亡し、100人以上が負傷したとされる。ベトナム政府は18日以降デモの取り締まりに着手し、デモは沈静化に向かった。台湾外務省はベトナム語と英語で「私は台湾人です、台湾から来ました」と書かれたシールをベトナムの台湾系企業に配布し、被害の拡大防止を図った。

2014	民国103年	5月25日、民進党の主席選挙で蔡英文前主席が当選。
2014	民国103年	6月24日、**「台北　国立故宮博物院－神品至宝」展**が東京国立博物館で開幕。
2014	民国103年	6月25日、**台湾事務弁公室の張志軍主任が訪台**。
2014	民国103年	7月23日、復興航空（トランスアジア航空）が澎湖列島の馬公空港で緊急着陸に失敗、乗客、乗員58人のうち48人が死亡し、10人が怪我をした。ほかに近くの村民5人も怪我をした。
2014	民国103年	7月31日、高雄市の市街で31日深夜から8月1日未明にかけ大規模なガス爆発があり、32人が死亡、321人が怪我をした。石油化学の原料が工業用ガス管から漏れて引火したと見られ、約4.4キロにわたり道路がえぐられたように陥没し、樹木が倒れるなどの被害が出た。

「台北　国立故宮博物院－神品至宝」展　「台北　国立故宮博物院－神品至宝」展は宋代から清代までの皇帝コレクションが中心の台北故宮博物院の約70万点の収蔵品の中から代表的な作品186件を選びアジアで初めて展示するもの。中でも門外不出とされている「翠玉白菜」が東京で、「肉形石」が九州で、それぞれ2週間限定で展示され注目された。開幕直前の6月19日、東京の街頭にあった看板やポスターで国立故宮博物院の国立の2文字がなく、「台北　故宮博物院」とのみ表記されていたことを台湾のメディアが報道、台湾政府は訂正されなければ展覧会の中止も辞さないと強く抗議した。東京国立博物館のサイトやポスターでは正式な名称が使われていたが、主催団体のメディア各社のポスターなどでは国立の2字が欠けていた。抗議を受け、東京博物館が街頭の看板やポスターなどの訂正を行ったことから、台湾側は開催に同意し、予定通りの開催となった。

台湾事務弁公室の張志軍主任が訪台　中国で台湾問題を担当する閣僚が訪台するのは中台の分断後初めて。張志軍主任は到着後、大陸委員会の王郁琦主任委員と今年2月南京での会談以来2度目となる会談を行った。会談では、領事館のような機能を持つ窓口機関の相互開設などについて協議し、事務所職員に相手側の当局に拘束されている市民を保護するための領事面会と同様の権限を与えることで基本的に合意した。更に台湾側が望んでいる環太平洋パートナーシップ協定（TPP）などへの参加を考慮しながら地域経済協力に関する共同研究を始めることでも一致した。張主任は台北、台中、高雄の各市長や経済人、学者、青年学生などとも交流した。しかし張主任は各地で台湾民衆の強い抗議にあい、日程の一部が変更される一幕もあった。

廃油食用油事件　廃油食用油とは再生廃油（下水などに捨てた油を漉して再生した油）や飼料用油、工業用油脂など食品には使用すべきでない油を使用して食用油に加工したもの。地溝油（排水溝に捨てられた油）、黒心油（汚染で黒濁化した油）と同義語。台湾の警察当局は9月4日、屏東県の郭烈成ら6人を非合法な油製工場でこうした劣悪な食料油を加工し販売したとして逮捕した。郭

2014	民国103年	8月14日、中台の青年14名が台湾海峡を泳いで横断することに初めて成功。
2014	民国103年	8月19日、総統府が大陸委員会特任副主任委員（大陸委ナンバー2）の張顕耀氏を更迭。台湾の安全を損ねる問題を起こした疑いがあるという。
2014	民国103年	8月30日、在任中に公金横領に関与したとして起訴されていた李登輝元総統の無罪が確定。一、二審とも無罪になっており、最高検は上告しないことを決めた。
2014	民国103年	9月4日、**廃油食用油事件**、摘発始まる。

の非合法工場では1年前から油回収業者が回収した廃油を買い取り、更に排水溝に捨てられた油、皮革工場が廃棄した皮脂油、屠殺場の廃棄物などを混ぜ合わせて煮立たせ劣悪な油を作っていたということで、有害な化学成分が混入した疑いも持たれた。郭らの工場が加工した劣悪な油は数百トンが市場に出回り、大手の食品メーカーから夜店、スナック、焼き肉店など約1200の業者に売られたとされる。さらにこの油は香辛料、複合調味料、健康食品、食品添加剤などに混入、販売されたということで、人体への影響も憂慮された。事件は香港や中国にも波及した。この事件の捜査や後処理には2014年いっぱいかかり、台湾全土を揺るがす大スキャンダルとなった。

2014	民国103年	9月29日、馬英九総統、香港住民の行政長官直接選挙要求運動に理解を表明。大陸委員会も10月1日に声明を発表し、香港で直接選挙を実施するかどうかは中国が「一国二制度」の公約を実践するかどうかのバロメーターだと指摘。
2014	民国103年	10月3日、政府が廃油食用油事件関連の処分を発表。邱文達衛生福利相が辞任、食品薬物管理所長が更迭された。
2014	民国103年	10月22日、廃油食用油事件を受け、政府に食品安全推進工作室を拡大した食品安全弁公室を設置。
2014	民国103年	10月28日、台湾、公務員の中国における研修を禁止。
2014	民国103年	11月29日、**統一地方選で与党国民党大敗**。
2014	民国103年	11月29日、統一地方選の大敗を受け、江宜樺首相と国民党の曽永権秘書長が責任を取り辞意を明らかにした。
2014	民国103年	12月1日、政府閣僚が臨時会議で総辞職を決定。

統一地方選で与党国民党大敗　2016年初の総統選挙の前哨戦と位置づけられた統一地方選が11月29日行われ、与党国民党は6つの直轄市の市長選のうち5つで敗れるなど大敗した。今回の統一地方選は直轄市やその他の県や市の首長、それに地方議会の議員など1万1,000名以上を同時に選出する台湾ではこれまで最大規模の選挙。注目の直轄市の市長選挙で、国民党は地盤としてきた台北市と台中市の二つのポストを失うなど6直轄市のうち新北市をのぞく5直轄市で敗北した。一方野党民進党は地盤としてきた高雄市、台南市の市長ポストを引き続き確保したほか、台中市でも勝利した。さらに台北市では民進党が支持する無所属の新人が勝利した。台北市で国民党が首長の座を失うのは初めて。このほか桃園市（12月に直轄市に昇格予定）でも民進党が支持する候補が勝利し、民進党は事実上6直轄市のうち5直轄市での勝利となった。6直轄市以外の16の県と市の首長選挙でも民進党は同党が候補を立てた12の県と市で9勝3敗と躍進した。直轄市の議員選挙では台北市、桃園市、台中市で国民党が、新北市、台南市、高雄市で民進党がそれぞれ第一党となった。直轄市、県、市議員選挙全体では国民党が386議席、民進党が291議席だった。国民党の敗因としては先ず馬英九総統の不人気が上げられる。台湾メディアの10月の世論調査では馬政権の支持率は10％台に落ち込んでいた。3月には中国とのサービス貿易協定に反対する学生たちが立法院の議場を占拠したひまわり学生運動が起こったが、これに象徴されるように馬政権の対中国接近、融和政策がせっかちすぎるとの批判も広がっていた。このほか選挙直前の9月に明るみに出た劣悪な食料油が市場に出回った事件など食の安全問題や格差の拡大も馬政権の不人気に輪をかけ、ひいては国民党の敗因につながったと見られる。

台湾の総人口は約2,300万人　内政省が2014年12月31日現在での戸籍登録データに基づき発表した台湾の総人口は2,343万3,753人で、前年同月比6万236人の増。人口増加率は0.026％。65歳以上の高齢者人口は280万8,690

2014	民国103年	12月3日統一地方選の大敗を受け、馬英九総統が国民党主席を辞任、呉敦義第一副主席が代理主席に。辞任した江宜樺首相の後任には毛治国副首相が就任。
2014	民国103年	12月24日、柯文哲新台北市長が「九二共識（合意、コンセンサス）」は時代遅れだとして、「一五（2015年）共識」を提案。内容は不明だが、柯台北市長は台湾と中国が前提条件なしに「相互認識」、「相互理解」、「相互尊重」、「相互協力」の四つの「相互」のもとで共に「一五共識」を探求することを希望すると述べた。
2015	民国104年	1月1日、台湾駐米代表処の沈呂巡代表が代表処の庭に中華民国の国旗を掲げたことに中国が反発し、アメリカに抗議。
2015	民国104年	1月7日　**台湾の総人口は約2,300万人。**

人で総人口の11.99％。原住民の人口は54万23人で前年同月比6,422人増。原住民人口の総人口に占める割合は2.30％。

2015	民国104年	1月12日、**中国が東南方の沿海に４本の新航路を開設**と表明。台湾と争論に。
2015	民国104年	1月17日、馬英九主席の辞任を受け国民党の主席選挙が行われ、副主席の朱立倫新北市長が当選。
2015	民国104年	1月19日、朱立倫国民党主席、党規約には名誉主席の規定がないとして連戦、呉伯雄両氏の呼称を名誉主席から今後は元主席に改めると述べた。
2015	民国104年	1月25日、2014年春の「ひまわり学生運動」の流れをくむ新政党・時代力量（時代の力）が成立。主席は黄国昌。
2015	民国104年	2月4日、台北の松山空港から金門島に向け飛び立った復興航空（トランスアジア航空）機が離陸後まもなく墜落。乗客、乗員58人のうち31人が死亡（うち中国からの旅行者16人）、15人が負傷（うち中国からの旅行者3人）、12人（全員中国からの旅行者）が行方不明。
2015	民国104年	2月5日、中国・台湾事務弁公室の**張志軍主任の金門島訪問延期**。
2015	民国104年	2月10日、**大陸委員会の王郁琦主任委員が辞意**。
2015	民国104年	2月24日、朱立倫国民党主席が王金平立法院長の党籍を認める考えを示す。
2015	民国104年	3月20日、中国の航空当局は中国が一方的に発表し問題になっていた4本の新航路のうち、中台間で最も争点になっていた中台境界線近くを飛ぶ航路を大陸側に6マイル西に移し、29日から実施すると発表。中台双方はこの案で3月初めに基本合意をしていた。**中国が４本の新航路を開設**の項を参照のこと。

中国が４本の新航路を開設　中国は1月12日、東南方の沿海海上に4本の新航路を開設し、3月5日から実施すると発表した。中国国内の民間航空の航路はすべて大陸上空にあるが、上海と福州、アモイ、深圳、広州、香港などを結ぶ航路は非常に混み合っており、今回の新航路の開設はこの混雑を分散するためのものと見られた。所が台湾側によれば、そのうちの一本は台湾海峡中線（中台境界線）に接近して引かれており、台北飛航情報区から7.8キロしか離れていない場所もある。ほかの3本も台湾から金門島、馬祖島に向かう航路と非常に接近しており、台湾側は天候悪果の場合などには飛行の安全に危険をもたらすと危惧している。台湾側は中国側が実施のわずか42日前に一方的にこのような新航路の開設を発表したのは遺憾であり、事前に台湾側との協議がなかったと非難した。

張志軍主任の金門島訪問延期　中国・台湾事務弁公室の張志軍主任は2月7日から8日まで金門島を訪問する予定だったが、2月4日のトランスアジア航空機の墜落事故で中国からの旅行者の多くが死傷したことを受け延期された。更に中国側が台湾側の同意を経ず東南方の沿海海上に4本の航路を一方的に設定すると1月に発表し、その後

2015	民国104年	4月6日、日本の教科書検定で「尖閣諸島は日本の支配下にあり、領土主権の問題は存在しない」としたことに外務省が抗議。「断固として釣魚島（尖閣諸島）の主権を守る」と表明。
2015	民国104年	4月9日、日本の2015年版「外交青書」で尖閣諸島を日本の固有の領土と記載したことに外務省が抗議。
2015	民国104年	4月9日、民進党の中国事務委員会の席上、蔡英文主席が「民進党の中台関係処理の原則は中台間の現状を維持することであり、台湾海峡の平和と中台関係の安定した発展の現状を維持することだ」と述べる。
2015	民国104年	4月13日、台湾が日本から輸入する食品に都道府県ごとの産地証明書の添付を義務づける規制を5月中旬から導入すると発表。一部地域の品目には放射線検査結果の証明書の添付も義務づけた。
2015	民国104年	4月15日、民進党中央執行委員会が蔡英文主席を2016年の総統選挙の候補者に正式に決定。
2015	民国104年	5月4日、国民党の朱立倫主席が北京で習近平総書記と会談。国民党、共産党のトップ会談は7年ぶり。朱氏は会談でアジアインフラ銀行（AIIB）への台湾の加盟や地域的経済連携協定への参加受け入れを求めた。

台湾側との話し合いが進んでいないことも延期の一因となった。**中国が４本の新航路を開設**の項を参照のこと。

大陸委の王郁琦主任委員が辞意　大陸委員会ナンバー2の張顕耀特任副主任委員（当時）は、昨年8月「台湾の安全を損ねる問題を起こした疑いがある」として更迭されたが、台北地方検察署が証拠不十分として張氏の不起訴を決定。王郁琦主任委員は、全く受け入れられないが司法の判断を尊重するとして、混乱の責任を取り辞任を表明した。後任には国防省の夏立言次官が就任した。

2015	民国104年	5月26日、馬英九総統が**「南シナ海平和イニシアチブ」**を発表。
2015	民国104年	5月26日、中国・台湾事務弁公室の張志軍主任が金門島を訪問。大陸委員会の夏立言主任委員との会談で慢性的に水不足の金門島に福建省から水を供給する商業契約を結び、水道管の敷設に着工することで合意。
2015	民国104年	6月1日、**蔡英文民進党主席が訪米**、厚遇を受ける。
2015	民国104年	6月16日、中国の「海峡両岸経貿交流協会台北弁事処(事務所)」が正式に執務を開始。
2015	民国104年	6月23日、台湾・海基会と中国・海協会が「中台気象協力協定」と「中台地震観測協力協定」の6月24日発効を確認。
2015	民国104年	6月27日、新北市の娯楽施設で27日夜、イベント開催中に火災。やけどなどの負傷者が520人以上に。

南シナ海平和イニシアチブ　馬英九総統は2015年5月26日、「2015世界平和国際法学会・米国国際法学会アジア太平洋研究フォーラム」に出席し、「南シナ海平和イニシアチブ」を提唱した。馬総統はこの中で、南沙諸島、西沙諸島、中沙諸島、東沙諸島及びその周辺海域が台湾の主権に属することは疑いようがないとした上で、南シナ海を東シナ海と同様に「平和と協力の海」にしようと次のように提唱した。①関係方面は自制し、南シナ海地域の平和と安定を維持するため、緊張をエスカレートさせるいかなる一方的な措置をとらない、②国連憲章及び国連海洋法条約を含む関連する国際法の原則と精神を尊重し、平和的な方法で論争を解決するため、対話と協議を通して南シナ海地域の海・空域の航行及び飛行の自由と安全を協同で守る、③同地域内の各当事者を南シナ海の平和と繁栄に寄与する体制と措置に組み入れる、④主権の論争を棚上げし、包括的な計画を立て、南シナ海の資源を区画ごとに開発する、⑤南シナ海の環境保護、科学研究、海上犯罪取り締まり、人道支援、災害救援などの安全保障問題についての協調及び協力メカニズムを構築する。

蔡英文民進党主席が訪米　今回の訪米で蔡英文主席は国防総省、国務省、貿易代表部などの政府要人や議会指導者などと面会、シンクタンクで演説するなど厚遇を受けた。これは蔡主席が次期総統選挙での当選が有力視されていることを考慮した対応と見られた。これに対し、中国の崔天凱駐米大使は2日、蔡主席の訪米は外国人による面接試験にほかならず、先ずパスしなければならないのは13億中国人民の試験だと批判した。一方、台湾・大陸委員会の夏立言主任委員は3日、台湾の総統は台湾の2,300万人が決定するものであり、中国側は中台分治の現実を正視すべきだと述べた。

中国の「国家安全法」に台湾が反発　中国の全国人民代表大会常務委員会は7月1日「国家安全法」を採択、同法は即日公布された。国家安全法の第11条では「中国の主権と領土の保全は侵犯と分割を許さない。国家の主権、統一そして領土の保全は香港、マ

2015	民国104年	7月1日、**中国が「国家安全法」を公布。台湾が反発**。
2015	民国104年	7月19日、国民党が2016年総統選挙の候補者に洪秀柱立法院副院長を決定。
2015	民国104年	7月20日、蘇樹林省長を団長とする福建省代表団が金門島を訪問。双方の水道事業の責任者が福建省から金門島に有料で水を供給する協定に調印。
2015	民国104年	7月21日、李登輝元総統が訪日。6日間の日本滞在中に、中台関係は「特殊な国と国の関係」、尖閣諸島は「日本の領土」などと発言。
2015	民国104年	7月23日、教育省の**「課程綱要」改訂**に反対する学生らが教育省に乱入。
2015	民国104年	7月31日、日本医師会と中華民国（台湾）医師工会全聯会、台湾路竹医療和平会が「日台の民間医療団体が災害発生時に相互に医師を派遣し救援する協定」に調印。

カオ同胞と台湾同胞を含む全中国人民の共同の義務である」と規定している。これに対し台湾の大陸委員会は7月1日次のように述べ不満を表明した。「中国が一方的に採択したいわゆる国家安全法は中台分治の現実を正視せず、台湾人民が台湾海峡の現状を堅持していることを尊重していない。中国のいかなる一方的な行為も中華民国（台湾）が主権国家であり、中台が互いに隷属していない事実を変えることは出来ない。すでに審議の段階で大陸委員会の夏立言主任委員から台湾事務弁公室の張志軍主任に台湾側の厳正な立場を伝達していたにもかかわらず、我が方の関心を尊重せず、台湾人民の感情と尊厳を尊重しなかった。これに対し、我が政府は再び不満の意を表明する」。

課程綱要改訂　［課程綱要］は日本の学習指導要領のようなもので、台湾の教科書類はこの［課程綱要］に従って審査制定される。2008年に馬英九氏が総統に就任して以来、教育省課綱審議会が検討を重ね、2014年に最終的に104項目の課程綱要を決定、2015年8月から実施する予定としていた。これに対し高級中学教師、大学教授、父兄それに高級中学の学生らが組織する「反ブラックボックス行動聯盟」が結成され、台湾史、原住民問題などの専門家が参加せずブラックボックスの中でつくられた課程綱要を撤回し、専門家が参加した開かれた手順を踏むように要求し、2015年春から運動を続けていた。内容的には特に歴史部門で台湾色を弱め中国との一体化を認識させるような内容に変更する意図が見られると反発していた。こうした中で課程綱要の改訂に反対する学生らが7月23日、教育省に乱入し33人が逮捕された。更に30日には反対運動のスポークスマンが自殺したことで再度教育省の周辺に抗議の民衆が集まり一部は教育省の中庭に入りこんだ。新「課程綱要」は8月1日に施行され、9月入学の新入生の教科書類から適用される。

2015	民国104年	8月14日、台湾政府、安倍晋三首相の戦後70周年談話について、「日本が過去に引き起こした戦争の過ちを反省する日本の歴代政権の立場を踏襲するもので、日本が深い悔悟とお詫びの気持を表明したものだ」と評価。
2015	民国104年	8月20日、馬英九総統、「抗戦（抗日戦争）勝利および台湾光復（主権回復）70周年記念」式典で、「8年間の抗日戦争は中華民国政府が主導したもの」と強調。
2015	民国104年	8月25日、台湾・海基会の林中森理事長と中国・海協会の陳徳銘会長が福州で11回目の会談、「中台二重課税防止及び税務協力強化協定」、「中台民航飛行安全及び飛行信用力協定」に調印。
2015	民国104年	10月6日、民進党の蔡英文主席が訪日。4日間の滞在中、日華議員懇談会の議員との会談、自民党、民主党への訪問、安倍首相の故郷山口県訪問などの活動を行った。
2015	民国104年	10月17日、国民党が2016年総統選の候補者を洪秀柱立法院副院長から朱立倫党主席に差し替え。
2015	民国104年	10月18日、外務省、日本の政治家が靖国神社の秋の大祭に当たり神社を参拝したことに抗議。
2015	民国104年	10月27日、国防省が2015年版「国防報告書」を発表。中国の戦力について、すでに台湾本島以外の島を奪取する能力があり、2020年以前に台湾を攻略するに十分な戦力を保有することを企図していると評価。

馬英九総統と中国の習近平国家主席が会談　これは1949年に中台が分断されて以来初の中台指導者トップの会談である。この歴史的とされる会談が行われることが明らかにされたのは会談のわずか三日前のことだった。会談では双方は相手を国家主席、総統という正式の肩書きでは呼ばず、敬称の先生（ミスター、さん）と呼び合った。会談の冒頭、双方は一つの中国の原則を確認した「九二共識（コンセンサス、合意）」の堅持を確認しあったが、馬総統は「九二共識」の解釈については各自がそれぞれ述べ合うという台湾側の一貫した主張に触れなかった。馬総統の会談後の記者会見によると、馬総統が各分野の争論は平和的な方法で解決したいとして、台湾の国際的NGOの活動への参加、地域経済統合や国際イベントの参加に妨げがないように求めたのに対し、習国家主席はこうした問題については個別の状況に応じて適切に処理したいと答えたとされる。又中台の交流拡大については、馬総統が台湾と中国の社会制度や経済体制は異なり、深い交流には十分な時間が必要だと強調し、地域経済統合への参加を重ねて希望したのに対し、習国家主席は再討議できる問題であり、アジアインフラ投資銀行（AIB）や一帯一路（陸海のシルクロード）構想など中国が推進する計画への参加を歓迎すると述べたという。中台間のホットライン設置の問題について、馬総統が台湾の大陸委員会と中国の台湾事務弁公室のトップの間にホットラインを設置したいとしたの

2015	民国104年	11月7日、**馬英九総統と中国の習近平国家主席がシンガポールで会談**。
2015	民国104年	11月10日、朱立倫国民党主席が訪米。アメリカ国務省、国防総省の要人と会見したほか、シンクタンク主催のシンポジウムなどに出席。
2015	民国104年	11月26日、台湾外務省によると東京で閉幕した第40回日台経済貿易会議で、日本と台湾が「二重課税防止協定」、「防災交流協力覚書」などに調印した。
2015	民国104年	11月30日～12月6日、台湾・海基会の招請で中国・海協会の陳徳銘会長が訪台。台湾各界と意見交換をしたほか、大陸委員会の夏立言主任委員とも会談。
2015	民国104年	12月10日、台湾とアモイが「航空企業二重課税防止協定」に調印。
2015	民国104年	12月17日、アメリカ政府、台湾に護衛艦、対戦車ミサイルなどの武器18.3億ドル相当を一括売却すると正式に発表。中国政府が抗議。
2015	民国104年	12月21日、駐スラバヤ台北経済貿易事務所が発足。
2015	民国104年	12月28日、国立故宮博物院南部院区（南院）が嘉義県太保市に完成。台北の故宮博物院が中国歴代王朝の文物を展示するのに対し、南院は「アジア芸術文化博物館」として日本を含むアジア各国の美術品も展示する。

に対し、習国家主席は直ちに処理できると表明したという。中華民族の振興のための中台の協力については、馬総統は中台の平和維持こそが台湾の民意であり、実務的な処理が極めて必要であり、デリケートな問題を過度に軽率に処理することは困惑を深めるばかりだと慎重な態度を表明したという。一方中国側は、張志軍台湾事務弁公室主任が記者会見し、習主席は会談で①台湾独立反対を政治的土台とする、②協力を維持し、中華民族の偉大な復興を実現するなどの原則を示したという。習主席は更に「大陸と台湾は一つの中国に属し、国と国の関係ではない。主権と領土は分裂したことはない」と述べ、九二共識を確認したという。中台のトップ会談が唐突に行われた背景については、双方から十分な説明はないが、2016年初の台湾の総統選挙を前に、中国に対し融和政策をとる国民党が台湾独立条項を綱領に掲げる民進党に対し極めて劣勢に立たされていることから、国民党へのてこ入れを図り、民進党を牽制することに双方の思惑が一致したためという見方が一般的だった。

2015	民国104年	12月29日、林永楽外相が記者会見、慰安婦問題での日韓両政府の合意（28日）を受け、日本に台湾に対しても同様の措置を取るよう交渉と協議を行うよう要求。
2015	民国104年	12月30日、11月の馬英九総統と習近平国家主席の間で設立に合意した台湾・大陸委員会と中国・台湾事務弁公室の間のホットラインが開通。大陸委員会の夏立言主任委員と台湾事務弁公室の張志軍主任が通話。
2016	民国105年	1月11日、台湾で元従軍慰安婦と名乗り出ていた4人の生存者のうち94歳の女性が死亡。
2016	民国105年	1月14日、外務省が「元慰安婦の存命中に誠実にこの問題に向き合うことを望む」として日本側に早期に協議に応じるよう求める。
2016	民国105年	1月15日、韓国のアイドルグループに属する台湾出身の女性が、韓国のテレビ番組で台湾の旗（中華民国国旗）・青天白日満地紅旗を振ったことが中国のネットなどで台湾独立派と批判され、謝罪に追い込まれ、台湾で猛反発を引き起こす。翌日の総統選挙にも一定の影響があったとされる。

総統選で民進党の蔡英文主席が圧勝

台湾の総統選挙が2016年1月16日行われ、民進党の蔡英文主席が689万4,774票（得票率56.12%）で当選した。他の2候補は朱立倫国民党主席が381万3,365票（31.04%）、宋楚瑜親民党主席が157万6,861票（12.84%）。2014年11月の統一地方選の民進党勝利の形勢がそのまま反映された結果となった。台湾では2000年の国民党から民進党へ、2008年の民進党から国民党への政権交代に次いで3度目の政権交代。蔡氏は台湾史上初の女性総統になる（就任は5月20日）。民進党は党綱領で台湾独立条項を掲げているが、蔡氏は選挙戦では台湾独立を封印し、中台関係の現状維持を訴えた。当選後の記者会見では「台湾が民主主義の浸透した社会だと伝えることができた」と述べるとともに中国との関係について次のように述べた。「今回の選挙戦の中で、私は首尾一貫し予測可能で持続可能な両岸関係（中台関係）を樹立することを何度も約束した。新政権がスタートする5月20日以降は、憲政体制とこれまでの中台協議交流の成果、そして民主主義の原則と民意を両岸関係の基礎とする。私は党派の立場を越えて、台湾の最新の民意と最大の共通認識に従い、台湾の人びとの最大の利益と幸福のために、力の限り両岸の平和と安定の現状を維持する」。蔡氏は元々一つの中国の原則を認めた「九二共識（合意・コンセンサス）」は認めないとの立場だが、記者会見では「九二共識」について特に触れることはなかった。**台独条項**、**九二共識**の項を参照のこと。

蔡英文　1956年8月、台北市生まれ、異母兄姉を含め11人きょうだいの末っ子。漢民族で少数派の客家と先住民族・パイワン族の血をひく。台湾大学法律学部卒業後、アメリカのコーネル大学で法学修士号、イギリスのロンドン大学で法学博士号をそれぞれ取得。

2016	民国105年	1月16日、**総統選挙で民主進歩党（民進党）の蔡英文主席が圧勝**。**立法院選挙でも民進党が過半数を制す**。
2016	民国105年	1月16日、総統選挙の国民党候補者・朱立倫主席が敗北の責任を取って主席を辞任すると表明。毛治国首相も辞意を表明。
2016	民国105年	1月21日、国立台湾歴史博物館などが、日本統治時代台湾の人々にとって唯一の言論機関と呼ばれた日刊紙「台湾新民報」を復刻、5冊にまとめて出版した。**台湾新民報**の項を参照のこと。
2016	民国105年	1月25日、新首相に張善政副首相が昇格。
2016	民国105年	1月25日、23日から続いた寒波で少なくとも60人が死亡。
2016	民国105年	2月1日、1月16日の選挙後初の立法院会議が招集され、選挙で初めて過半数を占めた民進党の蘇嘉善氏が立法院長に選出された。国民党員以外の人物が立法院長になるのは1928年に立法院が開設されてから初めて。

台湾に戻ってから政治大学で教鞭を執った。その後李登輝総統のもとで経済省の顧問となり、GATTとWTOの加盟交渉に携わった。また李登輝総統が1999年に発表した「二国論」の起草に参加した。2000～04年まで民進党の陳水扁政権下で大陸委員会主任委員を務め、その間小三通と言われる中台間の地域を限定した通信、通商、通航の直接開放を実現させた。04年、民進党に入党。08年、総統選で民進党が国民党に敗れると、李遠哲元中央研究院院長の勧めもあって民進党主席選挙に立候補して当選し、民進党の再建に着手した。その後、蔡氏は10年の新北市長選、12年の総統選に立候補したが、いずれも敗れた。総統選敗戦の責任をとり一旦党主席を辞任したが、14年に主席に返り咲いた。蔡氏は以後の2年間台湾各地を回り住民と交流し産業を視察するなどして政治的力を養ったと言われる。蔡氏は15年10月に来日し安倍総理と極秘に面会したとされる。学者出身の蔡氏は闘志型の政治家が多い民進党の中では異色の存在とされる。人柄は清廉、内向的とされるが、総統選を戦う中で政治家としてスケールが大きくなったと評価されている。

立法院選挙で民進党が圧勝　総統選挙と同日に行われた立法院選挙（国会議員選挙）でも蔡英文主席が率いる民進党が定数113議席のうち過半数を大きく上回る68議席を獲得し圧勝した。前回選挙の40議席からは28議席の増。一方国民党は64議席から35議席に減らし大敗した。新政党の「時代力量」が5議席を獲得し第三党になった。時代力量は2014年3月馬英九政権による対中融和政策を中国依存だと批判し、立法院の議場を占拠した「ひまわり学生運動」などの公民運動をバックにした政党。前回3議席の李登輝派の台湾団結聯盟は議席を失った。立法院議員の新しい任期は2月1日から。

附録

図表1　鄭氏から清代までの台湾地方行政区画の沿革

<table>
<tr><th colspan="4">鄭氏時期</th><th colspan="11">清　代</th></tr>
<tr><th colspan="2">永暦15年（1661）</th><th colspan="2">永暦18年（1664）</th><th colspan="2">康熙23年（1684）</th><th colspan="2">雍正元年（1723）</th><th colspan="2">嘉慶17年（1812）</th><th colspan="2">光緒元年（1875）</th><th colspan="3">光緒13年（1887）</th></tr>
<tr><td rowspan="16">東都承天府</td><td rowspan="11">天興県</td><td rowspan="16">東寧承天府</td><td rowspan="11">天興州</td><td rowspan="16">（福建省）台湾府</td><td rowspan="11">諸羅県</td><td rowspan="16">（福建省）台湾府</td><td rowspan="6">淡水庁</td><td rowspan="16">（福建省）台湾府</td><td>噶瑪蘭庁</td><td rowspan="6">（福建省）台北府</td><td>宜蘭県</td><td rowspan="16">台湾省</td><td rowspan="5">台北府</td><td>宜蘭県</td></tr>
<tr><td rowspan="5">淡水庁</td><td>基隆県</td><td>基隆庁</td></tr>
<tr><td>淡水県</td><td>淡水県</td></tr>
<tr><td rowspan="3">新竹県</td><td>南雅庁*</td></tr>
<tr><td>新竹県</td></tr>
<tr><td rowspan="5">台湾府</td><td>苗栗県</td></tr>
<tr><td rowspan="3">彰化県</td><td rowspan="3">彰化県</td><td rowspan="10">（福建省）台湾府</td><td rowspan="2">彰化県</td><td>台湾庁</td></tr>
<tr><td>彰化県</td></tr>
<tr><td>埔里社庁</td><td>埔里社庁</td></tr>
<tr><td rowspan="2">嘉義県</td><td rowspan="2">嘉義県</td><td rowspan="2">嘉義県</td><td>雲林県</td></tr>
<tr><td rowspan="5">台南府</td><td>嘉義県</td></tr>
<tr><td rowspan="5">萬年県</td><td rowspan="5">萬年州</td><td>台湾県</td><td>台湾県</td><td>台湾県</td><td>台湾県</td><td>安平県</td></tr>
<tr><td rowspan="2">鳳山県</td><td rowspan="2">鳳山県</td><td rowspan="2">鳳山県</td><td>鳳山県</td><td>鳳山県</td></tr>
<tr><td>恆春県</td><td>恆春県</td></tr>
<tr><td>（澎湖隷属於台湾県）</td><td>澎湖庁</td><td>澎湖庁</td><td>澎湖庁</td><td>澎湖庁</td></tr>
<tr><td></td><td></td><td></td><td>卑南庁</td><td colspan="2">台東直隷州</td></tr>
</table>

*南雅庁係光緒20年（1894）増設

図表2　清代の台湾地方行政組織図

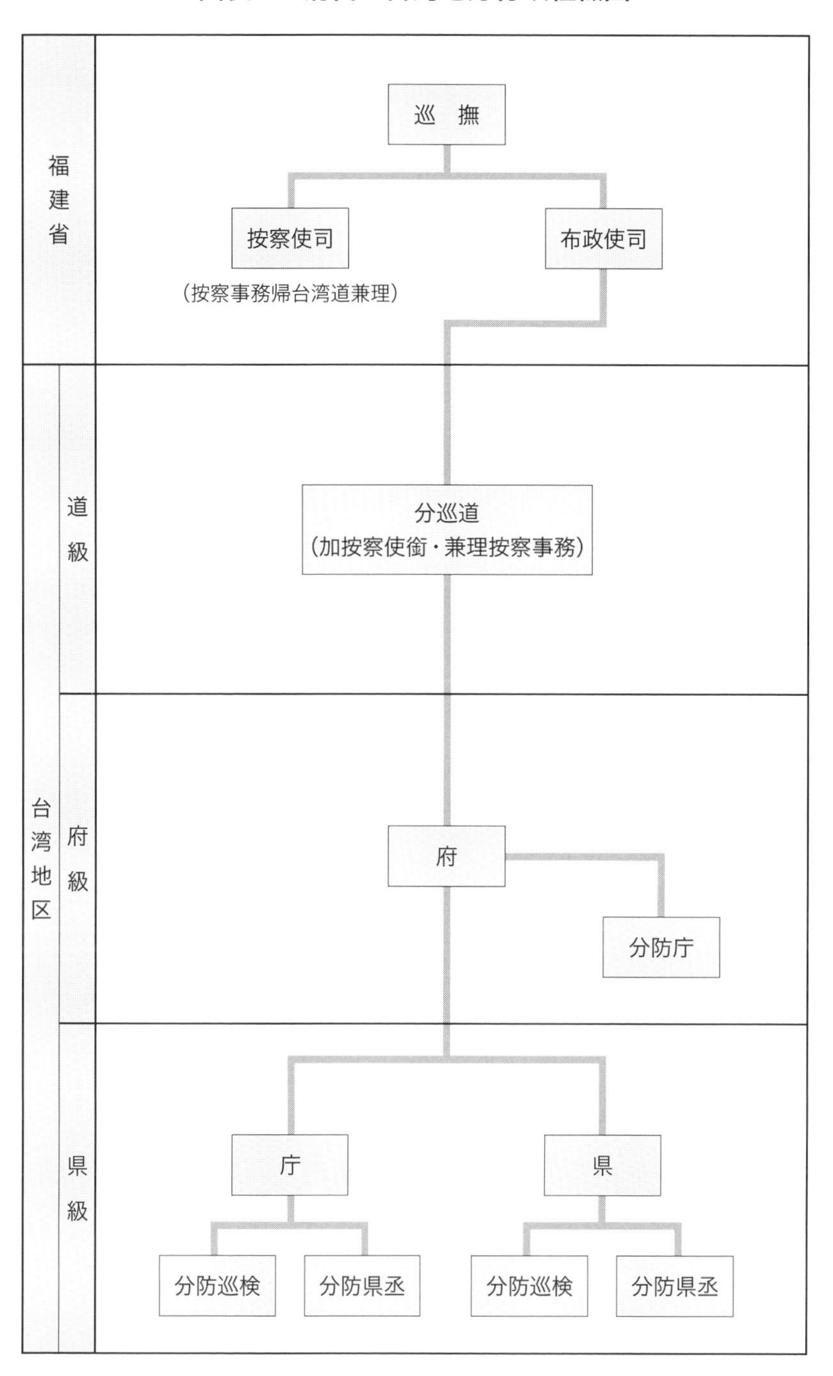

図表3　日本時代の地方行政区画の沿革

<table>
<tr><th colspan="4">変更頻繁時期</th><th>三県三庁時期</th><th>二十一庁時期</th><th>十二庁時期</th><th>五州二庁時期</th><th>五州三庁時期</th><td rowspan="23">1945・10・25 中国による台湾接収</td></tr>
<tr><td>1895・6</td><td>1895・8</td><td>1896・3</td><td>1897・5</td><td>1898・6</td><td>1901・11</td><td>1909・10</td><td>1920・10</td><td>1926・7</td></tr>
<tr><td rowspan="21">三県一庁</td><td rowspan="21">一県二民政支部一庁</td><td rowspan="21">三県一庁</td><td rowspan="21">六県三庁</td><td>宜蘭庁</td><td>宜蘭庁</td><td>宜蘭庁</td><td rowspan="4">台北州</td><td rowspan="4">台北州</td></tr>
<tr><td rowspan="5">台北県</td><td>基隆庁</td><td rowspan="3">台北庁</td></tr>
<tr><td>深坑庁</td></tr>
<tr><td>台北庁</td></tr>
<tr><td>桃子園庁</td><td>桃園庁</td><td rowspan="2">新竹州</td><td rowspan="2">新竹州</td></tr>
<tr><td>新竹庁</td><td>新竹庁</td></tr>
<tr><td rowspan="4">台中県</td><td>苗栗庁</td><td rowspan="3">台中庁</td><td rowspan="4">台中州</td><td rowspan="4">台中州</td></tr>
<tr><td>台中庁</td></tr>
<tr><td>彰化庁</td></tr>
<tr><td>南投庁</td><td>南投庁</td></tr>
<tr><td rowspan="8">台南県</td><td>斗六庁</td><td rowspan="2">嘉義庁</td><td rowspan="4">台南州</td><td rowspan="4">台南州</td></tr>
<tr><td>嘉義庁</td></tr>
<tr><td>塩水港庁</td><td rowspan="2">台南庁</td></tr>
<tr><td>台南庁</td></tr>
<tr><td>蕃薯寮庁</td><td rowspan="4">阿猴庁</td><td rowspan="4">高雄州</td><td rowspan="4">高雄州</td></tr>
<tr><td>鳳山庁</td></tr>
<tr><td>阿猴庁</td></tr>
<tr><td>恒春庁</td></tr>
<tr><td>澎湖庁</td><td>澎湖庁</td><td>澎湖庁</td><td></td><td>澎湖庁</td></tr>
<tr><td rowspan="2">台東庁</td><td>台東庁</td><td>台東庁</td><td>台東庁</td><td>台東庁</td></tr>
<tr><td>花蓮港庁</td><td>花蓮港庁</td><td>花蓮港庁</td><td>花蓮港庁</td></tr>
</table>

図表4　歴代台湾総督及び民政長官表

総督名	在任期間	民政長官名	在任期間
樺山資紀	1895.05.10～1896.06.02	水野 遵	1897.07.20～1898.03.02
桂 太郎	1896.06.02～1896.10.14		
乃木希典	1896.10.14～1898.02.26	曽根静夫	1897.07.20～1898.03.02
児玉源太郎	1898.02.26～1906.04.11	後藤新平	1898.03.02～1906.11.13
佐久間左馬太	1906.04.11～1915.05.01	祝 辰巳	1906.11.13～1908.05.22
		大島久万次	1908.05.30～1910.07.27
		宮尾舜治（代理）	1910.07.27～1910.08.22
		内田嘉吉	1910.08.22～1915.10.20
安東貞美	1915.05.01～1918.06.06	下村 宏	1915.10.20～1921.07.11
明石元二郎	1918.06.01～1919.10.26		
田健治郎	1919.10.29～1923.09.02	賀来佐賀太郎	1921.07.11～1926.09.19
内田嘉吉	1923.09.06～1924.09.01		
伊沢多喜男	1924.09.01～1926.07.16		
上山満之進	1926.07.16～1928.06.16	後藤文夫	1926.09.22～1928.06.26
川村竹治	1928.06.16～1929.07.30	河原田稼吉	1928.06.26～1929.08.03
石塚英蔵	1919.07.30～1931.01.16	人見次郎	1919.08.03～1931.01.16
太田政弘	1931.01.16～1932.03.02	高橋守雄	1931.01.17～1931.04.14
		木下 信	1931.04.15～1932.01.12
		平塚広義	1932.01.13～1936.09.02
南 弘	1932.03.02～1932.05.26		
中川健造	1932.05.27～1936.09.02		
小林躋蔵	1936.09.02～1940.11.27	森岡二郎	1939.09.02～1940.11.26
長谷川清	1940.11.27～1944.12.30	斉藤 樹	1940.11.27～1945.01.05
安東利吉	1944.12.30～1945.08	成田一郎	1945.01.06～1945.08

図表5　日本時代の台湾人政治運動変遷図

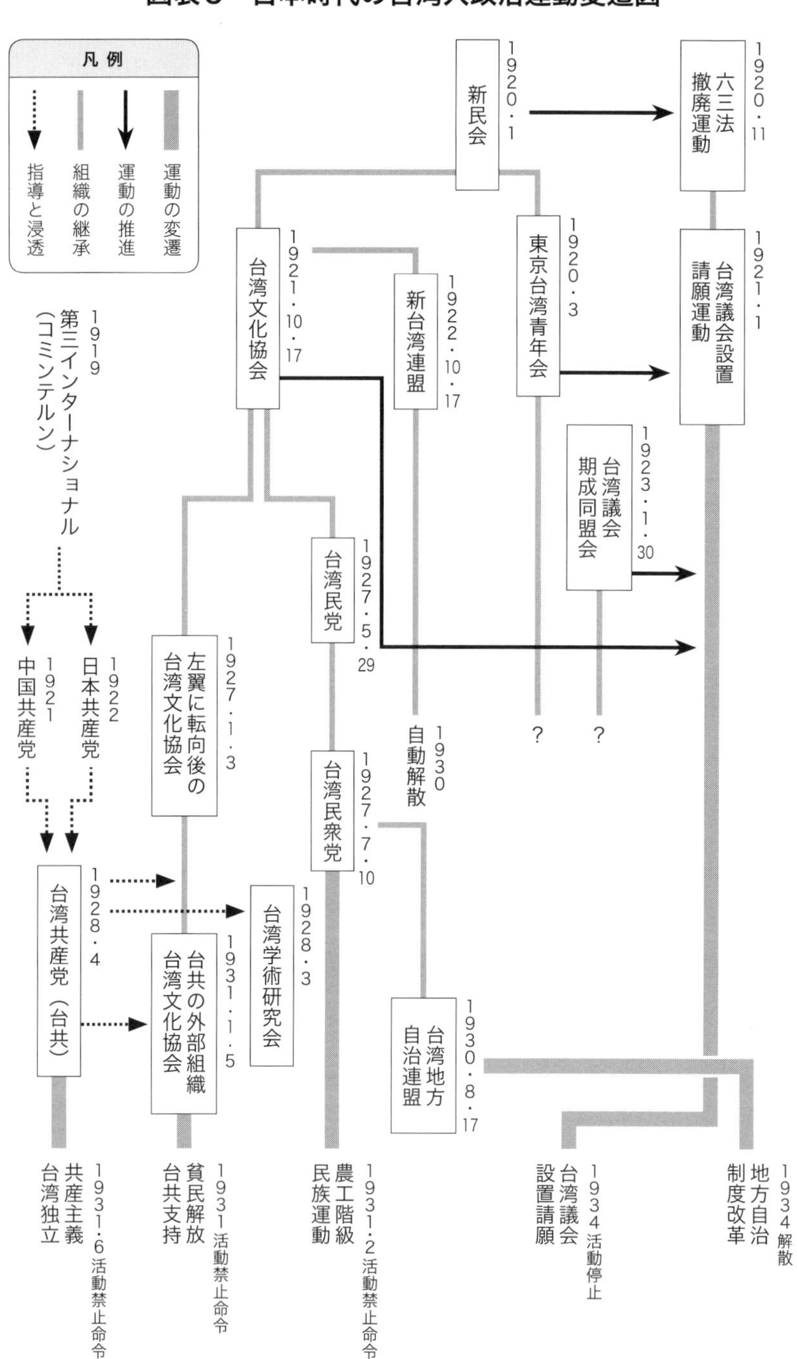

図表6　日本時代1922年以後の学制の略図

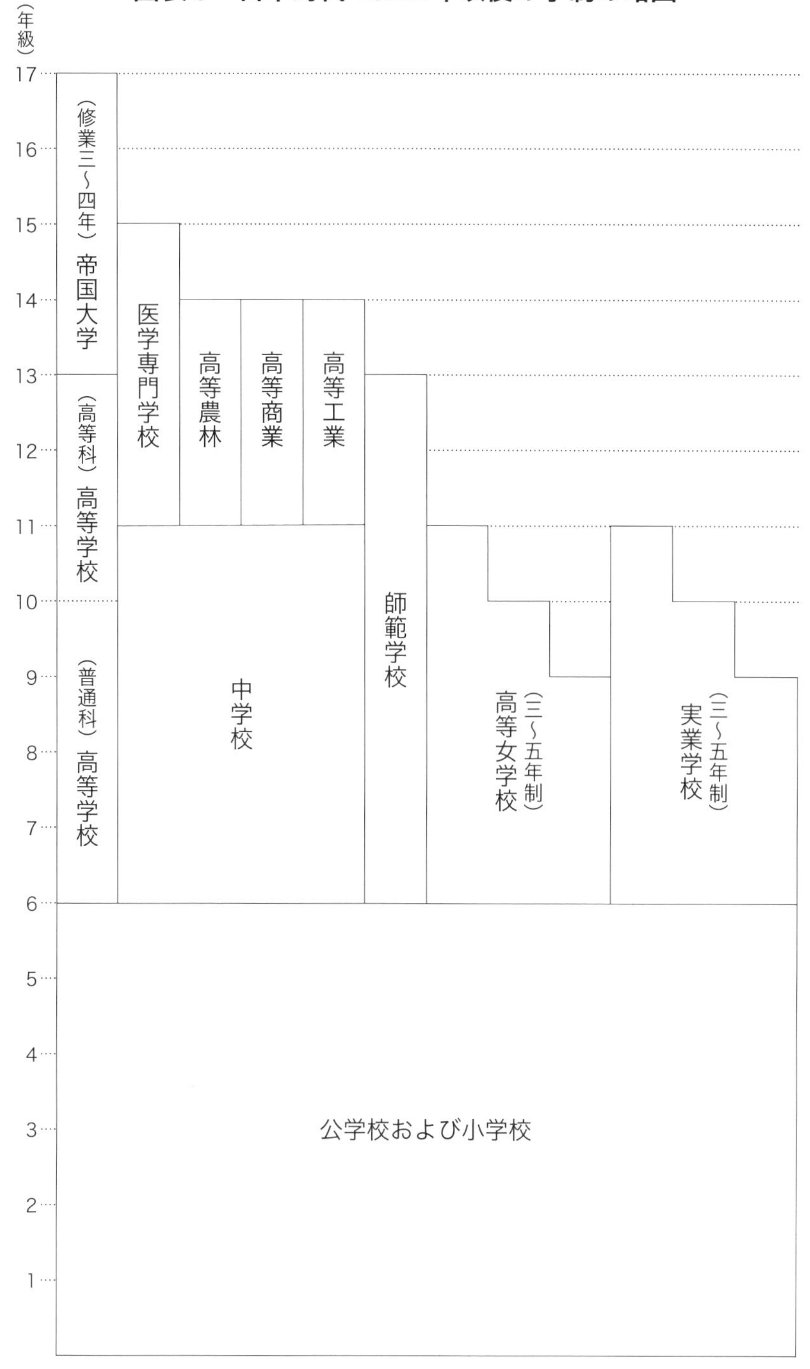

図表7　年代対照表

西暦（年月）	明		日本
1550.01.18		嘉靖 29	天文 19
1551.02.05		30	20
1552.01.26		31	21
1553.01.14		32	22
1554.02.02		33	23
1555.01.23		34	弘治 1
1556.02.11		35	2
1557.01.30	世宗	36	3
1558.01.20		37	永禄 1
1559.02.07		38	2
1560.01.27		39	3
1561.01.16		40	4
1562.02.04		41	5
1563.01.24		42	6
1564.01.14		43	7
1565.02.01		44	8
1566.01.21		45	9
1567.02.09		隆慶 1	10
1568.01.29		2	11
1569.01.17		3	12
1570.02.05	穆宗	4	元亀 1
1571.01.26		5	2
1572.01.15		6	3
1573.03.02		萬暦 1	天正 1
1574.01.23		2	2
1575.02.11		3	3
1576.01.31		4	4
1577.01.19		5	5
1578.02.07		6	6
1579.01.27		7	7
1580.01.16		8	8
1581.02.04		9	9
1582.01.24	神宗	10	10
1583.01.24		11	11
1584.02.12		12	12
1585.01.31		13	13
1586.02.18		14	14
1587.02.07		15	15
1588.01.28		16	16
1589.02.15		17	17
1590.02.05		18	18
1591.01.25		19	19

西暦（年月）	明		清		日本
1592.02.13		20			文禄 1
1593.02.01		21			2
1594.02.20		22			3
1595.02.09		23			4
1596.01.29		24			慶長 1
1597.02.16		25			2
1598.02.06		26			3
1599.01.27		27			4
1600.02.14	神宗	28			5
1601.02.03		29			6
1602.01.23		30			7
1603.02.11		31			8
1604.01.31		32			9
1605.02.18		33			10
1606.02.07		34			11
1607.01.28		35			12
1608.02.16		36			13
1609.02.04		37			14
1610.01.25		38			15
1611.02.13		39			16
1612.02.02		40			17
1613.02.19		41			18
1614.02.09		42			19
1615.01.29		43		〔清〕	元和 1
1616.02.17		44		天命 1	2
1617.02.06		45		2	3
1618.01.26		46		3	4
1619.02.14		47		4	5
1620.02.04		48	太祖	5	6
	光宗	泰昌 1			
1621.01.22		天啓 1		6	7
1622.02.10		2		7	8
1623.01.31		3		8	9
1624.02.19	熹宗	4		9	寛永 1
1625.02.07		5		10	2
1626.01.28		6		11	3
1627.02.16		7		天聡 1	4
1628.02.05		崇禎 1		2	5
1629.01.24		2		3	6
1630.02.12		3		4	7
1631.02.01		4		5	8

西暦（年月）	明		清		日本
1632.02.20		5		6	9
1633.02.08		6		7	10
1634.01.29		7		8	11
1635.02.17	毅宗	8		9	12
1636.02.07		9		崇徳 1	13
1637.01.26		10	太祖	2	14
1638.02.14		11		3	15
1639.02.03		12		4	16
1640.01.23		13		5	17
1641.02.10		14		6	18
1642.01.30		15		7	19
1643.02.19		16		8	20
1644.02.08	福王	17		順治 1	正保 1
1645.01.28		弘光 1		2	2
	唐王聿鍵	隆武 1			
1646.02.16		紹武 1		3	3
1647.02.05		永暦 1		4	4
1648.01.25		2		5	慶安 1
1649.02.11		3	世祖	6	2
1650.02.01		4		7	3
1651.02.20	永明王（桂王）	5		8	4
1652.02.10		6		9	承応 1
1653.01.29		7		10	2
1654.02.17		8		11	3
1655.02.06		9		12	明暦 1
1656.01.26		10		13	2
1657.02.13		11		14	3
1658.02.02		12		15	萬治 1
1659.01.23		13		16	2
1660.02.11		14		17	3
1661.01.30		15		18	寛文 1
1662.02.18		16		康熙 1	2
1663.02.08				2	3
1664.01.28				3	4
1665.02.15				4	5
1666.02.04				5	6
1667.01.24				6	7
1668.02.12				7	8
1669.02.01				8	9
1670.01.21				9	10
1671.02.09				10	11
1672.01.30				11	12
1673.02.17				12	延宝 1
1674.02.06				13	2

西暦（年月）	清		日本
1675.01.26		14	3
1676.02.14		15	4
1677.02.02		16	5
1678.01.23		17	6
1679.02.11		18	7
1680.01.31		19	8
1681.02.18		20	天和 1
1682.02.07		21	2
1683.01.27		22	3
1684.02.15		23	貞亨 1
1685.02.03		24	2
1686.01.24		25	3
1687.02.12		26	4
1688.02.02		27	元禄 1
1689.01.21		28	2
1690.02.09		29	3
1691.01.29	聖祖	30	4
1692.02.17		31	5
1693.02.05		32	6
1694.01.25		33	7
1695.02.13		34	8
1696.02.03		35	9
1697.01.23		36	10
1698.02.11		37	11
1699.01.31		38	12
1700.02.19		39	13
1701.02.08		40	14
1702.01.28		41	15
1703.02.16		42	16
1704.02.05		43	宝永 1
1705.01.25		44	2
1706.02.13		45	3
1707.02.03		46	4
1708.01.23		47	5
1709.02.10		48	6
1710.01.30		49	7
1711.02.17		50	正徳 1
1712.02.07		51	2
1713.01.26		52	3
1714.02.14		53	4
1715.02.04		54	5
1716.01.24		55	亨保 1
1717.02.21		56	2
1718.01.31		57	3
1719.02.19		58	4
1720.02.08		59	5

西暦（年月）		清	日本
1721.01.28		60	6
1722.02.16		61	7
1723.02.05	世宗	雍正 1	8
1724.01.26		2	9
1725.02.13		3	10
1726.02.02		4	11
1727.01.22		5	12
1728.02.10		6	13
1729.01.29		7	14
1730.02.17		8	15
1731.02.07		9	16
1732.01.27		10	17
1733.02.14		11	18
1734.02.04		12	19
1735.01.24		13	20
1736.02.12	高宗	乾隆 1	元文 1
1737.01.31		2	2
1738.02.19		3	3
1739.02.08		4	4
1740.01.29		5	5
1741.02.16		6	寛保 1
1742.02.05		7	2
1743.01.26		8	3
1744.02.13		9	延享 1
1745.02.01		10	2
1746.01.22		11	3
1747.02.09		12	4
1748.01.30		13	寛延 1
1749.02.17		14	2
1750.02.07		15	3
1751.01.27		16	宝暦 1
1752.02.15		17	2
1753.02.03		18	3
1754.01.23		19	4
1755.02.11		20	5
1756.01.31		21	6
1757.02.18		22	7
1758.02.08		23	8
1759.01.29		24	9
1760.02.17		25	10
1761.02.05		26	11
1762.01.25		27	12
1763.02.13		28	13
1764.02.02		29	明和 1
1765.01.21		30	2
1766.02.09		31	3

西暦（年月）		清	日本
1767.01.30	高宗	32	4
1768.02.18		33	5
1769.02.07		34	6
1770.01.27		35	7
1771.02.15		36	8
1772.02.04		37	安永 1
1773.01.23		38	2
1774.02.11		39	3
1775.01.31		40	4
1776.02.19		41	5
1777.02.08		42	6
1778.01.28		43	7
1779.02.16		44	8
1780.02.05		45	9
1781.01.24		46	天明 1
1782.02.12		47	2
1783.02.02		48	3
1784.01.22		49	4
1785.02.09		50	5
1786.01.30		51	6
1787.02.18		52	7
1788.02.07		53	8
1789.01.26		54	寛政 1
1790.02.14		55	2
1791.02.03		56	3
1792.01.24		57	4
1793.02.11		58	5
1794.01.31		59	6
1795.01.21		60	7
1796.02.09	仁宗	嘉慶 1	8
1797.01.28		2	9
1798.02.16		3	10
1799.02.05		4	11
1800.01.25		5	12
1801.02.13		6	享和 1
1802.02.03		7	2
1803.01.23		8	3
1804.02.11		9	文化 1
1805.01.31		10	2
1806.02.18		11	3
1807.02.07		12	4
1808.01.28		13	5
1809.02.14		14	6
1810.02.04		15	7
1811.01.25		16	8
1812.02.13		17	9

西暦（年月）		清	日本
1813.02.01		18	10
1814.01.21		19	11
1815.02.09		20	12
1816.01.29		21	13
1817.02.16		22	14
1818.02.05		23	文政 1
1819.01.26		24	2
1820.02.14		25	3
1821.02.03		道光 1	4
1822.01.23		2	5
1823.02.11		3	6
1824.01.31		4	7
1825.02.18		5	8
1826.02.07		6	9
1827.01.27		7	10
1828.02.15		8	11
1829.02.04	宣宗	9	12
1830.01.25		10	天保 1
1831.02.13		11	2
1832.02.02		12	3
1833.02.20		13	4
1834.02.09		14	5
1835.01.29		15	6
1836.02.17		16	7
1837.02.05		17	8
1838.01.26		18	9
1839.02.14		19	10
1840.02.03		20	11
1841.01.23		21	12
1842.02.10		22	13
1843.01.30		23	14
1844.02.18		24	弘化 1
1845.02.07		25	2
1846.01.27		26	3
1847.02.15		27	4
1848.02.05		28	嘉永 1
1849.01.24		29	2
1850.02.12		30	3
1851.02.01		咸豊 1	4
1852.02.20		2	5
1853.02.08		3	6
1854.01.29	文宗	4	安政 1
1855.02.17		5	2
1856.02.06		6	3
1857.01.26		7	4
1858.02.14		8	5

西暦（年月）		清	日本
1859.02.03		9	6
1860.01.23		10	万延 1
1861.02.10		11	文久 1
1862.01.30		同治 1	2
1863.02.18		2	3
1864.02.08		3	元治 1
1865.01.27		4	慶応 1
1866.02.15	穆宗	5	2
1867.02.05		6	3
1868.01.25		7	明治 1
1869.02.11		8	2
1870.01.31		9	3
1871.02.19		10	4
1872.02.09		11	5
1873.01.29		12	6
1874.02.17		13	7
1875.02.06		光緒 1	8
1876.01.26		2	9
1877.02.13		3	10
1878.02.02		4	11
1879.01.22		5	12
1880.02.10		6	13
1881.01.30		7	14
1882.02.18		8	15
1883.02.08		9	16
1884.01.28		10	17
1885.02.15	徳宗	11	18
1886.02.04		12	19
1887.01.24		13	20
1888.02.12		14	21
1889.01.31		15	22
1890.01.21		16	23
1891.02.09		17	24
1892.01.30		18	25
1893.02.17		19	26
1894.02.06		20	27
1895.01.26		21	28
1896		22	29
1897		23	30
1898		24	31
1899		25	32
1900		26	33
1901		27	34
1902		28	35
1903		29	36
1904		30	37

西暦（年月）	清・民国	日本
1905	31	38
1906	32	39
1907	33	40
1908	34	41
1909	宣統 1	42
1910	宣統帝 2	43
1911	3	44
	〔中華民国〕	
1912	民国 1	45
1913	2	大正 2
1914	3	3
1915	4	4
1916	5	5
1917	6	6
1918	7	7
1919	8	8
1920	9	9
1921	10	10
1922	11	11
1923	12	12
1924	13	13
1925	14	14
1926	15	15
1927	中華民国 16	昭和 2
1928	17	3
1929	18	4
1930	19	5
1931	20	6
1932	21	7
1933	22	8
1934	23	9
1935	24	10
1936	25	11
1937	26	12
1938	27	13
1939	28	14
1940	29	15
1941	30	16
1942	31	17
1943	32	18
1944	33	19
1945	34	20
1946	35	21
1947	36	22
1948	37	23
1949	38	24

西暦（年月）	民国	日本
1950	39	25
1951	40	26
1952	41	27
1953	42	28
1954	43	29
1955	44	30
1956	45	31
1957	46	32
1958	47	33
1959	48	34
1960	49	35
1961	50	36
1962	51	37
1963	52	38
1964	53	39
1965	54	40
1966	55	41
1967	56	42
1968	57	43
1969	58	44
1970	59	45
1971	60	46
1972	61	47
1973	中華民国 62	48
1974	63	49
1975	64	50
1976	65	51
1977	66	52
1978	67	53
1979	68	54
1980	69	55
1981	70	56
1982	71	57
1983	72	58
1984	73	59
1985	74	60
1986	75	61
1987	76	62
1988	77	63
1989	78	平成 1
1990	79	2
1991	80	3
1992	81	4
1993	82	5
1994	83	6
1995	84	7

西暦（年月）		民国	日本
1996	中華民国	85	8
1997		86	9
1998		87	10
1999		88	11
2000		89	12
2001		90	13
2002		91	14
2003		92	15
2004		93	16
2005		94	17
2006		95	18
2007		96	19
2008		97	20
2009		98	21
2010		99	22
2011		100	23
2012		101	24
2013		102	25
2014		103	26
2015		104	27
2016		105	28

＊1895年日本の台湾統治後は西暦に改めた。

＊明治45年は1912年7月30日までで、翌日からは大正に改元された。

＊大正15年は1926年12月25日までで、翌日からは昭和と改元された。

項目索引

あ

か

さ

た

な

ま

や

ら

わ

主な参考資料

◆王育徳『台湾』1961年　弘文社
◆近藤俊清『台湾の命運』1961年　みすず書房
◆日文版『中華民国総覧』1982年～2000年各版　台湾研究所
◆戴国煇『台湾——人間・歴史・心性』1988年　岩波書店
◆伊藤潔『台湾　四百年の歴史と展望』1993年　中央公論社
◆梁爲楫　鄭則民主編『中国近代不平等条約選編与介紹』1993年　中国広播電視出版社
◆史明『台湾人四百年史——秘められた植民地解放の一断面』1994年　新泉社
◆京大東洋史辞典編纂会編『新編　東洋史辞典』1995年　大修館書店
◆『中華週報』『台北週報』『台湾週報』『台湾週報インターネット版』1995年～2016年　中華週報社
◆「華夏経緯網　台湾大事記」
◆殷允芃編・丸山勝訳『台湾の歴史　日台交渉の三百年史』1996年　藤原書店
◆楊碧川『台湾歴史辞典』1997年　前衛出版社
◆霞山会『日中関係基本資料集　1949～1997年』1998年
◆若林正丈等編『台湾百科・第二版』1999年　有斐閣
◆『中国動向』1999年～2006年各版　共同通信社
◆田中正彦、中西寛編『新・国際政治の基礎知識』2004年　有斐閣
◆行政院文化建設委員会、中央研究院近代史研究所　許雪姫総策画『台湾歴史辞典』2004年　遠流出版公司
◆国立台湾師範大学人文研究中心『台湾文化事典』2004年　南天書局
◆日外アソシエーツ『日本国際交流史事典』2009年　紀伊国屋書店
◆日本、台湾、中国発行の各新聞　新華社など
◆陳世昌『戦後70年台湾史　1945～2015』2015年　時報文化出版

訳者あとがき

1972年9月29日、日本と中国は国交を正常化し、これと同時に1952年以来20年間続いて来た日本と台湾（中華民国）の外交関係は断絶した。それ以来、日本は台湾を国として承認していない。台湾にとっての日本についても同じことが言える。

それならば、日本と台湾の関係はどうなってしまったのか。互いに全く無視してよい関係になったのだろうか。

例えば、2005年の日本の貿易相手としては、輸出入を合わせた金額では台湾はアメリカ合衆国、中国、韓国に次いで四番目に位置している。日本の台湾に対する投資額は長年アメリカ合衆国に次いで第二位である。一方、人的往来の面では、台湾側の統計によれば、2005年の台湾から日本への渡航者数は海外への渡航者全体の約10％を占め、香港、マカオへの渡航者に次いで三番目にランクされているという。2005年に世界から台湾を訪れた観光客のうち日本人は33％を占めアジアでは一番多かったという。

最近では哈日族という言葉が示すように台湾では若者を中心に日本の大衆文化が大変な人気を呼んでもいる。

このように日本と台湾の間の経済交流、人的往来は断交後も断交前に変わらず盛んだが、こうした中でもなお忘れてはならないのは日台間の歴史的関係である。

日本は日清戦争の結果として、1895年以来50年間にわたって台湾を植民地として支配した。台湾の人たちはよく台湾は世界で一番親日的な「国」だと言うが、この植民地支配の歴史を見ずに、相手が親日であることに甘えていれば、日台の往来はいずれ破綻をきたしかねない。ある台湾の対日関係者は、日本の台湾への無関心が進めば、将来的に台湾はアメリカ一辺倒になってしまうかも知れないと訳者に警告したことがある。彼によれば台湾から海外への留学先は、今ではアメリカが圧倒的に多く、台湾の官界、財界、学会の主流はやがてはアメリカ帰りが占めるようになるという。その時、日本の台湾に対する無関心が続いていれば、日台関係はどんどん細りかねないというのである。

そのような危険性をなくすためには、我々はまずもっと台湾のことを知らなければならない。特に、日本の統治時代を含めて、台湾の歴史を知る必要がある。大陸中国との間ばかりでなく、台湾との関係でもしっかりした歴史認識を持つことが求められる。

そのためには、我々にとって台湾の歴史について手頃な手引き書の類が必要とされるが、この『台湾史小事典』はそのような要求を満たす一書となるだろう。特に、年表と解説が一体化した体裁は、監修者の言葉にあるとおり、今までにない試みであり、年表と歴史書を一度に読めるという便利さがある。

「小事典」とは言え、歴史的に重要な項目は余すところなく網羅されていると言ってよく、解説も充実した内容となっている。

ここで、『台湾史小事典』をめぐる台湾側の事情にも触れておきたい。この『台湾史小事典』は、そもそもは台湾の中学生用の歴史教科書『認識台湾（歴史編）』の副読本として書かれたものである。

監修者の言葉に「近年、社会政治状況の変化につれて、台湾史は多くの人々が是非とも理解したいと思う知的分野となっている」と述べられており、その要求に応えることも目的とされている。ごく当たり前の話しのようだが、このようなことが言われる背景には日清戦争後の台湾のあるいは台湾人の虐げられてきた歴史がある。日清戦争によって日本の植民地になって以来50年間、台湾の人たちは皇民化政策のもと、日本の教育を押しつけられ、日本語を話すことを強要され、自分たちの歴史を学ぶことを阻まれて来た。

次いで第二次大戦後、特に中国大陸における国共内戦で国民党が敗北し、それに伴い国民党（政府）が台湾に逃れて来てからは、また新たな支配が始まった。大陸から来た国民党は台湾の人々に対し一党独裁の政治を行ない、国民党の価値観による教育を行ない、国語（北京語、Mandarin）の使用を押しつけた。

歴史教育においても同じ方針がとられた。台湾における中国史教育とはあくまでも大陸中心の教育で、台湾そのものの歴史教育はなおざりにされた。1990年代の半ば、神戸で孫文をテーマにしたシンポジウムが開かれた。その席上、台湾の歴史学者が憤慨に耐えないといった様子で次のような話をした。ある時、台湾のある場所で遺跡の発掘が行われていた。この学者は孫を連れて発掘現場を見に行ったところ、人間の骸骨が出てきた。ところが孫は「あっ、北京原人だ」と叫んだというのである。この学者はこの話を披露したあと、声を強めて台湾における台湾自体の歴史教育の必要性を主張したのである。

このように台湾島内では、この頃から従来の歴史教育の弊害と台湾史教育の必要性を説く声が強まって来た。このような主張が強まって来たについては台湾の政治状況と密接な関係がある。

1988年1月、蔣経国総統が死去、李登輝が台湾人（本省人）で初の総統に就任した。李登輝総統のもとで、台湾では総統の直接選挙の実施など一連の政治改革、民主改革、本土化（台湾化）が進められ、台湾人の政治意識も大きく成長した。

そのような情況の中で出てきたのが国民党支配のもとで進められて来た教育の見直しである。例えば「台湾主権の独立に賛同する」ことを主旨として設立された「台湾教授協会」の機関誌『台湾教授協会・通訊』の創刊号（1995年3月）には『教科書を改造し台湾の新教育を切り開こう』という論文が掲載されている。この中では、従来の教科書編纂方針の弊害、教師を含め民衆の教育や教科書に対する無関心などが指摘され、これからの教科書の内容は台湾を主体とし、統一的な教科書編集方針の制度を廃止し、教科書を自由化、本土化（台湾化）、生活化しなければならないと主張している。

こうした中で1996年に初の民選総統に当選した李登輝は、教育改革を積極的に提言し、1997年9月からは、中学の1年次に毎週1時間台湾史を集中的に学ぶことになった。この台湾史学習用の教科書として1997年、『認識台湾(歴史編)』(試行本)が書かれ、98年9月には修正本が発行された。2000年にはその副読本として『台湾史小事典』(遠流出版公司)が出版されたのである。

ところが、台湾の歴史教育の課程はその後変更され、この小事典が出るより早く、1999年には台湾史は小・中9年間一貫教育として分散して学ぶことになり、『認識台湾(歴史編)』の出番もそれにつれてなくなってしまった。ただ、今後『認識台湾(歴史編)』による台湾史教育が高校1年で復活するという話もある。

こう見て来ると、『台湾史小事典』の出番も少なくなってしまったようだが、監修者の言葉にもあるように一般大衆の手頃な参考書としての役割は依然として小さくはないと思われる。

本書は熊本学園大学出版会の助成を受けて刊行されたものである。

2006年9月

横澤 泰夫

増補改訂版あとがき

増補改訂版では第一版に続けて、2006年8月から2010年5月までおおよそ4年分を追加した。

それとともに、第一版の中の誤りや不適切な表現を正し、第一版には欠けていた重要な事項を若干追加した。

台湾では前世紀末から民主化が進み、これまでに直接選挙という民主的手段で国民党政権から民主進歩党（民進党）政権へ、民進党政権から国民党政権へと2度の政権交代が行われた。それにともない、中国との関係では、李登輝、陳水扁政権まではどちらかと言えば反中国、独立志向の強い傾向があったのに対し、2008年からの馬英九政権は対中国融和へと大きく舵を切り替えた。第二版ではこのような状況を比較的詳細に取り上げている。ただ、馬英九総統は総統就任以前から「中国とは統一せず」としばしば言明しており、これが中国との今後の関係に微妙な影響を及ぼすことも考えられる。

一方、馬英九政権の積極的な対中融和政策に対しては、野党・民進党や民衆の間にこのまま進めば台湾は中国に呑み込まれてしまうのではという危機意識が生まれている。

台湾では2010年11月に5大都市の首長選挙が、また2012年には総統選挙が実施される。この二つの大きな選挙を迎える中で台湾の民意がどう示されるのか、特に対中国関係を中心に民意がどのような選択をするのか、台湾の外にいる我々にとっても目が離せない。

なぜなら、台中関係の推移は、日本にとっても、東アジアにとっても、ひいては世界的にも大きなインパクトを与える問題だからである。

2010年5月

横澤 泰夫

第三版あとがき

第三版では、①馬英九政権の1期目半ばから2期目の終了まで、即ち台湾における三度目の政権交代が行われるまでの、およそ5年半の間に起こった出来事について項目を追加した。馬英九政権が対中国宥和政策、接近政策を推進したのを反映し、追加項目には中台間の交渉、交流に関する項目が多くなった。それでも煩雑にわたるため編集の過程で割愛した項目も少なくない。②第一版、増補改訂版の部分についても、若干の補充を行い、翻訳、記述のミスを訂正した。③中台の民間の交流機関である台湾の海峡交流基金会と中国の海峡両岸関係協会については、2011年以降の記述では原則としてそれぞれ台湾・海基会、中国・海協会と略記した。

台湾は、2016年1月の総統選挙で民進党の蔡英文氏を新しい総統に選び、国民党からの政権交代を実現させた。蔡英文氏が当選後に述べたように、これは民意の反映であり、台湾の民主が根付いていることが示されたものだと言えるだろう。中国は、台湾独立条項を綱領に持つ民進党の蔡英文氏が新しい総統に選ばれたことに警戒し、いち早く対話拒否の態度を示すなど強硬な姿勢をちらつかせている。蔡英文政権にとっては対中国との関係をいかに維持するかが今後の最重要課題となるだろう。中台関係の発展の状況は、日本、ひいてはアジアの情勢にも影響を及ばすところが大であり、日本がその中でどういう役割をはたしていくべきか、我々は今まで以上に熟慮し行動すべき時と立場に置かれていると言える。台湾小事典第三版が台湾問題の過去を振り返り、現在を直視し、将来を考える上でいささかでも読者の参考になれば幸いである。

2006年6月以降の記述は横澤の執筆による。

なお、第一版、増補改訂版、第三版を通し、「事項の説明」は基本的に執筆時に知り得た内容に基づき書かれている。

2016年8月9日

横澤 泰夫

編訳者略歴

横澤泰夫（よこさわ・やすお）1938年生まれ。1961年、東京外国語大学中国語科卒。同年、NHK入局。報道局外信部記者として中国を中心にアジア地域関連のニュース、番組の取材、制作にあたる。1972年、香港駐在特派員。のち、外信部ニュースデスク、国際放送ラジオジャパンの東南アジア、東アジア向け放送の統括などを担当。1994～2010年、熊本学園大学外国語学部東アジア学科教授。

主な著作

『毛沢東側近回想録』（共訳）1995年　新潮社
『神格化と特権に抗して――ある中国右派記者の半生』（翻訳）2003年　中国書店
『中国報道と言論の自由――新華社高級記者・戴煌に聞く』（編著）2003年　中国書店
『嵐を生きた中国知識人――「右派」章伯鈞をめぐる人びと』（翻訳）2007年　集広舎
『天安門事件から「08憲章」へ――中国民主化のための闘いと希望』（共訳）2009年　藤原書店
『私には敵はいないの思想――中国民主化闘争二十余年』（共訳・著）2011年　藤原書店
『安源炭鉱実録――中国労働者階級の栄光と夢想』（翻訳）2014年　集広舎
『黄禍』（翻訳）2015年　集広舎

台湾史小事典 **第三版**

2007年01月18日　初版発行
2016年11月20日　第三版発行

原著監修　呉密察
編著　遠流台湾館
編訳　横澤泰夫
発行者　川端幸夫
発行　中国書店

〒812-0035
福岡市博多区中呉服町5-23
TEL：092（271）3767
FAX：092（272）2946
http://www.cbshop.net/

制作・装幀　玉川祐治
印刷・製本　モリモト印刷

ISBN 978-4-903316-52-9 C1522